I N V E S T I G A Ç Ã O

I

IMPRENSA DA UNIVERSIDADE DE COIMBRA
COIMBRA UNIVERSITY PRESS

U

EDIÇÃO

Imprensa da Universidade de Coimbra
Email: imprensa@uc.pt
URL: http//www.uc.pt/imprensa_uc
Vendas online: http://livrariadaimprensa.uc.pt

COORDENAÇÃO EDITORIAL

Imprensa da Universidade de Coimbra

CONCEÇÃO GRÁFICA

Imprensa da Universidade de Coimbra

IMAGEM DA CAPA

by jclk8888
via Pixabay

INFOGRAFIA

Mickael Silva

EXECUÇÃO GRÁFICA

KDP

ISBN

978-989-26-1736-7

ISBN DIGITAL

978-989-26-1737-4

DOI

https://doi.org/10.14195/978-989-26-1737-4

DEPÓSITO LEGAL

457457/19

HELENA ESPÍRITO-SANTO
FERNANDA DANIEL
(COORDS.)

IMPRENSA DA
UNIVERSIDADE
DE COIMBRA
**COIMBRA
UNIVERSITY
PRESS**

TRAJETOS DO ENVELHECIMENTO

PERSPETIVAS TEÓRICAS E EMPÍRICAS

SUMÁRIO

INTRODUÇÃO

Helena Espírito-Santo e *Fernanda Daniel*

Em Portugal, como na grande maioria dos países do mundo, tem-se verificado um acentuado envelhecimento demográfico. No *ranking* dos países mais envelhecidos, Portugal encontra-se no topo (4.ª posição), contribuindo com a sua quota-parte para que no mundo, a cada segundo que passa, duas pessoas possam comemorar o seu sexagésimo aniversário. Este novo xadrez demográfico, que emergiu nos tempos recentes, apresenta-se como um dos principais desafios colocados às sociedades contemporâneas.

O facto de chegarem cada vez mais portugueses a idades mais longevas traz consigo novas possibilidades. Por um lado, pode encontrar-se, cada vez mais frequentemente, relações «verticalizadas» onde três ou mesmo quatro gerações convivem. Por outro lado, em números cada vez mais expressivos, verifica-se que algumas das pessoas de idades avançadas necessitam de apoio de terceiros na realização das suas necessidades básicas. Estas necessidades, a par das mudanças societárias (o papel da mulher no mercado de trabalho, a distância geográfica entre famílias, divórcios, etc.) que afetam antigas dinâmicas familiares, refletem-se na diminuição dos potenciais cuidadores.

O recurso a respostas sociais é, em muitos casos, considerado como a única solução em face dos crescentes constrangimentos familiares. Na tentativa de responder às múltiplas necessidades dos idosos, o Estado tem incentivado a criação de respostas sociais. Assim, para 223.838 pessoas residentes no Continente envelhecer significa partilhar espaços comuns como o Centro de Convívio, o Centro de Dia, o Centro de Noite e a Estrutura Residencial para Idosos. Estas pessoas representam 11,55% da população denominada idosa (Portugal continental) — se se incluir nestas respostas sociais o Serviço de Apoio Domiciliário — e partilham, maioritariamente, situações de vulnerabilidade física e social (dados baseados na Carta Social, 2015; Instituto Nacional de Estatística, 2011).

Por este motivo, este livro procura apresentar, para além de uma sistematização da literatura, resultados de investigações realizadas pelo nosso grupo sobre pessoas que residem ou frequentam respostas sociais. Ao contar com a participação de autores de três áreas das ciências sociais (Psicologia, Serviço Social e Sociologia), este livro constitui-se como uma leitura enriquecedora e pedagógica. Pretendeu-se que o resultado final fosse um livro útil a psicólogos, assistentes sociais, sociólogos, psiquiatras, profissionais e estudantes interessados na saúde e no bem-estar das pessoas de idade avançada.

O livro que aqui se apresenta, enquadrando diferentes percursos teórico-conceptuais, descreve e sistematiza investigações atuais, integrando resultados dos projetos *Trajetórias de Envelhecimento* e *Redes Sociais Pessoais de Idosos Portugueses* em nove dos dez capítulos.

Estes projetos promovidos pelo Departamento de Investigação & Desenvolvimento do Instituto Superior Miguel Torga integram investigações comprometidas com o processo de envelhecimento. Iniciado em 2010, o Projeto *Trajetórias do Envelhecimento* tinha como objetivo mapear compreensivamente percursos de envelhecimento, promovendo, concomitantemente, relações de cooperação entre territórios de ensino e práticas profissionais. O projeto contou com a participação de várias respostas sociais do distrito de Coimbra e pretendeu, numa primeira fase, caracterizar multidimensionalmente as pessoas que frequentavam estas respostas, utilizando na recolha dos dados instrumentos de avaliação neuropsicológica, comportamental, emocional, física e funcional. Em face dos resultados, e porque é importante que os estudos se apoiem em análises longitudinais, procedemos, na segunda fase do projeto, a (re)avaliações. Na terceira fase, o projeto passou a incluir a avaliação de pessoas idosas ativas residentes na comunidade. O Projeto *Redes Sociais Pessoais de Idosos Portugueses* nasceu posteriormente, em 2014, e pretendeu descrever e tipificar as redes sociais dos idosos portugueses quanto às suas características estruturais, funcionais e relacionais-contextuais, analisando intercessões com variáveis demográficas, familiares, relacionais, socioprofissionais, psicológicas, de saúde e de participação social. Este projeto integra catorze estudos seccionais, utilizando as metodologias quantitativa e de análise de redes sociais (*ego network analysis*). Cabe aqui referir que estes projetos contaram com o esforço conjunto de vários professores e alunos do Instituto Superior Miguel Torga de Coimbra e das Universidades da Extremadura e de Salamanca — mestrandos e doutorandos que avaliaram centenas de pessoas idosas. Ao longo dos últimos anos os projetos deram voz aos dados recolhidos sob a forma de vários artigos, dissertações de mestrado e teses de doutoramento.

Quanto à estrutura, o livro compõe-se dos dez capítulos que a seguir se descrevem.

No primeiro capítulo, *Défice Cognitivo e Demência*, são descritas as mudanças cognitivas prodrómicas da demência, incluindo o défice cognitivo ligeiro. As demências mais frequentes são igualmente descritas e para cada quadro demencial são apresentados os critérios de diagnóstico, etiologia, intervenções específicas e formas de avaliação.

O segundo capítulo, *Funcionalidade e Envelhecimento*, analisa tanto o conceito como a operacionalização das atividades de vida diária. Os aspetos cronológicos, sociais, biológicos e psicológicos relativamente à funcionalidade são descritos, tal como são identificados os fatores de risco e protetores. Os principais instrumentos de avaliação da funcionalidade validados para a população portuguesa são descritos, tal como as vantagens da avaliação e da monitorização.

O terceiro, quarto e quinto capítulos são dedicados ao *Envelhecimento e Saúde Mental*. O número de pessoas idosas diagnosticadas com doença mental tem aumentado, acompanhando a expressão numérica das pessoas idosas na sociedade. A temática da saúde mental divide-se em três capítulos com distintos níveis de gravidade psicopatológica. Assim, o terceiro capítulo é dedicado ao tema da *Ansiedade* e o quarto capítulo à *Depressão*. O quinto aborda quer a *Psicose* e suas nuances na idade avançada, quer as *Perturbações da personalidade* que são habitualmente subidentificadas nesta população. Nestes três subcapítulos são apresentados os instrumentos de avaliação disponíveis, os fatores de risco e os métodos de tratamento indicados para a população idosa.

Os capítulos seguintes vêm na continuação dos três anteriores, pois dizem respeito a aspetos com impacto na saúde mental da população idosa.

Deste modo, o sexto capítulo diz respeito ao *Sono na Idade Avançada,* iniciando-se com as descrições dos estádios do sono, arquitetura do sono e mecanismos do sono. As várias alterações normais do sono no envelhecimento, as perturbações do sono, a avaliação e formas de intervenção são também objeto de análise.

No sétimo capítulo, *Espiritualidade e Envelhecimento*, para além da revisão do estado da arte sobre a relação entre a espiritualidade/religiosidade e a saúde física e mental, são apresentadas algumas abordagens psicoterapêuticas que incluem estas dimensões e evidências sobre a sua eficácia. As autoras indicam ainda alguns instrumentos de medida adaptados à população portuguesa idosa.

O oitavo capítulo, *Mindfulness e Compaixão na Idade Avançada*, apresenta propostas interessantes de pesquisa e de intervenção na saúde mental de pessoas de idade avançada. Com base no conceito de envelhecimento positivo, as autoras procuram realçar os benefícios de intervenções baseadas no *mindfulness* e na compaixão. São analisados os constructos de *mindfulness* e compaixão enquanto processos de regulação emocional, programas terapêuticos baseados nestes processos, seguindo-se uma revisão dos principais estudos onde é demonstrada a sua relevância nesta fase particular do ciclo de vida.

O nono capítulo dedica-se ao **Otimismo e à Esperança**. Estes dois constructos positivos parecem, segundo as evidências, auxiliar as pessoas com idade avançada a lidar melhor com as mudanças decorrentes do envelhecimento, protegendo-as da sintomatologia depressiva, sentimentos de solidão e stresse.

Por último, no décimo capítulo, **Redes Sociais Pessoais e Trajetórias de Envelhecimento: Uma Perspetiva Etária e de Género**, os autores refletem sobre a relação entre a idade e o sexo e as redundâncias na compreensão da dinâmica das redes sociais pessoais de idosos.

1. DÉFICE COGNITIVO E DEMÊNCIA

Laura Lemos, Diogo Carreiras, Sara Rodrigues,
Inês Queiroz Garcia, Fernanda Daniel
e Helena Espírito-Santo

INTRODUÇÃO

À medida que mais pessoas chegam à idade mais avançada, maior tem sido o número de indivíduos com demência e maiores têm sido os custos económicos, de saúde e de cuidados sociais com estes doentes (Alzheimer's Association, 2016, 2017, 2018). Em resposta a isto, a demência tornou-se uma área prioritária para uma ação coordenada a nível da União Europeia (UE) e mundial (Act on Dementia, 2014-2020; G8 Dementia Summit Declaration, 2014; International Longevity Centre – UK, 2011).

A *demência* é uma designação genérica para condições várias que se caracterizam por um início insidioso e uma deterioração gradual das funções cognitivas, suficientemente graves para causar prejuízo na vida profissional, social e familiar do indivíduo (American Psychiatric Association [APA], 2013; McKhann et al., 2011; Tsoi, Chan, Hirai, Wong, & Kwok, 2015). De acordo com a *Classification of Mental and Behavioural Disorders*/Classificação Internacional das Doenças, versão 10 (CID-10; World Health Organization [WHO], 1993), para se considerar demência é necessário observar a existência de défice nas múltiplas funções corticais superiores, incluindo a memória, o

https://doi.org/10.14195/978-989-26-1737-4_1

pensamento, a orientação, a compreensão, o cálculo, a aprendizagem, a linguagem e a crítica. Além disso, é necessário que o doente apresente declínio cognitivo em relação ao seu nível de funcionamento prévio (WHO, 1993). Segundo o *Manual Diagnóstico e Estatística das Perturbações Mentais* (DSM-5, American Psychiatric Association [APA], 2013), a característica essencial da demência — também denominada *Perturbação Neurocognitiva devida a doença neurodegenerativa* — consiste num declínio cognitivo adquirido em um ou mais domínios (atenção complexa, funções executivas, aprendizagem e memória, linguagem, funcionamento motor ou cognição social).

Na demência, quase todos os pacientes no curso da sua doença são afetados por um ou mais sintomas comportamentais e psicológicos que abrangem agitação, depressão, apatia, questionamento repetitivo, psicose, agressividade, problemas de sono, deambulação e uma variedade de comportamentos socialmente inadequados (Lyketsos et al., 2011). Estes sintomas estão entre as alterações que mais provocam stresse, morbilidade, mortalidade e institucionalização antecipada (Kales, Chen, Blow, Welsh, & Mellow, 2005; Wancata, Windhaber, Krautgartner, & Alexandrowicz, 2016; Yaffe et al., 2002).

Em 2015, estimava-se que, em todo o mundo, cerca de 47 milhões de pessoas tivessem demência (Livingston et al., 2017). Em Portugal, Gonçalves-Pereira et al. (2017) reportavam uma taxa de prevalência de 9,23% de demência em habitantes da comunidade com idade igual ou superior a 65 anos, segundo o protocolo 10/66 DRG.

Importa referir que nem todos os quadros demenciais são irreversíveis, pois não resultam de condições neurodegenerativas. Alguns quadros demenciais, em virtude das suas causas, são passíveis de ser tratados. Entre essas causas, incluem-se a deficiência vitamínica (em particular a vitamina B12), as doenças endócrinas (onde se destaca o hipotiroidismo), o hematoma subdural crónico, o enfarte cerebral, o hidrocéfalo de pressão normal, os diferentes tumores cerebrais e as patologias infeciosas (e.g., sífilis e meningites crónicas) (Santana & Cunha, 2005).

Além das causas acima mencionadas, as doenças desmielinizantes, doenças metabólicas, intoxicações provocadas, por exemplo, por abuso de substâncias ou quadros psicopatológicos como a depressão, podem também originar sintomas que facilmente se confundem com a demência (APA, 2013). Nesta linha, é de referir que, apesar de a demência ocorrer predominantemente na idade avançada, é possível observar sintomas demenciais em qualquer idade, decorrentes de uma das condições acima mencionadas, como, por exemplo, de traumatismo cranioencefálico (APA, 2013).

No que diz respeito a fatores de risco para a demência, Livingston e colaboradores (2017) apontam, de modo geral, a baixa escolaridade, perda auditiva, falta de exercícios e atividade física, diabetes, hipertensão, obesidade, tabagismo, depressão e isolamento social. De facto, um estudo de Langa e colaboradores (2017), que incluiu 21.000 sujeitos com mais de 65 anos, concluiu que a prevalência de demência nos Estados Unidos baixou de 11,6% em 2000 para 8,8% em 2012; o que se poderá dever ao aumento do nível de escolaridade, a um melhor controlo dos riscos cardiovasculares e a outros possíveis fatores sociais, comportamentais e médicos.

De seguida apontam-se os dois tipos de perturbação neurocognitiva mais prevalentes na população idosa (défice cognitivo ligeiro e demência), incluindo os diferentes subtipos etiológicos de demência (Doença de Alzheimer, Doença dos Corpos de Lewy e Demência Frontotemporal; APA, 2013).

DÉFICE COGNITIVO LIGEIRO

Historicamente, o termo *Défice Cognitivo Ligeiro* (DCL) surgiu nos trabalhos de Petersen e colaboradores (1999), no âmbito dos *Mayo's*

Older American Normative Studies, que verificaram que algumas pessoas idosas apresentavam declínio cognitivo, mas sem atingir a demência, representando assim um estado intermédio entre o envelhecimento cognitivo normal e demência (Petersen et al., 2001), e sendo atualmente designado por perturbação neurocognitiva leve (O'Brien et al., 2017).

Os critérios iniciais para o DCL incluíam défice de memória objetiva, concomitante com a preservação das outras funções cognitivas, e funcionamento da vida diária intacto a par da ausência de demência. Já desde esta altura, o DCL era associado a um elevado risco de progressão para a Doença de Alzheimer (DA) (Petersen et al., 1999). Posteriormente, diversos estudos (e.g., Gauthier et al., 2006; Petersen, 2004) evidenciaram que alguns indivíduos diagnosticados com DCL tendiam a progredir para demência, pelo que surgiu a necessidade de tornar o DCL num constructo mais abrangente que incluísse os quadros de défice cognitivo que tendiam a preceder a demência.

O DCL designa atualmente as alterações cognitivas que, apesar de habitualmente não causarem prejuízo nas atividades básicas de vida diária, resultam num baixo desempenho em tarefas cognitivamente mais exigentes (e.g., gestão e manuseamento financeiro; monitorização da medicação), mas sem critérios de diagnóstico de demência (Petersen, 2004; Petersen et al., 1999, 2001, 2010, 2014).

O DCL é um quadro muito frequente na idade avançada. De acordo com alguns estudos, estima-se uma prevalência entre 3% a 42% em pessoas com idade superior a 60 anos (DeCarli, 2003; Knopman et al., 2016; Mariani, Monastero, & Mecocci, 2007; revisão de Petersen et al., 2014; Ritchie, Artero, & Touchon, 2001). Reunindo 11 estudos dos EUA, Europa, Ásia e Austrália, Sachdev et al. (2015) verificaram que a prevalência variava entre 5,0%-36,7%. No entanto esses valores dependiam dos critérios usados: desempenho no nível 6,68% (3,2%–10,8%) nos diferentes testes usados para a memória; *Clinical Dementia Rating* de 0,5 (1,8%-14,9%); pontuação no *Mini-Mental*

State Examination de 24 a 27 (2,1%–20,7%). Os autores observaram ainda que a prevalência aumentava com a idade e com o facto de não completar o ensino superior, mas não sendo afetada pelo sexo.

O DCL é visto, atualmente, como uma entidade clínica de elevado risco para demência (Behrman, Valkanova, & Allan, 2017). Nesta linha, estudos longitudinais revelam que aproximadamente 80% dos indivíduos com DCL progridem para demência ao fim de seis anos (Petersen & Morris, 2004).

Critérios de diagnóstico

O DCL é uma entidade clínica que apresenta sintomas e etiologias heterogéneas, pelo que os critérios de diagnóstico têm sido alvo de diversas revisões (Langa & Levine, 2014; Nygård, 2003; revisão de Petersen et al., 2014; Winblad et al., 2004). A partir dos estudos realizados por Petersen e seus colaboradores (1995, 1999, 2001) foram estipulados os seguintes critérios de diagnóstico para identificar indivíduos com DCL, em especial DCL amnésico: queixas de memória, preferencialmente confirmadas por algum familiar ou cuidador; alterações de memória mais graves que o expectável para a idade, confirmadas no desempenho em testes neuropsicológicos; restantes funções cognitivas intactas; sem alterações nas atividades de vida diária e sem demência (Petersen et al., 1995, 1999, 2001).

Segundo os critérios internacionais adotados pelo *National Institute on Aging Alzheimer Disease Center program*, bem como pela *Alzheimer´s Disease Neuroimaging Initiative*, o diagnóstico de DCL requer a existência de queixas cognitivas e de um défice objetivo comprovado por um desempenho em testes de avaliação inferior para a idade e/ou escolaridade, sendo que este défice não é suficientemente severo para estabelecer o diagnóstico de demência, nem interfere de modo significativo com a capacidade funcional do indivíduo (Petersen, 2004).

De acordo com o DSM-5 (APA, 2013, p. 722), o DCL, também designado por *Perturbação Neurocognitiva Ligeira*, possui os seguintes critérios:

1. Evidência de um declínio cognitivo modesto em relação a um nível prévio de desempenho em um ou mais domínios cognitivos (atenção complexa, funções executivas, aprendizagem e memória, linguagem, capacidade percetivomotora ou cognição social) com base em:

   a) Preocupação do indivíduo, de um informador conhecedor ou do clínico de que ocorreu declínio na função cognitiva;
   b) Um défice modesto no desempenho cognitivo, de preferência documentado em testes neuropsicológicos estandardizados ou, na sua ausência, por outra avaliação quantitativa.

2. Os défices cognitivos não interferem na realização independente das atividades de vida diária (i.e., as atividades instrumentais complexas da vida diária, tais como pagar contas ou gerir a medicação, estão preservadas, mas poderão exigir um maior esforço na utilização de estratégias de compensação ou ajustamento).

3. Os défices cognitivos não ocorrem exclusivamente no contexto de um *delirium*.

4. Os défices cognitivos não são melhor explicados por outra perturbação mental (e.g., perturbação depressiva major, esquizofrenia).

Além dos critérios gerais, a revisão da literatura indica ainda a existência de quatro tipos de DCL:

1) *DCL amnésico*, em que o declínio cognitivo se circunscreve à memória, estando as outras funções preservadas (Petersen, 2004; revisão de Petersen et al., 2014). Este tipo é o mais comum e frequentemente evolui para a DA (Magalhães, 2007; Winblad et al., 2004).

2) *DCL amnésico e multidomínio* que ocorre quando o paciente apresenta declínio em múltiplos domínios que não só a memória, como, por exemplo, função executiva e linguagem, mas sem intensidade suficiente para ser diagnosticada demência (Petersen, 2004; revisão de Petersen et al., 2014). Este tipo de DCL tende a progredir para DA ou para demência vascular (Winblad et al., 2004).

3) *DCL não-amnésico e unidomínio* quando ocorre declínio de uma única função cognitiva que não a memória. A memória mantém-se conservada, tendendo, este tipo de DCL, a progredir para outros tipos de demência que não Alzheimer (revisão de Petersen et al., 2014; Winblad et al., 2004).

4) *DCL não-amnésico multidomínio*, que ocorre quando há comprometimento em múltiplos domínios que não a memória (revisão de Petersen et al., 2014; Winblad et al., 2004).

Etiologia e fatores de risco

Existe alguma controvérsia em torno dos fatores de risco do DCL, dependendo do tipo de critérios usados, sintomas apresentados pelo doente ou do contexto em que o diagnóstico é realizado. Não obstante, existe consenso quanto ao facto de o risco aumentar com a idade (Knopman et al., 2016; Petersen et al., 1999; revisão de Petersen et al., 2014; Plassman et al., 2008; Winblad et al., 2004). Outros estudos indicam que o sexo masculino apresenta maior probabilidade de desenvolver DCL (Knopman et al., 2016; Petersen et al., 2010; revisão de Petersen et al., 2014). Doenças vasculares como hipertensão arterial e diabetes (Chertkow et al., 2008; Langa & Levine, 2014; revisão de Petersen et al., 2014), apneia do sono (Bliwise, 1996; Yaffe et al., 2011), mutações genéticas codificadas para o gene da apolipoproteína E (apoE) e défice de vitamina D (Langa & Levine, 2014; revisão de Petersen et al., 2014) têm sido também associados a um maior risco de desenvolvimento de DCL na idade avançada. Vários estudos têm revelado também que indivíduos com DCL possuem elevado risco de sofrer acidentes vasculares cerebrais (AVC's) ou enfartes cerebrais, que podem ocorrer de forma silenciosa e ampliar os sintomas de DCL ou antecipar o desenvolvimento de demência (Chertkow et al., 2008; Schneider, Arvanitakis, Leurgans, & Bennett, 2009; Vermeer et al., 2003). A sintomatologia depressiva tem também estado associada a uma amplificação dos sintomas de DCL, em particular no que respeita às alterações de memória (Adler, Bramesfeld, & Jajcevic, 1999; Langa & Levine, 2014; revisão de Petersen et al., 2014).

Comportamentos como o consumo de álcool e tabaco e um estilo de vida sedentária estão também associados a maior risco de DCL. Em oposição, indivíduos que se mantenham mental e fisicamente ativos e possuam uma boa rede de suporte social parecem possuir menor risco de apresentar DCL na idade avançada (Langa & Levine, 2014; revisão de Petersen et al., 2014).

Intervenção terapêutica

Antes de estabelecer um plano terapêutico a um doente que apresente DCL, é importante ter em consideração que este constitui um quadro clínico de etiologia heterogénea, existindo diversas condições que podem causar comprometimento cognitivo, pelo que é crucial compreender qual a origem do declínio (Chertkow et al., 2008).

Talvez devido a esta heterogeneidade etiológica, não existe, até ao momento, uma intervenção farmacológica específica para doentes com DCL (Chertkow et al., 2008; Langa & Levine, 2014; revisão de Petersen et al., 2014). Nesta linha, alguns estudos têm revelado que muitos dos medicamentos testados para prevenir a progressão de quadros demenciais, nomeadamente inibidores da colinesterase, anti-inflamatórios não-esteroides, terapia de reposição de estrogénio e vitamina E, não apresentam resultados clinicamente significativos em doentes com DCL, quer ao nível da diminuição dos sintomas, quer na prevenção da progressão para um quadro de demência (O'Brien et al., 2017; Salloway et al., 2004; revisão de Petersen et al., 2014; van Dongen, van Rossum, Kessels, Sielhorst, & Knipschild, 2003). O mesmo se observa com suplementos alimentares usados para melhorar a cognição e a memória, nomeadamente *Ginkgo biloba* (Snitz et al., 2009) ou suplementos à base de testosterona testados em homens com idade avançada (Emmelot-Vonk et al., 2008).

Desta forma, a intervenção em indivíduos que apresentem um quadro de DCL deve incluir tratamentos não farmacológicos que, para além de prevenir a progressão para um quadro demencial, devem ajudar o doente a adaptar-se à sua condição clínica, de forma a manter-se o mais funcional possível e com o mínimo prejuízo na sua qualidade de vida (Chertkow et al., 2008; Langa & Levine, 2014). Nesta linha, vários estudos têm demonstrado que o treino e a estimulação cognitiva das funções em declínio podem revelar-se bastante eficazes na prevenção da evolução para quadros demenciais (e.g., Günther, Schäfer, Holzner, & Kemmler, 2003; Rapp, Brenes, & Marsh, 2002; Willis et al., 2006). A intervenção psicoterapêutica pode também trazer benefícios a pacientes com diagnóstico de DCL, nomeadamente a aceitar a sua condição clínica, bem como no desenvolvimento de estratégias de *coping* para lidar com as dificuldades causadas pelo DCL (Banningh et al., 2013). Também a atividade física (e.g., aeróbica e treino de resistência) combinada com exercícios de estimulação cognitiva parecem trazer benefícios a doentes com DCL (Barnes et al., 2013; Heyn, Abreu, & Ottenbacher, 2004; revisão de Petersen et al., 2014). Alguns estudos têm demonstrado ainda os benefícios de intervenções psicossociais, nomeadamente através da promoção do envolvimento em atividades sociais (e.g., passeios, atividades de estimulação cognitiva em grupo, atividade física em grupo, etc.), bem como atividades que envolvam os familiares e os cuidadores (Ertel, Glymour, & Berkman, 2008; Ishizaki et al., 2002). A limitação da maior parte destes estudos, no entanto, é a reduzida dimensão das amostras de sujeitos (revisão de Petersen et al., 2014), não possibilitando a generalização destas conclusões.

DOENÇA DE ALZHEIMER

A Doença de Alzheimer (DA) foi descrita pela primeira vez em 1906 pelo neuropsiquiatra alemão Alois Alzheimer a partir de um caso clínico de uma mulher de 51 anos, cujo marido vinha a notar várias alterações no comportamento, incluindo pânico, terror, ciúme do marido e perdas de memória. Nos meses seguintes, a doente passou a ter dificuldades em encontrar o caminho para casa, a mudar sem nexo os objetos, a esconder-se, e, às vezes, a pensar que as pessoas a queriam matar. No momento da sua admissão no hospital, que ela nunca mais deixou, sofria de delírio, desorientação e insónia. Durante a institucionalização começou a revelar dificuldades na nomeação de objetos, na compreensão do que lhe era dito, na leitura e na escrita. Ao fim de quatro anos e meio a doente morreu. No fim, ela estava completamente apática e confinada à cama em posição fetal e incontinente. A autópsia mostrou um cérebro atrófico uniformemente afetado sem focos macroscópicos. Os vasos cerebrais maiores apresentavam alteração arteriosclerótica. O exame microscópico revelou células aparentemente normais, mas que continham no seu interior uma ou mais fibras individuais de espessura impressionante. Em estágios mais avançados, muitas fibrilas dispunham-se paralelamente, acumulando-se, posteriormente, em feixes densos que gradualmente avançavam para a superfície da célula. Eventualmente, o núcleo e o citoplasma desapareciam, e apenas um feixe emaranhado de fibrilas indicava o local onde antes o neurónio estava localizado. Face a este conjunto de aspetos, Alzheimer considerou que estava perante um processo desconhecido e peculiar de doença pouco conhecido (Alzheimer, 1907, pp. 146-148). Kraepelin, no entanto, foi um dos poucos grandes da medicina do século dezanove a reconhecer a conexão entre a patologia cerebral e a dissolução mental em pessoas de idade (Stam, 1985). Na oitava edição do seu grande tratado das doenças mentais (1910), Kraepelin ao referir-se à *Morbus Alzheimer*, estabeleceu definitivamente a denominação para esta forma de demência, tendo proposto que seria em grande parte independente da idade.

O próprio Alzheimer escreveu que aquele processo de doença peculiar estava a ser detetado em grandes números (Alzheimer, 1907, p. 148). Hoje sabe-se que a DA é a mais prevalente das demências, estimando-se que corresponda a uma percentagem que varia entre 60% a 80% dos casos de demência (Alzheimer's Association, 2016, 2017, 2018; Knopman et al., 2016; Winblad et al., 2016). De acordo com os dados da Associação Alzheimer Portugal (2016), estima-se que existam cerca de 153.000 pessoas com demência no nosso país, das quais 90.000 apresentam DA. A prevalência tende a aumentar com a idade (Knopman et al., 2016; Partridge & Genes, 2002), estimando-se que 7% a 15% dos indivíduos diagnosticados com DA têm entre 65 e 74 anos, 44% a 53% têm entre 75 e 84 anos e 37% a 40% mais de 85 anos de idade (revisão de Alzheimer's Association, 2016; APA, 2013). Com menos de 65 anos, as taxas de prevalência rondam os 4% (revisão de Alzheimer's Association, 2016). As maiores taxas de prevalência desta doença encontram-se também no sexo feminino, nas pessoas negras e nas pessoas com baixa escolaridade (revisões de Alzheimer's Association, 2010, 2016, 2017; Knopman et al., 2016; revisão de Winblad et al., 2016).

Sintomatologia e evolução

A DA é uma doença neurodegenerativa, irreversível, de expressão heterogénea, com início insidioso e deterioração progressiva da memória e outras habilidades cognitivas (revisão de Alzheimer's Association, 2016, 2017, 2018; APA, 2013; revisão de Winblad et al., 2016). Entre as outras habilidades afetadas, incluem-se pelo menos uma entre as seguintes: gerar fala coerente ou entender a linguagem falada ou escrita; reconhecer ou identificar objetos (mantendo-se intacta a função sensorial); planear e executar atividades motoras e pensar abstratamente; fazer julgamentos sólidos, planear e executar tarefas complexas (revisão de Alzheimer's Association, 2010). A evolução ocorre aproximadamente em dez anos (revisão de Alzheimer's Association, 2016; APA, 2013; revisão de Winblad et al., 2016). Não obstante, alguns sujeitos podem viver até 20 anos após o diagnóstico da doença (revisão de Alzheimer's Association, 2016; APA, 2013). A maioria dos casos tem início depois dos 65-70 anos de idade, contudo, existem casos em que os primeiros sinais da doença surgem em pessoas mais jovens, sendo considerada de início precoce (revisão de Alzheimer's Association, 2016; Draper et al., 2016; Palasi et al., 2015; revisão de Winblad et al., 2016). A DA de início precoce é responsável por ~5% dos casos de DA (Puglielli, Tanzi, & Kovacs, 2003).

A DA de início *tardio* (≥ 65 anos de idade; ~95% dos casos) tende a evoluir progressivamente por estágios de gravidade crescentes ao longo de 2 a 20 anos, passando a evolução habitual da doença por quatro ou, segundo alguns autores, por apenas duas fases, a pré-clínica e a fase da DA (revisão de Alzheimer's Association, 2016; Dubois et al., 2010; Sperling et al., 2011).

Na *fase pré-clínica*, podem ser identificados dois estados. Num deles, o **estado de risco para DA**, através da Tomografia de emissão de positrões (PET, *positron emission tomography*) com marcador amiloide, é possível constatar que os biomarcadores típicos de DA já estão presentes, incluindo a amiloidose cerebral ou no líquido cefalorraquidiano [com alterações nas proteínas Aβ1-42; T-tau (tau total) ou P-tau (fosfo-tau), ou retenção aumentada do marcador amiloide na PET] (Bertens et al., 2015; Doecke et al., 2017; Dubois et al., 2010; Labonté et al., 2017; Tuwaig et al., 2017). Os indivíduos nesta fase estão assintomáticos e o funcionamento cognitivo é normal (Bertens et al., 2015; Dubois et al., 2010; Vos et al., 2013), mas em risco de DA (Aizenstein et al., 2008; Mintun et al., 2006). A evolução para DA é determinada por fatores genéticos (e.g., genótipo APOE), fatores biológicos (e.g., vasculares, dietéticos) e comorbilidade (e.g., diabetes) (revisão de Dubois et al., 2010). Nalguns sujeitos, a consciência das perdas de memória pode estar aumentada (*hipernosognosia*) (Vannini et al., 2017). O outro estado, o **pré-sintomático**, aplica-se a sujeitos que irão desenvolver DA, podendo ser somente estabelecido em famílias afetadas pelas raras mutações monogénicas autossómicas dominantes — DA monogénica — (Dubois et al., 2010).

Numa fase sintomática, a maioria dos doentes passa por um quadro inicial de **Défice cognitivo ligeiro, fase prodrómica** ou fase **pré-demencial** (Amieva et al., 2008; Dubois et al., 2010; Wilson, Leurgans, Boyle, & Bennett, 2011). Estudos longitudinais de acompanhamento mostraram que o défice cognitivo pode ser detetado muito antes do início dos sintomas de demência (Langbaum et al., 2014; Saxton et al., 2004), pelo que é essencial reconhecê-lo para que o sujeito e a sua família possam adaptar o seu estilo de vida e planear o futuro (Dubois et al., 2016). Esta fase é caracterizada por: (1) défice na memória episódica associado à perturbação da conectividade fronto-hipocampal; (2) ausência de prejuízo das atividades instrumentais da vida diária (Dubois et al., 2007, 2010; Lanctôt et al., 2017; Petersen et al., 2014; Rémy, Vayssière, Saint-Aubert, Barbeau, & Pariente, 2015; Sperling et al., 2010); (3) presença de sintomas psicocomportamentais, nomeadamente apatia, ansiedade, depressão ou irritabilidade (Delrieu et al., 2014; Ringman et al., 2015; Savva et al., 2009; Sherman, Liu, Herrmann, & Lanctôt, 2018); e (4) pela presença de pelo menos um biomarcador da DA (Bertens et al., 2015; Dubois et al., 2010; Vos et al., 2015). Nesta fase, a consciência das perdas de memória pode ainda estar aumentada (Vannini et al., 2017), no entanto, à medida que a patologia amiloide aumenta, diminui a noção desse tipo de perdas (Buckley et al., 2015; Vannini et al., 2017). É também uma altura em que a família nota pela primeira vez as alterações (Dubois et al., 2016), ainda que possa desvalorizá-las ou interpretá-las erroneamente (revisão de Perry-Young, Owen, Kelly, & Owens, 2018). Fenomenologicamente, os indivíduos nesta fase mostram que percecionam a frequência e a progressão dos lapsos de memória, revelando um crescendo de preocupação e impacto emocional com esses lapsos; manifestam relativa incapacidade de situar espaciotemporalmente os episódios vivenciados; indicam usar estratégias de enfrentamento exageradas; demonstram atitude desdenhosa em relação às suas dificuldades; e revelam confiar nos outros para suprir as lacunas (Buckley et al., 2015). Estas falhas de memória associam-se, frequentemente, a elevados níveis de ansiedade e sintomatologia depressiva (Fujishima et al., 2014; Johnson et al., 2017; Petersen et al., 2014; Savva et al., 2009).

Na fase de *Demência ligeira* ou, simplesmente, *fase de demência DA*, tipicamente, os sintomas cognitivos são suficientemente graves para afetar o funcionamento social e as atividades instrumentais da vida diária, incluindo a capacidade de gestão financeira (Dubois et al., 2010; Marson et al., 2000). Note-se, no entanto, que existe a perspetiva de que ocorrem alterações funcionais subtis já nas fases pré-clínica e prodrómica (Marson, 2015; Triebel et al., 2009). Nesta fase, os familiares e cuidadores percebem os sintomas com mais facilidade (Devi et al., 1998; Meuser, Carr, Unger, & Ulfarsson, 2015). Para além das alterações na memória episódica, existe perturbação em pelo menos um outro domínio cognitivo (Dubois et al., 2010). Uma alteração frequente nesta fase é a dificuldade em evocar nomes de objetos e pessoas (Lira, Minett, Bertolucci, Ortiz, & Lira, 2014; Rodríguez-Aranda et al., 2016). Como referido, outras funções cognitivas podem ser afetadas, constituindo-se em variantes clínicas mais focais, incluindo a afasia logopénica, a afasia progressiva primária não-fluente, a variante frontal da DA (Dubois et al., 2010), as alterações práxicas (Derouesne, Lagha-Pierucci, Thibault, Baudouin-Madec, & Lacomblez, 2000; Green et al., 1995; Johnen et al., 2016) e os défices visuais devidos a atrofia cortical motora (Benson, Davis, & Snyder, 1988). Estas variantes clínicas que ocorrem com patologia de Alzheimer são designadas por *DA atípica*, sendo o diagnóstico de DA apoiado pela evidência *in vivo* de amiloidose no cérebro ou no líquido cefalorraquidiano (Dubois et al., 2010).

A *Fase moderada* é caracterizada por dificuldades de concentração e orientação espacial, inflexibilidade cognitiva, prosopagnosia, agnosia visual e anosognosia (Dubois et al., 2007) e pontuações inferiores em vários testes cognitivos (Wams, Wilcock, Foster, & Wulff, 2017). Nesta fase, tornam-se evidentes os sintomas psico-comportamentais (e.g., alternância entre agitação e apatia, períodos de sono mais longos, displicência relativamente à higiene e apresentação pessoal, delírio paranoide, ou agressividade verbal) e de incapacidade funcional e fragilidade física (Dubois et al., 2007; Ide et al., 2016; Kojima, Liljas, Iliffe, & Walters, 2017; Lee et al., 2016; Mega, Cummings, Fiorello, & Gornbein, 1996; Mulin et al., 2011; Ogama et al., 2018; Patterson & Cuesta, 2015; Richards, Shue, Beck, Lambert, & Bliwise, 2010; Senanarong et al., 2004; Wams et al., 2017). Um aspeto que parece distinguir a fase moderada da ligeira é a capacidade de usar as tecnologias do dia a dia (Ryd, Nygård, Malinowsky, Öhman, & Kottorp, 2016).

Na **Fase severa** há um agravamento dos sintomas, em particular um declínio muito acentuado na memória e na linguagem, agressividade, incapacidade em reconhecer os familiares próximos, incapacidade em manter os cuidados pessoais, incontinência e imobilidade, para além de comportamentos frequentes de fuga e sintomas psicóticos (Burns, Jacoby, & Levy, 1990; Lyketsos et al., 2011; Mega et al., 1996; Mitchel et al., 2009). Como é de esperar, os indivíduos com DA severa têm piores desempenhos em testes cognitivos (Yeo, Lim, Chan, & Ho, 2015). Há ainda evidências de que estes pacientes mantêm a consciência de si mesmos (Tappen, Williams, Fishman, & Touhy, 1999), conservam a capacidade para produzir sinais emocionais, são responsivos aos outros e retêm informações emocionais, apesar da perda de memória (Karger, 2016). Curiosamente, a memória musical pode estar preservada nesta fase (Jacobsen et al., 2015). Pneumonia, episódios febris e problemas alimentares são complicações frequentes em pacientes com DA avançada, e essas complicações estão associadas a altas taxas de mortalidade em seis meses (Mitchel et al., 2009).

Identificar quando é que uma pessoa entra na **Fase terminal** é difícil, pois não há um critério ou definição aceites (De Vleminck et al., 2014). Entre as várias propostas, inclui-se a de Chang et al. (2009), que sugere que esta fase começa quando se presume que a pontuação é zero no *Mini-Mental State Examination*, no entanto não se recomenda este critério quando a pessoa perdeu totalmente a capacidade de comunicar. Outros autores usam os sintomas como medida e incluem: dependência total acompanhada de perda de peso, desidratação e problemas nutricionais (Chung, 2012); nível de consciência fraco; ausência de contacto visual e fala; flexibilidade muscular limitada e incapacidade para engolir (Ryan, Ingleton, Gardiner, Nolan, & Gott, 2009). Nourhashemi et al. (2011) indicaram que, nesta fase, o doente pode ter dor e Barber e Murphy (2011) acrescentaram ainda a presença de confusão mental, incontinência urinária e perda de apetite. Volicer (2001) apontou a perda da ambulação mesmo com assistência, incontinência, perda da fala e dependência quase total. A morte advém da comorbilidade (Volicer, 2005).

Destaque-se que no caso da DA de início precoce, os doentes experienciam declínio cognitivo e funcional mais rápido do que pessoas de idade avançada (Barnes et al., 2015; Barnes, Bartlett, Wolk, van der Flier, & Frost, 2018; Gerritsen et al., 2018; Jacobs et al., 1994) e gradualmente perdem a capacidade de desempenhar ativamente os seus papéis quer na sociedade quer na família (Freyne, Kidd, Coen, & Lawlor, 1999). Outro aspeto distintivo diz respeito aos sintomas que tendem a ser mais atípicos e mais respeitantes ao funcionamento executivo, visuoespacial e práxico do que ao mnésico (Joubert et al., 2016; Tellechea et al., 2018).

Critérios de diagnóstico

Quanto aos critérios de diagnóstico, de acordo com o DSM-5 (APA, 2013), para se diagnosticar DA o doente tem de preencher os critérios para a Perturbação Neurocognitiva *Major* ou Ligeira; o início da perturbação deve ser insidioso e de progressão gradual do défice em um ou mais domínios cognitivos, sendo que para ser diagnosticada Perturbação Neurocognitiva *Major* devido a DA é necessário verificar-se défice em pelo menos dois domínios. A doença não pode ser melhor explicada por outra doença neurodegenerativa, cerebrovascular ou outra perturbação mental, neurológica ou sistémica, nem pelos efeitos de uma substância. Posto isto, é atribuído o diagnóstico de DA provável se qualquer um dos seguintes critérios for preenchido, caso contrário deve ser atribuído o diagnóstico de

DA possível: (1) evidência pela história familiar ou testes genéticos da existência de uma mutação genética causadora da DA; (2) estarem presentes todos os seguintes critérios: a – clara evidência de declínio da memória e da aprendizagem e de, pelo menos, outro domínio cognitivo com base em história clínica pormenorizada ou em testes neuropsicológicos; b – declínio gradual, continuamente progressivo, da cognição, sem períodos estacionários prolongados; c – não existe evidência etiológica mista, ou seja, ausência de outra doença neurodegenerativa ou cerebrovascular, ou outra doença ou condição neurológica, mental ou sistémica que possa contribuir para o declínio cognitivo (APA, 2013).

Numa vertente biológica, o *International Working Group* e a *National Institute on Aging-Alzheimer's Association* (Dubois et al., 2010, 2014) estipularam, como critérios de diagnóstico para a DA típica, a presença de uma síndrome amnésica do tipo hipocampal, associada ou não a várias alterações cognitivas e comportamentais, e pelo menos uma das seguintes alterações: o perfil do líquido cefalorraquidiano apresenta diminuição dos níveis do fragmento 1-42 da proteína beta-amiloide (Aβ1-42), juntamente com concentrações aumentadas das proteínas T-tau ou P-tau, ou uma retenção aumentada do marcador amiloide na PET. Outros marcadores *in vivo* da DA incluem a atrofia do lobo temporal medial na ressonância magnética e/ou hipometabolismo temporal/parietal na PET com fluorodesoxiglucose (Dubois et al., 2010).

Etiologia e fatores de risco

Excluindo os casos decorrentes de anormalidades genéticas, acredita-se que a DA se desenvolve como resultado de múltiplos fatores (Alzheimer's Association, 2018). Os maiores fatores de risco são a idade (APA, 2013; Hebert et al., 2010; Lichtenberg, Murman, &

Mellow, 2003), ter uma história familiar de DA (Green et al., 2002) e ser portador do gene APOE-e4 (Neu et al., 2017). No entanto, a idade é o principal fator de risco, tendo a maioria dos doentes, idades acima dos 65 anos. Assim, os valores de prevalência aumentam substancialmente com a idade: 7% a 15% entre 65 e 74 anos, 44% a 53% entre 75 e 84 anos e 37% a 40% mais de 85 anos de idade (revisão de Alzheimer's Association, 2018; APA, 2013).

A história familiar não surge como condição necessária para desenvolver a doença, mas aqueles que têm um familiar direto com DA (pai/mãe, irmão/ã) têm maior probabilidade do que aqueles que não têm familiares em primeiro grau com DA (revisão de Alzheimer's Association, 2018). Nesta linha, estudos apontam que a história familiar de DA aumenta o risco de desenvolvimento da doença em cerca de quatro vezes (APA, 2013). Provavelmente, para a história de DA na família concorrerão fatores genéticos, ambientais e de estilo de vida (e.g., não existência de hábitos de alimentação saudáveis, uma vida sedentária) (revisão de Alzheimer's Association, 2018).

Em todas as formas de DA existe uma acumulação extracelular anormal de proteína beta-amiloide (Aβ) em regiões específicas do cérebro — designada por placas (senis) —, depósitos de Aβ nos vasos sanguíneos e emaranhados neurofibrilhares intracelulares. No exame *post-mortem* encontram-se números elevados de placas nos sistemas límbico e de associação (revisão de Puglielli et al., 2003). Os depósitos de Aβ são dependentes da apolipoproteína E (APOE) que é uma proteína envolvida no metabolismo dos lípidos no organismo, sendo a principal responsável pelo transporte de colesterol para os neurónios (Liu, Kanekiyo, Xu, & Bu, 2013). A APOE é codificada por três variantes do gene ε-APOE (revisão de Alzheimer's Association, 2018; Liu et al., 2013; revisão de Puglielli et al., 2003).

Na DA de início tardio, a variante ε4 está identificada como sendo responsável pela DA (revisão de Alzheimer's Association, 2018; Liu et al., 2013; revisão de Puglielli et al., 2003). Embora estejam reportados dezenas de fatores genéticos de risco potenciais para a DA, apenas o alelo ε4 do gene APOE no cromossoma 19 tem sido consistentemente encontrado associado à DA em vários estudos (revisão de Tanzi & Bertram, 2001).

Quanto à DA de início precoce, a maioria dos casos é causada por mutações em um de três genes, a proteína precursora amiloide (*amyloid precursor protein*, APP), a presenilina (PS) 1 ou a PS2 (Fridman, Gregório, Ojopi, & Dias Neto, 2004; Lichtenberg et al., 2003; Puglielli et al., 2003).

Outros fatores de risco apontados na literatura incluem a baixa escolaridade, baixo nível socioeconómico, traumatismos cranianos moderados ou graves repetidos (comuns em pugilistas, jogadores de futebol americano e veteranos de guerra), diabetes, hipertensão arterial na meia idade, hipotensão, hiperlipidemia, obesidade na meia idade, estilo de vida sedentário (revisão de Alzheimer's Association, 2018; APA, 2013; revisão de Baumgart et al., 2015; Qiu et al. 2003; revisão de Winblad et al., 2016), história de depressão, especialmente no sexo feminino, tabagismo atual, perturbações do sono (e.g., insónia, apneia do sono) (revisão de Alzheimer's Association, 2018; revisão de Winblad et al., 2016), inflamação sistémica e aterosclerose (Heneka et al., 2015; revisão de Winblad et al., 2016).

Por outro lado, níveis académicos e socioeconómicos elevados e ocupações ou atividades mentalmente estimulantes têm sido apontados como fatores protetores, devido provavelmente a efeitos da reserva cognitiva (capacidade do cérebro em usar flexível e eficientemente redes neuronais que permitem que se continue a realizar tarefas cognitivas, apesar das alterações cerebrais) (revisão de Alzheimer's Association, 2016, 2017, 2018; revisão de Baumgart et al., 2015; revisão de Winblad et al., 2016). Em apoio dessa hipótese, há dezenas de evidências de que o envolvimento em atividades mentais e as intervenções com treino cognitivo se associam a melhorias na recordação imediata e diferida (revisão de Baumgart et al., 2015). Da mesma forma, a atividade física regular — e até a atividade física ligeira, como caminhar —, a realização de atividades sociais e envolvimento social (e.g., trabalho voluntário, ingressar em um clube ou ir à igreja), a inserção em redes sociais alargadas e uma história de amplo contacto social parecem constituir fatores protetores (revisão de Alzheimer's Association, 2016, 2017, 2018; revisão de Baumgart et al., 2015). Adicionalmente, uma dieta do tipo mediterrânica conjugada ou não com dieta anti-hipertensiva (limitação de carne vermelha, de gorduras saturadas e de açúcar; predomínio de grãos integrais, frutas e legumes, peixe, nozes e azeite), o controlo de fatores de risco cardiovascular (especialmente diabetes, obesidade, tabagismo e hipertensão) e o consumo moderado de álcool parecem diminuir o risco de desenvolvimento de DA (revisão de Alzheimer's Association, 2016, 2017, 2018; revisão de Baumgart et al., 2015; revisão de Nelson & Tabet, 2015). O uso de anti-inflamatórios não-esteroides tem apresentado evidência contraditória, mas promissora (revisão de Moore et al., 2010; revisão de Nelson & Tabet, 2015; Nevado-Holgado & Lovestone, 2017; revisão de Szekely & Zandi, 2010). O mesmo acontece com a terapia hormonal de substituição em mulheres pós-menopáusicas (revisão de Henderson, 2014; Imtiaz et al., 2017; Lowe et al., 2015).

Intervenção terapêutica

À semelhança do que acontece com o DCL, antes de iniciar qualquer tipo de intervenção terapêutica em doentes com DA, o clínico deve ter o cuidado de avaliar outros fatores que possam, eventualmente, estar a causar prejuízo na capacidade cognitiva do indivíduo, pelo que deve ser efetuada uma avaliação pormenorizada de forma a realizar um diagnóstico diferencial cuidado que permita excluir outras hipóteses de diagnóstico (Grilo, 2009). Posto isto, a intervenção em doentes de Alzheimer deve ser abordada de forma longitudinal, dadas as diferentes fases do curso de evolução da doença, devendo recorrer-se à intervenção farmacológica combinada com intervenções terapêuticas não-farmacológicas (Grilo, 2009; Santana & Cunha, 2005). Nesta linha, importa referir o relevante papel dos familiares e dos cuidadores em todo este processo (Kales, Gitlin, & Lyketsos, 2015).

Quanto ao nível da intervenção farmacológica, segundo o estudo publicado pela Alzheimer's Association (2018), nenhum dos tratamentos farmacológicos disponíveis atuais atrasa ou interrompe o dano e destruição de neurónios que provocam os sintomas de DA. Segundo a mesma Associação, a *Food and Drug Administration* dos Estados Unidos aprovou seis medicamentos para o tratamento da DA — rivastigmina, galantamina, donepezilo, memantina, memantina combinada com donepezilo e tacrina.

A rivastigmina, galantamina e donepezilo são inibidores da acetilcolinesterase adequados a doentes com DA ligeira e, de facto, aliviam os sintomas através do aumento da quantidade de acetilcolina no cérebro (Alzheimer's Association, 2018; revisão de Nelson & Tabet, 2015; O'Brien et al., 2017). Os estudos têm revelado respostas muito heterogéneas a este tipo de medicação, havendo alguns que mostram um efeito modesto nas perturbações neuropsiquiátricas, mas com um efeito positivo sobre as alterações comportamentais (Trinh, Hoblyn, Mohanty, & Yaffe, 2003), enquanto outros indicam uma eficácia significativa na melhoria dos sintomas neuropsiquiátricos em pacientes com DA em fases iniciais e moderadas (Holmes et al., 2004), ou mesmo um atraso de 12 meses na progressão de DCL para DA (Petersen et al., 2005).

A memantina é um antagonista dos recetores N-metilo-D-aspartato (NMDA, recetores numerosos no hipocampo) e é prescrita a doentes com DA moderada ou severa e também oferece alívio sintomático devido ao aumento de glutamato no cérebro (Alzheimer's Association,

2018; revisão de Nelson & Tabet, 2015; O'Brien et al., 2017; Reisberg et al., 2003).

No entanto, a eficácia destes dois grupos de medicamentos varia de pessoa para pessoa e tem duração limitada (Alzheimer's Association, 2018; revisão de Nelson & Tabet, 2015).

De acordo com a revisão de Martins et al. (2009), muitos estudos forneceram evidências de ligações entre o colesterol e o metabolismo do Aβ, pelo que não é de estranhar que o uso de estatinas, que inibem a síntese de colesterol, possa reduzir a incidência de DA e pareça afetar a produção de Aβ. No entanto, o efeito modificador do risco de AD por estes fármacos pode também dever-se a efeitos anti-inflamatórios, alterações na isoprenilação e/ou efeitos no metabolismo do colesterol, pelo que se aguardam por novas investigações que esclareçam o seu real efeito.

Outro rumo recente de tratamento dirige-se à agregação das proteínas tau. A metiltionina atua como inibidor da agregação tau e num estudo exploratório randomizado recente foi sugerido o seu efeito positivo sobre o funcionamento cognitivo em doentes com DA ligeira/moderada (Wischik et al., 2015). A investigação tem vindo a revelar há algum tempo que a insulina tem ação sobre a formação de Aβ e no estudo exploratório de Claxton et al. (2015) o uso de insulina intranasal revelou-se promissor na melhoria do funcionamento cognitivo (mas não no executivo, nem nas atividades da vida diária) de doentes com DA em fase prodrómica.

Noutra linha de abordagem, uma nova via de tratamento é a imunoterapia com uso de anticorpos monoclonais humanos, que se ligam preferencialmente a formas solúveis de amiloide, promovendo a sua depuração do cérebro. O mais prometedor parece ser o aducanumab (Sevigny et al., 2016). O solanezumab mostrou benefício ligeiro a nível cognitivo no tratamento de pacientes com DA leve, embora os objetivos do estudo não tenham sido atingidos (Doody et al. 2014). O mesmo aconteceu com o bapineuzumab: os objetivos do estudo não foram alcançados, mas foi observado um pequeno benefício cognitivo em pacientes com DA ligeira que não eram portadores de APOE ε4 (Salloway et al. 2014). Numa pesquisa mais recente, no entanto, o bapineuzumab não se revelou eficaz em doentes com DA ligeira/moderada (Vandenberghe et al., 2016).

A formação dos peptídeos Aβ depende da atividade da β-secretase (BACE1), pelo que estão em curso vários estudos com inibidores BACE1 (Yan & Vassar 2014). Alguns mostraram-se seguros nas investigações preliminares e tiveram sucesso na redução da atividade do BACE1, onde se inclui o MK-8931 (Forman et al., 2013; Stone et al., 2013) e o E2609 (Bernier et al., 2013; Lai et al. 2012). O mesmo não aconteceu com o recente verubecestat que não reduziu o declínio cognitivo e funcional numa investigação randomizada com doentes com DA ligeira/moderada (Egan et al., 2018).

Numa linha de abordagem diferente, é promissor o papel da vitamina D, quer a produzida pela pele sob estimulação UV quer a ingerida a partir de alimentos, ainda que a sua ação pleiotrópica seja dependente dos contextos celular, tecidular, temporal, individual, de dose, patológico e, talvez, dependente do sexo (Landel, Annweiler, Millet, Morello, & Féron, 2016). Adicionalmente, foi revelado num estudo preliminar que o efeito combinado da ingestão de vitamina D com memantina na prevenção de declínio cognitivo entre doentes com DA é superior ao efeito de cada uma usada independentemente (Dhesi et al., 2004). A vitamina E (alfa tocoferol) é outra vitamina com efeito em doentes com DA ligeira ou moderada (Grundman, 2000), atrasando o declínio funcional e sendo o seu efeito superior ao da memantina (Dysken et al., 2014).

Estas vitaminas e ainda o uso de suplementos e compostos alimentares alternativos (*Ginkgo biloba*, *Salvia officinalis* e curcumina) consistem em potenciais novos tratamentos ou estratégias preventivas para a DA, mas que exigem mais investigação (Akhondzadeh et al., 2003; revisão de Nelson & Tabet, 2015).

No que respeita à **intervenção não-farmacológica**, existem várias terapias desenvolvidas com o objetivo de melhorar ou manter o funcionamento cognitivo, a capacidade de executar as atividades da vida diária, a qualidade de vida e os sintomas comportamentais. Os estudos de revisão e metanálise com ensaios clínicos randomizados mostram que alguns são úteis na DA. Duas revisões sistemáticas recentes evidenciaram efeitos positivos do exercício físico (Farina, Rusted, & Tabet, 2014; Groot et al., 2016). Na revisão de Groot et al. (2016) foi mostrado que o exercício aeróbico e uma combinação de exercícios aeróbicos e não-aeróbicos tiveram efeitos positivos na função cognitiva quer em doentes com DA quer em doentes com demência não-DA. Na análise de Farina et al. (2014) ficou patente que o exercício tem um efeito positivo sobre a taxa de declínio cognitivo na DA. No entanto, os dois grupos de autores alertam para a necessidade de os ensaios clínicos randomizados envolverem um número maior de participantes.

Outras duas revisões sistemáticas (Aguirre, Woods, Spector, & Orrell, 2013; Woods, Aguirre, Spector, & Orrel, 2012) mostraram que a estimulação cognitiva e os exercícios de orientação da realidade são benéficos para a função cognitiva e qualidade de vida, não havendo nenhum tipo único de estimulação mais eficaz que o outro. Os benefícios para a função cognitiva duraram até 3 meses. A estimulação cognitiva não afetou o humor, a capacidade de realizar atividades da vida diária ou as alterações comportamentais. A revisão sistemática de Dourado e Laks (2016) acrescentou o papel positivo no funcionamento cognitivo e humor das terapias da reminiscência e o efeito benéfico da terapia orientada para a realidade sobre o funcionamento cognitivo, comportamentos disfuncionais e risco de institucionalização em doentes com DA.

São ainda auspiciosos os potenciais efeitos positivos da musicoterapia sobre o funcionamento cognitivo, depressão e ansiedade em doentes com DA ligeira/moderada, sobre a ansiedade nos casos leves e sobre sintomas psicóticos, agitação e irritabilidade nos casos moderados (Gallego & Garcia, 2017).

Por último, atualmente existe consenso de que a intervenção psicológica é mais eficaz quando acompanhada de psicofármacos (Dourado & Laks, 2016; O'Brien et al., 2017).

DOENÇA DOS CORPOS DE LEWY

Os primeiros casos de Doença dos Corpos de Lewy (DCLewy) foram registados em 1961. Duas pessoas com demência (Parkinson e outros sintomas psiquiátricos) com idades de 69 e 70 anos apresentavam rigidez extrapiramidal severa e na sua autópsia encontraram-se corpos de Lewy difusos (Okazaki, Lipkin, & Aronson, 1961). Durante os anos seguintes, foram reportados mais alguns casos com características semelhantes e o termo *Doença dos corpos de Lewy* surgiu pela distribuição típica de corpos de Lewy pelas regiões corticais e subcorticais (Kosaka, Yoshimura, Ikeda, & Budka, 1984).

A DCLewy é considerada a segunda demência neurodegenerativa mais comum, logo a seguir à doença de Alzheimer (Walker, Possin, Boeve, & Aarsland, 2015). De acordo com a revisão de Jones e O'Brien (2014) e Kane et al. (2018), os casos de DCLewy variam entre 4,2% a 4,6% do total de casos de demência diagnosticados. Os resultados encontrados num estudo realizado em onze países, incluindo Portugal, apontam para uma prevalência mais elevada, indicando que 10% a 15% dos casos de demência diagnosticados correspondem a DCLewy (Guerreiro et al., 2018). A DCLewy raramente surge de forma isolada, estando, normalmente, associada à DA ou ao Parkinsonismo (Lennox et al., 1989; Perry et al., 1990). A idade de início da doença é entre os 50 e os 85 anos e a DCLewy parece afetar desproporcionalmente mais homens do que mulheres, de acordo com alguns estudos, mas num maior número de investigações registaram-se mais mulheres do que homens (revisão de Jones & O'Brien, 2014).

Sintomatologia e evolução

A DCLewy é uma doença progressiva, os sintomas começam a manifestar-se de forma gradual e agravam-se ao longo do tempo, com possibilidade de períodos estacionários ocasionais. O tempo médio de vida após o início dos sintomas é entre 2 e 7 anos (APA, 2013).

A fase prodrómica da doença caracteriza-se por episódios de confusão muitas vezes precipitados por doença ou cirurgia, é possível observar declínio cognitivo, mas, de um modo geral, as pessoas conseguem manter-se funcionais e/ou podem existir sintomas psiquiátricos. Em simultâneo um dos biomarcadores para DCLewy terá que estar presente (McKeith, Taylor, Thomas, Donaghy, & Kane, 2016; McKeith et al., 2017). Em fases mais avançadas da doença há já necessidade de ajuda e supervisão devido a alterações do pensamento, agravamento do défice cognitivo e dificuldades de movimento. Fases mais tardias da doença podem acarretar dependência total para cuidados básicos e de saúde (APA, 2013; revisão de Jones & O'Brien, 2014; McKeith et al., 1996; McKeith et al., 2017).

Critérios de diagnóstico

O consenso para o diagnóstico clínico de DCLewy apenas foi conseguido em 1996, onde ficou definido que o diagnóstico requeria demência acrescida de um ou dois dos seguintes critérios (dois critérios para provável e um para possível): alucinações recorrentes e totalmente formadas, Parkinsonismo e flutuação no funcionamento cognitivo (Kales et al., 2015; McKeith et al., 1996; Stinton et al., 2015).

Segundo o DSM-5 (APA, 2013), o diagnóstico de DCLewy pressupõe que a pessoa preencha critérios de Perturbação Neurocognitiva *Major* ou Ligeira, que o início da perturbação tenha sido insidioso e a progressão gradual e que a perturbação não seja melhor explicada por perturbação cerebrovascular, outra doença neurodegenerativa, efeito de substâncias ou outra perturbação mental, neurológica ou sistémica. Posto isto, existem duas possibilidades de diagnóstico: Perturbação Neurocognitiva *Major* ou Ligeira com Corpos de Lewy Provável e Perturbação Neurocognitiva *Major* ou Ligeira com Corpos de Lewy Possível. Para o primeiro diagnóstico, é necessário que a pessoa apresente dois critérios centrais ou um critério sugestivo com um ou mais critérios centrais. Para o segundo, a pessoa apenas apresenta um critério central ou um ou mais critérios sugestivos. Os critérios centrais são: (1) flutuação cognitiva com variações acentuadas da atenção e alerta, (2) alucinações visuais recorrentes bem formadas e detalhadas e (3) características espontâneas de Parkinson, com início subsequente ao desenvolvimento do declínio cognitivo. Os critérios sugestivos são: (1) reunir critérios de perturbação comportamental do sono REM e (2) sensibilidade neuroléptica severa.

As características de doença de Parkinson, as alucinações, as flutuações cognitivas e perturbação comportamental do sono REM constituem os principais problemas associados à DCLewy, no entanto estes problemas não estão uniformemente presentes em todos os casos (Smith & Bondi, 2013).

Em 2017 o *International Dementia with Lewy Bodies Consortium* publicou uma atualização dos critérios de diagnóstico, fazendo a distinção entre características clínicas, divididas em principais e de suporte, e biomarcadores de diagnóstico, divididos em indicativos e de suporte. A maior relevância dada à perturbação comportamental do sono REM, considerada agora característica clínica principal, a alteração da sensibilidade neuroléptica para característica clínica de suporte e a inclusão da redução de captação de dopamina nos biomarcadores de diagnóstico indicativos, constituem as principais alterações. A hipersónia e hiposmia são consideradas características clínicas de suporte (McKeith et al., 2017).

Se um ou mais biomarcadores indicativos estiverem presentes em simultâneo com uma característica clínica principal, então a DCLewy deve ser diagnosticada. Na presença de demência sem nenhuma das características clínicas principais, mas com um ou mais biomarcadores presentes dever-se-á diagnosticar DCLewy *possível*, bem como se estiver presente uma característica clínica principal, mas sem evidência de nenhum biomarcador indicativo (McKeith et al., 2017).

Etiologia e fatores de risco

Mutações no gene glucocerebrosidase parecem apresentar-se como fatores de risco significativos para a DCLewy e os portadores dessas mutações desenvolvem DCLewy mais cedo que não portadores (Nalls et al., 2013). Bras et al. (2014) mostraram associação entre SNCA e SCARB2 e DCLewy. Mais recentemente, os mesmos autores, num estudo realizado com uma amostra clínica de 1743 pessoas provenientes de 11 países, incluindo Portugal, para além de confirmarem a existência dessa associação, concluíram que até 36% dos casos diagnosticados podem ser geneticamente herdados, deixando assim evidente que a DCLewy possui uma forte componente genética (Guerreiro et al., 2018). O alelo para o gene O apoE ε2 parece apresentar-se como um fator protetor para o desenvolvimento de DCLewy (Berge, Sando, Rongve, Aarsland, & White, 2014).

Intervenção terapêutica

A maioria dos tratamentos apresentados nos estudos foca-se, sobretudo, na intervenção farmacológica (Stinton et al., 2015). O facto de haver uma combinação de sintomas cognitivos, neuropsiquiátricos e motores na DCLewy faz com que haja uma maior probabilidade de interferência na funcionalidade e qualidade de vida destes doentes (O'Brien et al., 2017). Assim, o recurso a fármacos deve ser feito com precaução uma vez que os efeitos secundários podem agravar os sintomas da doença, por exemplo, os neurolépticos que bloqueiam a dopamina podem agravar os sintomas extrapiramidais, ou os neurolépticos tradicionais (como haloperidol) podem estar associados ao Parkinsonismo ou diminuir os níveis de consciência (Brown, 1999; O'Brien et al., 2017). Não obstante, estudos bioquímicos têm demonstrado um défice colinérgico em pacientes com DCLewy, o que está associado aos sintomas cognitivos e neuropsiquiátricos. Neste sentido, inibidores de colinesterase apresentam benefícios ao nível do melhoramento cognitivo, problemas comportamentais e retardam o declínio funcional (Perry et al., 1990, 1996). Entre este grupo de fármacos o donepezil tem revelado bons resultados na diminuição das alucinações visuais (Satoh et al., 2010), bem como na diminuição da deterioração cognitiva (Stinton et al., 2015). Ademais, o donepezil tem evidenciado menos efeitos secundários adversos quando comparado com a rivastigmina (Stinton et al., 2015). A galantamina tem também revelado bons resultados em doentes com DCLewy, diminuindo alguns dos sintomas psiquiátricos e cognitivos (Stinton et al., 2015).

No tratamento da DCLewy são também usados fármacos antiparkinsonianos como o levodopa, contudo, apesar deste fármaco estar associado a uma melhoria de alguns sintomas motores como os tremores (Onofrj et al., 2013), alguns pacientes têm revelado também um aumento dos sintomas psicóticos (Goldman, Goetz, Brandabur, Sanfilippo, & Stebbins, 2008).

Assim, é importante que as investigações incidam em alternativas não-farmacológicas para o tratamento destes pacientes. No que diz respeito às alucinações é importante determinar se elas são perturbadoras ou poderão causar algum dano ao paciente. É comum que as alucinações sejam mais alarmantes para os familiares do que para os próprios pacientes. A capacidade reduzida de distinguir entre o conteúdo dos sonhos e as experiências quando estão acordados pode fazer com que seja difícil e frustrante tentar convencê-los de que essas alucinações não são reais. Treinar os membros da família para saberem lidar com estas situações inclui: encorajá-los a validar os sentimentos do paciente, ajudá-los a realizar algumas atividades relacionadas com as alucinações (e.g., verificar as divisões da casa para saber se existe algum intruso), promover relações de segurança e cuidado para não tentar contrariar o paciente. A psicoeducação dos cuidadores é essencial para que aprendam a gerir os comportamentos de pessoas com DCLewy (Smith & Bondi, 2013).

DEMÊNCIA FRONTOTEMPORAL

O primeiro autor a fazer uma descrição da Demência Frontotemporal (DFT), ou degeneração lobar Frontotemporal, foi Pick (1892), tendo feito a descrição de um homem de 71 anos que durante três anos se encontrava em processo de declínio cognitivo, com afasia e parafasias no seu discurso e dificuldade em reconhecer objetos. Após a sua morte, a autópsia revelou atrofia ao nível dos lobos frontal e temporal.

Após vários anos sem consenso quanto à separação das diferentes «doenças» do lobo frontal e temporal e com o crescente interesse na área das afasias, procurou-se aglomerar todas estas condições numa ampla categoria das doenças degenerativas frontotemporais. Há duas variantes principais da DFT, uma ao nível do comportamento e outra ao nível da linguagem, que são reflexo de padrões de atrofia cerebral no lobo frontal e temporal. A DFT está então associada a uma degeneração progressiva dos lobos frontais, dos lobos temporais ou de ambos (Piguet, Hornberger, Mioshi, & Hodges, 2011; Smith & Bondi, 2013).

Assim, quando o quadro de demência frontotemporal surge isoladamente, remete para três possíveis entidades neuropatológicas: (1) a doença de Pick, — a primeira entidade a ser identificada, mas também a mais rara —; (2) demências frontotemporais não específicas, sendo esta a entidade clínica mais frequente; e (3) demência frontotemporal com afeção do neurónio motor (Bang, Spina, & Miller, 2015; Burrel et al., 2016).

Borroni e colaboradores (2010) apontam que a prevalência da DFT na população geral, para todas as idades, seja de cerca de 0,02%. No grupo entre 45 e 64 anos a prevalência será de 0,02%, no grupo entre 65 e 74 anos será de 0,08% e no grupo acima de 75 anos será de 0,05%. A DFT conta para cerca de 5%-7% do total de casos de demência, subindo para 8%-17% em doentes com menos de 70 anos (Bird et al., 2003). Cerca de 20%-25% dos casos com DFT desenvolve a doença após os 65 anos. A variante comportamental e a variante de linguagem semântica são mais prevalentes nos homens e a variante não-fluente é mais prevalente nas mulheres (APA, 2013). Acredita-se que esta doença esteja subdiagnosticada em Portugal (Guimarães, Fonseca, & Garrett, 2006).

Sintomatologia e evolução

A DFT é uma síndrome neurocognitiva com implicações no funcionamento cognitivo, alterações comportamentais e perturbação das capacidades linguísticas. A fase inicial da doença pode ser confundida com doença do foro psiquiátrico pelas suas similaridades, o que complica o diagnóstico (Bang et al., 2015; Vijverberg et al., 2017). Os doentes com DFT manifestam alterações do comportamento (e.g., desinibição, deambulação, inadequação social e apatia) e problemas executivos, apresentam afasia progressiva não fluente e afasia progressiva semântica com prejuízo do conhecimento semântico e nomeação (APA, 2013; Bang et al., 2015; Kales et al., 2015; Rascovsky et al., 2011).

Apesar da idade de início da DFT poder variar entre os 30 e os 90 anos de idade, ela surge maioritariamente por volta dos 60 anos. A doença é progressiva e os anos médios de vida após o início dos sintomas são entre 6 e 11 anos e após o diagnóstico entre 3 e 4 anos (APA, 2013).

Critérios de diagnóstico

Importa ter em consideração que, devido à elevada heterogeneidade patológica e genética da DFT, existia grande controvérsia e ausência de consenso quanto à uniformização dos critérios de diagnóstico (Santana & Cunha, 2005). Não obstante, o DSM-5 (APA, 2013) apresenta como critérios de diagnóstico da *Perturbação Neurocognitiva Frontotemporal* Major ou Ligeira a presença de critérios para Perturbação Neurocognitiva, o início ter sido insidioso, a progressão gradual, a relativa preservação da aprendizagem, memória e função percetual-motora e a perturbação não ser mais bem explicada por Perturbação Cerebrovascular, outra Perturbação Neurodegenerativa, efeito de substâncias ou outra perturbação mental, neurológica ou sistémica. A Perturbação Neurocognitiva Frontotemporal inclui uma variante comportamental e uma variante ao nível da linguagem. A variante comportamental está presente caso o paciente demonstre declínio proeminente nas cognições sociais e/ou funções executivas e reúna três dos seguintes sintomas comportamentais: (1) desinibição comportamental, (2) apatia ou inércia, (3) perda de simpatia ou empatia, (4) comportamento perseverante, estereotipado ou compulsivo/ritualístico e (5) hiperoralidade e alterações na dieta. Apresentará variante ao nível da linguagem se existir um declínio proeminente nas capacidades linguísticas, na forma de produção de discurso, procura de palavras, nomeação de objetos, gramática ou compreensão de palavras.

A Perturbação Neurocognitiva Frontotemporal Provável será diagnosticada se houver evidência de mutação genética causada pela Perturbação Neurocognitiva Frontotemporal, tendo em conta o histórico familiar e teste genético, ou se houver evidência de comprometimento desproporcional do lobo frontal e/ou temporal a partir de neuroimagem. Caso não exista evidência de mutação genética e não tenha sido realizada neuroimagem, deverá ser feito o diagnóstico de Perturbação Neurocognitiva Frontotemporal Possível (APA, 2013).

O diagnóstico pode ser um desafio pois os sintomas iniciais podem confundir-se com doença psiquiátrica. Aqui os biomarcadores podem ser uma ferramenta valiosa, uma vez que o rácio P-tau/tau parece ser útil na diferenciação da DFT de doenças do foro psiquiátrico (Vijverberg et al., 2017).

Etiologia e fatores de risco

Não existem muitos estudos relativamente aos fatores de risco para as Demências Frontotemporais. Não obstante, alguns estudos apontam a genética como um fator de risco de elevada importância. Nesta linha, é comum que pacientes com DFT tenham histórico familiar com a doença (Rohrer et al., 2009). Aproximadamente 40% dos indivíduos com DFT têm alguém na família com início precoce de DFT (APA, 2013). Alguns estudos apontam para a existência de uma associação entre uma mutação no gene que codifica a proteína

Tau, localizada no cromossoma 17 e as formas familiares da DFT (Hutton, 2000).

Intervenção terapêutica

Os estudos não apontam um tratamento clínico específico para a DFT. Os tratamentos utilizados focam-se substancialmente na redução sintomática e no melhoramento da qualidade de vida dos pacientes, sobretudo quando as alterações comportamentais interferem com o cuidado do doente (Boxer & Boeve, 2007). Os tratamentos farmacológicos mais comuns recorrem a antipsicóticos e inibidores seletivos da recaptação da serotonina, dando assim evidência de que a DFT está associada a alterações dopaminérgicas e serotoninérgicas (Buoli et al., 2017; Huey, Putnam, & Grafman, 2006). Os inibidores seletivos da recaptação da serotonina parecem ter eficácia na vertente comportamental, mas não melhoram a cognição (O'Brien et al., 2017). Além da intervenção farmacológica, existem algumas medidas com potencial para melhorar a qualidade de vida de pessoas com DFT, nomeadamente programas de terapia da fala no caso de doentes com perturbações incapacitantes da linguagem (Pasquier et al., 2003).

AVALIAÇÃO CLÍNICA NAS DEMÊNCIAS

História clínica

A recolha da história clínica do paciente é um passo fundamental em qualquer quadro clínico. Quando se trata de suspeita de quadros demenciais como a DA é habitual o indivíduo vir acompanhado por familiares e/ou cuidadores, sendo que são estes que, muitas vezes, apresentam as queixas, uma vez que o doente, por vezes, tende a subestimar e a desvalorizar os seus próprios sintomas, podendo por isso apresentar um comportamento alheado da consulta (Grilo, 2009). Nestes casos, é crucial que o acompanhante do doente esteja bem informado. No entanto, é necessário ter em conta que a permanência do doente na consulta durante a recolha de informação pode tornar-se constrangedora para ele, já que este ficará exposto ao relato das suas dificuldades e incapacidades, bem como à descrição, que pode ser sentida como embaraçosa, de possíveis alterações do seu comportamento alimentar, sexual ou outro. Por esta razão, e de forma a não prejudicar a estabilidade emocional do paciente, poderá realizar-se a entrevista separadamente (Grilo, 2009; Santana & Cunha, 2005). Nesta linha, embora se deva valorizar toda a informação recolhida na entrevista a ambos, no caso do doente, o clínico deve estar particularmente atento à forma como as queixas são verbalizadas, para além do conteúdo das queixas (Grilo, 2009).

Existem algumas informações fulcrais a incluir na história clínica:

• **Características sociodemográficas**: a idade, escolaridade, estado civil, agregado familiar e nível socioeconómico são informações indispensáveis. Ademais, a idade e a baixa escolaridade são fatores de risco para todas as formas de demência, além de variáveis críticas na avaliação do desempenho cognitivo (Grilo, 2009; Santana & Cunha, 2005).

• **Antecedentes de doenças neurológicas ou psiquiátricas**: ter conhecimento de que o paciente sofreu uma doença neurológica no passado pode fornecer uma importante pista acerca da causa dos sintomas apresentados pelo doente. Por exemplo, uma história de ocorrência de acidentes vasculares cerebrais acompanhadas de deterioração cognitiva, indica a possibilidade de uma demência de causa vascular (Grilo, 2009; Kales et al., 2015; Santana & Cunha, 2005).

• **História familiar de demência**: uma vez que a genética é frequentemente apontada como sendo um forte fator etiológico para o desenvolvimento de demência, esta é também uma informação crucial a incluir na história clínica (Grilo, 2009; Kales et al., 2015; Santana & Cunha, 2005).

• **Intervenções farmacológicas**: este ponto é importante já que os efeitos secundários de alguns fármacos incluem causar alterações cognitivas, particularmente em pessoas idosas (Grilo, 2009; Kales et al., 2015; Santana & Cunha, 2005).

• **Avaliação dos sintomas**: este ponto requer uma avaliação cuidadosa, sendo que o esclarecimento de todos os sintomas e a sua evolução pode tornar-se um procedimento demasiado longo. Por esta razão, o clínico deve usar uma entrevista semiestruturada (Grilo, 2009; Santana & Cunha, 2005) onde devem seguir os seguintes tópicos: alterações cognitivas, compromisso funcional e manifestações psicológicas ou psiquiátricas (Santana & Cunha, 2005). Cada um destes domínios deve ser avaliado numa perspetiva cronológica (Grilo, 2009; Santana & Cunha, 2005).

Avaliação neuropsicológica

Este constitui um dos pontos fulcrais na avaliação de quadros demenciais. O clínico deverá começar por pesquisar a existência de **alterações mnésicas**, com especial incidência sobre a memória anterógrada, isto é, a capacidade para memorizar e aprender factos novos ou recentes. Para avaliar este tipo de memória, o clínico pode fazer perguntas como: «Com quem vive?», «O que comeu ontem ao jantar?», «Que dia é hoje?», «Qual o meio de transporte que usou para chegar aqui?», «Quem é o atual Presidente da República?» ou pedir para evocar nomes de pessoas da família. Algumas destas perguntas servem também para avaliar a orientação espaciotemporal do doente. A memória também pode ser avaliada pedindo ao doente para registar, reter, recordar e reconhecer informação; bem como a capacidade para aprender novos conteúdos pode ser testada pedindo à pessoa que memorize uma lista de palavras que posteriormente terá de evocar. A memória retrógrada ou remota, pode ser avaliada perguntando ao doente factos mais antigos da sua história de vida, tais como, nome dos professores, colegas, moradas ou factos históricos. É também importante, procurar compreender qual o impacto que as alterações de memória estão a causar no funcionamento diário do doente, por exemplo, o clínico deve verificar se o paciente continua com capacidade para trabalhar (caso ainda não se encontre reformado), ir às compras, pagar as contas, regressar a casa sem se perder, cozinhar ou outras atividades de vida diária habituais para o paciente (APA, 2013; Grilo, 2009; Santana & Cunha, 2005). A avaliação do funcionamento da vida diária do doente permite, por sua vez, determinar a sua **capacidade funcional** (Sousa, Simões, Firmino, & Vilar, 2010). Nesta linha, deverão também ser analisadas as **funções executivas**, tais como a capacidade de planeamento, execução e finalização das tarefas, flexibilidade mental, organização e gestão do tempo, controlo inibitório e tolerância à frustração. A análise das funções executivas justifica-se, pois podem também apresentar-se alteradas em indivíduos com quadros de DCL ou mesmo em quadros demenciais, sendo comum verificar-se estas alterações na DA, na Demência Vascular (McGuinness, Barrett, Craig, Lawson, & Passmore, 2010) ou na DFT (Teixeira & Caramelli, 2008).

A demência pode causar também alterações da **linguagem**, nomeadamente afasia, pelo que a linguagem é uma função cognitiva que deve igualmente ser avaliada. Para avaliar a linguagem, deve proceder-se à análise do discurso do doente, verificando a sua fluência, orientação e consistência, uma vez que o discurso de doentes afásicos é caracterizado por longos circunlóquios e recurso excessivo de referências indefinidas como «aquilo» ou «coisa». O clínico pode também pedir ao doente para nomear objetos comuns (e.g., caneta, papel, mesa, camisa), ou partes do corpo (e.g., nariz, mão, olho). A compreensão da linguagem escrita e falada, bem como a repetição, devem igualmente ser avaliadas. Neste caso, pode pedir-se ao paciente para seguir determinada instrução, por exemplo, «Pegue na folha, rasgue em duas partes de tamanhos diferentes, atire a parte maior para o chão e segure na mais pequena com a sua mão direita», sendo que este exercício permite ao clínico avaliar não somente a compreensão da linguagem, mas também outras funções cognitivas como a atenção, as funções executivas e a capacidade práxico-motora. Em estados avançados de demência o doente pode apresentar um padrão deteriorado do discurso, caracterizado pela repetição daquilo que ouve (ecolalia) ou pela repetição de sons ou palavras inúmeras vezes (palilalia; APA, 2013; Grilo, 2009; Santana & Cunha, 2005).

Deve também ser realizado um estudo das **capacidades gnósicas** ou de reconhecimento, uma vez que muitos doentes podem apresentar agnosia, isto é, um défice no reconhecimento apesar das funções sensoriais estarem preservadas. Assim, o clínico poderá realizar esta avaliação testando a capacidade do doente para reconhecer objetos comuns, pessoas e/ou locais (Grilo, 2009).

A capacidade **práxica-motora** é outra função que merece uma avaliação cuidada. Neste sentido, deve examinar-se a capacidade do doente para efetuar uma sequência de gestos simples sob comando ou imitação, por exemplo, pode pedir-se que este feche os olhos e toque com a ponta do dedo direito no nariz ou pedir-se para desenhar figuras geométricas simples (Grilo, 2009). Nesta linha, o clínico deve igualmente avaliar alterações da postura corporal e da marcha. A avaliação cuidada desta componente é particularmente importante na realização do diagnóstico da DP e da DCLewy (Santana & Cunha, 2005).

A avaliação destas funções permitirá, concomitantemente, avaliar a **atenção**, nomeadamente através da adesão do doente ao próprio processo de avaliação, da capacidade de seguir instruções, assim como da capacidade de se manter na tarefa resistindo a eventuais distrações (Grilo, 2009). Não obstante, como nas outras funções cognitivas, a avaliação da atenção deve ser acompanhada da aplicação de instrumentos de avaliação neuropsicológica devidamente aferidos e validados para o efeito.

Instrumentos de avaliação neuropsicológica

O uso de instrumentos de avaliação neuropsicológica devidamente aferidos reveste-se de extrema importância no diagnóstico e caracterização de quadros demenciais (Pękala, Bogaczewicz, Magierski, Magierska, & Sobów, 2016; Santana & Cunha, 2005), sendo que algumas medidas permitem a determinação da natureza e da gravidade das alterações cognitivas e, deste modo, realizar constatações clínicas que apontem para um diagnóstico de demência (Belleville, Fouquet, Hudon, Zomahoun, & Croteau, 2017; Grilo, 2009).

Existe uma ampla diversidade de testes, escalas e baterias de avaliação neuropsicológica, não sendo impostas metodologias rígidas de operacionalização do processo de avaliação, permitindo ao clínico uma relativa flexibilidade na escolha dos instrumentos de avaliação (Santana & Cunha, 2005) e que podem contribuir de forma segura para predizer demência em fases prodrómicas, quando ainda se está na presença de DCL (Belleville et al., 2017). Não obstante, abaixo são descritos alguns dos instrumentos mais utilizados em Portugal no âmbito da avaliação do défice cognitivo e das demências.

Avaliação breve do estado mental (MMSE; Folstein, Folstein, & McHugh, 1975; versão portuguesa: Guerreiro et al., 1994; Mendonça & Guerreiro, 2008). O *Mini-Mental State Examination* é um instrumento de avaliação neuropsicológica de ampla utilização em contexto clínico e de investigação, sobretudo para efeitos de rastreio (Tsoi et al., 2015). Trata-se de um teste de rastreio que, apesar de permitir identificar indivíduos com deterioração cognitiva e o grau de severidade, é pouco sensível na deteção de quadros demenciais (Grilo, 2009; Santana & Cunha, 2005). O MMSE é um teste de administração breve, que demora cerca de 10 minutos e permite avaliar diversas funções cognitivas através de provas únicas e pouco complexas, nomeadamente a orientação espacial e temporal, a memória, a atenção e cálculo, a linguagem e a capacidade construtiva visual. Há igualmente outros testes de rastreio sensíveis e eficazes na deteção de demência, mas menos utilizados globalmente, como, por exemplo, o Mini-Cog e o *Addenbrooke's Cognitive Examination-Revised* (Tsoi et al., 2015).

Montreal Cognitive Assessment (MoCA; Nasreddine et al., 2005; versão portuguesa: Freitas, Simões, Santana, Martins, & Nasreddine, 2013). O MoCA é também um instrumento amplamente utilizado e de administração rápida e fácil. É eficaz na distinção entre envelhecimento cognitivo normal e défice cognitivo, bem como na avaliação de estádios intermédios entre DCL e DA ligeira e moderada (Nasreddine et al., 2005). Este instrumento avalia diversos domínios cognitivos, tais como a atenção, a concentração, as funções executivas, a memória, a linguagem, o cálculo, a orientação, as capacidades visuo-construtivas e a capacidade de abstração (Freitas et al., 2013; Nasreddine et al., 2005). Em comparação com o MMSE, o MoCA avalia mais funções cognitivas e apresenta itens com maior nível de complexidade (Freitas et al., 2013).

Bateria de Avaliação Frontal (FAB; Dubois, Slachevsky, Litvan, & Pillon, 2000; versão portuguesa: Lima, Meireles, Fonseca, Castro, & Garrett, 2008). A FAB é uma bateria de avaliação neuropsicológica das funções executivas. Esta é também uma prova de rastreio cognitivo de aplicação rápida que permite avaliar diferentes domínios das funções executivas através das seguintes provas: semelhanças (pensamento abstrato), fluência lexical (flexibilidade mental), série motora de Luria (programação motora), ordens contraditórias (sensibilidade à interferência), prova *Go-No-Go* (controlo inibitório) e comportamento de preensão (independência do meio). A soma das pontuações obtidas nas diferentes provas permite obter uma pontuação global (Dubois et al., 2000). Esta bateria tem revelado uma boa validade discriminante e concorrente na avaliação das funções executivas em doentes de Parkinson (Lima et al., 2008).

Escala de Memória de Wechsler – 3.ª Edição (WMS-III; The Psychological Corporation, 1997; Wechsler, 2008; versão portuguesa: Rocha, Machado, Barreto, Moreira, & Castro, 2008). A WMS-III é composta por diversos subtestes que permitem a realização de uma avaliação detalhada de diferentes componentes do funcionamento da memória. Nesta linha, este instrumento é constituído por onze subtestes principais (Memória Lógica I e II; Pares de Palavras I e II; Sequência de Letras e Números; Faces I e II; Cenas de Família I e II e Localização Espacial) e sete subtestes complementares (Informação e Orientação; Lista de Palavras I e II; Controlo Mental; Memória de Dígitos; Reprodução Visual I e II (Wechsler, 2008). A WMS-III é, deste modo, muito útil no exame de problemas de memória associados a diferentes quadros clínicos, inclusivamente na identificação precoce de demência ou outras condições degenerativas (Rocha et al., 2008).

Bateria de Lisboa para Avaliação de Demência (BLAD; Garcia, 1984; Guerreiro, 1998). A BLAD é uma bateria de avaliação neuropsicológica compreensiva construída especificamente para a avaliação de alterações cognitivas focais e de quadros demenciais (Santana & Cunha, 2005). As provas que compõem esta bateria foram adaptadas de instrumentos já existentes, tais como a WMS, Matrizes Progressivas de Raven, Bateria de Luria, entre outras. Esta estrutura permite, por um lado, uma avaliação exploratória de diversas funções cognitivas, nomeadamente: a atenção, memória, orientação, linguagem, capacidade práxica-motora, iniciativa, capacidade construtiva, cálculo e abstração. E, por outro lado, a comparação de resultados obtidos em populações de outros países. Esta bateria é um instrumento sensível no diagnóstico de DA, em qualquer que seja a fase de progressão da doença (Guerreiro, 1998).

Avaliação psicológica

A avaliação psicológica é, também, um processo indispensável da avaliação clínica da demência, uma vez que as alterações psico-patológicas são muito prevalentes em quadros demenciais (Santana & Cunha, 2005).

Nesta linha, o clínico deve avaliar possíveis **alterações do afeto e do humor**, sendo que é extremamente comum verificar--se a presença de humor depressivo ou quadros de Perturbação Depressiva em comorbilidade com a demência (APA, 2013; Budson & Kowall, 2011; Ownby, Crocco, Acevedo, John, & Loewenstein, 2006). Assim, o clínico deve, para além da recolha de informação realizada através da entrevista clínica relativa a possíveis alterações ao nível do afeto e do humor, efetuar um despiste de sintomatologia depressiva através da utilização de instrumentos devidamente aferidos e validos para o efeito, uma vez que nem sempre é fácil distinguir sintomatologia depressiva de apatia, desinteresse, ou mesmo de alterações comportamentais provenientes do declínio das funções cognitivas (Santana & Cunha, 2005). Neste sentido, um dos instrumentos mais utilizados em Portugal para avaliar a presença de sintomas depressivos nas pessoas idosas é a **Escala de Depressão Geriátrica** [Geriatric Depression Scale (GDS); Yesavage et al., 1983; versão portuguesa: Barreto, Leuschner, Santos, & Sobral, 2003]. Pessoas com demência podem também apresentar sintomas de ansiedade, como, por exemplo, agitação psicomotora e alterações do padrão de sono e apetite (Haupt, Karger, & Jänner, 2000; Lichtenberg et al., 2003). Neste âmbito o clínico poderá administrar o Inventário de Ansiedade Geriátrica [Geriatric Anxiety

Inventory (GAI); Pachana et al., 2007; versão portuguesa: Ribeiro, Paúl, Simões, & Firmino, 2011].

Pessoas com demência podem também apresentar alterações da personalidade provenientes da degeneração cerebral, o que se verifica em cerca de 70%-90% dos doentes de Alzheimer. Também na DFT se observa, muitas vezes, **alterações da personalidade**, particularmente desinibição social, já na demência vascular e na DCLewy são frequentes a apatia e o desinteresse. Deste modo, e considerando a habitual falta de *insight* dos doentes acerca destas alterações, estas devem ser avaliadas através de uma cuidadosa entrevista efetuada aos familiares e/ou cuidadores mais próximos do doente (Santana & Cunha, 2005).

Outra manifestação amplamente apontada na literatura como sendo comum em quadros demenciais é o *Delirium* (e.g., APA, 2013; Budson & Kowall, 2011; Jackson, Gordon, Hart, Hopkins, & Ely, 2004; Lichtenberg et al., 2003), pelo que o clínico deve realizar uma avaliação cuidada no sentido de compreender se o ***Delirium*** se deve a um quadro demencial ou a uma psicose primária. As ideias delirantes que ocorrem em doentes demenciados são habitualmente simples e concretas (Santana & Cunha, 2005) e relativamente estáveis (APA, 2013), enquanto em doentes com psicose primárias, normalmente, são complexas e sistematizadas (Santana & Cunha, 2005) e apresentam flutuações (APA, 2013).

A presença de **alucinações** deve também ser avaliada, sendo estas típicas na DCLewy, mas também podem ocorrer, embora com muito menos frequência, noutros quadros demenciais, nomeadamente na DA. Para avaliar a ocorrência de alucinações o clínico deve questionar o doente e os familiares e/ou cuidadores mais próximos (Santana & Cunha, 2005).

Devem ainda ser avaliadas a ocorrência de **alterações do comportamento sexual**, bem como **alterações do padrão de sono e apetite** (Santana & Cunha, 2005).

Exames laboratoriais

Além da indispensável avaliação neuropsicológica e psicológica acima descritas, os exames laboratoriais são particularmente relevantes na identificação precoce de situações responsáveis por quadros demenciais (Santana & Cunha, 2005), bem como para a realização do diagnóstico diferencial entre as demências ou outros possíveis quadros neurológicos (APA, 2013). Nesta linha, destacam--se os estudos de neuroimagem, nomeadamente: a Tomografia Axial Computorizada (TAC); a Ressonância Magnética (RM); a Tomografia por Emissão de Positrões (PET) e a Tomografia Computorizada por Emissão de Fotão Único (SPECT). Existem ainda muitos outros exames laboratoriais que podem ser realizados na avaliação, diagnóstico e diagnóstico diferencial de quadros demenciais, tais como o hemograma, o estudo do líquido cefalorraquidiano (punção lombar), o eletroencefalograma (EEG) e estudos genéticos (Santana & Cunha, 2005).

CONCLUSÃO

A população mundial está a envelhecer e com o envelhecimento os números de pessoas com demência têm vindo a aumentar. De acordo com as projeções, estima-se que surjam mais de 9,9 milhões de novos casos de demência a cada ano no mundo, o que implica um novo caso a cada 3,2 segundos (Prince et al., 2015), e é esperado que em 2050 existam 2 mil milhões de pessoas com demência. Por conseguinte, no mundo a cada quatro segundos existe um novo caso de demência (World Health Organization [WHO], 2012).

Ao longo do capítulo abordaram-se diversos tipos de demência existentes, quais as suas implicações no indivíduo e alguns modelos terapêuticos para cada tipo de demência. Entre todas as demências, é a doença de Alzheimer que se destaca pela sua frequência e impacto. A demência é tão avassaladora que afeta, não somente as pessoas que sofrem com ela, mas também os seus cuidadores e familiares. Sendo a avaliação clínica fundamental para a identificação do quadro demencial, mas podendo o estado do doente dificultar a identificação da sintomatologia por parte do médico, é então essencial o doente fazer acompanhar-se por alguém que tenha conhecimento suficiente sobre o seu estado de saúde. A avaliação neuropsicológica tem-se constituído como um ponto essencial no diagnóstico, melhoria da saúde e tratamento dos quadros demenciais, bem como permite providenciar informação de suporte a longo prazo aos cuidadores (WHO, 2012).

Não existem tratamentos que curem ou alterem o percurso progressivo de demência, no entanto, já existem novas terapias que estão em fase de ensaios clínicos (WHO, 2012).

Desta forma, a demência não pode ser negligenciada, devendo ser uma prioridade na agenda de saúde pública. Deve continuar-se a promover um melhor conhecimento a nível público e dos profissionais relativamente à demência. Tendo as pessoas com demência e, sobretudo, os seus cuidadores um conhecimento único sobre as suas condições de vida, uma vez que experienciam em primeira mão as dificuldades, devem ser incluídas e envolvidas na formulação de políticas, planos, leis e serviços para a melhoria da qualidade de vida dos idosos. É necessária uma coordenação conjunta e que envolva todas as partes interessadas, quer a nível internacional, quer nacional, regional e local. A prevenção primária passa, essencialmente, pela melhoria do acesso à educação e pelo combate dos fatores de risco para as doenças vasculares, incluindo a diabetes, a hipertensão, a obesidade, o tabagismo e a inatividade física (WHO, 2012).

Referências bibliográficas

Act on Dementia. (2010-2020). *Joint action*. Acedido a 27 de julho de 2018, em http://www.actondementia.eu

Adler, G., Bramesfeld, A., & Jajcevic, A. (1999). Mild cognitive impairment in old-age depression is associated with increased EEG slow-wave power. *Neuropsychobiology, 40*(4), 218-222. doi:10.1159/000026623

Aguirre, E., Woods, R. T., Spector, A., & Orrell, M. (2013). Cognitive stimulation for dementia: A systematic review of the evidence of effectiveness from randomised controlled trials. *Ageing Research Reviews, 12*(1), 253-262. doi:10.1016/j.arr.2012.07.001

Aizenstein, H. J., Nebes, R. D., Saxton, J. A., Price, J. C., Mathis, C. A., Tsopelas, N. D., ... Klunk, W. E. (2008). Frequent amyloid deposition without significant cognitive impairment among the elderly. *Archives of Neurology, 65*(11), 1509--1517. doi:10.1001/archneur.65.11.1509

Akhondzadeh, S., Noroozian, M., Mohammadi, M., Ohadinia, S., Jamshidi, A. H., & Khani, M. (2003). Salvia officinalis extract in the treatment of patients with mild to moderate Alzheimer's disease: A double blind, randomized and placebo--controlled trial. *Journal of Clinical Pharmacy and Therapeutics, 28*(1), 53-59. doi:10.1046/j.1365-2710.2003.00463.x

Alzheimer, A. (1907). Über eine eigenartige Erkrankung der Hirnrinde. *Allgemeine Zeitschrift fur Psychiatrie und Psychisch-gerichtliche Medizin, 64*, 146-148.

Alzheimer's Association. (2010). 2010 Alzheimer's disease facts and figures. *Alzheimer's & Dementia, 6*(2), 158-194. doi:10.1016/j.jalz.2010.01.009

Alzheimer's Association. (2016). 2016 Alzheimer's disease facts and figures. *Alzheimer's & Dementia, 12*(4), 459-509. doi:10.1016/j.jalz.2016.03.001

Alzheimer's Association. (2017). 2017 Alzheimer's disease facts and figures. *Alzheimer's & Dementia, 13*(4), 325-373. doi:10.1016/j.jalz.2017.02.001

Alzheimer's Association. (2018). 2018 Alzheimer's disease facts and figures. *Alzheimer's & Dementia, 14*(3), 367-429. doi:10.1016/j.jalz.2018.02.001

American Psychiatric Association. (2013). *Diagnostic and statistical manual of mental disorders* (5.ª ed.). Arlington, Virginia: Autor. doi:10.1176/appi.books.9780890425596

Amieva, H., Le Goff, M., Millet, X., Orgogozo, J. M., Pérès, K., Gateau, P. B., ... Dartigues, J. F. (2008). Prodromal Alzheimer's disease: Successive emergence of the clinical symptoms. *Annals of Neurology, 64*(5), 492-498. doi:10.1002/ana.21509

Associação Alzheimer Portugal. (2016). *O que é a demência?* Acedido a 8 de agosto de 2016, em http://alzheimerportugal.org/pt/text-0-9-32-18-o-que-e-a-demencia

Bang, J., Spina, S., & Miller, B. L. (2015). Frontotemporal dementia. *Lancet, 386*(10004), 1672-1682. doi:10.1016/S0140-6736(15)00461-4

Banningh, L. W. A. J.-W., Vernooij-Dassen, M. J. F. J., Vullings, M., Prins, J. B., Rikkert, M. G. M. O., & Kessels, R. P. C. (2013). Learning to live with a loved one with mild cognitive impairment: Effectiveness of a waiting list controlled trial of a group intervention on significant others' sense of competence and well-being. *American Journal Alzheimer's Disease and Other Dementias, 28*(3), 228-238. doi:10.1177/1533317513481093

Barber, J., & Murphy, K. (2011). Challenges that specialist palliative care nurses encounter when caring for patients with advanced dementia. *International Journal of Palliative Nursing, 17*(12), 587-591. doi:10.12968/ijpn.2011.17.12.587

Barnes, D. E., Santos-Modesitt, W., Poelke, G., Kramer, A. F., Castro, C., Middleton, L. E., & Yaffe, K. (2013). The mental activity and exercise (MAX) trial: A randomized controlled trial to enhance cognitive function in older adults. *JAMA Internal Medicine, 173*(9), 797-804. doi:10.1001/jamainternmed.2013.189

Barnes, J., Bartlett, J. W., Wolk, D. A., van der Flier, W. M., & Frost, C. (2018). Disease course varies according to age and symptom length in Alzheimer's disease. *Journal of Alzheimer's Disease, 64*(2), 631-642. doi:10.3233/JAD-170841

Barnes, J., Dickerson, B. C., Frost, C., Jiskoot, L. C., Wolk, D., & van der Flier, W. M. (2015). Alzheimer's disease first symptoms are age dependent: Evidence from the NACC dataset. *Alzheimer's & Dementia, 11*(11), 1349-1357. doi:10.1016/j.jalz.2014.12.007

Barreto, J., Leuschner, A., Santos, F., & Sobral, M. (2003). *Escala de depressão geriátrica: Tradução portuguesa da Geriatric Depression Scale, de Yesavage et al.* Lisboa: Grupo Estudos de Envelhecimento Cerebral e Demências.

Baumgart, M., Snyder, H. M., Carrillo, M. C., Fazio, S., Kim, H., & Johns, H. (2015). Summary of the evidence on modifiable risk factors for cognitive decline and dementia: A population-based perspective. *Alzheimer's & Dementia, 11*(6), 718-726. doi:10.1016/j.jalz.2015.05.016

Behrman, S., Valkanova, V., & Allan, C. L. (2017). Diagnosing and managing mild cognitive impairment. *Practitioner, 261*(1804), 17-20.

Belleville, S., Fouquet, C., Hudon, C., Zomahoun, H. T. V., & Croteau, J. (2017). Neuropsychological measures that predict progression from mild cognitive impairment to Alzheimer's type dementia in older adults: A systematic review and meta-analysis. *Neuropsychology Review, 27*(4), 328-353. doi:10.1007/s11065-017-9361-5

Benson, D. F., Davis, R. J., & Snyder, B. D. (1988). Posterior cortical atrophy. *Archives of Neurology, 45*(7), 789-793. doi:10.1001/archneur.1988.00520310107024

Berge, G., Sando, S. B., Rongve, A., Aarsland, D., & White, L. R. (2014). Apolipoprotein E ε2 genotype delays onset of dementia with Lewy bodies in a Norwegian cohort. *Journal of Neurology, Neurosurgery & Psychiatry, 85*(11), 1227-1231. doi:10.1136/jnnp-2013-307228

Bernier, F., Sato, Y., Matijevic, M., Desmond, H., McGrath, S., Burns, L., ... Albala, B. (2013). Clinical study of E2609, a novel BACE1 inhibitor, demonstrates target engagement and inhibition of BACE1 activity in CSF. *Alzheimer's & Dementia: The Journal of the Alzheimer's Association, 9*(4), P886. doi:10.1016/j.jalz.2013.08.244

Bertens, D., Knol, D. L., Scheltens, P., & Visser, P. J. (2015). Temporal evolution of biomarkers and cognitive markers in the asymptomatic, MCI, and dementia stage of Alzheimer's disease. *Alzheimer's & Dementia, 11*(5), 511-522. doi:10.1016/j.jalz.2014.05.1754

Bird, T., Knopman, D., VanSwieten, J., Rosso, S., Feldman, H., Tanabe, H., ... Hutton, M. (2003). Epidemiology and genetics of frontotemporal dementia/Pick's disease. *Annals of Neurology, 54*(Supl. 5), S29-S31. doi:10.1002/ana.10572

Bliwise, D. L. (1996). Is sleep apnea a cause of reversible dementia in old age? *Journal of the American Geriatrics Society, 44*(11), 1407-1409. doi:10.1111/j.1532-5415.1996.tb01421.x

Borroni, B., Alberici, A., Grassi, M., Turla, M., Zanetti, O., Bianchetti, A., ... Padovani, A. (2010). Is frontotemporal lobar degeneration a rare disorder? Evidence from a preliminary study in Brescia county, Italy. *Journal of Alzheimer's Disease, 19*(1), 111-116. doi:10.3233/JAD-2010-1208

Boxer, A. L., & Boeve, B. F. (2007). Frontotemporal dementia treatment: Current symptomatic therapies and implications of recent genetic, biochemical, and neuroimaging studies. *Alzheimer Disease & Associated Disorders, 21*(4), S79-S87. doi:10.1097/wad.0b013e31815c345e

Bras, J., Guerreiro, R., Darwent, L., Parkkinen, L., Ansorge, O., Escott-Price, V., ... Hardy, J. (2014). Genetic analysis implicates APOE, SNCA and suggests lysosomal dysfunction in the etiology of dementia with Lewy bodies. *Human Molecular Genetics, 23*(23), 6139-6146. doi:10.1093/hmg/ddu334

Brown, D. F. (1999). Lewy body dementia. *Annals of Medicine, 31*(3), 188-196. doi:10.3109/07853899909115977

Buckley, R. F., Ellis, K. A., Ames, D., Rowe, C. C., Lautenschlager, N. T., Maruff, P., ... Saling, M. M. (2015). Phenomenological characterization of memory complaints in preclinical and prodromal Alzheimer's disease. *Neuropsychology, 29*(4), 571-581. doi:10.1037/neu0000156

Budson, A. E., & Kowall, N. W. (Eds.). (2011). *The handbook of Alzheimer's disease and other dementias*. West Sussex, UK: Wiley-Blackwell.

Buoli, M., Serati, M., Caldiroli, A., Galimberti, D., Scarpini, E., & Altamura, A. C. (2017). Pharmacological management of psychiatric symptoms in frontotemporal dementia: A systematic review. *Journal of Geriatric Psychiatry and Neurology, 30*(3), 162-169. doi:10.1177/0891988717700506

Burns, A., Jacoby, R., & Levy, R. (1990). Psychiatric phenomena in Alzheimer's disease. IV: Disorders of behaviour. *British Journal of Psychiatry, 157*(1), 86-94. doi:10.1192/bjp.157.1.86

Chang, E., Daly, J., Johnson, A., Harrison, K., Easterbrook, S., Bidewell, J., ... Hancock, K. (2009). Challenges for professional care of advanced dementia. *International Journal of Nursing Practice, 15*(1), 41-47. doi:10.1111/j.1440-172X.2008.01723.x

Chertkow, H., Massoud, F., Nasreddine, Z., Belleville, S., Joanette, Y., Bocti, C., ... Bergman, H. (2008). Diagnosis and treatment of dementia: 3. Mild cognitive impairment and cognitive impairment without dementia. *Canadian Medical Association Journal, 178*(10), 1273-1285. doi:10.1503/cmaj.070797

Chung, A. M. (2012). Percutaneous gastrostomy feeding tubes in end stage dementia: Don't 'just do it'. *Canadian Association of Radiologists Journal, 63*(3), S5-S6. doi:10.1016/j.carj.2012.05.004

De Vleminck, A., Pardon, K., Beernaert, K., Deschepper, R., Houttekier, D., Van Audenhove, C., ... Stichele, R. V. (2014). Barriers to advance care planning in cancer, heart failure and dementia patients: A focus group study on general practitioners' views and experiences. *PLoS ONE, 9*(1), e84905. doi:10.1371/journal.pone.0084905

DeCarli, C. (2003). Mild cognitive impairment: Prevalence, prognosis, aetiology, and treatment. *Lancet Neurology, 2*(1), 15-21. doi:10.1016/s1474-4422(03)00262-x

Delrieu, J., Desmidt, T., Camus, V., Sourdet, S., Bretonnière, C. B., Mullin, E., ... Alzheimer's Disease Neuroimaging Initiative. (2014). Apathy as a feature of prodromal Alzheimer's disease: An FDG-PET ADNI study. *International Journal of Geriatric Psychiatry, 30*(5), 470-477. doi:10.1002/gps.4161

Derouesné, C., Lagha-Pierucci, S., Thibault, S., Baudouin-Madec, V., & Lacomblez, L. (2000). Apraxic disturbances in patients with mild to moderate Alzheimer's disease. *Neuropsychologia, 38*(13), 1760-1769. doi:10.1016/S0028-3932(00)00081-6

Devi, G., Marder, K., Schofield, P. W., Tang, M. X., Stern, Y., & Mayeux, R. (1998). Validity of family history for the diagnosis of dementia among siblings of patients with late-onset Alzheimer's disease. *Genetic Epidemiology, 15*(3), 215-223. doi:10.1002/(sici)1098-2272(1998)15:3<215::aid-gepi1>3.0.co;2-3

Dhesi, J. K., Jackson, S., Bearne, L. M., Moniz, C., Swift, C. G., & Allain, T. J. (2004). Vitamin D supplementation improves neuromuscular function in older people who fall. *Age and Ageing, 33*(6), 589-595. doi:10.1093/ageing/afh209

Doecke, J. D., Li, Q. X., Bourgeat, P., Fowler, C., Collins, S., Varghese, S., ... Salvado, O. (2017). CSF total Tau as a biomarker for neuronal injury in Alzheimer's disease: Aligning rates of CSF change with rates of hippocampal and cortical gray matter atrophy. *Alzheimer's & Dementia: The Journal of the Alzheimer's Association, 13*(7), P436.

Doody, R. S., Thomas, R. G., Farlow, M., Iwatsubo, T., Vellas, B., Joffe, S., ... Solanezumab Study Group. (2014). Phase 3 trials of solanezumab for mild-to--moderate Alzheimer's disease. *New England Journal of Medicine, 370*(4), 311-321. doi:10.1056/NEJMoa1312889

Dourado, M. C. N., & Laks, J. (2016). Psychological interventions for neuropsychiatric disturbances in mild and moderate Alzheimer's disease: Current evidences and future directions. *Current Alzheimer Research, 13*(10), 1100-1111.

Draper, B., Cations, M., White, F., Trollor, J., Loy, C., Brodaty, H., & Withall, A. (2016). Time to diagnosis in young-onset dementia and its determinants: The INSPIRED study. *International Journal of Geriatric Psychiatry, 31*(11), 1217-1224. doi:10.1002/gps.4430

Dubois, B., Feldman, H. H., Jacova, C., Cummings, J. L., DeKosky, S. T., Barberger--Gateau, P., ... Scheltens, P. (2010). Revising the definition of Alzheimer's disease: A new lexicon. *Lancet Neurology, 9*(11), 1118-1127. doi:10.1016/S1474--4422(10)70223-4

Dubois, B., Feldman, H. H., Jacova, C., DeKosky, S. T., Barberger-Gateau, P., Cummings, J., ... Scheltens, P. (2007). Research criteria for the diagnosis of Alzheimer's disease: Revising the NINCDS-ADRDA criteria. *Lancet Neurology, 6*(8), 734-746. doi:10.1016/S1474-4422(07)70178-3

Dubois, B., Feldman, H. H., Jacova, C., Hampel, H., Molinuevo, J. L., Blennow, K., ... Cummings, J. L. (2014). Advancing research diagnostic criteria for Alzheimer's disease: The IWG-2 criteria. *Lancet Neurology, 13*(6), 614-629. doi:10.1016/S1474-4422(14)70090-0

Dubois, B., Slachevsky, A., Litvan, I., & Pillon, B. (2000). The FAB: A frontal assessment battery at bedside. *Neurology, 55*(11), 1621-1626. doi:10.1212/WNL.55.11.1621

Dysken, M. W., Sano, M., Asthana, S., Vertrees, J. E., Pallaki, M., Llorente, M., ... Guarino, P. D. (2014). Effect of vitamin E and memantine on functional decline in Alzheimer disease: The TEAM-AD VA cooperative randomized trial. *Journal of the American Medical Association, 311*(1), 33-44. doi:10.1001/jama.2013.282834

Egan, M. F., Kost, J., Tariot, P. N., Aisen, P. S., Cummings, J. L., Vellas, B., ... The Bapineuzumab 3000 and 3001 Clinical Study Investigators. (2018). Randomized trial of verubecestat for mild-to-moderate Alzheimer's disease. *New England Journal of Medicine, 378*(18), 1691-1703. doi:10.1056/NEJMoa1706441

Emmelot-Vonk, M. H., Verhaar, H. J. J., Nakhai Pour, H. R., Aleman, A., Lock, T. M. T. W., Bosch, J. L. H. R., ... van der Schouw, Y. T. (2008). Effect of testosterone supplementation on functional mobility, cognition, and other parameters in older men: A randomized controlled trial. *Journal of the American Medical Association, 299*(1), 39-52. doi:10.1001/jama.2007.51

Ertel, K. A., Glymour, M. M., & Berkman, L. F. (2008). Effects of social integration on preserving memory function in a nationally representative US elderly population. *American Public Health Association, 98*(7), 1215-1220. doi:10.2105/ajph.2007.113654

Folstein, M. F., Folstein, S. E., & McHugh P. R. (1975). "Mini-mental state": A practical method for grading the cognitive state of patients for the clinician. *Journal of Psychiatric Research, 12*(3), 189-198. doi:10.1016/0022-3956(75)90026-6

Forman, M., Kleijn, H.-J., Dockendorf, M., Palcza, J., Tseng, J., Canales, C., & Stone, J. (2013). The novel BACE inhibitor MK-8931 dramatically lowers CSF beta-amyloid in patients with mild-to-moderate Alzheimer's disease. *Alzheimer's & Dementia, 9*(4), P139. doi:10.1016/j.jalz.2013.04.083

Freitas, S., Simões, M. R., Santana, I., Martins, C., & Nasreddine, Z. (2013). *Montreal Cognitive Assessment (MoCA): Versão 1.* Coimbra: Faculdade de Psicologia e de Ciências da Educação da Universidade de Coimbra.

Freyne, A., Kidd, N., Coen, R., & Lawlor, B. A. (1999). Burden in carers of dementia patients: Higher levels in carers of younger sufferers. *International Journal of Geriatric Psychiatry, 14*(9), 784-788. doi:10.1002/(SICI)1099-1166(199909)14:9<784::AID-GPS16>3.0.CO;2-2

Fujishima, M., Maikusa, N., Nakamura, K., Nakatsuka, M., Matsuda, H., & Meguro, K. (2014). Mild cognitive impairment, poor episodic memory, and late-life depression are associated with cerebral cortical thinning and increased white matter hyperintensities. *Frontiers in Aging Neuroscience, 6*, 1-12. doi:10.3389/fnagi.2014.00306

G8 Dementia Summit Declaration. (2014). *G8 dementia summit: Global action against dementia — 11 December 2013.* Acedido em 27 de julho de 2018, em https://www.gov.uk/government/publications/g8-dementia-summit-global-action-against-dementia/g8-dementia-summit-global-action-against-dementia-11-december-2013

Garcia, C. A. (1984). *Doença de Alzheimer: Problemas do diagnóstico clínico.* Tese de Doutoramento, Faculdade de Medicina — Universidade de Lisboa. Acedido a 4 de agosto de 2016, em http://hdl.handle.net/10451/4451

Gauthier, S., Reisberg, B., Zaudig, M., Petersen, R. C., Ritchie, K., Broich, K., ... Winblad, B. (2006). Mild cognitive impairment. *Lancet, 367*(9518), 1262-1270.

Gerritsen, A. A. J., Bakker, C., Verhey, F. R. J., Bor, H., Pijnenburg, Y. A. L., de Vugt, M. E., & Koopmans, R. T. C. M. (2018). The progression of dementia and cognitive decline in a Dutch 2-year cohort study of people with young-onset dementia. *Journal of Alzheimer's Disease, 63*(1), 343-351. doi:10.3233/JAD-170859

Goldman, J. G., Goetz, C. G., Brandabur, M., Sanfilippo, M., & Stebbins, G. T. (2008). Effects of dopaminergic medications on psychosis and motor function in dementia with Lewy bodies. *Movement Disorders, 23*(15), 2248-2250. doi:10.1002/mds.22322

Gómez Gallego, M., & Gómez García, J. (2017). Music therapy and Alzheimer's disease: Cognitive, psychological, and behavioural effects. *Neurología (English Edition), 32*(5), 300-308. doi:10.1016/j.nrleng.2015.12.001

Gonçalves-Pereira, M., Cardoso, A., Verdelho, A., Alves da Silva, J., Caldas de Almeida, M., Fernandes, A., ... Xavier, M. (2017). The prevalence of dementia in a Portuguese community sample: A 10/66 Dementia Research Group study. *BMC Geriatrics, 17*(1), 261. doi:10.1186/s12877-017-0647-5

Green, R. C., Cupples, L. A., Go, R., Benke, K. S., Edeki, T., Griffith, P. A., ... MIRAGE Study Group. (2002). Risk of dementia among white and african American relatives of patients with Alzheimer disease. *Journal of the American Medical Association, 287*(3), 329-336. doi:10.1001/jama.287.3.329

Green, R. C., Goldstein F. C., Mirra, S. S., Alazraki, N. P., Baxt, J. L., & Bakay, R. A. (1995). Slowly progressive apraxia in Alzheimer´s disease. *Journal of Neurology, Neurosurgery & Psychiatry, 59*(3), 312-315. doi:10.1136/jnnp.59.3.312

Grilo, P. A. (2009). *Doença de Alzheimer: Epidemiologia, etiologia, diagnóstico clínico e intervenções terapêuticas* (1.ª ed.). Lisboa: Coisas de Ler.

Groot, C., Hooghiemstra, A. M., Raijmakers, P. G. H. M., van Berckel, B. N. M., Scheltens, P., Scherder, E. J. A., ... Ossenkoppele, R. (2016). The effect of physical activity on cognitive function in patients with dementia: A meta-analysis of randomized control trials. *Ageing Research Reviews, 25*, 13-23. doi:10.1016/j.arr.2015.11.005

Grundman, M. (2000). Vitamin E and Alzheimer disease: The basis for additional clinical trials. *American Journal of Clinical Nutrition, 71*(2), 630S-636S.

Guerreiro, M. (1998). *Contributo da neuropsicologia para o estudo das demências.* Tese de Doutoramento, Faculdade de Medicina — Universidade de Lisboa.

Guerreiro, M., Silva, A. P., Botelho, M. A., Leitão, O., Castro Caldas, A., & Garcia, C. (1994). *Avaliação breve do estado mental.* Lisboa: Grupo de Estudos de Envelhecimento Cerebral e Demências.

Guerreiro, R., Ross, O. A., Kun-Rodrigues, C., Hernandez, D. G., Orme, T., Eicher, J. D., ... Bras, J. (2018). Investigating the genetic architecture of dementia with Lewy bodies: A two-stage genome-wide association study. *Lancet Neurology, 17*(1), 64-74. doi:10.1016/S1474-4422(17)30400-3

Guimarães, J., Fonseca, R., & Garrett, C. (2006). Demência frontotemporal: Que entidade? *Acta Médica Portuguesa, 19*, 319-324. Acedido a 16 de julho de 2018, em https://www.actamedicaportuguesa.com/revista/index.php/amp/article/view/963/636

Günther, V. K., Schäfer, P., Holzner, B. J., & Kemmler, G. W. (2003). Long-term improvements in cognitive performance through computer-assisted cognitive training: A pilot study in a residential home for older people. *Aging & Mental Health, 7*(3), 200-206. doi:10.1080/1360786031000101175

Haupt, M., Karger, A., & Jänner, M. (2000). Improvement of agitation and anxiety in demented patients after psychoeducative group intervention with their caregivers. *International Journal of Geriatric Psychiatry*, *15*(12), 1125-1129. doi:10.1002/1099-1166(200012)15:12<1125::aid-gps257>3.0.co;2-f

Henderson, V. W. (2014). Alzheimer's disease: Review of hormone therapy trials and implications for treatment and prevention after menopause. *Journal of Steroid Biochemistry and Molecular Biology*, *142*, 99-106. doi:10.1016/j.jsbmb.2013.05.010

Heneka, M. T., Carson, M. J., Khoury, J. E., Landreth, G. E., Brosseron, F., Feinstein, D. L., ... Kummer, M. P. (2015). Neuroinflammation in Alzheimer's disease. *Lancet Neurology*, *14*(4), 388-405. doi:10.1016/S1474-4422(15)70016-5

Heyn, P., Abreu, B. C., & Ottenbacher, K. J. (2004). The effects of exercise training on elderly persons with cognitive impairment and dementia: A meta-analysis. *Archives of Physical Medicine Rehabilitation*, *85*(10), 1694-1704. doi:10.1016/j.apmr.2004.03.019

Holmes, C., Wilkinson, D., Dean, C., Vethanayagam, S., Olivieri, S., Langley, A., ... Damms, J. (2004). The efficacy of donepezil in the treatment of neuropsychiatric symptoms in Alzheimer disease. *Neurology*, *63*(2), 214-219. doi:10.1212/01.wnl.0000129990.32253.7b

Huey, E. D., Putnam, K. T., & Grafman, J. (2006). A systematic review of neurotransmitter deficits and treatments in frontotemporal dementia. *Neurology*, *66*(1), 17-22. doi:10.1212/01.wnl.0000191304.55196.4d

Hutton, M. (2000). Molecular genetics of chromosome 17 tauopathies. *Annals of the New York Academy of Sicences*, *920*, 63-73. doi:10.1111/j.1749-6632.2000.tb06906.x

Ide, M., Harris, M., Stevens, A., Sussams, R., Hopkins, V., Culliford, D., ... Holmes, C. (2016). Periodontitis and cognitive decline in Alzheimer's disease. *PLoS ONE*, *11*(3), 1-9. doi:10.1371/journal.pone.0151081

Imtiaz, B., Tuppurainen, M., Rikkonen, T., Kivipelto, M., Soininen, H., Kröger, H., & Tolppanen, A.-M. (2017). Postmenopausal hormone therapy and Alzheimer disease. *Neurology*, *88*(11), 1062-1068. doi:10.1212/wnl.0000000000003696

International Longevity Centre - UK. (2011). *The European Dementia Research Agenda*. Acedido em 27 de julho de 2017, em http://www.ilcuk.org.uk/images/uploads/publication-pdfs/pdf_pdf_165.pdf

Ishizaki, J., Meguro, K., Ohe, K., Kimura, E., Tsuchiya, E., Ishii, H., ... Yamadori, A. (2002). Therapeutic psychosocial intervention for elderly subjects with very mild Alzheimer disease in a community: The Tajiri Project. *Alzheimer Disease & Associated Disorders*, *16*(4), 261-269. doi:10.1097/00002093-200210000-00008

Jackson, J. C., Gordon, S. M., Hart, R. P., Hopkins, R. O., & Ely, E. W. (2004). The association between delirium and cognitive decline: A review of the empirical literature. *Neuropsychology Review*, *14*(2), 87-98. doi:10.1023/b:nerv.0000028080.39602.17

Jacobs, D., Sano, M., Marder, K., Bell, K., Bylsma, F., LaFleche, G., ... Stern, Y. (1994). Age at onset of Alzheimer's disease: Relation to pattern of cognitive dysfunction and rate of decline. *Neurology*, *44*(7),1215-1220.

Jacobsen, J.-H., Stelzer, J., Fritz, T. H., Chételat, G., La Joie, R., & Turner, R. (2015). Why musical memory can be preserved in advanced Alzheimer's disease. *Brain: A Journal of Neurology*, *138*(8), 2438-2450. doi:10.1093/brain/awv135

Johnen, A., Brandstetter, L., Kärgel, C., Wiendl, H., Lohmann, H., & Duning, T. (2016). Shared neural correlates of limb apraxia in early stages of Alzheimer's dementia and behavioural variant frontotemporal dementia. *Cortex, 84*, 1-14. doi:10.1016/j. cortex.2016.08.009

Johnson, L. A., Edwards, M., Gamboa, A., Hall, J., Robinson, M., & O'Bryant, S. E. (2017). Depression, inflammation, and memory loss among Mexican Americans: Analysis of the HABLE cohort. *International Psychogeriatrics, 29*(10), 1693-1699. doi:10.1017/S1041610217001016

Jones, V., & O'Brien, J. T. (2014). The prevalence and incidence of dementia with Lewy bodies: A systematic review of population and clinical studies. *Psychological Medicine, 44*(4), 673-683. doi:10.1017/S00332917130

Joubert, S., Gour, N., Guedj, E., Didic, M., Guériot, C., Koric, L., ... Ceccaldi, M. (2016). Early-onset and late-onset Alzheimer's disease are associated with distinct patterns of memory impairment. *Cortex, 74*, 217-232. doi:10.1016/j. cortex.2015.10.014

Kales, H. C., Chen, P., Blow, F. C., Welsh, D. E., & Mellow, A. M. (2005). Rates of clinical depression diagnosis, functional impairment, and nursing home placement in coexisting dementia and depression. *American Journal of Geriatric Psychiatry, 13*(6), 441-449. doi:10.1097/00019442-200506000-00002

Kales, H. C., Gitlin, L. N., & Lyketsos, C. G. (2015). Assessment and management of behavioral and psychological symptoms of dementia. *BMJ, 350*, h369. doi:10.1136/ bmj.h369

Karger, C. R. (2016). Emotional experience in patients with advanced Alzheimer's disease from the perspective of families, professional caregivers, physicians, and scientists. *Aging & Mental Health, 22*(3), 316-322. doi:10.1080/13607863.2016.1 261797

Knopman, D. S., Gottesman, R. F., Sharrett, A. R., Wruck, L. M., Windham, B. G., Coker, L., ... Mosley Jr., T. H. (2016). Mild cognitive impairment and dementia prevalence: The Atherosclerosis Risk in Communities Neurocognitive Study. *Alzheimer's & Dementia: Diagnosis, Assessment & Disease Monitoring, 2*, 1-11. doi:10.1016/j.dadm.2015.12.002

Kojima, G., Liljas, A., Iliffe, S., & Walters, K. (2017). Prevalence of frailty in mild to moderate Alzheimer's disease: A systematic review and meta-analysis. *Current Alzheimer Research, 14*(12), 1256-1263. doi:10.2174/1567205014666170417104 236

Kosaka, K., Yoshimura, M., Ikeda, K., & Budka, H. (1984). Diffuse type of Lewy body disease: Progressive dementia with abundant cortical Lewy bodies and senile changes of varying degree – A new disease? *Clinical Neuropathology, 3*(5), 185-192.

Kraepelin, E. (1910). *Psychiatrie: Ein lehrbuch für studierende und* ärzte (8.ª ed., Vol. 3). Leipzig: V. von J. A. Barth. Acedido em 27 de julho de 2018, em https:// archive.org/stream/BIUSante_63261x02#page/n0

Labonté, A., Dea, J., Théroux, L., Tremblay-Mercier, J., Rosa-Neto, P., Etienne, P., ... & PREVENT-AD Research Group. (2017). Mapping the progression of vascular CSF biomarkers in pre-symptomatic "at-risk" healthy subjects in the PREVENT--AD program. *Journal of the Neurological Sciences, 381*, 676. doi:10.1016/j. jns.2017.08.1903

Lai, R., Albala, B., Kaplow, J. M., Aluri, J., Yen, M., & Satlin, A. (2012). First-in--human study of E2609, a novel BACE1 inhibitor, demonstrates prolonged reductions in plasma beta-amyloid levels after single dosing. *Alzheimer's & Dementia: The Journal of the Alzheimer's Association*, 8(4), P96. doi:10.1016/j.jalz.2012.05.237

Landel, V., Annweiler, C., Millet, P., Morello, M., & Féron, F. (2016). Vitamin D, cognition and Alzheimer's disease: The therapeutic benefit is in the d-tails. *Journal of Alzheimer's Disease*, 53(2), 419-444. doi:10.3233/JAD-150943

Langa, K. M., & Levine, D. A. (2014). The diagnosis and management of mild cognitive impairment: a clinical review. *Journal of the American Medical Association*, 312(23), 2551-2561. doi:10.1001/jama.2014.13806

Langa, K. M., Larson, E. B., Crimmins, E. M., Faul, J. D., Levine, D. A., Kabeto, M. U., & Weir, D. R. (2017). A comparison of the prevalence of dementia in the United States in 2000 and 2012. *JAMA Internal Medicine*, 177(1), 51-58. doi:10.1001/jamainternmed.2016.6807

Langbaum, J. B., Hendrix, S. B., Ayutyanont, N., Chen, K., Fleisher, A. S., Shah, R. C., & Reiman, E. M. (2014). An empirically derived composite cognitive test score with improved power to track and evaluate treatments for preclinical Alzheimer's disease. *Alzheimer's & Dementia*, 10(6), 666-674. doi:10.1016/j.jalz.2014.02.002

Lee, Y.-M., Chung, Y.-I., Park, J.-M., Lee, B.-D., Moon, E., Jeong, H.-J., & Kim, E.-J. (2016). Decreased gray matter volume is associated with the subtypes of psychotic symptoms in patients with antipsychotic-naïve mild or moderate Alzheimer's disease: A voxel-based morphometry study. *Psychiatry Research: Neuroimaging*, 249, 45-51. doi:10.1016/j.pscychresns.2015.12.002

Lennox, G., Lowe, J., Landon, M., Bryne, J., Mayer, R. J., & Godwin-Austen, R. B. (1989). Diffuse lewy body disease: Correlative neuropathology using anti-ubiquitin immunocytochemistry. *Journal of Neuroloy, Neurosurgery, & Psychiatry*, 52(11), 1236-1247. doi:10.1136/jnnp.52.11.1236

Lima, C. F., Meireles, L. P., Fonseca, R., Castro, S. L., & Garrett, C. (2008). The Frontal Assessment Battery (FAB) in Parkinson's disease and correlations with formal measures of executive functioning. *Journal of Neurology*, 255(11), 1756-1761. doi:10.1007/s00415-008-0024-6

Lira, J. O., Minett, T. S. C., Bertolucci, P. H., Ortiz, K. Z., & Lira, J. O. (2014). Analysis of word number and content in discourse of patients with mild to moderate Alzheimer's disease. *Dementia & Neuropsychologia*, 8(3), 260-265. doi:10.1590/S1980-57642014DN83000010

Liu, C.-C., Kanekiyo, T., Xu, H., & Bu, G. (2013). Apolipoprotein E and Alzheimer disease: Risk, mechanisms and therapy. *Nature Publishing Group*, 9(2), 106-118. doi:10.1038/nrneurol.2012.263

Livingston, G., Sommerlad, A., Orgeta, V., Costafreda, S. G., Huntley, J., Ames, D., ... Mukadam, N. (2017). Dementia prevention, intervention, and care. *Lancet*, 390(10113), 2673-2734. doi:10.1016/S0140-6736(17)31363-6

Lowe, V. J., Tosakulwong, N., Lesnick, T. G., Gunter, J. L., Senjem, M. L., Shuster, L. T., ... Kantarci, K. (2015). Treatment with 17β-estradiol in postmenopausal women is associated with lower PiB-PET retention. *Alzheimer's & Dementia*, 11(7), P31-P32. doi:10.1016/j.jalz.2015.06.053

Lyketsos, C. G., Carrillo, M. C., Ryan, J. M., Khachaturian, A. S., Trzepacz, P., Amatniek, J., ... Miller, D. S. (2011). Neuropsychiatric symptoms in Alzheimer's disease. *Alzheimer's & Dementia*, 7(5), 532-539. doi:10.1016/j.jalz.2011.05.2410

Magalhães, J. C. (2007). *Defeito cognitivo ligeiro, entidade de risco para Doença de Alzheimer*. Dissertação de Mestrado, Faculdade de Ciências e Tecnologia — Universidade de Coimbra. Acedido a 10 de agosto de 2016, em http://hdl.handle.net/10316/12368

Mariani, E., Monastero, R., & Mecocci, P. (2007). Mild cognitive impairment: A systematic review. *Journal of Alzheimer's Disease*, 12(1), 23-35.

Marson, D. (2015). Investigating functional impairment in preclinical Alzheimer's disease. *Journal of Prevention of Alzheimer's Disease*, 2(1), 4-6. doi:10.14283/jpad.2015.44

Marson, D. C., Sawrie, S. M., Snyder, S., McInturff, B., Stalvey, T., Boothe, A., ... Harrell, L. E. (2000). Assessing financial capacity in patients with Alzheimer disease: A conceptual model and prototype instrument. *Archives of Neurology*, 57(6), 877-884. http://doi.org/10.1001/archneur.57.6.877

Martins, I. J., Berger, T., Sharman, M. J., Verdile, G., Fuller, S. J., & Martins, R. N. (2009). Cholesterol metabolism and transport in the pathogenesis of Alzheimer's disease. *Journal of Neurochemistry*, 111(6), 1275-1308. doi:10.1111/j.1471-4159.2009.06408.x

McGuinness, B., Barrett, S. L., Craig, D., Lawson, J., & Passmore, A. P. (2010). Executive functioning in Alzheimer's disease and vascular dementia. *International Journal of Geriatric Psychiatry*, 25(6), 562-568. doi:10.1002/gps.2375

McKeith, I. G., Boeve, B. F., Dickson, D. W., Halliday, G., Taylor, J.-P., Weintraub, D., ... Kosaka, K. (2017). Diagnosis and management of dementia with Lewy bodies: Fourth consensus report of the DLB Consortium. *Neurology*, 89(1), 88-100. doi:10.1212/WNL.0000000000004058

McKeith, I. G., Galasko, D., Kosaka, K., Perry, E. K., Dickson, D. W., Hansen, L. A., ... Perry, R. H. (1996). Consensus guidelines for the clinical and pathologic diagnosis of dementia with Lewy bodies (DLB): Report of the consortium on DLB international workshop. *Neurology*, 47(5), 1113-1124. doi:10.1212/wnl.47.5.1113

McKeith, I., Taylor, J.-P., Thomas, A., Donaghy, P., & Kane, J. (2016). Revisiting DLB diagnosis: A consideration of prodromal DLB and of the diagnostic overlap with Alzheimer disease. *Journal of Geriatric Psychiatry and Neurology*, 29(5), 249-253. doi:10.1177/0891988716656083

McKhann, G. M., Knopman, D. S., Chertkow, H., Hyman, B. T., Jack, C. R., Jr, Kawas, C. H., ... Phelps, C. H. (2011). The diagnosis of dementia due to Alzheimer's disease: Recommendations from the National Institute on Aging-Alzheimer's Association workgroups on diagnostic guidelines for Alzheimer's disease. *Alzheimer's & Dementia*, 7(3), 263-269. doi:10.1016/j.jalz.2011.03.005

Mega, M. S., Cummings, J. L., Fiorello, T., & Gornbein, J. (1996). The spectrum of behavioral changes in Alzheimer's disease. *Neurology*, 46(1), 130-135. doi:10.1212/WNL.46.1.130

Mendonça, A., & Guerreiro, M. (Coords.). (2008). *Escalas e testes na Demência* (2.ª ed.). Lisboa: Grupo de Estudos de Envelhecimento Cerebral e Demência.

Meuser, T. M., Carr, D. B., Unger, E. A., & Ulfarsson, G. F. (2015). Family reports of medically impaired drivers in Missouri: Cognitive concerns and licensing outcomes. *Accident Analysis & Prevention, 74*, 17-23. doi:10.1016/j.aap.2014.10.002

Mintun, M. A., LaRossa, G. N., Sheline, Y. I., Dence, C. S., Lee, S. Y., Mach, R. H., ... Morris, J. C. (2006). [11C]PIB in a nondemented population: Potential antecedent marker of Alzheimer disease. *Neurology, 67*(3), 446-452. doi:10.1212/01. wnl.0000228230.26044.a4

Moore, A. H., Bigbee, M. J., Boynton, G. E., Wakeham, C. M., Rosenheim, H. M., Staral, C. J., ... Hund, A. K. (2010). Non-steroidal anti-inflammatory drugs in Alzheimer"s disease and Parkinson"s disease: Reconsidering the role of neuroinflammation. *Pharmaceuticals, 3*(6), 1812-1841. doi:10.3390/ph3061812

Mulin, E., Zeitzer, J. M., Friedman, L., Le Duff, F., Yesavage, J. A., Robert, P. H., & David, R. (2011). Relationship between apathy and sleep disturbance in mild and moderate Alzheimer's disease: An actigraphic study. *Journal of Alzheimer's Disease, 25*(1), 85-91. doi:10.3233/JAD-2011-101701

Nalls, M. A., Duran, R., Lopez, G., Kurzawa-Akanbi, M., McKeith, I. G., Chinnery, P. F., ... Sidransky, E. (2013). A multicenter study of glucocerebrosidase mutations in dementia with Lewy bodies. *JAMA Neurology, 70*(6), 727-735. doi:10.1001/jamaneurol.2013.1925

Nasreddine, Z. S., Phillips, N. A., Bédirian, V., Charbonneau, S., Whitehead, V., Collin, I., ... Chertkow, H. (2005). The Montreal Cognitive Assessment, MoCA: A brief screening tool for mild cognitive impairment. *Journal of the American Geriatrics Society, 53*(4), 695-699. doi:10.1111/j.1532-5415.2005.53221.x

Nelson, L., & Tabet, N. (2015). Slowing the progression of Alzheimer's disease; what works? *Ageing Research Reviews, 23*, 193-209. doi:10.1016/j.arr.2015.07.002

Neu, S. C., Pa, J., Kukull, W., Beekly, D., Kuzma, A., Gangadharan, P., ... Toga, A. W. (2017). Apolipoprotein E genotype and sex risk factors for Alzheimer disease: A meta-analysis. *JAMA Neurology, 74*(10), 1178-1189. doi:10.1001/jamaneurol.2017.2188

Nevado-Holgado, A. J., & Lovestone, S. (2017). Determining the molecular pathways underlying the protective effect of non-steroidal anti-inflammatory drugs for Alzheimer's disease: A bioinformatics approach. *Computational and Structural Biotechnology Journal, 15*, 1-7. doi:10.1016/j.csbj.2016.10.003

Nourhashemi, F., Gillette, S., Cantet, C., Stilmunkes, A., Saffon, N., Rouge-Bugat, M. E., & Rolland, Y. (2011). End-of-life care for persons with advanced Alzheimer disease: Design and baseline data from the ALFINE study. *Journal of Nutrition, Health & Aging, 16*(5), 457-461. doi:10.1007/s12603-011-0333-9

Nygård, L. (2003). Instrumental activities of daily living: A stepping-stone towards Alzheimer's disease diagnosis in subjects with mild cognitive impairment? *Acta Neurologica Scandinavica, 107*(Supl. 179), 42-46. doi:10.1034/j.1600-0404.107.s179.8.x

O'Brien, J. T., Holmes, C., Jones, M., Jones, R., Livingston, G., McKeith, I., ... Burns, A. (2017). Clinical practice with anti-dementia drugs: A revised (third) consensus statement from the British Association for Psychopharmacology. *Journal of Psychopharmacology, 31*(2), 147-168. doi:10.1177/02698811166 80924

Ogama, N., Sakurai, T., Saji, N., Nakai, T., Niida, S., Toba, K., ... Kuzuyac, M. (2018). Frontal white matter hyperintensity is associated with verbal aggressiveness in elderly women with Alzheimer disease and amnestic mild cognitive impairment. *Dementia and Geriatric Cognitive Disorders Extra, 8*(1), 138-150. doi:10.1159/000486826

Okazaki, H., Lipkin, L. E., & Aronson, S. M. (1961). Diffuse intracytoplasmic ganglionic inclusions (Lewy type) associated with progressive dementia and quadriparesis in flexion. *Journal of Neuropathology and Experimental Neurology, 20*(2), 237-244. doi:10.1097/00005072-196104000-00007

Onofrj, M., Varanese, S., Bonanni, L., Taylor, J.-P., Antonini, A., Valente, E. M., ... Perfetti, B. (2013). Cohort study of prevalence and phenomenology of tremor in dementia with Lewy bodies. *Journal of Neurology, 260*(7), 1731-1742. doi:10.1007/s00415-013-6853-y

Ownby, R. L., Crocco, E., Acevedo, A., John, V., & Loewenstein, D. (2006). Depression and risk for Alzheimer disease: Systematic review, meta-analysis, and metaregression analysis. *Archives of General Psychiatry, 63*(5), 530-538. doi:10.1001/archpsyc.63.5.530

Pachana, N. A., Byrne, G. J., Siddle, H., Koloski, N., Harley, E., & Arnold, E. (2007). Development and validation of the Geriatric Anxiety Inventory. *International Psychogeriatrics, 19*(1), 103-114. doi:10.1017/s1041610206003504

Palasí, A., Gutiérrez-Iglesias, B., Alegret, M., Pujadas, F., Olabarrieta, M., Liébana, D., ... Boada, M. (2015). Differentiated clinical presentation of early and late-onset Alzheimer's disease: Is 65 years of age providing a reliable threshold? *Journal of Neurology, 262*(5), 1238-1246. doi:10.1007/s00415-015-7698-3

Partridge, L., & Genes, D. (2002). Ageing: A lethal side-effect. *Nature, 418*(6901), 921. doi:10.1038/418921a

Pasquier, F., Fukui, T., Sarazin, M., Pijnenburg, Y., Diehl, J., Grundman, M., & Miller, B. (2003). Laboratory investigations and treatment in frontotemporal dementia. *Annals Neurology, 54*(5), S32-S35. doi:10.1002/ana.10573

Patterson, M. G., & Cuesta, Y. P. (2015). Síntomas psicológicos y conductuales en pacientes con enfermedad de Alzheimer leve y moderada. *Revista Cubana De Enférmeria, 31*(3). Acedido em http://www.revenfermeria.sld.cu/index.php/enf/article/view/684/128

Pękala, K., Bogaczewicz, A., Magierski, R., Magierska, J., & Sobów, T. (2016). The need of neuropsychological assessment in daily care of patients without dementia. *Aktualności Neurologiczne, 16*(2), 79-84. doi:10.15557/AN.2016.0010

Perry-Young, L., Owen, G., Kelly, S., & Owens, C. (2018). How people come to recognise a problem and seek medical help for a person showing early signs of dementia: A systematic review and meta-ethnography. *Dementia, 17*(1), 34-60. doi:10.1177/1471301215626889

Perry, E. K., Marshall, E., Perry, R. H., Irving, D., Smith, C. J., Blessed, G., & Fairbairn, A. F. (1990). Cholinergic and dopaminergic activities in senile dementia of Lewy body type. *Alzheimer Disease and Associated Disorders, 4*(2), 87-95. doi:10.1097/00002093-199004020-00003

Perry, R. H., Jaros, E. B., Irving, D., Scoones, D. J., Brown, A., McMeekin, W. M., ... Ince, P. G. (1996). What is the neuropathological basis of dementia associated with Lewy bodies? In R. Perry, I. Mckeith, & E. Perry (Eds.), *Dementia with Lewy bodies* (pp. 212-223). New York, NY: Cambridge University Press.

Petersen, R. C. (2004). Mild cognitive impairment as a diagnostic entity. *Journal of Internal Medicine, 256*(3), 183-194. doi:10.1111/j.1365-2796.2004.01388.x

Petersen, R. C., & Morris, J. C. (2004). Características clínicas (J. N. Almeida, Trad.). In R. C. Petersen (Coord.), *Défice cognitivo ligeiro: O envelhecimento e a doença de Alzheimer* (pp. 15-39). Lisboa: Climepsi Editores. (Trabalho original publicado em 2003)

Petersen, R. C., Caracciolo, B., Brayne, C., Gauthier, S., Jelic, V., & Fratiglioni, L. (2014). Mild cognitive impairment: A concept in evolution. *Journal of Internal Medicine, 275*(3), 214-228. doi:10.1111/joim.12190

Petersen, R. C., Doody, R., Kurz, A., Mohs, R. C., Morris, J. C., Rabins, P. V., ... Winblad, B. (2001). Current concepts in mild cognitive impairment. *Archives of Neurology, 58*(12), 1985-1992. doi:10.1001/archneur.58.12.1985

Petersen, R. C., Roberts R. O., Knopman, D. S., Geda, Y. E., Cha, R. H., Pankratz, V. S., ... Rocca, W. A. (2010). Prevalence of mild cognitive impairment is higher in men: The Mayo Clinic Study of Aging. *Neurology, 75*(10), 889-897. doi:10.1212/WNL.0b013e3181f11d85

Petersen, R. C., Smith, G. E., Ivnik, R. J., Tangalos, E. G., Schaid, D. J., Thibodeau, S. N., ... Kurland, L. T. (1995). Apolipoprotein E status as a predictor of the development of Alzheimer's disease in memory-impaired individuals. *Journal of the American Medical Association, 273*(16), 1274-1278. doi:10.1001/jama.1995.03520400044042

Petersen, R. C., Smith, G. E., Waring, S. C., Ivnik, R. J., Tangalos, E. G., & Kokmen, E. (1999). Mild cognitive impairment: Clinical characterization and outcome. *Archives of Neurology, 56*(3), 303-308.

Petersen, R. C., Thomas, R. G., Grundman, M., Bennett, D., Doody, R., Ferris, S., ... Thal, L. J. (2005). Vitamin E and donepezil for the treatment of mild cognitive impairment. *New England Journal of Medicine, 352*(23), 2379-2388. doi:10.1056/nejmoa050151

Pick, A. (1892). Über die beziehungen der senilen hirnatrophie zur aphasie. *Prager Medicinische Wochenschrift, 17*, 165-167.

Piguet, O., Hornberger, M., Mioshi, E., & Hodges, J. R. (2011). Behavioural-variant frontotemporal dementia: Diagnosis, clinical staging, and management. *Lancet Neurology, 10*(2), 162-172. doi:10.1016/S1474-4422(10)70299-4

Plassman, B. L., Langa K. M., Fisher, G. G., Heeringa, S. G., Weir, D. R., Ofstedal, M. B., ... Wallace, R. B. (2008). Prevalence of cognitive impairment without dementia in the United States. *Annals of Internal Medicine, 148*(6), 427-434. doi:10.7326/0003-4819-148-6-200803180-00005

Prince, M., Wimo, A., Guerchet, M., Ali, G.-C., Wu, Y.-T., & Prina, M. (2015). *World Alzheimer report 2015: The global impact of dementia. An analysis of prevalence, incidence, cost and trends*. Londres: Alzheimer's Disease International. Acedido em 27 de julho de 2018, em https://www.alz.co.uk/research/WorldAlzheimerReport2015.pdf

Puglielli, L., Tanzi, R. E., & Kovacs, D. M. (2003). Alzheimer's disease: The cholesterol connection. *Nature Neuroscience, 6*(4), 345-351. doi:10.1038/nn0403-345

Qiu, C., von Strauss, E., Fastbom, J., Winblad, B., & Fratiglioni, L. (2003). Low blood pressure and risk of dementia in the Kungsholmen project: A 6-year follow-up study. *Archives of neurology, 60*(2), 223-228. doi:10.1001/archneur.60.2.223

Rapp, S., Brenes, G., & Marsh, A. P. (2002). Memory enhancement training for older adults with mild cognitive impairment: A preliminary study. *Aging & Mental Health, 6*(1), 5-11. doi:10.1080/13607860120101077

Reisberg, B., Doody, R., Stöffler, A., Schmitt, F., Ferris, S., & Möbius, H. J. (2003). Memantine in moderate-to-severe Alzheimer´s disease. *New England Journal of Medicine, 348*(14), 1333-1341. doi:10.1056/NEJMoa013128

Rémy, F., Vayssière, N., Saint-Aubert, L., Barbeau, E., & Pariente, J. (2015). White matter disruption at the prodromal stage of Alzheimer's disease: Relationships with hippocampal atrophy and episodic memory performance. *NeuroImage: Clinical, 7*, 482-492. doi:10.1016/j.nicl.2015.01.014

Ribeiro, O., Paúl, C., Simões, M. R., & Firmino, H. (2011). Portuguese version of the Geriatric Anxiety Inventory: Transcultural adaptation and psychometric validation. *Aging & Mental Health, 15*(6), 742-748. doi:10.1080/13607863.201 1.562177

Richards, K., Shue, V. M., Beck, C. K., Lambert, C. W., & Bliwise, D. L. (2010). Restless legs syndrome risk factors, behaviors, and diagnoses in persons with early to moderate dementia and sleep disturbance. *Behavioral Sleep Medicine, 8*(1), 48-61. doi:10.1080/15402000903425769

Ringman, J. M., Liang, L.-J., Zhou, Y., Vangala, S., Teng, E., Kremen, S., ... Morris, J. C. (2015). Early behavioural changes in familial Alzheimer's disease in the Dominantly Inherited Alzheimer Network. *Brain: A Journal of Neurology, 138*(4), 1036-1045. doi:10.1093/brain/awv004

Ritchie, K., Artero, S., & Touchon, J. (2001). Classification criteria for mild cognitive impairment: A population-based validation study. *Neurology, 56*(1), 37-42. doi:10.1212/WNL.56.1.37

Rocha, A., Machado, M., Barreto, H., Moreira, A., & Castro, S. (2008). *Escala de Memória de Wechsler - Manual administração e cotação* (1.ª ed., adaptação da 3.ª edição original). Lisboa: CEGOC-TEA.

Rodríguez-Aranda, C., Waterloo, K., Johnsen, S. H., Eldevik, P., Sparr, S., Wikran, G. C., & Vangberg, T. R. (2016). Neuroanatomical correlates of verbal fluency in early Alzheimer's disease and normal aging. *Brain and Language, 155-156*, 24-35. doi:10.1016/j.bandl.2016.03.001

Rohrer, J. D., Guerreiro, R., Vandrovcova, J., Uphill, J., Reiman, D., Beck, J., ... Rossor, M. N. (2009). The heritability and genetics of frontotemporal lobar degeneration. *Neurology, 73*(18), 1451-1456. doi:10.1212/WNL.0b013e3181bf997a

Ryan, T., Ingleton, C., Gardiner, C., Nolan, M., & Gott, M. (2009). Supporting people who have dementia to die with dignity. *Nursing Older People, 21*(5), 18-23. doi:10.7748/nop2009.06.21.5.18.c7100

Ryd, C., Nygård, L., Malinowsky, C., Öhman, A., & Kottorp, A. (2016). Can the everyday technology use questionnaire predict overall functional level among older adults with mild cognitive impairment or mild-stage Alzheimer's disease? – A pilot study. *Scandinavian Journal of Caring Sciences, 31*(1), 201-209. doi:10.1111/scs.12330

Sachdev, P. S., Lipnicki, D. M., Kochan, N. A., Crawford, J. D., Thalamuthu, A., Andrews, G., & Cohort Studies of Memory in an International Consortium (COSMIC). (2015). The prevalence of Mild Cognitive Impairment in diverse geographical and ethnocultural regions: The COSMIC collaboration. *PLoS ONE*, *10*(11), e0142388. doi:10.1371/journal.pone.0142388

Salloway, S., Ferris, S., Kluger, A., Goldman, R., Griesing T., Kumar, D., & Richardson, S. (2004). Efficacy of donepezil in mild cognitive impairment: A randomized placebo-controlled trial. *Neurology*, *63*(4), 651-657. doi:10.1212/01. WNL.0000134664.80320.92

Salloway, S., Sperling, R., Fox, N. C., Blennow, K., Klunk, W. E., Raskind, M., ... The Bapineuzumab 301 and 302 Clinical Trial Investigators. (2014). Two phase 3 trials of bapineuzumab in mild-to-moderate Alzheimer's disease. *New England Journal of Medicine*, *370*(4), 322-333. doi:10.1056/NEJMoa1304839

Santana, I., & Cunha, L. (2005). *Demência(s): Manual para médicos*. Coimbra: Grunenthal.

Satoh, M., Ishikawa, H., Meguro, K., Kasuya M., Ishii, H., & Yamaguchi, S. (2010). Improved visual hallucinationby donepezil and occipital glucose metabolism in dementia with Lewy bodies: the Osaki-Tajiri project. *European Neurology, 64*, 337-344. doi:10.1159/000322121.

Savva, G. M., Zaccai, J., Matthews, F. E., Davidson, J. E., McKeith, I., & Brayne, C. (2009). Prevalence, correlates and course of behavioural and psychological symptoms of dementia in the population. *British Journal of Psychiatry*, *194*(3), 212-219. doi:10.1192/bjp.bp.108.049619

Saxton, J., Lopez, O. L., Ratcliff, G., Dulberg, C., Fried, L. P., Carlson, M. C., & Kuller, L. (2004). Preclinical Alzheimer disease: Neuropsychological test performance 1.5 to 8 years prior to onset. *Neurology*, *63*(12), 2341-2347. doi:10.1212/01. WNL.0000147470.58328.50

Schneider, J. A., Arvanitakis, Z., Leurgans, S. E., & Bennett, D. A. (2009). The neuropathology of probable Alzheimer disease and mild cognitive impairment. *Annals of Neurology*, *66*(2), 200-208. doi:10.1002/ana.21706

Senanarong, V., Cummings, J. L., Fairbanks, L., Mega, M., Masterman, D. M., O'Connor, S. M., & Strickland, T. L. (2004). Agitation in Alzheimer's disease is a manifestation of frontal lobe dysfunction. *Dementia and Geriatric Cognitive Disorders, 17*(1-2), 14-20. doi:10.1159/000074080

Sevigny, J., Chiao, P., Bussière, T., Weinreb, P. H., Williams, L., Maier, M., ... Sandrock, A. (2016). The antibody aducanumab reduces Aβ plaques in Alzheimer's disease. *Nature, 537*(7618), 50-56. doi:10.1038/nature19323

Sherman, C., Liu, C. S., Herrmann, N., & Lanctôt, K. L. (2018). Prevalence, neurobiology, and treatments for apathy in prodromal dementia. *International Psychogeriatrics, 30*(2), 177-184. doi:10.1017/S1041610217000527

Smith, G. E., & Bondi, M. W. (2013). *Mild cognitive impairment and dementia: Definitions, diagnosis, and treatment* (1.ª ed.). New York, NY: Oxford University Press.

Snitz, B. E., O'Meara, E. S., Carlson, M. C., Arnold, A. M., Ives, D. G., Rapp, S. R., ... DeKosky, S. T. (2009). Ginkgo biloba for preventing cognitive decline in older adults: A randomized trial. *Journal of the American Medical Association, 302*(24), 2663-2670. doi:10.1001/jama.2009.1913

Sousa, L. B., Simões, M. R., Firmino, H., & Vilar, M. (2010, setembro). *A new instrument to functional assessment of adults and older adults (Adults and other adults functional assessment inventory, IAFAI): Development and validation studies.* Poster apresentado no International Meeting of IPA – International Psychogeriatric Association, Santiago de Compostela, Spain.

Sperling, R. A., Aisen, P. S., Beckett, L. A., Bennett, D. A., Craft, S., Fagan, A. M., ... Phelps, C. H. (2011). Toward defining the preclinical stages of Alzheimer's disease: Recommendations from the National Institute on Aging-Alzheimer's Association workgroups on diagnostic guidelines for Alzheimer's disease. *Alzheimer's & Dementia, 7*(3), 280-292. doi:10.1016/j.jalz.2011.03.003

Sperling, R. A., Dickerson, B. C., Pihlajamaki, M., Vannini, P., LaViolette, P. S., Vitolo, O. V., ... Johnson, K. A. (2010). Functional alterations in memory networks in early Alzheimer's disease. *NeuroMolecular Medicine, 12*(1), 27-43. doi:10.1007/s12017-009-8109-7

Stam, F. (1985). Senile dementia and senile involution of the brain. In J. A. M. Fredericks (Ed.), *Neurobehavioral disorders* (pp. 283-288). Amsterdão: Elsevier Science.

Stinton, C., McKeith, I., Taylor, J.-P., Lafortune, L., Mioshi, E., Mak, E., ... O´Brien, J. T. (2015). Pharmacological management of Lewy Body dementia: A systematic review and meta-analysis. *American Journal of Psychiatry, 172*(8), 731-742. doi:10.1176/appi.ajp.2015.14121582

Stone, J., Jan Kleijn, H., Dockendorf, M., Ma, L., Palcza, J., Tseng, J., ... Forman, M. (2013). Consistency of BACE inhibitor-mediated brain amyloid production inhibition by MK-8931 in Alzheimer's disease patients and healthy young adults. *Alzheimer's & Dementia, 9*(4), P690-P691. doi:10.1016/j.jalz.2013.04.362

Szekely, C. A., & Zandi, P. P. (2010). Non-steroidal anti-inflammatory drugs and Alzheimers disease: The epidemiological evidence. *CNS & Neurological Disorders Drug Targets, 9*(2), 132-139. doi:10.2174/187152710791012026

Tanzi, R. E., & Bertram, L. (2001). New frontiers in Alzheimer's disease genetics. *Neuron, 32*(2), 181-184. doi:10.1016/S0896-6273(01)00476-7

Tappen, R. M., Williams, C., Fishman, S., & Touhy, T. (1999). Persistence of self in advanced Alzheimer's disease. *Journal of Nursing Scholarship, 31*(2), 121-125. doi:10.1111/j.1547-5069.1999.tb00445.x

Teixeira, A. L., & Caramelli, P. (2008). Neuropsicologia das demências. In D. Fuentes, L. F. Malloy-Diniz, C. H. P. Camargo, & R. M. Cosenza (Orgs). *Neuropsicologia: teoria e prática* (pp. 356-363). Porto Alegre, Brasil: Artmed.

Tellechea, P., Pujol, N., Esteve-Belloch, P., Echeveste, B., García-Eulate, M. R., Arbizu, J., & Riverol, M. (2018). Early- and late-onset Alzheimer disease: Are they the same entity? *Neurología (English Edition), 33*(4), 244-253. doi:10.1016/j.nrleng.2015.08.009

The Psychological Corporation. (1997). *WAIS-III—WMS-III technical manual.* San Antonio: Harcourt Brace & Co.

Triebel, K. L., Martin, R., Griffith, H. R., Marceaux, J., Okonkwo, O. C., Harrell, L., ... Marson, D. C. (2009). Declining financial capacity in mild cognitive impairment: A 1-year longitudinal study. *Neurology, 73*(12), 928-934. doi:10.1212/WNL.0b013e3181b87971

Trinh, N.-H., Hoblyn, J., Mohanty, S., & Yaffe, K. (2003). Efficacy of cholinesterase inhibitors in the treatment of neuropsychiatric symptoms and functional impairment in Alzheimer disease: A meta-analysis. *Journal of the American Medical Association, 289*(2), 210-216. doi:10.1001/jama.289.2.210

Tsoi, K. K. F., Chan, J. Y. C., Hirai, H. W., Wong, S. Y. S., & Kwok, T. C. Y. (2015). Cognitive tests to detect dementia: A systematic review and meta-analysis. *JAMA Internal Medicine, 175*(9), 1450-1458. doi:10.1001/jamainternmed.2015.2152

Tuwaig, M., Savard, M., Jutras, B., Poirier, J., Collins, D. L., Rosa-Neto, P., ... PREVENT--AD Research Group. (2017). Deficit in central auditory processing as a biomarker of pre-clinical Alzheimer's disease. *Journal of Alzheimer's Disease, 60*(4), 1589-1600. doi:10.3233/JAD-170545

van Dongen, M., van Rossum, E., Kessels, A., Sielhorst, H., & Knipschild, P. (2003). Ginkgo for elderly people with dementia and age-associated memory impairment: A randomized clinical trial. *Journal of Clinical Epidemiology, 56*(4), 367-376. doi:10.1016/s0895-4356(03)00003-9

Vannini, P., Amariglio, R., Hanseeuw, B., Johnson, K. A., McLaren, D. G., Chhatwal, J., & Sperling, R. A. (2017). Memory self-awareness in the preclinical and prodromal stages of Alzheimer's disease. *Neuropsychologia, 99*, 343-349. doi:10.1016/j.neuropsychologia.2017.04.002

Vermeer, S. E., Prins, N. D., den Heijer, T., Hofman, A., Koudstaal, P. J., & Breteler, M. M. B. (2003). Silent brain infarcts and the risk of dementia and cognitive decline. *New England Journal of Medicine, 348*(13), 1215-1222. doi:10.1056/NEJMoa022066

Vijverberg, E. G. B., Dols, A., Krudop, W. A., Del Campo, M., Kerssens, C. J., Gossink, F., ... Pijnenburg, Y. A. L. (2017). Cerebrospinal fluid biomarker examination as a tool to discriminate behavioral variant frontotemporal dementia from primary psychiatric disorders. *Alzheimer's & Dementia: Diagnosis, Assessment & Disease Monitoring, 7*, 99-106. doi:10.1016/j.dadm.2017.01.009

Volicer, L. (2001). Management of severe Alzheimer's disease and end-of-life issues. *Clinics in Geriatric Medicine, 17*(2), 377-391. doi:10.1016/S0749-0690(05)70074-4

Volicer, L. (2005). Medical issues in late-stage dementia. *Alzheimer's Care Today, 6*(1), 29-34.

Vos, S. J. B., Verhey, F., Frölich, L., Kornhuber, J., Wiltfang, J., Maier, W., ... Visser, P. J. (2015). Prevalence and prognosis of Alzheimer's disease at the mild cognitive impairment stage. *Brain: A Journal of Neurology, 138*(5), 1327-1338. doi:10.1093/brain/awv029

Vos, S. J. B., Xiong, C., Visser, P. J., Jasielec, M. S., Hassenstab, J., Grant, E. A., ... Fagan, A. M. (2013). Preclinical Alzheimer's disease and its outcome: A longitudinal cohort study. *Lancet Neurology, 12*(10), 957-965. doi:10.1016/S1474-4422(13)70194-7

Walker, Z., Possin, K. L., Boeve, B. F., & Aarsland, D. (2015). Lewy body dementias. *Lancet Neurology, 386*(10004), 1683-1697. doi:10.1016/S0140-6736(15)00462-6

Wams, E. J., Wilcock, G. K., Foster, R. G., & Wulff, K. (2017). Sleep-wake patterns and cognition of older adults with amnestic mild cognitive impairment (aMCI): A comparison with cognitively healthy adults and moderate Alzheimer's disease patients. *Current Alzheimer Research, 14*(10), 1030-1041. doi:10.2174/1567205014666170523095634

Wancata, J., Windhaber, J., Krautgartner, M., & Alexandrowicz, R. (2016). The consequences of non-cognitive symptoms of dementia in medical hospital departments. *International Journal of Psychiatry in Medicine, 33*(3), 257-271. doi:10.2190/ABXK-FMWG-98YP-D1CU

Wechsler, D. (2008). *Escala de Memória de Wechsler - Terceira edição (WMS-III): Manual de administração e cotação.* Lisboa: CEGOC-TEA.

Willis, S. L., Tennstedt, S. L., Marsiske, M., Ball, K., Elias, J., Koepke, K. M., ... Wright, E. (2006). Long-term effects of cognitive training on everyday functional outcomes in older adults. *Journal of the American Medical Association, 296*(23), 2805-2814. doi:10.1001/jama.296.23.2805

Wilson, R. S., Leurgans, S. E., Boyle, P. A., & Bennett, D. A. (2011). Cognitive decline in prodromal Alzheimer disease and mild cognitive impairment. *Archives of Neurology, 68*(3), 351-356. doi:10.1001/archneurol.2011.31

Winblad, B., Amouyel, P., Andrieu, S., Ballard, C., Brayne, C., Brodaty, H., ... Zetterberg, H. (2016). Defeating Alzheimer's disease and other dementias: A priority for European science and society. *Lancet Neurology, 15*(5), 455-532. doi:10.1016/S1474-4422(16)00062-4

Winblad, B., Palmer, K., Kivipelto, M., Jelic, V., Fratiglioni, L., Wahlund, L. O., ... Petersen, R. C. (2004). Mild cognitive impairment-beyond controversies, towards a consensus: Report of the International Working Group on mild cognitive impairment. *Journal of Internal Medicine, 256*(3), 240-246. doi:10.1111/j.1365-2796.2004.01380.x

Wischik, C. M., Staff, R. T., Wischik, D. J., Bentham, P., Murray, A. D., Storey, J. M. D., ... Harrington, C. R. (2015). Tau aggregation inhibitor therapy: An exploratory phase 2 study in mild or moderate Alzheimer's disease. *Journal of Alzheimer's Disease, 44*(2), 705-720. doi:10.3233/JAD-142874

Woods, B., Aguirre, E., Spector, A. E., & Orrell, M. (2012). Cognitive stimulation to improve cognitive functioning in people with dementia. In Cochrane Dementia and Cognitive Improvement Group (Ed.), *Cochrane Database of Systematic Reviews* (Vol. 151). Hoboken, NJ: John Wiley & Sons, Ltd. doi:10.1002/14651858.CD005562.pub2

World Health Organization. (1993). *The ICD-10, Classification of mental and behavioural disorders: Diagnostic criteria for research.* Geneva: Autor.

World Health Organization. (2012). *Dementia: A public health priority.* Geneva: Autor.

Yaffe, K., Fox, P., Newcomer, R., Sands, L., Lindquist, K., Dane, K., & Covinsky, K. E. (2002). Patient and caregiver characteristics and nursing home placement in patients with dementia. *Journal of the American Medical Association, 287*(16), 2090-2097. doi:10.1001/jama.287.16.2090

Yaffe, K., Laffan, A. M., Harrison, S. L., Redline, S., Spira, A. P., Ensrud, K. E., ... Stone, K. L. (2011). Sleep-disordered breathing, hypoxia, and risk of mild cognitive impairment and dementia in older women. *Journal of the American Medical Association, 306*(6), 613-619. doi:10.1001/jama.2011.1115

Yan, R., & Vassar, R. (2014). Targeting the β secretase BACE1 for Alzheimer's disease therapy. *Lancet Neurology, 13*(3), 319-329. doi:10.1016/S1474-4422(13)70276-X

Yeo, C., Lim, W. S., Chan, M., & Ho, X. Q. (2015). Severe impairment rating scale: A useful and brief cognitive assessment tool for advanced dementia for nursing home residents. *American Journal of Alzheimer's Disease & Other Dementias,* *31*(1), 87-96. doi:10.1177/1533317515587085

Yesavage, J. A., Brink, T. L., Rose, T. L., Lum, O., Huang, V., Adey, M., & Leirer, V. O. (1983). Development and validation of a geriatric depression screening scale: A preliminary report. *Journal of Psychiatric Research, 17*(1), 37-49. doi:10.1016/0022-3956(82)90033-4

2. FUNCIONALIDADE E ENVELHECIMENTO

Fernanda Daniel, Inês Queiroz Garcia,
Sara Gordo e *Helena Espírito-Santo*

INTRODUÇÃO

O envelhecimento saudável e envelhecimento patológico são faces distintas que podemos encontrar na velhice plural. Independentemente destas diferenças, provenientes de influências normativas (de tipo genético-biológico e de tipo sociocultural e psicossocial) e não normativas (Neri, 2006), verificam-se similitudes que importa refletir, nomeadamente a estreita relação existente entre dependência funcional e idade.

Concomitantemente, no panorama nacional e mundial, verificam-se alterações demográficas constatadas em indicadores distintos (índice de envelhecimento e de dependência) (Instituto Nacional de Estatística [INE], 2011) que espelham o aumento, a ritmo nunca antes conhecido, da proporção de pessoas mais velhas na população total, colocando inúmeros desafios às sociedades de hoje. Em Portugal, a análise dos diferentes momentos censitários (INE, 2011) permite-nos, igualmente, constatar que se verifica pela primeira vez, em 2001, uma inversão no padrão demográfico nos extremos dos grandes grupos etários, com o número de pessoas idosas a ultrapassar o dos jovens. Entre os dois últimos recenseamentos demográficos

https://doi.org/10.14195/978-989-26-1737-4_2

constata-se, igualmente, uma diminuição da população jovem de cerca de 1 ponto percentual (16% em 2001 para 14,9% em 2011) e um aumento da população idosa em cerca de 3 pontos percentuais (16,4% em 2001 para 19% em 2011). Em 2011, por cada 100 jovens cerca de 128 pessoas eram idosas (índice de envelhecimento). No mesmo sentido, o índice de longevidade [relação entre a população mais idosa ($\geq$ 75 anos) e a população idosa ($\geq$ 65 anos)] dá conta do envelhecimento da população idosa, sendo o aumento percentual no período de 2001 a 2011 de 6,5, passando de 41,4% para 47,9%. No mesmo período de referência, continua a verificar-se a feminização nas idades avançadas (Daniel, 2011), assistindo-se igualmente a um aumento do número de anos de vida tanto para o sexo feminino (aumento de 2,5 anos na esperança de vida, de 80,1 para 82,6 anos de idade), como para o sexo masculino (aumento superior a 3 anos da esperança de vida, de 73,2 para 76,7 anos de idade) (Pordata, 2015). Dados prospetivos indicam, simulando três cenários (base, envelhecimento e rejuvenescimento), que em 2050 a percentagem de jovens poderá de acordo com os cenários oscilar entre os 9% e os 16%, enquanto nas pessoas idosas os valores se situarão entre os 30% e os 36% (Instituto Nacional de Estatística, 2003). A par destes dados, a distribuição do *outcome* da dependência funcional (englobando o domínio da locomoção, autonomia física e autonomia instrumental), na população idosa, é assaz preocupante, com valores percentuais na ordem dos 24% (Oliveira et al., 2010). Observando as pessoas idosas que residem sozinhas pode constatar-se, segundo os Censos de 2011, que 153.683 têm dificuldade em andar ou subir degraus e 63.597 têm dificuldade em tomar banho ou vestir-se sozinho (Instituto Nacional de Estatística [INE], 2012).

Em face destes números parece teoricamente relevante abordar a funcionalidade, enquanto sistematização objetiva de atividades da vida diária, já que independentemente dos cenários, de compressão ou expansão de morbilidade, esta temática reveste-se de crucial importância em virtude dos impactos que a funcionalidade apresenta na qualidade de vida das pessoas (World Health Organization, 2017; World Health Organization Quality of Life Group, 1995).

Consciente desta realidade, a Organização Mundial de Saúde (OMS) estabeleceu diretrizes que deveriam nortear as políticas públicas para a população idosa do século XXI. Para que o envelhecimento possa ser experienciado de forma «positiva» importa que a organização social se estruture para que a vida longa seja acompanhada de contínuas oportunidades ao nível da saúde, da participação e da segurança. A OMS adota o termo envelhecimento ativo para designar o processo de otimização de oportunidades que permite aumentar/potenciar a qualidade de vida. Nesta linha, o envelhecimento ativo emerge como uma estratégia política, global, de resposta aos desafios que o envelhecimento da população acarreta. Parafraseando Walker «o envelhecimento ativo serve de abrigo conveniente para uma grande variedade de discursos políticos e iniciativas relativas às alterações demográficas» (2009, p. 75). Este novo conceito alicerça-se numa visão mais inclusiva, propondo uma mudança radical na imagem anteriormente partilhada da velhice que assentava na exclusão e na incapacidade. A OMS sugere que deve ser proporcionada adequada proteção, segurança e cuidado, sempre que as pessoas solicitem assistência. Esta perspetiva pretende aumentar a esperança de vida saudável e a qualidade de vida das pessoas. Manter a autonomia e a independência é um elemento-chave deste processo. Acresce que os dados empíricos demonstram que a perda de capacidade geralmente associada ao envelhecimento só se relaciona vagamente com a idade cronológica de uma pessoa (World Health Organization, 2014). Assim surge uma nova narrativa onde expressões como atividade, autonomia, independência, qualidade de vida, esperança média de vida saudável aparecem com maior frequência. A utilização destas expressões, na linguagem quotidiana, é reveladora do novo discurso do envelhecimento tido, cada vez mais, como uma fase de oportunidade, uma experiência positiva ligada ao ciclo de vida (La Caixa, 2010).

Conceito(s) e classificação(ões) das atividades da vida diária

Se se analisar as diferentes definições de Atividades da Vida Diária (doravante, AVD), pode constatar-se que existe um certo consenso quanto à sua definição e que remete para a capacidade ou competência que o indivíduo apresenta na concretização de um determinado conjunto de atividades. As AVD são normalmente avaliadas a partir de um contínuo, dicotómico ou polinomial, em que num extremo se situa a capacidade de realização sem ajuda ou apoio de terceiros e no extremo oposto a incapacidade de realização da atividade. A variabilidade e a complexidade das atividades permitem, igualmente, estabelecer uma hierarquização entre as mesmas. Assim, podem enunciar-se dois níveis de atividades, as básicas (ABVD) e as instrumentais (AIVD). Porém, a facilidade com que se encontra consenso relativamente à hierarquização dos níveis já não se verifica nas tarefas que compõem cada nível.

As ABVD referem-se a tarefas fundamentais relacionadas com o autocuidado (tomar banho, vestir, ir à casa de banho, capacidade de transferência, de continência e de alimentação) (César, Mambrini, Ferreira, & Lima-Costa, 2015; Giebel, Sutcliffe, & Challis, 2014; Mlinac & Feng, 2016; Peter, Guillemin, & Terwee, 2017). As atividades que as compõem, quando listadas na sequência «alimentar-se, continência, mobilizar-se, ir à casa de banho, vestir-se e lavar-se» refletem tanto o esquema de desenvolvimento humano no início da vida, como o esquema da recuperação das pessoas idosas incapacitadas e, ainda, a perda no caso de determinados envelhecimentos patológicos (Katz & Akpom, 1976 citado por Fernández-Ballesteros, Izal, Montorio, González, & Díaz, 1992). Por outro lado, as AIVD reportam-se a tarefas relacionadas com a adaptação do sujeito ao meio ambiente e medem a (in)dependência com base no desempenho de tarefas mais complexas (Nadkarni, Levy-Cooperman, & Black, 2012; Sequeira, 2010). Se se atender à extrema diversidade de atividades que se realizam no dia a dia, compreende-se a difícil tarefa de medir a competência instrumental, entendida como habilidade para a vida independente, de um grupo tão heterogéneo como o é o das pessoas idosas. Acresce o facto de que os níveis que se seguem ao da manutenção da vida são sucessivamente mais complexos, pois requerem, geralmente, uma maior complexidade de organização neuropsicológica (Lawton & Brody, 1969). As atividades que medem a «habilidade para a vida independente» podem incluir atividades relacionadas com o tempo livre e a interação com recursos comunitários, entre outras (Fernández-Ballesteros et al., 1992). Tendo em conta a diversidade de atividades e a dificuldade em balizar o que é a vida independente percebe-se que o enfoque seja o de delimitar as atividades. Assim, pode-se observar na literatura as AIVD subdivididas em atividades do tipo *Familiar* (AIVD-F) e *Avançadas* (AIVD-A) (Marson & Hebert, 2005). Similarmente, outros autores categorizam as atividades mais complexas numa dicotomia contínua: AIVD (Atividades Intermediárias da Vida Diária) e AAVD (Atividades Avançadas da Vida Diária) (Reuben & Solomon, 1989). O primeiro nível destas tarefas inclui a preparação de comida, fazer compras, cuidar da casa, utilizar eletrodomésticos, enquanto as atividades do tipo avançado, mais complexas, incluem tarefas como lidar com as finanças e com o dinheiro, conduzir ou usar transportes públicos (Dias, Duarte, Almeida, & Lebrão, 2011; Marshall, Fairbanks, Tekin, Vinters, & Cummings, 2006).

Segundo Marson e Hebert (2005), as ABVD implicam processos mnésicos procedimentais e funções motoras básicas (por exemplo, coordenação motora) e são habitualmente classificadas como comportamentos automáticos, que requerem pouca atenção consciente.

Já as AIVD, de nível de complexidade mais elevado, para além dos movimentos motores rotineiros e processos mnésicos procedimentais comuns às ABVD, implicam maior exigência cognitiva (e.g., envolvem o processamento controlado, a atenção e as funções executivas) (Marson & Hebert, 2005).

Pela importância que a realização destas atividades tem na vida das pessoas, muitos estudos incidem na clarificação e diferenciação dos conceitos de autonomia e (in)dependência (Figueiredo, 2007; Hutchings & Chaplin, 2017; Lopes, Araújo, & Moraes, 2006). Assim, a autonomia reporta-se à capacidade de tomar decisões, de gerir, de comandar ou controlar a própria vida, capacidades fundamentais à vivência em contextos do domicílio e da comunidade (Diogo, 1997; Figueiredo, 2007; World Health Organization [WHO], 2002). Por seu turno, a dependência reporta-se à incapacidade em satisfazer as necessidades básicas e as atividades de vida diária sem ajuda de terceiros e/ou com ajuda mínima, como expressa o Decreto-Lei n.º 265/99, de 14 de julho, que procede à criação de uma nova prestação destinada a complementar a proteção concedida aos pensionistas de invalidez, velhice e sobrevivência dos regimes de segurança social em situação de dependência pelo então Ministério do Trabalho e da Solidariedade (1999) e a WHO (2002). A dependência, segundo o referido diploma, refere-se à situação que caracteriza os indivíduos que não podem praticar atos indispensáveis à satisfação das necessidades básicas da vida quotidiana — nomeadamente, os relativos à realização dos serviços domésticos, à locomoção e cuidados de higiene — carecendo da assistência de outrem.

Analise-se, exemplificando, a diferenciação e relação entre autonomia e dependência. A hemiplegia, em consequência de um acidente vascular cerebral, pode ser um preditor de dependência, pois a pessoa encontra-se limitada nos seus movimentos. Apesar dessa limitação, pode considerar-se essa pessoa como autónoma, ou seja, embora dependa de terceiros para algumas atividades, como deslocar-se, entrar num carro, comer, apresenta capacidade para tomar decisões sobre a sua vida. Pelo contrário, uma pessoa com doença de Alzheimer pode andar, comer sem ajuda de terceiros, controlar os esfíncteres, isto é, ser independente numa série de atividades e, contudo, não ser considerada autónoma ao nível do comando da sua própria vida. Assim, e indo ao encontro de Evans (1984, citado por Paschoal, 2002), para uma pessoa idosa é mais útil a autonomia do que a independência como objetivo global, ainda que se reconheça, obviamente, a importância das duas dimensões.

Quando existe um comprometimento físico ou mental que se reflete numa incapacidade de realizar as AVD pode falar-se de dependência. Contudo, o termo dependência e o que ele é suposto representar está longe de ser objeto de consenso. A dependência é um fenómeno complexo, que apresenta diversas dimensões, causas e funções, sendo dificilmente redutível a uma única configuração, ao abarcar múltiplas realidades (Edjolo, Proust-Lima, Delva, Dartigues, & Pérès, 2016; Salanova & Lezaun, 1998; Ruan et al., 2015).

Segundo Horgas, Wahl e Baltes (1996), existem três conceitos fundamentais que devem ser tidos em conta na abordagem da dependência: a multidimensionalidade, a multicausalidade e a multifuncionalidade. A multidimensionalidade está relacionada com o facto de a dependência apresentar múltiplas dimensões (mental, física, económica, com ou sem combinatórias), que podem ser apreendidas a partir de diferentes pressupostos teóricos e metodológicos (comportamental, pessoal, situacional, dependência interpessoal, entre outros). A multicausalidade da dependência pressupõe derrubar conceções simplistas que associam a dependência à velhice, ou seja, nem todas as pessoas idosas são dependentes e existem pessoas dependentes que não são idosas. São fatores biológicos, socioculturais, económicos e ambientais que interferem no desenvolvimento e manutenção da dependência. São estes fatores que, conjunta ou separadamente, podem gerar dependência. No que concerne à multifuncionalidade, importa referir que pode ter uma função adaptativa, ou fazer parte de um processo de maturação; não tem que ter uma única função nem ser apreendida a partir da irreversibilidade. Por outro lado, a dependência não é um estado permanente. É um processo dinâmico cuja evolução se pode modificar e até ser prevenida ou reduzida se houver ambiente e assistência adequados.

CORRELATOS SOCIODEMOGRÁFICOS, BIOLÓGICOS E PSICOLÓGICOS E CAPACIDADE FUNCIONAL

A literatura reporta a necessidade de analisar a capacidade funcional e sua relação com fatores intrínsecos, tais como aspetos físicos e mentais, e fatores extrínsecos, tais como aspetos sociais, económicos e ambientais (e.g., Ahmed, Vafaei, Auais, Guralnik, & Zunzunegui, 2016; Botelho, 2005; Brady & Straight, 2014; Gordo, 2015; Lachman & Agrigoroaei, 2010; Oliveira & Mattos, 2012). Nesse sentido, são de seguida revistos os diferentes correlatos da capacidade funcional em pessoas idosas.

Correlatos sociodemográficos da capacidade funcional. Se se analisarem diferentes grupos etários, constata-se que a percentagem de indivíduos que apresentam limitações na sua capacidade funcional aumenta com o avançar da idade. O relatório do Observatório Nacional de Saúde (ONSA), realizado por Branco, Nogueira e Dias (2001), evidenciou percentagens de 8,7%, 14,7% e 36% relativamente à necessidade de ajuda de alguém para pelo menos uma atividade de vida diária, de acordo com diferentes grupos etários [65-74], [75-84] e acima de 85 anos, respetivamente. Por seu turno, os resultados do Inquérito Nacional de Saúde, efetuado em 2014 e publicado em 2016, apresenta os seguintes resultados no que se refere à necessidade de ajuda nos cuidados pessoais. Das pessoas com 65 ou mais anos (2,1 milhões) e com pelo menos uma dificuldade na realização de cuidados pessoais (457.980), 122.092 pessoas referiram não ter necessidade de ajuda enquanto 174.107 afirmaram ter ajuda suficiente e 161.781 indicaram ter necessidade de ajuda. Tanto as pessoas que tem ajuda suficiente como as que tem necessidade de ajuda aumentam proporcionalmente com a idade (Instituto Nacional de Estatística [INE], 2016).

De igual forma, o «Estudo do Perfil do Envelhecimento da População Portuguesa» (Oliveira et al., 2010) dá conta que a percentagem de situações adversas aumenta significativamente ao nível da autonomia física quando se compara o grupo de idades compreendidas entre os 65-74 com os seus congéneres de idades superiores aos 75 anos (0,5% para 2,7%, respetivamente), com padrão similar quando se consideram as situações adversas ao nível da autonomia instrumental nesses mesmos grupos (19,4% para 28%).

Em termos de nível de dependência funcional geral, observa-se um aumento, à medida que aumenta a idade. No mesmo sentido vão os resultados dos Censos de 2011[1], onde se pode observar que a proporção da população com pelo menos uma dificuldade na realização das atividades do dia a dia aumenta com a idade. Na população com idades compreendidas entre os 65 e os 69 anos, a taxa de incidência de pelo menos uma incapacidade funcional afeta 30% desse grupo etário. Para o grupo etário com idades compreendidas entre os 75 e os 79 anos, a proporção de pessoas que não consegue/tem muita dificuldade em realizar pelo menos uma atividade é superior a 50%.

---

[1] A incapacidade funcional foi medida a partir das seguintes perguntas: indique o grau de dificuldade que sente diariamente na realização de algumas atividades devido a problemas de saúde ou decorrentes da idade (envelhecimento). 1. Tem dificuldade em ver mesmo usando óculos ou lentes de contacto? 2. Tem dificuldade em ouvir mesmo usando um aparelho auditivo? 3. Tem dificuldade em andar ou subir degraus? 4. Tem dificuldades de memória ou de concentração? 5. Tem dificuldade em tomar banho ou vestir-se sozinho? 6. Tem dificuldade em compreender os outros ou fazer-se entender? As respostas eram respondidas a partir de uma escala de Likert de 3 pontos: (1) Não tem dificuldade ou tem pouca; (2) Tem muita dificuldade; (3) Não consegue.

As dificuldades afetam 995.213 pessoas idosas portuguesas (INE, 2012). Por seu turno, o Inquérito Nacional de Saúde apresenta os seguintes resultados no que se refere aos cuidados pessoais[2]: (i) Na população com 65 ou mais anos (2,1 milhões), cerca de 458 mil pessoas referiram ter pelo menos uma dificuldade na realização dos cuidados pessoais. Se se analisar a população com pelo menos uma dificuldade na realização de cuidados pessoais por grupo etário, constata-se que essa dificuldade aumenta com a idade (65-74: 149.255, i.e., 13,9% da população total; 75-84: 193.383, i.e., 25,05% da população total e ≥ 85 anos: 115.342, i.e., 44,09% da população total) (INE, 2016). Importa, contudo, referir que vários estudos demonstram que o aumento nas taxas de prevalência de incapacidade funcional por grupos etários não se produz a um ritmo constante, existindo uma idade, a saber, por volta dos 80 anos, em que o aumento se acelera notavelmente (Instituto de Mayores y Servicios Sociales, 2005; Marín & Casasnovas, 2001).

O nível de escolaridade parece estar também associado ao desempenho de atividades da vida diária. Se no caso da idade a associação é positiva, quanto mais idade maior o comprometimento; no caso da instrução a associação é negativa, quanto maior instrução menor comprometimento. O estudo do ONSA (Branco et al., 2001), quando relaciona a «necessidade de ajuda de alguém para pelo menos uma atividade de vida diária» e o «nível de instrução» (não sabe ler nem escrever, só sabe ler e escrever ou ensino básico, ensino médio ou equivalente, frequência e ensino superior), apresenta as seguintes percentagens, respetivamente: 20,5%; 10,6%; 8,5% e 3,8%.

---

[2] O INE (2016) apresenta os seguintes parâmetros na avaliação da capacidade de realização das atividades diárias, especificamente dos cuidados pessoais: comer ou beber; deitar-se, sentar-se ou levantar-se da cama ou de uma cadeira; vestir-se ou despir-se; utilizar a retrete; tomar banho ou duche; e lavar as mãos e a cara.

Também o facto de se ser mulher parece estar associado a um menor desempenho na realização ao nível das AVD (Básicas e Instrumentais) nas idades avançadas, resultado justificado, quer pelo papel de género (Ahmed et al., 2016), quer por fatores biológicos (Brady & Straight, 2014). Nos Censos de 2011, a proporção de mulheres que não consegue ou tem muita dificuldade em realizar pelo menos uma das atividades do dia a dia é superior à proporção de homens, em todos os grupos etários. Em média, a proporção de mulheres com pelo menos uma dificuldade/limitação está dez pontos percentuais acima da dos homens (INE, 2012). Ainda, o facto de se ser mulher parece estar associado a uma maior vulnerabilidade em contrair doenças crónicas, a par de múltiplas limitações funcionais (Maciel & Guerra, 2007). No mesmo sentido vão os dados do Ministério da Saúde (2008), que indicam que a proporção de esperança de vida que as mulheres, em Portugal, podem esperar viver sem qualquer tipo de incapacidade é sempre inferior à dos homens, aumentando a diferença com o avançar da idade. Estas diferenças, inclusive, espelham-se no comprometimento de diferentes tipos de AVD. Se, por um lado, as mulheres apresentam maior comprometimento em tarefas como lavar/tomar banho, vestir/despir, deitar/levantar, sentar/levantar, utilizar sanitários, controlo da urina e fezes, usar o telefone, fazer compras, gerir o dinheiro, toma de medicamentos, usar transportes; por outro lado, os homens parecem ter maior «comprometimento» em atividades que incluam a alimentação, preparação de comida, tarefas domésticas, lavar/tratar de roupa (Oliveira et al., 2010), atividades que não são alheias aos papéis socialmente desempenhados. Assim, o aparente «comprometimento» em determinadas tarefas poderá estar relacionado com o facto de «a realização das tarefas domésticas faz[erem] parte das atividades performativas de produção de género, [e em que] algumas mulheres assumem a sua realização como forma de provar a sua identidade sexual. De forma semelhante, alguns homens podem rejeitar a realização de determinadas tarefas domésticas, em parte para evitar uma certa feminização da sua identidade» (Singly, 2007, citado por Maciel, Marques, & Torres, 2008, pp. 10-11).

Os anos de vida saudável aos 65 anos são para as mulheres 9,3 anos e para os homens 9,6 anos[3]. Se analisarmos a diferença entre a esperança de vida e os anos de vida saudável, é expectável que nos últimos anos de vida a necessidade de ajuda seja um imperativo.

Na UE mais de 80% dos cuidados são fornecidos pela família, com as mulheres a prestarem aproximadamente dois terços dos cuidados (filhas, cônjuges/parceiras). No norte da Europa, cuidar de um pai e/ou mãe idoso/a é mais frequente do que no sul da Europa, contudo o cuidado prestado é muito mais intensivo no sul da Europa (Hoffmann & Rodrigues, 2010). Quando a assistência é fornecida pela família, independentemente de esta ser efetuada ou não em corresidência, a sobrecarga física e emocional do cuidador aumenta (Neri et al., 2012). Em face do tempo disponibilizado no cuidado, acrescido ou não de jornada de trabalho, os cuidadores têm pouco tempo de lazer. Isolamento, angústia psicológica, incluindo ansiedade, depressão e perda de autoestima, propensão para comportamentos de risco (por exemplo, tabagismo) ou negligenciar a saúde são aspetos vivenciados pelos cuidadores (Hoffmann & Rodrigues, 2010). Concomitantemente, a diminuição do suporte informal, em virtude do próprio padrão evolutivo da rede social, a par da

---

[3] Convém referir que os dados de 2013 provêm das Estatísticas da UE sobre Condições de Vida e Rendimento (EU-SILC), nos quais a condição de pouco saudável é definida como uma limitação em atividades normalmente desenvolvidas pelas pessoas devido a problemas de saúde durante os seis meses anteriores (Pordata, 2015). Importa mencionar que, segundo dados do Eurostat para 2013, o número de anos de vida saudável em valor absoluto no nascimento (*Healthy life years in absolute value at birth*), para as mulheres, varia para os 30 países analisados entre 54,2 (Letónia) e 72,7 (Malta). As mulheres portuguesas encontram-se a meio da tabela, na 15.ª posição, com 62,2 anos. No caso dos homens o valor menor é de 51,7 (Letónia) e o maior de 71,7 (Islândia). Os homens, em Portugal, apresentam um valor superior ao das mulheres, 63,6, na 10.ª posição.

inclusão da mulher no mercado de trabalho, e as perdas orgânicas associadas ao processo de envelhecimento (normal ou patológico) são preditores da procura de apoio institucional. O estudo «A dependência: O apoio informal, a rede de serviços e equipamentos e os cuidados continuados integrados», realizado pelo Ministério do Trabalho e da Solidariedade Social, elenca como motivos principais de ingresso numa «estrutura residencial para idosos» a incapacidade da pessoa idosa «num determinado momento da sua vida em gerir as suas atividades da vida diária, coexistindo esta incapacidade com a impossibilidade da família em garantir o apoio necessário nesse sentido» (Nogueira, 2009, p. 22). No mesmo sentido, Lisboa e Chianca (2012) afirmaram que a correlação multicausal entre a estrutura etária da população e a necessidade de estruturas residenciais para idosos é determinada pelo seu perfil social e de saúde, a que acresce a nova configuração familiar, em que a mulher, ao estar inserida no mercado de trabalho, não se encontra disponível para a prestação de cuidados.

Talvez por esse facto não seja de admirar que, no âmbito do Projeto Trajetórias do Envelhecimento, as pessoas idosas institucionalizadas apresentem diferenças estatisticamente significativas quando se comparam os seus desempenhos em AVD com os das pessoas idosas residentes no seu domicílio (Gordo, 2015). A diferença numérica deve ser, contudo, analisada com cautela, na medida em que determinados fatores podem mediar ou mesmo moderar a relação com o desempenho. Especificando, desempenhos inferiores ao nível das AVD podem ser devidos, por um lado, a aspetos organizativos das instituições e não à capacidade funcional para realizar AVD, ou, por outro lado, à consequência do declínio cognitivo ou da presença de marcadores psicopatológicos e aspetos clínicos.

Correlatos biológicos da capacidade funcional. Quanto aos aspetos biológicos, os estados clínicos (Oliveira & Mattos, 2012; Paschoal, 2002; Velloso & Jardim, 2006), a presença de comorbidades clínicas secundárias, como diabetes (Ferreira et al., 2014), aciden-te vascular cerebral (Cruz & Diogo, 2009; Espírito-Santo, Garcia, Monteiro, Carolino, & Daniel, 2016; Piassaroli, Almeida, Luvizotto, & Suzan, 2012), assim como o uso de fármacos (esta população encontra-se muitas vezes polimedicada) acarretam reações adver-sas com implicações no desempenho das tarefas do quotidiano (Eyigör & Kutsal, 2012). De igual forma, outras alterações biológicas e fisiológicas, inerentes ao processo de envelhecimento, parecem ser responsáveis por modificações anatómicas e funcionais, tanto ao nível intrínseco como extrínseco (Duque-Parra, 2004; Fjell & Walhovd, 2010; Paschoal, 2002). Estas modificações são de vária ordem, afetando múltiplos sistemas vitais, dos quais se destaca o sistema nervoso pela sua importância na regulação e monitorização de um conjunto de aspetos emocionais e cognitivos indispensáveis para a manutenção das AVD (Gregorio, 2010; Habib, 2000; Sastre, Pamplona, & Ramón, 2009).

Correlatos psicológicos da capacidade funcional. Neste segui-mento, e quanto aos aspetos psicológicos, o funcionamento cognitivo (Hughes, Chang, Bilt, Snitz, & Ganguli, 2012; Schmitter-Edgecombe, McAlister, & Weakley, 2012; Zidan et al., 2012), executivo (Gordo, 2015; Hughes et al., 2012; Mansbach, MacDougall, & Rosenzweig, 2012; Yochim, Lequerica, MacNeill, & Lichtenberg, 2008) e psicos-social (Hacihasanoğlu, Yildirim, & Karakurt, 2012) têm, de modo similar, implicações na capacidade de realizar AVD em pessoas idosas. Adicionalmente, os aspetos psicossociais podem conduzir ao desenvolvimento de marcadores psicopatológicos, tais como a ansiedade e a depressão, que conduzem a uma diminuição da qua-lidade de vida, a uma maior vulnerabilidade com consequências significativas na capacidade para realizar AVD (Hacihasanoğlu et al., 2012). Particularizando estas dimensões, diferentes estudos indicam que o estado cognitivo geral da pessoa idosa tem repercussões na sua capacidade para realizar um conjunto de tarefas quotidianas

(Kimura, Yasunaga, & Wang, 2013; Montejo, Montenegro, Fernández, & Maestú, 2012; Springate, Tremont, & Ott, 2012). Inclusivamente, piores rendimentos cognitivos, parecem estar associados a uma pior capacidade para realizar AVD, particularmente em tarefas como o uso do telefone e de meios de transporte ou gerir o dinheiro e a medicação (Jefferson, Paul, Ozonoff, & Cohen, 2006; Kimura et al., 2013; Montejo et al., 2012; Springate et al., 2012). Estes perfis parecem principalmente associados a funções cognitivas como a memória a curto e a longo-prazo, atenção, linguagem e atividade motora (Bartrés-Faz, Clemente, & Junqué, 2001; Casanova-Sotolongo, Casanova-Carrillo, & Casanova-Carrillo, 2004; Moraes, Moraes, & Lima, 2010).

No entanto, múltiplos investigadores observaram que são as funções executivas os indicadores que mais se associam à variabilidade no desempenho de AVD, em pessoas idosas, nomeadamente no que concerne as AIVD (Coppin et al., 2006; Felippe et al., 2014; Han, 2010; van Hooren et al., 2005). Como referido previamente, existem evidências que determinadas AVD se tornam automáticas, não sendo necessário uma grande reserva cognitiva para a sua execução, com exceção das AVD com implicações executivas (Bottari, Dassa, Rainville, & Dutil, 2010; Spar & La Rue, 2005).

Neste sentido, o funcionamento executivo global e distintos componentes executivos como a flexibilidade cognitiva, o controlo inibitório, a fluência verbal, a planificação/sequenciação, a memória de trabalho e a atenção seletiva e dividida, parecem estar relacionados com a capacidade para realizar as AVD, principalmente em pessoas idosas não-institucionalizadas (Coppin et al., 2006; Felippe et al., 2014; van Hooren et al., 2005). Ainda, as funções executivas parecem predizer a capacidade para a manutenção das AVD em pessoas idosas que apresentam diferentes características sociodemográficas e clínicas (Cahn-Weiner, Malloy, Boyle, Marran, & Salloway, 2000; Han, 2010; Jefferson et al., 2006; Johnson, Lui, & Yaffe, 2007; Mograbi, Faria, Fichman, Paradela, & Lourenço, 2014).

Inversamente, a capacidade funcional, a par com o envolvimento em atividades, parece ter um papel importante e parcialmente compensatório na manutenção do bem-estar (Seitsamo, Tuomi, & Martikainen, 2007). No mesmo sentido, Ahlqvist, Nyfors e Suhonen (2016) afirmam que a saúde e a capacidade funcional são os fatores que mais fortemente se associam à vida independente. Segundo o Relatório Mundial de Envelhecimento e Saúde (Organização Mundial da Saúde, 2015) a maioria das pessoas de idade avançada considera que a manutenção da habilidade funcional é mais importante do que a ausência de doença. Neste relatório o Envelhecimento Saudável é considerado como o processo de desenvolvimento e manutenção da capacidade funcional que permite o bem-estar em idade avançada.

DA AVALIAÇÃO GERIÁTRICA GLOBAL À AVALIAÇÃO FUNCIONAL

À medida que se avança na idade é previsível, em consequência de uma combinatória de fatores, que se apresente uma menor reserva funcional a par de uma maior presença de doenças crónico-degenerativas. Em face das alterações experienciadas ao longo do curso da vida, as sociedades necessitam de se organizar para responderem, de forma eficiente, às necessidades das pessoas em «desenvolvimento[4]». É por isso um imperativo, tanto organizacional

---

[4] O desenvolvimento humano, baseado nas perspetivas psicológicas sobre o envelhecimento bem-sucedido (Baltes & Baltes,1990), pode ser sistematizado em dez proposições (Fonseca, 2005): como um processo que se estende ao longo da vida (i) e que pode ser apreciado tanto em termos das exigências, como das oportunidades com que os indivíduos se defrontam à medida que a vida decorre (ii). Desta forma, é reconhecido no desenvolvimento humano a expressão de princípios ontogénicos e evolutivos (iii) e a influência de fatores ligados tanto à idade cronológica, como a fatores contextuais (iv). Assim, dependendo das condições de vida e das experiências de um indivíduo, o curso desenvolvimental pode tomar muitas formas. Esta capacidade do indivíduo caracteriza a plasticidade do desenvolvimento (v) e, simultaneamente, um potencial de intervenção no desenvolvimento psicológico (vi). Durante o seu percurso de vida, o indivíduo experimenta muitas perdas, mas

como social, proceder a avaliações geriátricas que permitam organizar e planificar intervenções e propor políticas que promovam um envelhecimento saudável. Quando a avaliação envolve conhecimentos de várias áreas disciplinares, surgem instrumentos que avaliam múltiplas dimensões, por esse facto os adjetivos utilizados em língua portuguesa para dar conta deste tipo de avaliação são vários: «ampla», «global», «integral» e «compreensiva». Independentemente das similitudes ou das especificidades, importa que a abordagem seja interdisciplinar e multidimensional, levando em consideração a interação entre os múltiplos fatores que têm impacto na saúde das pessoas idosas. De entre as áreas de avaliação geriátrica destaca-se, tendo em conta o objetivo da reflexão que aqui se dá conta, a avaliação da funcionalidade.

A investigação a partir da funcionalidade tem sido objeto de maior enfoque em virtude dos avanços médicos e tecnológicos que conduziram à democratização da esperança média de vida e à consequente «visibilidade» pública de determinados perfis populacionais, que há bem pouco tempo não existiam com a expressão numérica que hoje se constata. Parece, por esse facto, que a capacidade fun-

---

também muitos ganhos; sendo que o desenvolvimento deve ser definido como qualquer mudança na capacidade adaptativa do organismo, numa alternância de ganhos e perdas (vii). Este processo resulta num mecanismo adaptativo baseado em três estratégias interativas, designadamente, *Seleção* (delineação de objetivos de acordo com os condicionamentos surgidos pelo envelhecimento); *Otimização* (descrição dos esforços que as pessoas fazem para ampliar ou maximizar as suas reservas) e *Compensação* (descrição dos esforços comportamentais para melhorar a funcionalidade, através da aquisição de meios, palpáveis ou simbólicos, para alcançar os objetivos). Este processo é designado de Modelo SOC (viii). Os indivíduos são, por outro lado, simultaneamente, produtores e produtos do seu próprio desenvolvimento (ix). E, por último, o estudo do desenvolvimento humano deve ser realizado numa perspetiva multidisciplinar (x). Baltes e Baltes (1990, p. 26) ilustram o modelo SOC através da leitura que o pianista Rubinstein fazia sobre a forma como superava as desvantagens do envelhecimento na sua profissão: "primeiro, reduzindo o seu repertório e tocando um número menor de peças (seleção); segundo, praticando-as com maior frequência (otimização); e terceiro, diminuindo a velocidade de tocar antes dos movimentos rápidos, produzindo assim um contraste que aumenta a impressão de velocidade nos movimentos rápidos (compensação)".

cional, conceptualizada aqui como a competência que os sujeitos apresentam na realização de forma independente de determinadas atividades de vida diária, deva ser avaliada através de instrumentos que descrevem de forma ordenada o desempenho das tarefas, que são típicas do quotidiano de um indivíduo, e que pressupõem uma variedade de capacidades e habilidades. Importa, contudo, referir que os instrumentos que avaliam o grau de dependência, além de não diferenciarem a capacidade da habilidade, concentram-se exclusivamente na capacidade.

Avaliação das AVD

A promoção do envelhecimento ativo pressupõe o conhecimento prévio do perfil funcional das pessoas idosas, contudo este desiderato só é possível se existirem instrumentos de avaliação fidedignos e válidos.

A literatura reporta que a avaliação da capacidade funcional na população geriátrica, além de permitir estabelecer um perfil funcional, deteta precocemente os défices funcionais, assim como avalia o grau de dependência, possibilitando o delineamento de intervenções específicas (Camara, Gerez, Miranda, & Velardi, 2008; Rogers, Rogers, Takeshima, & Islam, 2003), que permitem prevenir ou atrasar o declínio funcional (Cech & Martin, 1995).

Nas últimas décadas, foram vários os instrumentos de medição que surgiram para avaliar a capacidade funcional, refletindo tanto a complexidade das tarefas da vida diária, como os seus impactos na avaliação da (in)dependência da população idosa (Rogers et al., 2003).

De seguida são apresentados os principais instrumentos de avaliação que foram validados para a população portuguesa. A síntese destes instrumentos é apresentada no Quadro 1.

Índice de Barthel (IB, *The Barthel Index*; Mahoney & Barthel, 1965). O IB começou a ser usado em 1955 com a descrição de

Maryland Disability Index (Wylie & White, 1964) e foi publicado pela primeira vez em 1965 por Mahoney e Barthel. O IB foi desenvolvido para avaliar a alteração do estado funcional em indivíduos com distúrbios neurológicos ou músculo-esqueléticos que foram submetidos a reabilitação, embora também seja utilizado como ferramenta de avaliação de trajetórias funcionais de pacientes idosos hospitalizados (Mahoney & Barthel, 1965; Sleiman et al., 2009). O IB avalia o nível de independência dos indivíduos em dez Atividades Básicas de Vida Diária (ABVD), fornecendo uma medida de capacidade (Cohen & Marino, 2000; Mahoney & Barthel, 1965). Das dez ABVD, oito podem ser descritas como atividades de autocuidado [alimentação, transferência da cadeira para a cama e vice-versa, higiene pessoal, uso dos sanitários, tomar banho, vestir e controlo de esfíncteres (bexiga e intestino)] e duas como atividades relacionadas com a mobilidade (andar ou impulsionar uma cadeira de rodas e subir/descer escadas) (Cohen & Marino, 2000; Mahoney & Barthel, 1965). Na versão original, os itens recebem ponderações arbitrárias e as pontuações dos itens são somadas numa escala de 0 (total dependência) a 100 (independência total). No entanto, ter uma pontuação de 100 (totalmente independente), realizando com sucesso as dez ABVD, não significa que o indivíduo possa viver sozinho e que realize outras atividades sem a promoção a recursos externos. O IB não se baseia numa dimensão teórica subjacente, os itens devem ser analisados individualmente a fim de verificar quais são as dificuldades atuais presentes, por forma a adequar às necessidades do indivíduo (Araújo, Ribeiro, Oliveira, & Pinto, 2007; Cohen & Marino, 2000; Mahoney & Barthel, 1965). O instrumento, na sua versão original, está disponível em http://seniorfriendlyhospitals.ca/files/Barthel%20Index%20Tool. pdf, podendo ser utilizado para fins não comerciais.

Vários investigadores modificaram o IB, alterando o número de itens ou os procedimentos de pontuação (e.g., Azeredo & Matos, 2003; Wade & Collin, 1988; Yarkony et al., 1987). A validação portuguesa de Araújo e colaboradores (2007) foi administrada numa amostra de pessoas idosas não institucionalizadas. Foram construídas outras versões com base no original, como a já referida validação portuguesa de Araújo et al. (2007) que optou por usar os pontos de corte propostos por Martins (2004, estudo com um grupo de doentes com AVC e citado por Araújo et al., 2007), por existirem em ambas as amostras algumas características semelhantes. O nível de dependência é, então, dividido em quatro: Dependência total (0-8), Dependência grave (9-12), Dependência moderada (13-19) e Independência total (20) (Araújo et al., 2007). Araújo e colaboradores (2007) referem que quanto mais idoso o indivíduo, maior é a probabilidade de este apresentar níveis crescentes de incapacidade relativas às ABVD. O uso do IB mostra-se vantajoso pela sua simplicidade, baixo custo e rápido manuseamento na aplicação clínica, acautelando sempre a importância da análise dos itens em relação à pontuação global (Araújo et al., 2007; Mahoney & Barthel, 1965). Segundo Araújo e colaboradores (2007), indivíduos com a mesma pontuação vão necessitar de cuidados distintos consoante as atividades onde demonstraram maior dificuldade. Para além das vantagens já referidas, o IB também demonstra ser um índice válido pela sua elevada consistência interna (α Cronbach = 0,96) (Araújo et al., 2007).

Índice de Lawton e Brody (ILB, *The Lawton Instrumental Activities of Daily Living Scale*; Lawton & Brody, 1969). O ILB foi desenvolvido por Lawton e Brody em 1969 e permite avaliar a autonomia na realização das Atividades Instrumentais de Vida Diária (AIVD) através da execução de oito atividades específicas: utilização do telefone, ida às compras, preparação da comida, tarefas domésticas, lavar a roupa, utilização de transportes, gestão da medicação e gestão financeira (Lawton & Brody, 1969; Sequeira, 2007). Os itens formam uma escala de oito pontos para as mulheres e de cinco pontos para os homens (com exclusão dos itens, preparação da alimentação, tarefas domésticas e lavagem da roupa) (Lawton &

Brody, 1969). Com isto pretende avaliar-se o nível de independência, atribuindo-se uma pontuação segundo as capacidades atribuídas aos sexos. A pontuação total para o sexo feminino varia entre 0 (baixa funcionalidade, dependência) e 8 (alta funcionalidade, independência), e de 0 a 5 para o sexo masculino (Lawton & Brody, 1969).

A validação portuguesa foi administrada numa amostra de pessoas idosas não institucionalizadas (Araújo, Pais-Ribeiro, Oliveira, Pinto, & Martins, 2008). Araújo e colaboradores (2008) analisaram as qualidades psicométricas da escala, optando por uma pontuação distinta da original (dicotómica: 0 correspondendo à dependência e 1 à independência), consistindo numa cotação policotómica (0, 1, 2, 3, 4), com os baixos valores a corresponder a uma pior funcionalidade. A versão adotada por Araújo e colaboradores (2008) demonstrou ser uma boa alternativa em relação à versão original, permitindo discriminar melhor os sujeitos no que concerne à capacidade de realização das AIVD e revelando uma elevada consistência interna (α de Cronbach = 0,94). O IBL demonstra ser útil para o rastreio antecipado da incapacidade, sendo de baixo custo, fácil aplicação e interpretação (Araújo et al., 2008; Sequeira, 2007). Apesar dos muitos benefícios do IBL, alguns autores referem que algumas atividades (e.g., lavagem da roupa, preparação da alimentação) são sugestionadas pela cultura e pelo papel de género, como acontece nas sociedades ocidentais, onde são tarefas tradicionalmente executadas apenas por mulheres (Botelho, 2005).

Questionário de Avaliação Funcional Multidimensional de Idosos (OARS, Older Americans Resources and Services; Duke University Center for the Study of Aging and Human Development, 1978 citado por George & Fillenbaum, 1985). O OARS começou a ser desenvolvido em 1972 pelo *Center for the Study of Aging and Human Development* da Duke University (EUA) para providenciar uma avaliação do funcionamento individual em pessoas idosas (Fillenbaum, 2013). O OARS é considerado, por alguns, como um dos mais importantes instrumentos na avaliação de pessoas idosas (George & Fillenbaum, 1985). O OARS inclui três elementos: a avaliação da capacidade funcional, a avaliação do uso e da necessidade de serviços, e a avaliação de alternativas de serviços e a sua implementação em função da capacidade funcional (Fillenbaum & Smyer, 1981; Rodrigues, 2008).

O OARS divide-se em duas partes. A parte A (*Multidimensional Functional Assessment Questionnaire*, OARS-MFAQ) permite avaliar a capacidade funcional multidimensional, classificando os sujeitos numa escala segundo as suas incapacidades em cada uma de cinco áreas, incluindo recursos sociais (quantidade e adequação das interações sociais, bem como disponibilidade de ajuda em caso de doença ou incapacidade), económicos (adequação de rendimentos e outros recursos), saúde mental (extensão do bem-estar mental e a presença de organicidade), saúde física (presença de perturbações físicas e participação em atividades físicas) e AVD (capacidade em realizar tarefas instrumentais e físicas) (Fillenbaum & Smyer, 1981; George & Fillenbaum, 1985; Rodrigues, 2008). No início da aplicação do OARS é implementado o *Short Portable Mental Status Questionnaire* (SPMSQ) que avalia o défice cognitivo do sujeito, permitindo determinar se está apto ou não para responder (em caso negativo, será um informante qualificado a responder às questões). A parte B (*Services Assessment Questionnaire*) avalia a utilização e a necessidade percebida de vários tipos de serviços, o que permite a avaliação de programas de intervenção e a tomada de decisões sobre o impacto de recursos e serviços (Fillenbaum & Smyer, 1981; George & Fillenbaum, 1985; Rodrigues, 2008).

O OARS é constituído por 101 perguntas (duas delas, pergunta 71 com 19 alíneas e pergunta 72, são referentes à parte B), onde 70 são dirigidas à pessoa idosa (questões 1 a 70), dez são sobre a pessoa idosa, mas são respondidas por um informante (questões 73 a 82) e 14 são sobre a pessoa idosa, mas sendo respondidas pelo entrevistador (questões 83 a 96). Contém ainda cinco escalas de avaliação funcional, uma por área com pontuações de incapacidade funcional de 1 a 6 (questões 97 a 101) e, por fim, um somatório das pontuações de incapacidade global, estipulada pelas pontuações de incapacidade em cada uma das áreas (questão 102). As duas partes podem ser utilizadas em conjunto ou em separado, no entanto, para as relacionar é necessário que sejam administradas ao mesmo tempo (Fillenbaum & Smyer, 1981; George & Fillenbaum, 1985; Rodrigues, 2008).

No estudo português, a amostra foi constituída por pessoas idosas que frequentavam as respostas sociais «Centro de Dia» e «Estrutura Residencial» (Rodrigues, 2008). O questionário, na sua versão portuguesa, passou a ser denominado por Questionário de Avaliação Funcional Multidimensional de Idosos (QAFMI), mantendo-se todas as características e propriedades psicométricas da versão original (Rodrigues, 2008). O QAFMI pode ser requerido ao autor do artigo (Rodrigues, 2008) através dos seguintes e-mails: rogerio@esenfc.pt/rmcr@sapo.pt.

Índice do Estado Funcional (FSI, *Functional Status Index*; Jette, 1980; 1987). O FSI é um questionário composto por 18 itens que avalia o estado de saúde funcional, aplicável a jovens, adultos e idosos (Gomes, 2002). O FSI demora entre 20 a 30 minutos a ser preenchido e considera como janela de medida os "últimos 7 dias" para situar a recolha de informação. As pontuações por cada dimensão por grupo de atividades (mobilidade, atividades manuais, cuidados pessoais, trabalhos domésticos e atividades interpessoais) são apresentadas numa escala de orientação negativa de 1 a 4 ou a 5, conforme a amplitude da pontuação dos itens da dimensão em causa. O alfa de Cronbach da versão portuguesa variou entre 0,93 (dependência) e 0,95 (dificuldade). A reprodutibilidade (72 horas) apresentou um r entre 0,96 e 0,99 para as dimensões e entre 0,77 e 1,00 para os itens. A fiabilidade interobservador apresentou coeficientes de Kendall entre 0,83 e 1,00.

Questionário de Estado de Saúde Funcional (FSQ, *Functional Status Questionnaire*; Jette et al., 1986). O FSQ foi desenvolvido por

Jette e colaboradores (1986) para fornecer uma avaliação abrangente e viável da função física, psicológica, social e funcional em pacientes em ambulatório. O FSQ é um questionário breve, padronizado e autoadministrado, composto por 34 itens que avaliam o estado de saúde funcional, sendo aplicável a adultos e idosos (Gil, 1998). O FSQ demora cerca de 15 minutos a ser preenchido e reporta-se ao último mês para situar a recolha de informação. As pontuações por dimensão são apresentadas numa escala de orientação positiva de 0 (mínima capacidade funcional) a 100 (máxima capacidade funcional). A versão portuguesa apresentou um alfa de Cronbach entre 0,69 (função social 2) e 0,90 (função psicológica). A reprodutibilidade (48 horas) foi adequada ($r \geq 0,7$) assim como a validade discriminante (94% a 100%).

Questionário de Estado de Saúde (SF-36, Medical Outcomes Study 36 – Form Health Survey). O SF-36 é um instrumento genérico de avaliação da qualidade de vida, de fácil administração e compreensão. O SF-36 foi desenvolvido por Ware e Sherbourne (1992) e pode ser administrado a pessoas saudáveis ou com qualquer condição de saúde (adolescentes, adultos e idosos). O preenchimento pode ser efetuado pelo próprio, através de entrevista presencial ou telefónica. O questionário é multidimensional e é formado por 36 itens, englobados em oito escalas ou domínios (capacidade funcional, aspetos físicos, dor, estado geral da saúde, vitalidade, aspetos sociais, aspetos emocionais e saúde mental). As pontuações por dimensão são apresentadas numa escala de 0 (pior estado de saúde) a 100 (melhor estado de saúde). As oito dimensões podem ser agrupadas em duas componentes: saúde física e saúde mental. O SF-36-v2 contempla ainda uma escala de transição em saúde que pretende medir a quantidade de mudança em geral na saúde, pontuada de 1 (muito melhor) a 5 (muito pior). A versão portuguesa (Ferreira, 2000a, 2000b; Ferreira, Pereira, & Pereira, 2012) apresenta um alfa de Cronbach que varia entre 0,60 (função social) e 0,87 (função física e saúde geral). A reprodutibilidade do questionário (1 semana) apresenta um *r* entre 0,45 (dor) e 0,79 (desempenho físico) e coeficiente alfa da divisão em metade entre 0,45 (saúde mental e saúde geral) e 0,84 (dor). Estão disponíveis valores normativos para a população em geral, assim como, valores normativos por sexo, idade, estado marital, nível de instrução e tipo de ocupação (Ferreira, 2000a; 2000b.; Ferreira, Pereira, Pereira, 2012).

Elderly Assessment System (EASYcare, Sistema de Avaliação de Idosos; Philp, 1997). O EASYcare teve origem no âmbito de um projeto financiado pela União Europeia e patrocinado pela *World Health Organization* (WHO) denominado EPIC (*European Protype for Integrated Care*) (Philp, 1997; World Health Organization Regional Office for Europe, 1998). A construção deste instrumento teve por base outros instrumentos, na medida em que integrou numa só escala, várias dimensões da qualidade de vida e bem-estar da pessoa idosa. Durante a sua construção ficou estipulado que este deveria cobrir as várias necessidades das pessoas idosas, nomeadamente: (1) perceção da saúde e do bem-estar; (2) necessidades individuais, metas e satisfação com o cuidado; (3) confusão, comportamento e depressão; (4) visão, leitura, audição e mastigação; (5) atividades instrumentais e pessoais da vida diária; (6) habitação, finanças e cuidador. O EASYcare foi o primeiro sistema de avaliação multidimensional projetado para ser utilizado na prática diária de pessoas com 75 anos de idade ou mais. Os primeiros ensaios clínicos confirmaram a utilidade da avaliação médica e social combinada para um uso multiprofissional em ambientes domiciliários. Foi desenvolvido com o intuito de identificar e avaliar as necessidades das pessoas idosas ao nível social e de saúde (Philp, 1997).

Sousa, Figueiredo, Guerra, Marques, Silvestre e Pereira (2009), na última versão portuguesa atualizada, propuseram-se validar o EASYcare numa amostra de âmbito nacional. Na versão de 2009, passou a ser possível usar o EASYcare em pessoas idosas com 65 ou mais anos de idade. Este envolve duas componentes: a EASYcare *Standard* e a EASYcare *Supporting Instruments*. A primeira inclui dados sociodemográficos, aspetos sensoriais (visão, audição e comunicação), autocuidado (como a pessoa cuida de si), mobilidade, segurança, habitação e finanças, atividade física (como se mantém saudável), saúde mental e bem-estar. A segunda é acrescida de informação adicional sobre cuidadores informais e sobre medicação. Sobre o seu sistema de pontuação, na presença de pontuações mais elevadas estas significam uma maior incapacidade e, igualmente, uma menor qualidade de vida. A pontuação varia entre um mínimo de 4 e um máximo de 144 (Santos & Sousa, 2015).

Inventário de Avaliação Funcional de Adultos e Idosos (IAFAI; Sousa, Simões, Pires, Vilar, & Freitas, 2008). O IAFAI é um questionário aplicável a adultos e idosos (podendo também ser aplicado a cuidadores/informadores significativos, em referência à funcionalidade da pessoa avaliada), para a avaliação funcional das Atividades Básicas de Vida Diária (ABVD) (Sousa, Vilar, & Simões, 2013). O IAFAI considera a referência temporal «último mês» para situar a recolha de informação numa escala (quantificável) de resposta dicotómica. Tendo por base a categorização de Marson e Herbert (2005), o IAFAI permite avaliar as ABVD, as Atividades Instrumentais de Vida Diária – *Familiares* (AIVD-F) e as Atividades Instrumentais de Vida Diária – *Avançadas* (AIVD-A). Tendo, também, sido conceptualizado com base no modelo biopsicossocial de funcionalidade da World Health Organization (2001), o IAFAI permite estabelecer uma visão integrada e compreensiva da funcionalidade da pessoa no seu contexto de vida. Este instrumento foi especificamente desenvolvido para a população portuguesa e é, em Portugal, o instrumento com estudos mais sistematizados (Sousa et al., 2008, 2013; Sousa, Vilar, & Simões, 2015). A conjugação de uma pesquisa bibliográfica aprofundada e da metodologia de grupos focais permitiu estabelecer a validade de conteúdo do IAFAI, ao integrar um leque de domínios/itens representados em outros instrumentos congéneres de (in)capacidade funcional, internacionalmente reconhecidos, e ao introduzir novos itens (valorizados quer por adultos e idosos, quer por peritos/profissionais que trabalham com esta população). A versão final de 50 itens resultou de um conjunto de estudos quantitativos, visando o aperfeiçoamento do instrumento e o atestar da sua robustez psicométrica (aplicabilidade dos itens, consistência interna, intercorrelações/validade de constructo e validade discriminante). No geral, o IAFAI apresenta adequadas características psicométricas, tendo sido determinados os parâmetros normativos (Sousa, Prieto, Vilar, Firmino, & Simões, 2015). O IAFAI permite calcular vários indicadores: incapacidade funcional global; incapacidade funcional nas ABVD; incapacidade funcional nas AIVD-F; incapacidade funcional nas AIVD-A; incapacidade funcional de natureza física; incapacidade funcional de natureza cognitiva e incapacidade funcional de natureza emocional. Para garantir a estandardização dos procedimentos de aplicação e cotação, foi elaborado um manual técnico (Sousa et al., 2013).

Escala de Avaliação de Incapacidade da OMS (WHODAS 2.0 – World Health Organization Disability Assessment Schedule; World Health Organization [WHO], 2010). O WHODAS 2.0 foi desenvolvido pela *World Health Organization* para avaliar a incapacidade percebida associada à condição de saúde, tendo como referencial temporal os 30 dias que antecedem a aplicação do instrumento. Permite a caracterização da perceção que o indivíduo tem da sua própria incapacidade. Avalia seis domínios: i) cognição (compreensão e comunicação); ii) mobilidade (movimentação e locomoção); iii) autocuidado (lidar com a própria higiene, vestir-se, comer e permanecer sozinho); iv) relações interpessoais (interações com outras pessoas); v) atividades de vida diária (responsabilidades domésticas, lazer, trabalho e escola) e vi) participação (participação em atividades comunitárias e na sociedade) (WHO, 2010). O WHODAS está disponível em várias versões, a mais completa tem 36 questões e a mais breve tem 12 questões). O WHODAS tem dois sistemas de pontuação, um simples e outro complexo. A pontuação simples baseia-se no somatório das pontuações atribuídas a cada um dos itens: 1 («nenhum»), 2 («leve»), 3 («moderado»), 4 («severo»), 5 («extremo»). Já a complexa remete a um método baseado na Teoria de Resposta ao Item, no qual a OMS disponibiliza no site o programa informático (WHO, 2010). A OMS disponibiliza também o acesso e o uso gratuito ao WHODAS através do preenchimento de um formulário de registo *online* no site do WHODAS 2.0, http://www.who.int/whodas.

O WHODAS foi validado para a população portuguesa numa amostra de pessoas maiores de 55 anos (Moreira, Alvarelhão, Silva, Costa, & Queirós, 2015), foi usado para a tradução e adaptação cultural e linguística de uma versão mais resumida de 12 itens. Os valores obtidos confirmam as boas propriedades psicométricas da escala. A versão de 36 itens também foi validada para a população portuguesa numa amostra de pacientes com patologia musculoesquelética (Silva et al., 2013).

QUADRO 1
Instrumentos de avaliação da funcionalidade

Instrumento	Versão original	Atividades ou componentes avaliadas	Validação/Adaptação	PT/BR
Elderly Assessment System (EASYcare)	Philp (1997)	Multidimensional[a]	Sousa et al. (2009)	PT
World Health Organization Disability Assessment Schedule (WHODAS)	World Health Organization (2001)	Multidimensional[a]	Moreira et al. (2015)	PT
Escala Motora Funcional – Egen Klassifikation (EK)	Steffensen, Hyde, Lyager, e Mattson (2001)	AVD globais	Martinez, Brunherotti, Assis e Sobreira (2006)	BR
Functional Status Index	Jette (1980)	Saúde Funcional	Gomes (2002)	PT
Functional Status Questionnaire (FSQ)	Jette et al. (1986)	Multidimensional[a]	Gil (1988)	PT
Lawton Instrumental Activities of Daily Living Scale	Lawton e Brody (1969)	AIVD	Araújo et al. (2008)	PT
Índice de Katz	Katz, Ford, Moskowitz, Jackson e Jaffe (1963)	ABVD	Lino, Pereira, Camacho, Filho e Buksman (2008)	BR
Inventário de Avaliação Funcional de Adultos e Idosos (IAFAI)	Sousa et al. (2008)	ABVD e AIVD	Sousa, Vilar e Simões (2013)	PT
Instrumento de Avaliação Sócio Funcional em Idosos (IASFI)	Fonseca e Rizzotto (2008)	Multidimensional[a]	—	—
Medida de Independência Funcional (MIF)	Granger, Hamilton e Keith (1986)	AVD globais	Riberto et al. (2004)	BR
Older Americans Resources and Services (OARS)	Fillenbaum (1978)	Multidimensional[a]	Rodrigues (2008)	PT
Short Form Health Survey – 36 item (SF-36)	Ware e Sherbourne (1992)	Multidimensional[a]	Ferreira (2000)	PT
Barthel Index	Mahoney e Barthel (1965)	ABVD	Araújo et al. (2007)	PT
Pulses Profile (PULSES)	Moskowitz e McCann (1957)	AVD globais	—	—

Nota. AVD = Atividades da Vida Diária; ABVD = Atividades Básicas da Vida Diária; AIVD = Atividades Instrumentais da Vida Diária; BR = Brasil; PT = Portugal. Estes instrumentos avaliam diversas componentes (e.g., saúde física e mental, dor, função social), incluindo a capacidade funcional.

CONCLUSÃO

A agenda política do envelhecimento tem merecido especial atenção uma vez que a alocação de recursos a este segmento geracional é cada vez maior. Promover um envelhecimento saudável, independente e com qualidade de vida tem sido uma das propostas lançadas tanto pela Organização das Nações Unidas, como pela União Europeia para responder ao aumento da população idosa (Casanova-Sotolongo et al., 2004; Moraes et al., 2010).

Estas propostas não são alheias aos estudos que têm vindo a demonstrar que é nas idades avançadas que são reportadas maiores vulnerabilidades que interferem de forma significativa na realização funcional das atividades da vida diária (Casanova-Sotolongo et al., 2004; Lapuente & Navarro, 1998).

Embora os limites que separam o envelhecimento dito normal do patológico sejam de difícil demarcação, existe uma forte evidência de que uma das características que os distingue se relaciona com a capacidade funcional, isto é, a capacidade de realizar autonomamente as atividades básicas e as atividades instrumentais (Casanova-Sotolongo et al., 2004; Moraes et al., 2010). Note-se ainda que, segundo Fusco e colaboradores (2012), a qualidade de vida se relaciona com a função física em pessoas idosas e que as deficiências em algumas tarefas específicas de AIVD são especialmente percecionados pelas mulheres como prejudiciais à sua qualidade de vida.

Daí a necessidade de avaliar com rigor e numa perspetiva de género esta dimensão. A importância da avaliação funcional em pessoas idosas radica em um conjunto de aspetos, onde se incluem: o seu valor preditivo da institucionalização e morte; o constituir um parâmetro importante no diagnóstico (incluindo diagnóstico diferencial) de declínio cognitivo ligeiro e demência; o permitir identificar consequências em termos de funcionalidade, decorrentes, por exemplo, de défices cognitivos; e o permitir definir estratégias preventivas, o tipo de cuidados a prestar e monitorização dos tratamentos/intervenções (cf. Sousa, Vilar et al., 2015). Por estes factos, a comunidade científica tem depositado particular atenção a este marcador, alertando para a importância de proceder a estudos longitudinais de avaliação e diagnóstico do perfil funcional das pessoas idosas e respetiva intervenção, de modo a que, independentemente das alterações demográficas, biológicas, psicossociais e cognitivas/executivas inerentes ao processo de envelhecimento, a pessoa idosa consiga manter-se o máximo de tempo autónoma, independente e com qualidade de vida.

Referências bibliográficas

Ahlqvist, A., Nyfors, H., & Suhonen, R. (2016). Factors associated with older people's independent living from the viewpoint of health and functional capacity: A register-based study. *Nursing Open, 3*(2), 79-89. doi:10.1002/nop2.39

Ahmed, T., Vafaei, A., Auais, M., Guralnik, J., & Zunzunegui, M. V. (2016). Gender roles and physical function in older adults: Cross-sectional analysis of the International Mobility in Aging Study (IMIAS). *PLoS ONE, 11*(6), e0156828. doi:10.1371/journal.pone.0156828

Araújo, F., Pais-Ribeiro, J. L., Oliveira, A., Pinto, C., & Martins, T. (2008). Validação da escala de Lawton e Brody numa amostra de idosos não institucionalizados. In I. Leal, J. Pais-Ribeiro, I. Silva, & S. Marques (Eds.), *Actas do 7.º Congresso Nacional de Psicologia da Saúde* (pp. 217-220). Lisboa: Instituto Superior de Psicologia Aplicada.

Araújo, F., Ribeiro, J. L. P., Oliveira, A., & Pinto, C. (2007). Validação do Índice de Barthel numa amostra de idosos não institucionalizados. *Revista Portuguesa de Saúde Pública, 25*(2), 59-66.

Azeredo, Z., & Matos, E. (2003). Grau de dependência em doentes que sofreram AVC. *Revista da Faculdade de Medicina de Lisboa, 8*(4), 199-204.

Bartrés-Faz, D., Clemente, I. C., & Junqué, C. (2001). Cambios en la sustancia blanca y rendimiento cognitivo en el envejecimiento. *Revista de Neurologia, 33*(4), 347--353.

Botelho, A. (2005). A funcionalidade dos idosos. In C. Paúl & A. Fonseca (Coords.), *Envelhecer em Portugal: Psicologia, saúde e prestação de cuidados* (1.ª ed., pp. 111-135). Lisboa: Climepsi Editores.

Bottari, C. L., Dassa, C., Rainville, C. M., & Dutil, E. (2010). The IADL profile: Development, content validity, intra- and interrater agreement. *Canadian Journal of Occupational Therapy, 77*(2), 90-100. doi:10.2182/cjot.2010.77.2.5

Brady, A., & Straight, C. (2014). Muscle capacity and physical function in older women: What are the impacts of resistance training? *Journal of Sport and Health Science, 3*(3), 179-188. doi:10.1016/j.jshs.2014.04.002

Branco, M. J., Nogueira, P. J., & Dias, C. M. (2001). *MOCECOS: Uma observação dos cidadãos idosos no princípio do século XXI* [relatório]. Lisboa: Observatório Nacional de Saúde, Instituto Nacional de Saúde Dr. Ricardo Jorge.

Cahn-Weiner, D. A., Malloy, P. F., Boyle, P. A., Marran, M., & Salloway, S. (2000). Prediction of functional status from neuropsychological tests in community--dwelling elderly individuals. *Clinical Neuropsychologist, 14*(2), 187-195. doi:10.1076/1385-4046(200005)14:2;1-Z;FT187

Camara, F. M., Gerez, A. G., Miranda, M. L. J., & Velardi, M. (2008). Capacidade funcional do idoso: Formas de avaliação e tendências. *Acta Fisiátrica, 15*(4), 249-256.

Casanova-Sotolongo, P., Casanova-Carrillo, P., & Casanova-Carrillo, C. (2004). La memoria. Introducción al estúdio de los trastornos cognitivos en el envejecimiento normal y patológico. *Revista de Neurologia, 38*(5), 469-472.

Cech, D., & Martin, S. T. (1995). *Functional movement development across the life span* (1.ª ed.). Philadelphia: W. B. Saunders.

César, C. C., Mambrini, J. V. de M., Ferreira, F. R., & Lima-Costa, M. F. (2015). La capacidad funcional de los ancianos: Análisis de las preguntas sobre actividades de la vida diaria, utilizando la Teoría de Respuesta al Ítem. *Cadernos de Saúde Pública, 31*(5), 931-945. doi:10.1590/0102-311X00093214

Cohen, M. E., & Marino, R. J. (2000). The tools of disability outcomes research functional status measures. *Archives of Physical Medicine and Rehabilitation, 81*(supl. 2), S21-S29. doi:10.1053/apmr.2000.20620

Coppin, A. K., Shumway-Cook, A., Saczynski, J. S., Patel, K. V., Ble, A., Ferrucci, L., & Guralnik, J. M. (2006). Association of executive function and performance of dual-task physical tests among older adults: Analyses from the InChianti study. *Age and Ageing, 35*(6), 619-624. doi:10.1093/ageing/afl107

Cruz, K. C. T., & Diogo, M. J. D. (2009). Avaliação da capacidade funcional de idosos com acidente vascular encefálico. *Acta Paulista de Enfermagem, 22*(5), 666-672. doi:10.1590/S0103-21002009000500011

Daniel, F. (2011). Sete mulheres para cada homem: Uma análise de relações de masculinidade. *População e Sociedade, 18,* 157-167.

Dias, E. G., Duarte, Y. A. O., Almeida, M. H. M., & Lebrão, M. L. (2011). Caracterização das atividades avançadas de vida diária (AAVDS): Um estudo de revisão. *Revista Terapia Ocupacional, 22*(1), 45-51. doi:10.11606/issn.2238-6149.v22i1p45-51

Diogo, M. J. D. (1997). A dinâmica dependência-autonomia em idosos submetidos à amputação de membros inferiores. *Revista Latino-Americana de Enfermagem, 5*(1), 59-64. doi:10.1590/S0104-11691997000100007

Duque-Parra, J. E. (2004). Perspective on the vestibular cortex throughout history. *Anatomical Record Advances in Integrative Anatomy and Evolutionary Biology, 280B*(1), 15-19. doi:10.1002/ar.b.20031

Edjolo, A., Proust-Lima, C., Delva, F., Dartigues, J-F., & Pérès, K. (2016). Natural history of dependency in the elderly: A 24-year population-based study using a longitudinal item response theory model. *American Journal of Epidemiology, 183*(4), 277-285. doi:10.1093/aje/kwv223

Espírito-Santo, H., Garcia, I. Q., Monteiro, B., Carolino, N., & Daniel, F. (2016). Avaliação breve do défice executivo em pessoas idosas com Acidente Vascular Cerebral: Validação da Bateria de Avaliação Frontal. *Revista Portuguesa de Investigação Comportamental e Social, 2*(2), 25-40. doi:10.7342/ismt. rpics.2016.2.2.39

Eyigör, S., & Kutsal, Y. G. (2012). Polypharmacy in the elderly: To prescribe, or not prescribe "that is the question". *Turkish Journal of Geriatrics, 15*(4), 445-454.

Felippe, L. A., Oliveira, R. T., Garcia, M., Silva-Hamu, T. C. D., Santos, S. M. S., & Christofoletti, G. (2014). Funções executivas, atividades da vida diária e habilidade motora de idosos com doenças neurodegenerativas. *Jornal Brasileiro de Psiquiatria, 63*(1), 39-47. doi:10.1590/0047-2085000000006

Fernández-Ballesteros, R., Izal, M., Montorio, I., González, J. L., & Díaz, P. (1992). *Evaluación e intervención psicológica en la vejez*. Barcelona, Spain: Martinez Roca.

Ferreira, M. C., Tozatti, J., Fachin, S. M., Oliveira, P. P., Santos, R. F., & Silva, M. E. R. (2014). Redução da mobilidade funcional e da capacidade cognitiva no diabetes melito tipo 2. *Arquivos Brasileiros de Endocrinologia & Metabologia, 58*(9), 946--952. doi:10.1590/0004-2730000003097

Ferreira, P. L. (2000a). Criação da versão portuguesa do MOS SF-36. Parte I – Adaptação cultural e linguística. *Acta Médica Portuguesa, 13*(1-2), 55-66. Acedido a 24 de julho de 2018, em https://www.actamedicaportuguesa.com/revista/index.php/ amp/article/view/1760/1337

Ferreira, P. L. (2000b). Criação da versão portuguesa do MOS SF-36. Parte II – Testes de validação. *Acta Médica Portuguesa, 13*(3), 119-127. Acedido a 24 de julho de 2018, em https://www.actamedicaportuguesa.com/revista/index.php/amp/article/ view/1770/1347

Ferreira, P. L., Ferreira, L. N., & Pereira, L. N. (2012). Medidas sumário física e mental de estado de saúde para a população portuguesa. *Revista Portuguesa de Saúde Pública, 30*(2), 163-171. doi:10.1016/j.rpsp.2012.12.007

Figueiredo, D. (2007). *Cuidados familiares ao idoso dependente* (1.ª ed.). Lisboa: Climepsi Editores.

Figueiredo, D., & Sousa, L. (2001). EASYcare: Um instrumento de avaliação da qualidade de vida e bem-estar do idoso. *Revista de Geriatria, 130*(14), 41-47.

Fillenbaum, G. G. (2013). *Multidimensional functional assessment of older adults: The duke older americans resources and services procedures*. Hillsdale, NJ: Psychology Press.

Fillenbaum, G. G., & Smyer, M. A. (1981). The development, validity, and reliability of the OARS multidimensional functional assessment questionnaire. *Journal of Gerontoloy, 36*(4), 428-434. doi:10.1093/geronj/36.4.428

Fjell, A. M., & Walhovd, K. B. (2010). Structural brain changes in aging: Courses, causes and cognitive consequences. *Reviews in the Neurosciences, 21*(3), 187-221. doi:10.1515/REVNEURO.2010.21.3.187

Fonseca, A. M. (2005). *Desenvolvimento humano e envelhecimento* (1.ª ed.). Lisboa: Climepsi Editores.

Fusco, O., Ferrini, A., Santoro, M., Monaco, M. R. L., Gambassi, G., & Cesari, M. (2012). Physical function and perceived quality of life in older persons. *Aging Clinical and Experimental Research, 24*(1), 68-73. doi:10.1007/BF03325356

George, L. K., & Fillenbaum, G. G. (1985). OARS Methodology: A decade of experience in geriatric assessment. *Journal of the American Geriatrics Society, 33*(9), 607--615. doi:10.1111/j.1532-5415.1985.tb06317.x

Giebel, C. M., Sutcliffe, C., & Challis, D. (2014). Activities of daily living and quality of life across different stages of dementia: a UK study. *Aging & Mental Health, 19*(1), 63-71. doi:10.1080/13607863.2014.915920

Gil, J. A. (1998). *Qualidade de vida/estado funcional em doentes com problemas lombares - adaptação e validação cultural do Functional Status Questionnaire.* Dissertação de mestrado, Faculdade de Economia da Universidade de Coimbra, Portugal.

Gordo, S. M. O. (2015). *Estudio del funcionamiento ejecutivo y de las actividades de la vida diaria en ancianos en función del ámbito de residencia habitual.* Tese de Doutoramento, Faculdade de Psicologia – Universidade de Salamanca, Espanha. Acedido a 13 de setembro de 2015, em http://hdl.handle.net/10366/128478

Gregorio, P. G. (Ed.). (2010). *Tratado de neuropsicogeriatria* (3.ª ed.). Madrid, Spain: Ergón.

Habib, M. (2000). *Bases neurológicas dos comportamentos* (1.ª ed.). Lisboa: Climepsi Editores.

Hacihasanoğlu, R., Yildirim, A., & Karakurt, P. (2012). Loneliness in elderly individuals, level of dependence in activities of daily living (ADL) and influential factors. *Archives of Gerontology and Geriatrics, 54*(1), 61-66. doi:10.1016/j.archger.2011.03.011

Han, A. (2010). *Executive function as a predictor of intrumental activities of daily living (IADLs) in community-dwelling older adults.* Dissertação de Mestrado, KU School of Health Professions – University of Kansas Medical Center, Topeka. Acedido a 13 de setembro de 2016, em https://kuscholarworks.ku.edu/handle/1808/7931

Hoffmann, F., & Rodrigues, R. (2010, abril). *Informal carers: Who takes care of them? Policy Brief April 2010.* Viena, Austria: European Centre for Social Welfare Policy and Research.

Horgas, A. L., Wahl, H. W., & Baltes, M. M. (1996). Dependency in late life. In L. L. Carstensen, B. A. Edelstein, & L. Dornbrand (Eds.), *The practical handbook of clinical gerontology* (pp. 54-75). Thousand Oaks, CA.: Sage Publications.

Hughes, T. F., Chang, C.-C. H., Bilt, J. V., Snitz, B. E., & Ganguli, M. (2012). Mild cognitive deficits and everyday functioning among older adults in the community: The Monongahela-Youghiogheny Healthy Aging Team study. *American Journal of Geriatric Psychiatry, 20*(10), 836-844. doi:10.1097/JGP.0b013e3182423961

Hutchings, B. L., & Chaplin, E. (2017). The relationship of person-environment fit to perceptions of autonomy, competency and satisfaction among older adults with developmental disabilities. *Journal of Policy and Practice in Intellectual Disabilities, 14,* 214-223. doi:10.1111/jppi.12175

Instituto de Mayores y Servicios Sociales. (2005). *Atención a las personas en situación de dependencia en España: Libro Blanco* (1.ª ed.). Madrid, Spain: Autor.

Instituto Nacional de Estatística. (2003). *Projecções de população residente em Portugal 2000-2050*. Lisboa: INE.

Instituto Nacional de Estatística. (2011). *Censos 2011 — Resultados provisórios*. Lisboa: INE.

Instituto Nacional de Estatística. (2012). *Saúde e incapacidades em Portugal 2011*. Lisboa: INE.

Instituto Nacional de Estatística. (2016). *Inquérito Nacional de Saúde 2014*. Lisboa: INE. Acedido a 24 de julho de 2018, em www.ine.pt

Jefferson, A. L., Paul, R. H., Ozonoff, A., & Cohen, R. A. (2006). Evaluating elements of executive functioning as predictors of instrumental activities of daily living (IADLs). *Archives of Clinical Neuropsychology, 21*(4), 311-320. doi:10.1016/j.acn.2006.03.007

Jette, A. M. (1980). The Functional Status Index: Reliability of a chronic disease evaluation instrument. *Archives of Physical Medicine and Rehabilitation, 61*(9), 395-401.

Jette, A. M. (1987). The Functional Status Index: Reliability and validity of a self--report functional disability measure. *Journal of Rheumatology, 14*(Supl. 15), 15-21.

Jette, A. M., Davies, A. R., Cleary, P. D., Calkins, D. R., Rubenstein, L. V., Fink, A., ... Delbanco, T. L. (1986). The Functional Status Questionnaire: Reliability and validity when used in primary care. *Journal of General Internal Medicine, 1*(3),143-149.

Johnson, J. K., Lui, L.-Y., & Yaffe, K. (2007). Executive function, more than global cognition, predicts functional decline and mortality in elderly women. *Journals of Gerontology, Series A: Biological Sciences and Medical Sciences, 62A*(10), 1134-1141. doi:10.1093/gerona/62.10.1134

Katz, S., & Akpom, C. A. (1976). A measure of primary sociobiological functions. *International Journal of Health Services : Planning, administration, evaluation, 6*(3), 493-508. doi:10.2190/UURL-2RYU-WRYD-EY3K

Kimura, K., Yasunaga, A., & Wang, L.-Q. (2013). Correlation between moderate daily physical activity and neurocognitive variability in healthy elderly people. *Archives of Gerontology and Geriatrics, 56*(1), 109-117. doi:10.1016/j.archger.2012.10.004

La Caixa. (2010). *Vive el envejecimiento activo. Memoria y otros retos cotidianos*. Barcelona, Spain: Obra Social Fundación "la Caixa".

Lachman, M. E., & Agrigoroaei, S. (2010). Promoting functional health in midlife and old age: Long-term protective effects of control beliefs, social support, and physical exercise. *PLOS ONE, 5*(10), e13297. doi:10.1371/journal.pone.0013297

Lapuente, F. R., & Navarro, J. P. S. (1998). Cambios neuropsicológicos asociados al envejecimiento normal. *Anales de Psicología, 14*(1), 27-43.

Lawton, M. P., & Brody, E. M. (1969). Assessment of older people: Self-maintaining and instrumental activities of daily living. *Gerontologist, 9*(3 Pt. 1), 179-186. doi:10.1093/geront/9.3_part_1.179

Lisboa, C. R., & Chianca, T. C. M. (2012). Perfil epidemiológico, clínico e de independência funcional de uma população idosa institucionalizada. *Revista Brasileira de Enfermagem, 65*(3), 482-488. doi:10.1590/S0034-71672012000300013

Lopes, M. V. O., Araújo, M. F. M., & Moraes, G. L. A. (2006). Avaliação do grau de dependência nas atividades de vida diária em idosos da cidade de Fortaleza - Ceará. *Acta Paulista de Enfermagem, 19*(2), 201-206. doi:10.1590/ S0103-21002006000200012

Maciel, A. C. C., & Guerra, R. O. (2007). Influência dos fatores biopsicossociais sobre a capacidade funcional de idosos residentes no nordeste do Brasil. *Revista Brasileira de Epidemiologia, 10*(2), 178-189. doi:10.1590/S1415--790X2007000200006

Maciel, D., Marques, C., & Torres, A. (2008, junho). *Trabalho, família e género.* Comunicação apresentada no VI Congresso Português de Sociologia — Mundos sociais: Saberes e Práticas, Lisboa. Abstract disponível em http://www.aps.pt/ vicongresso/pdfs/742.pdf

Mahoney, F. I., & Barthel, D. (1965). Functional evaluation: The Barthel Index. *Maryland State Medical Journal, 14,* 56-61 [Resumo feito pelos autores no Rehabilitation Notes da Rehabilitation Section da Baltimore City Medical Society; acedido em http://www.strokecenter.org/wp-content/uploads/2011/08/barthel_ reprint.pdf]

Mansbach, W. E., MacDougall, E. E., & Rosenzweig, A. S. (2012). The Brief Cognitive Assessment Tool (BCAT): A new test emphasizing contextual memory, executive functions, attentional capacity, and the prediction of instrumental activities of daily living. *Journal of Clinical and Experimental Neuropsychology, 34*(2), 183--194. doi:10.1080/13803395.2011.630649

Marín, D. C., & Casasnovas, G. L. (2001). *Vejez, dependencia y cuidados de larga duración: Situación actual y perspectivas de futuro* [Colección Estudios Sociales, 6]. Barcelona, Spain: CEGE Creaciones Gráficas.

Marshall, G. A., Fairbanks, L. A., Tekin, S., Vinters, H. V., & Cummings, J. L. (2006). Neuropathologic correlates of activities of daily living in Alzheimer disease. *Alzheimer Disease & Associated Disorders, 20*(1), 56-59. doi:10.1097/01. wad.0000201852.60330.16

Marson, D., & Hebert, K. R. (2005). Functional assessment. In D. K. Attix & K. A. Welsh-Bohmer (Eds.), *Geriatric neuropsychology: Assessment and intervention* (1.ª ed., pp. 158-197). New York, NY: Guilford Press.

Ministério da Saúde/Alto Comissariado da Saúde. (2008). *Envelhecimento e Saúde em Portugal. Boletim informativo n.º 2, setembro, 2008.* Lisboa: Gabinete de Informação e Prospectiva. Acedido a 12 de julho de 2016, em http://www.associacaoamigosdagrandeidade.com/wp-content/uploads/ filebase/consultoria/ACS%20Envelhecimento%20e%20saude%20em%20 Portugal.pdf

Ministério do Trabalho e da Solidariedade. (1999). Decreto-Lei n.º 265/99 de 14 de julho. *Diário da República n.º 162/99, I* Série. Lisboa.

Mlinac, M. E., & Feng, M. C. (2016). Assessment of activities of daily living, self-care, and independence. *Archives of Clinical Neuropsychology, 31*(6), 506--516. doi:10.1093/arclin/acw049

Mograbi, D. C., Faria, C. A., Fichman, H. C., Paradela, E. M. P., & Lourenço, R. A. (2014). Relationship between activities of daily living and cognitive ability in a sample of older adults with heterogeneous educational level. *Annals of Indian Academy of Neurology, 17*(1), 71-76. doi:10.4103/0972-2327.128558

Montejo, P., Montenegro, M., Fernández, M. A., & Maestú, F. (2012). Memory complaints in the elderly: Quality of life and daily living activities. A population based study. *Archives of Gerontology and Geriatrics, 54*(2), 298-304. doi:10.1016/j.archger.2011.05.021

Moraes, E. N., Moraes, F. L., & Lima, S. P. P. (2010). Características biológicas e psicológicas do envelhecimento. *Revista de Medicina de Minas Gerais, 20*(1), 67-73.

Moreira, A., Alvarelhão, J., Silva, A. G., Costa, R., & Queirós, A. (2015). Tradução e validação para português do WHODAS 2.0 – 12 itens em pessoas com 55 ou mais anos. *Revista Portuguesa de Saúde Pública, 33*(2), 179-182. doi:10.1016/j.rpsp.2015.06.003

Nadkarni, N. K., Levy-Cooperman, N., & Black, S. E. (2012). Functional correlates of instrumental activities of daily living in mild Alzheimer's disease. *Neurobiology of Aging, 33*(1), 53-60. doi:10.1016/j.neurobiolaging.2010.02.001

Neri, A. L. (2006). O legado de Paul B. Baltes à psicologia do desenvolvimento e do envelhecimento. *Temas em Psicologia, 14*(1), 17-34.

Neri, A. L., Yassuda, M. S., Fortes-Burgos, A. C. G., Mantovani, E. P., Arbex, F. S., de Souza Torres, S. V., ... Guariento, M. E. (2012). Relationships between gender, age, family conditions, physical and mental health, and social isolation of elderly caregivers. *International Psychogeriatrics, 24*(3), 472-483. doi:10.1017/S1041610211001700

Nogueira, J. M. (2009). A dependência: O apoio informal, a rede de serviços e equipamentos e os cuidados continuados integrados. In J. Gonçalves (Coord.), *Carta social: Rede de serviços e equipamentos*. Lisboa: Ministério do Trabalho e da Solidariedade Social, Gabinete de Estratégia e Planeamento. Disponível em http://www.cartasocial.pt/publicacoes.php#

Oliveira, C. R., Rosa, M. S., Pinto, A. M., Botelho, M. A. S., Morais, A., & Verissímo, M. T. (2010). *Estudo do perfil do envelhecimento da população portuguesa*. Coimbra: Gabinete Editorial de Relações Públicas e Imagem da Faculdade de Medicina de Coimbra.

Oliveira, P. H., & Mattos, I. E. (2012). Prevalência e fatores associados à incapacidade funcional em idosos institucionalizados no Município de Cuiabá, Estado de Mato Grosso, Brasil, 2009-2010. *Epidemiologia e Serviços de Saúde, 21*(3), 395-406. doi:10.5123/S1679-49742012000300005

Organização Mundial da Saúde. (2015). *Relatório mundial de envelhecimento e saúde* (Relatório n.º WHO/FWC/ALC/15.01). Genebra: Organização Mundial de Saúde. Acedido a 27 de julho de 2018, em http://apps.who.int/iris/bitstream/handle/10665/186468/WHO_FWC_ALC_15.01_por.pdf?sequence=6

Paschoal, S. M. P. (2002). Autonomia e independência. In M. P. Netto, *Gerontologia: A velhice e o envelhecimento em visão globalizada* (2.ª ed., pp. 313-323). São Paulo, Brasil: Athneu.

Peter, W. F., Guillemin, F., & Terwee, C. B. (2017). 10 Alternative approaches to questionnaires in measuring health concepts: The example of measuring how patient actually performs activities in daily life. In F. Guillemin, A. Leplege, S. Briancon, E. Spitz, & J. Coste (Eds.), *Perceived health and adaptation in chronic disease*. Oxford: Routledge.

Philp, I. (1997). Can a medical and social assessment be combined? *Journal of the Royal Society of Medicine, 90*(Supl. 32), 11-13.

Piassaroli, C. A. P., Almeida, G. C., Luvizotto, J. C., & Suzan, A. B. B. M. (2012). Modelos de reabilitação fisioterápica em pacientes adultos com sequelas de AVC isquêmico. *Revista Neurociências, 20*(1), 128-137.

Pordata. (2015). *Retrato de Portugal na Europa* (1.ª ed.). Lisboa: Fundação Francisco Manuel dos Santos.

Reuben, D. B., & Solomon, D. H. (1989). Assessment in geriatrics. Of caveats and names. *Journal of the American Geriatrics Society, 37*(6), 570-572.

Rodrigues, R. M. C. (2008). Validação da versão em português europeu de questionário de avaliação funcional multidimensional de idosos. *Revista Panamericana de Salud Pública, 23*(2), 109-115. doi:10.1590/S1020-49892008000200006

Rogers, M. E., Rogers, N. L., Takeshima, N., & Islam, M. M. (2003). Methods to assess and improve the physical parameters associated with fall risk in older adults. *Preventive Medicine, 36*(3), 255-264. doi:10.1016/s0091-7435(02)00028-2

Ruan, Q., Yu, Z., Chen, M., Bao, Z., Li, J., & He, W. (2015). Cognitive frailty, a novel target for the prevention of elderly dependency. *Ageing Research Reviews, 20*, 1-10. doi:10.1016/j.arr.2014.12.004

Salanova, M. P., & Lezaun, J. J. Y. (1998). Dependencia, personas mayores y familias: De los enunciados a las intervenciones. *Anales de Psicologia, 14*(1), 95-104.

Santos, G., & Sousa, L. (2015). Qualidade de vida em pessoas idosas no momento de internamento hospitalar. *Revista Portuguesa de Saúde Pública, 33*(1), 2-11. doi:10.1016/j.rpsp.2014.06.004

Sastre, J., Pamplona, R., & Ramón, J. R. (2009). *Biogerontología médica* (1.ª ed.). Madrid, Spain: Ergón.

Schmitter-Edgecombe, M., McAlister, C., & Weakley, A. (2012). Naturalistic assessment of everyday functioning in individuals with mild cognitive impairment: The day--out task. *Neuropsychology, 26*(5), 631-641. doi:10.1037/a0029352

Seitsamo, J., Tuomi, K., & Martikainen, R. (2007). Activity, functional capacity and well-being in ageing finnish workers. *Occupational Medicine, 57*(2), 85-91. doi:10.1093/occmed/kql105

Sequeira, C. (2007). *Cuidar de idosos dependentes: Diagnósticos e intervenções* (1.ª ed.). Coimbra: Quarteto.

Sequeira, C. (2010). *Cuidar de idosos com dependência física e mental* (1.ª ed.). Lisboa: Lidel.

Silva, C., Coleta, I., Silva, A. G., Amaro, A., Alvarelhão, J., Queirós, A., & Rocha, N. (2013). Adaptação e validação do WHODAS 2.0 em utentes com dor musculoesquelética. *Revista de Saúde Pública, 47*(4), 752-758. doi:10.1590/S0034-8910.2013047004374

Silva, M. J., Lopes, M. V. O., Araújo, M. F. M., & Moraes, G. L. A. (2006). Avaliação do grau de dependência nas atividades de vida diária em idosos da cidade de Fortaleza-Ceará. *Acta Paulista de Enfermagem, 19*(2), 201-206. doi:10.1590/S0103-21002006000200012

Sleiman, I., Rozzini, R., Barbisoni, P., Morandi, A., Ricci, A., Giordano, A., & Trabucchi, M. (2009). Functional trajectories during hospitalization: A prognostic sign for elderly patients. *Journals of Gerontology, Series A: Biological Sciences and Medical Sciences, 64A*(6), 659-663. doi:10.1093/gerona/glp015

Sousa, L. B., Prieto, G., Vilar, M., Firmino, H., & Simões, M. R. (2015). Adults and Older Adults Functional Assessment Inventory (IAFAI): A Rasch model analysis. *Research Aging, 37*(8), 787-814. doi:10.1177/0164027514564469

Sousa, L. B., Simões, M. R., Pires, L., Vilar, M., & Freitas, S. (2008). *Inventário de Avaliação Funcional de Adultos e Idosos (IAFAI), versão experimental: Manual de administração e cotação.* Coimbra: Serviço de Avaliação Psicológica, Faculdade de Psicologia e de Ciências da Educação da Universidade de Coimbra.

Sousa, L. B., Vilar, M., & Simões, M. R. (2013). *Inventário de avaliação funcional de adultos e idosos (IAFAI): Manual Técnico.* Coimbra: Laboratório de Avaliação Psicológica e Psicometria, Faculdade de Psicologia e de Ciências da Educação da Universidade de Coimbra.

Sousa, L. B., Vilar, M., & Simões, M. R. (2015). Inventário de avaliação funcional de adultos e idosos (IAFAI). In M. R. Simões, I. Santana, & Grupo de Estudos de Envelhecimento Cerebral e Demência (Eds.), *Escalas e testes na demência* (3.ª ed., pp. 152-157). Lisboa: Novartis.

Sousa, L., Figueiredo, D., Guerra, S., Marques, A., Silvestre, J., & Pereira, G. (2009). *Caracterizar a qualidade de vida e as necessidades das pessoas idosas* [Documento policopiado, não publicado]. Aveiro: Universidade de Aveiro.

Sousa, L., Galante, H., & Figueiredo, D. (2002). EASYcare: Um sistema de avaliação de idosos (qualidades psicométricas). *Revista de Estatística, 26,* 10-25.

Spar, J. E., & La Rue, A. (2005). *Guia prático Climepsi de psiquiatria geriátrica.* Lisboa: Climepsi Editores.

Springate, B. A., Tremont, G., & Ott, B. R. (2012). Predicting functional impairments in cognitively impaired older adults using the Minnesota Cognitive Acuity Screen. *Journal of Geriatric Psychiatry and Neurology, 25*(4), 195-200. doi:10.1177/0891988712464820

van Hooren, S. A., van Boxtel, M. P., Valentijn, S. A., Bosma, H., Ponds, R. W., & Jolles, J. (2005). Influence of cognitive functioning on functional status in an older population: 3- and 6-year follow-up of the Maastricht Aging Study. *International Journal of Geriatric Psychiatry, 20*(9), 883-888. doi:10.1002/gps.1373

Velloso, M., & Jardim, J. R. (2006). Funcionalidade do paciente com doença pulmonar obstrutiva crônica e técnicas de conservação de energia. *Jornal Brasileiro de Pneumologia, 32*(6), 580-586. doi:10.1590/S1806-37132006000600017

Wade, D. T., & Collin, C. (1988). The Barthel ADL Index: A standard measure of physical disability? *International Disability Studies, 10*(2), 64-67. doi:10.3109/09638288809164105

Walker, A. (2008). Commentary: The emergence and application of active aging in Europe. *Journal of Aging & Social Policy, 21*(1), pp. 75-93.

Ware, J. E., & Sherbourne, C. D. (1992). The MOS 36-Item Short-Form Health Survey (SF-36). I. Conceptual framework and item selection. *Medical Care, 30*(6), 473--483. doi:10.2307/3765916

World Health Organization. (2001) *The international classification of functioning, disability and health.* Geneva, Switzerland: Autor.

World Health Organization. (2002). *Active ageing: A policy framework* [Booklet]. Geneva: Autor. Acedido a 17 de setembro de 2016, em http://www.who.int/ageing/publications/active_ageing/en/index.html

World Health Organization. (2010). *Measuring health and disability*: Manual for WHO disability assessment schedule (WHODAS 2.0). Geneva, Switzerland: Autor.

World Health Organization. (2014). *Resumo: Relatório mundial de envelhecimento e saúde*. Acedido a 24 de setembro de 2016, em http://sbgg.org.br/wp-content/uploads/2015/10/OMS-ENVELHECIMENTO-2015-port.pdf

World Health Organization. (2017). *Global priority research agenda for improving access to high-quality affordable assistive technology*. Geneva, Switzerland: Autor.

World Health Organization Quality of Life Group. (1995). The World Health Organization quality of life assessment (WHOQOL): Position paper from the World Health Organization. *Social Science & Medicine, 41*(10), 1403-1409. doi:10.1016/0277-9536(95)00112-k

World Health Organization Regional Office for Europe. (1998). *Wellbeing measures in primary health care/the depcare project: Report on a WHO meeting*. Copenhagen, Denmark: Autor.

Wylie, C. M., & White, B. K. (1964). A measure of disability. *Archives of Environmental Health: An International Journal, 8*(6), 834-839. doi:10.1080/00039896.1964.10663764

Yarkony, G. M., Roth, E. J., Heinemann, A. W., Wu, Y., Katz, R. T., & Lovell, L. (1987). Benefits of rehabilitation for traumatic spinal cord injury: Multivariate analysis in 711 patients. *Archives of Neurology, 44*(1), 93-96. doi:10.1001/archneur.1987.00520130071020

Yochim, B. P., Lequerica, A., MacNeill, S. E., & Lichtenberg, P. A. (2008). Cognitive initiation and depression as predictors of future instrumental activities of daily living among older medical rehabilitation patients. *Journal of Clinical and Experimental Neuropsychology, 30*(2), 236-244. doi:10.1080/13803390701370006

Zidan, M., Arcoverde, C., de Araújo, N. B., Vasques, P., Rios, A., Laks, J., & Deslandes, A. (2012). Alterações motoras e funcionais em diferentes estágios da doença de Alzheimer. *Revista de Psiquiatria Clínica, 39*(5), 161-165. doi:10.1590/S0101-60832012000500003

3. ENVELHECIMENTO E SAÚDE MENTAL
I: ANSIEDADE

Helena Espírito-Santo, Inês Torres-Pena,
Naír Carolino, Bárbara Monteiro,
Laura Lemos e *Ana Galhardo*

INTRODUÇÃO

A ansiedade foi definida por Freud (1916/1963) como um estado emocional que incluía sentimentos de «atenção sensorial», tensão motora, nervosismo e preocupação, acompanhados por ativação fisiológica. Com base na perspetiva evolucionista de Darwin, Freud apontou que a ansiedade tinha uma função adaptativa, pois motivava comportamentos que permitiam lidar com situações de perigo.

Com efeito, a ansiedade constitui uma emoção humana, com uma função adaptativa, possibilitando que o organismo se prepare ou evite situações desafiantes, ameaçadoras ou perigosas, tendo, assim, um papel de alerta e de defesa. No entanto, quando esta emoção se torna excessiva, intensa e/ou duradoura, interferindo com o funcionamento e tornando-se invalidante, poderá constituir-se como patológica, manifestando-se numa variedade de sintomas cognitivos, vegetativos e comportamentais (American Psychiatric Association [APA], 2013/2014; Beck, Epstein, Brown, & Steer, 1988; ver Quadro 1).

https://doi.org/10.14195/978-989-26-1737-4_3

As diversas perturbações ansiosas apresentam como denominador comum o medo e ansiedade patológica, porém diferem no seu objeto ou situação temida (APA, 2013/2014). Em pessoas de idade avançada, as perturbações ansiosas são frequentes, contudo, a sua deteção e diagnóstico são processos complexos, dada a comorbilidade com doenças físicas e declínio cognitivo, sendo ainda de realçar a diversidade existente na expressão dos sintomas, quando comparada com idades mais novas (Andreas et al., 2017; Beekman et al., 2000; Gellis, Kim, & McCracken, 2008; Wolitzky-Taylor, Castriotta, Lenze, Stanley, & Craske, 2010).

QUADRO 1

Categorias de sintomas da ansiedade patológica

Cognitivos	Vegetativos	Comportamentais
Apreensão	Aperto do peito ou dificuldade em respirar	**Andar/mexer inquietamente**
Antecipação de sofrimento/perigo	Arrepios ou sensação de calor	Evitamento
Amplificação do perigo	Cansaço ou fraqueza muscular	Fuga
Crenças irrealistas	Frequência urinária	Repetição de ações
Desrealização	*Globus hystericus*	
Despersonalização	Hiperventilação	Uso de objeto
Dificuldade de concentração	**Náusea ou desconforto abdominal**	contrafóbico
Hipervigilância	Palpitações ou aceleração dos batimentos cardíacos	Verificação
Medo de enlouquecer	Parestesias	
Medo de perder o controlo	Sudação	
Medo de morrer	**Tensão muscular**	
Preocupação	Tonturas ou sensação de cabeça vazia	
Ruminação	Tremor	

Nota. Os sintomas assinalados em negrito mostraram-se prevalecentes em idosos de várias culturas (Dong, Chen, & Simon, 2014; Hermans, Beekman, & Evenhuis, 2013; Pachana, McLaughlin, Leung, Byrne, & Dobson, 2012; Starkstein, Jorge, Petracca, & Robinson, 2007; Wetherell et al., 2009).

Neste contexto, o presente capítulo procura abordar os aspetos caracterizadores destas perturbações na idade avançada.

A ANSIEDADE NA IDADE AVANÇADA

A natureza da ansiedade na idade avançada tem vindo a ser definida de forma diversa, com alguns autores a defenderem a existência de uma diferença qualitativa quando comparada com as idades mais jovens (e.g., Flint, 2005; Kreitler, 2017) e outros a tomar a defesa da ideia oposta (e.g., Wetherell, Maser, & van Balkom, 2005). Jeste, Blazer e First (2005), por exemplo, consideram que muitas expressões sintomatológicas das perturbações ansiosas podem variar com a idade, sendo ainda de considerar que estas se podem confundir com outros sintomas decorrentes da comorbilidade com doenças físicas, mais frequentes na idade avançada.

Nas descrições e definições mais recentes, esta controvérsia parece estar resolvida, assumindo- se a ansiedade em pessoas de idade avançada como contendo características diferentes. Por exemplo, na quinta edição do *Manual de Diagnóstico e Estatístico das Perturbações Mentais* (DSM-5; APA, 2013/2014), os critérios e as características descritivas foram alvo de revisão, por forma a facilitar o processo de deteção das perturbações de ansiedade na idade avançada. Wetherell e colaboradores (2009) verificaram que pessoas de idade avançada são menos precisas a identificar os sintomas de ansiedade, em comparação com indivíduos de outras faixas etárias. Ainda neste contexto, Brenes (2006) verificou que pessoas de idade avançada tendem a apresentar menores níveis de preocupações, ainda que sem diferenças quanto aos sintomas cognitivos e afetivos, quando comparados com indivíduos mais novos. No mesmo sentido, Crittendon e Hopko (2006) e Miloyan e Pachana (2015) constataram que as preocupações tendem a diminuir com a idade, sendo que o conteúdo destas também apresenta alterações, com os indivíduos de idade avançada a preocuparem-se mais com a saúde e família e menos com o trabalho e finanças (Lindesay et al., 2006). Corroborando esta ideia, Kvaal, Ulstein, Nordhus e Engedal (2005) indicam que os sintomas de ansiedade podem refletir sentimentos de insegurança, particularmente em pessoas com doença e/ou maior fragilidade. Na sua revisão, Bassil, Ghandour e Grossberg (2011) acrescentam que pessoas de idade avançada tendem, frequentemente, a confundir os sintomas ansiosos com situações físicas, expressando-os mais como problemas somáticos ou físicos do que como sofrimento psicológico, pelo que estes são, por vezes, ignorados também nos cuidados de saúde primários.

Como referido, a ansiedade na idade avançada apresenta características diferentes, sendo ainda evidente uma alteração na sua intensidade com o avançar da idade. Num estudo baseado em dados do *Swedish Adoption/Twin Study of Ageing*, os investigadores verificaram que os níveis de ansiedade declinam durante a transição da meia-idade para os 65 anos, seguindo-se de um aumento moderado até alcançar um *plateau* aos 80 anos (Lee, Gatz, Pedersen, & Prescott, 2016). Ao analisar a possível existência de diferenças entre sexos relativamente aos sintomas ansiosos, os autores identificaram que as mulheres reportam níveis mais elevados de ansiedade comparativamente com os homens (Lee et al., 2016).

PERTURBAÇÕES ANSIOSAS E SUA EPIDEMIOLOGIA NA IDADE AVANÇADA

As perturbações ansiosas no adulto, segundo o *Manual Diagnóstico e Estatística das Perturbações Mentais* (DSM-5, APA, 2013/2014), incluem fobia específica, perturbação de ansiedade social (PAS), perturbação de pânico, agorafobia e perturbação da ansiedade generalizada (PAG). As perturbações obsessivo-compulsivas (POC) e a perturbação de stresse pós-traumático (PSPT) são classificadas em categorias separadas e individualizadas, no entanto, face à sua componente ansiosa, optou-se por mantê-las nesta descrição.

Segundo a World Health Organization (2017), estima-se que as perturbações da ansiedade afetam 3,8% da população idosa, apresentando uma prevalência inferior à encontrada na população mais jovem (Baxter, Scott, Vos, & Whiteford, 2012; Gellis et al., 2008). A prevalência de sintomas ansiosos, que não preenchem os critérios para o diagnóstico de uma perturbação ansiosa, pode variar entre os 20-29% (Davis, Moye, & Karel, 2002; Lenze et al., 2005). No mesmo sentido, numa revisão da literatura realizada entre 1980 e 2007, Bryant, Jackson e Ames (2008) encontraram prevalências destas perturbações que variam entre os 15% e os 52,3% na comunidade em geral e entre os 15% e os 56% em amostras clínicas.

De seguida, serão descritas, de forma mais detalhada, algumas características específicas das perturbações ansiosas elencadas anteriormente.

A **fobia específica** caracteriza-se pelo medo ou ansiedade relativamente a um objeto ou situação específica, estando presentes comportamentos de evitamento ou confrontação, sendo que nesta última tendem a surgir elevados níveis de medo ou ansiedade. A prevalência encontrada nesta perturbação é inferior em indivíduos de idade avançada quando comparada com indivíduos de outras idades. Ainda assim, esta perturbação encontra-se presente nas perturbações ansiosas mais frequentes na idade avançada, variando entre 2,1% e 11,5% (APA, 2013/2014; Chou, 2009; Gum, King-Kallimanis, & Kohn, 2009; Kirmizioglu, Doğan, Kuğu, & Akyüz, 2009; Wolitzky-Taylor et al., 2010), apesar de o início ser tendencialmente prévio à idade avançada (Lindesay, 1991). Ainda neste contexto, verifica-se uma maior prevalência desta perturbação no sexo feminino (Chou, 2009; Sigström et al., 2011). Nesta faixa etária, as situações mais temidas são as relacionadas com quedas, chegando a ascender aos 60% em pessoas que já caíram e a 30% entre as que não apresentam história de quedas, sendo mais prevalentes no sexo feminino e aumentando com a idade (Aggarwal, Kunik, & Asghar-Ali, 2017; Bassil et al., 2011). Outros estudos referem como mais frequentes os medos de relâmpagos e de alturas (41-70 anos; Fredrikson, Annas, Fischer, & Wik, 1996), de animais e de ocorrências do ambiente natural (Sigström et al., 2011). No estudo de Sigström e colaboradores (2011), a maioria das fobias reportadas entre as pessoas de idade avançada correspondem a fobias cujo início se havia verificado em idades mais jovens (92,3%). Outro aspeto a ter em conta nas fobias específicas nesta faixa etária é a sua associação com situações médicas em comorbilidade (APA, 2013/2014), incluindo obesidade, hipertensão, taquicardia e artrite (Chou, 2009; El-Gabalawy, Mackenzie, Pietrzak, & Sareen, 2014), pós-Acidente Vascular Cerebral (AVC) (revisão de Campbell Burton et al., 2012) e, também, com perturbações mentais, como depressão, POC, ataques de pânico ou fobia social (APA, 2013/2014; Sigström et al., 2011). Finalmente, há que notar que parece ser típico esta população não procurar ajuda para estas perturbações (Byers, Arean, & Yaffe, 2012).

Na perturbação de **ansiedade social** são temidas ou evitadas situações sociais em que existe a exposição ao escrutínio dos outros, temendo o indivíduo uma avaliação negativa por parte destes. Assim, este tipo de situações tende a ser evitado ou enfrentado com elevados níveis de ansiedade. Na terceira idade, as taxas de prevalência da ansiedade social tendem a diminuir (2% a 5% aos 12 meses; APA, 2013/2014; Byers, Yaffe, Covinsky, Friedman, & Bruce, 2010; Cairney et al., 2007). Volkert, Schulz, Härter, Wlodarczyk e Andreas (2013) encontraram um valor de 1,3% (IC 95%: 1,18-1,44%) na sua revisão de 25 estudos referentes a idosos de 15 países ocidentais. Este valor dizia respeito a pessoas que sofriam de ansiedade social desenvolvida já na idade avançada. Em idades avançadas, há que ter em atenção que a ansiedade social tende a ser expressa de forma menos intensa, mas relativamente a uma maior variedade de situações. Entre as situações que podem ser tidas como embaraçosas incluem-se a incapacidade auditiva ou visual e a manifestação sintomática de algumas doenças (e.g., tremor, incontinência, inclinação postural) (APA, 2013/2014).

A ansiedade social pode também decorrer de um AVC (revisão de Campbell Burton et al., 2012). Note-se ainda que o foco nos sintomas somáticos, as doenças físicas comórbidas, a restrição do julgamento, as mudanças no ambiente ou nos papéis sociais podem dificultar o diagnóstico da ansiedade social na idade avançada (APA, 2013/2014).

Na **perturbação de pânico** ocorrem ataques de pânico (aumentos repentinos de medo intenso acompanhados de sintomas físicos e/ou cognitivos), repetidos e inesperados, acompanhados pela apreensão ou preocupação de que estes se repitam (APA, 2013/2014). De acordo com o DSM-5 (APA, 2013/2014), a prevalência desta perturbação diminui nas pessoas com mais de 65 anos (ca. 0,7%), devendo-se, muito provavelmente, à diminuição da resposta do sistema nervoso vegetativo relacionada com o aumento da idade (Flint et al., 1998). Num estudo com 1468 idosos norte-americanos, Byers et al. (2010) observaram valores semelhantes, que oscilaram entre os 0,6% e os 1% na taxa de prevalência aos 12 meses. Chou (2010) encontrou um valor ligeiramente mais alto (1,17%), recolhido do *National Epidemiologic Survey on Alcohol and Related Conditions*. No entanto, estas baixas prevalências podem refletir mais uma dificuldade de diagnóstico do que a prevalência real. De facto, para o diagnóstico desta perturbação há que ter em consideração que as pessoas desta idade podem usar mais a expressão «desconforto» do que «pânico», apresentar sintomas mais limitados, relacionar os sintomas com acontecimentos indutores de stresse e dar explicações para os ataques de pânico (APA, 2013/2014). De acrescentar que a perturbação de pânico tende a ser uma patologia que se desenvolve numa idade mais jovem, a afetar três vezes mais as mulheres do que os homens (Sunderland, Anderson, Sachdev, Titov, & Andrews, 2015), grupos de rendimentos mais baixos e que passaram por acontecimentos de vida indutores de stresse recentes (Chou, 2010), incluindo AVC (revisão de Campbell Burton et al., 2012). Os aspetos cognitivos desta perturbação quando associada à agorafobia parecem ser menos relevantes na idade avançada (Hendriks, Keijsers, Kampman, Voshaar, & Hoogduin, 2010).

A perturbação de **agorafobia** diz respeito ao medo ou ansiedade acentuados em espaços públicos de onde se acredita não se poder fugir facilmente e não ter auxílio. Os indivíduos podem temer ter sintomas de pânico, incapacitantes ou embaraçosos, nesses espaços, acreditando que a ajuda não estará disponível. Em pessoas mais velhas é frequente que o sintoma embaraçoso seja a sensação de cair e que as situações evitadas incluam o permanecer em lojas, filas e espaços abertos (APA, 2013/2014). A prevalência é muito baixa, registando valores de 0,53% para o início na idade avançada e de 1% para a agorafobia de longa duração (Volkert et al., 2013). Byers e colaboradores (2010) observaram valores semelhantes para a taxa de prevalência a 12 meses, verificando a existência de uma diminuição gradual a partir dos 55 anos (65-74 anos: 0,5%; 75-84 anos: 0,4%). McCabe, Cairney, Veldhuizen, Herrmann e Streiner (2006), num estudo com 7736 canadianos de idade avançada, encontraram uma prevalência de 0,38%, afetando mais mulheres, divorciados/as ou viúvos/as. De acordo com estes autores, a menor prevalência poderá estar relacionada com o instrumento de avaliação usado (WMH-CIDI), que se baseia nos critérios do DSM-IV. Na maior parte dos casos, a sintomatologia teve início cedo na vida, mas a agorafobia pode desenvolver-se pela primeira vez em pessoas de idade avançada que tiveram um AVC ou outro problema médico significativo (Burvill et al., 1995; revisão de Campbell Burton et al., 2012; Rasquin, Lodder, & Verhey, 2005).

A **perturbação de ansiedade generalizada** (PAG) consiste em ansiedade e preocupação persistentes relativas a vários domínios (APA, 2013/2014), sendo a perturbação mais comum na população idosa (Bryant et al., 2008; Sunderland et al., 2015), ainda que a sua prevalência tenda a diminuir na idade avançada para valores que oscilam entre os 0,8% e 1,8% (APA, 2013/2014; Byers et al., 2010). Na revisão da literatura, Volkert e colaboradores (2013) encontraram valores ligeiramente superiores (2,3%). Num estudo mais recente, foram encontrados valores de 11% para a prevalência ao longo da vida, dos quais 25% reportaram um primeiro episódio depois dos 50 anos de idade (Zhang et al., 2015a). Nesta população a PAG manifesta-se frequentemente pela preocupação no que diz respeito ao bem-estar da família ou à sua própria saúde física (APA, 2013/2014). Há que destacar que o surgimento ou agravamento de uma doença crónica pode associar-se a preocupação excessiva (APA, 2013/2014; revisão de Campbell Burton et al., 2012) e que a limitação das atividades pode ser uma consequência nas pessoas que apresentam fragilidade e preocupação com a segurança, especialmente com quedas (APA, 2013/2014). Note-se ainda que as preocupações com a memória nas pessoas com défice cognitivo podem ser realistas e não ser consideradas como excessivas (APA, 2013/2014). Starkstein e colaboradores (2007) validaram os critérios de diagnóstico para esta perturbação em pessoas com doença de Alzheimer e referem também inquietude, irritabilidade, tensão muscular, medos e sintomas respiratórios.

A **perturbação obsessivo-compulsiva** (POC) caracteriza-se pela existência de obsessões (pensamentos, imagens ou impulsos repetitivos, persistentes, intrusivos, indesejados e causadores de sofrimento) e/ou por compulsões (comportamentos ou atos mentais em resposta às obsessões) (APA, 2013/2014). A POC tem sido negligenciada na idade avançada (Calamari, Pontarelli, Armstrong, & Salstrom, 2012), apesar do grande impacto no funcionamento social (Grenier, Préville, Boyer, & O'Connor, 2009). Esta negligência deve-se, provavelmente, à sua baixa prevalência (ver revisão de Bryant et al., 2008; 1,5% aos 12 meses segundo Grenier et al., 2009; 0,7% aos 12 meses segundo Sunderland et al., 2015), à comorbilidade com outras perturbações do humor/ansiedade (revisão de Bryant et al., 2008; Calamari et al., 2012; King--Kallimanis, Gum, & Kohn, 2009), à dificuldade em avaliar os sintomas, ou à atribuição dos sintomas a perturbações mais facilmente reconhecidas nesta faixa etária (Calamari et al., 2012, 2014). Relativamente à idade de início da POC em pessoas de idade avançada, parece não existir consenso. Neste contexto, uma das hipóteses explicativas será a existência de sintomas obsessivos subclínicos há algum tempo, bem como de agentes de stresse relevantes (e.g., morte de parceiro ou problema físico significativo) que precipitem a síndrome completa mais tarde (Calamari et al., 2012). A sintomatologia obsessiva nestes indivíduos é heterogénea (tal como em adultos de outras idades) (revisão de Calamari et al., 2012), mas há descrições de pensamentos disfóricos intrusivos altamente incapacitantes aparentemente típicos de POCs de início tardio. Por exemplo, Jenike (1991) refere que alguns doentes se sentiam compelidos a recordar nomes, passando semanas em comportamentos de verificação. Também Calamari e equipa (2012) reportaram um caso de um idoso com esta mesma obsessão. Estes autores apontam outros estudos onde são relatados casos de escrupulosidade religiosa, dano e verificação, dúvida e confirmação, contaminação, preocupação com a saúde, entre os mais frequentes em pessoas de idade avançada. Também noutro estudo (Kohn, Westlake, Rasmussen, Marsland, & Norman, 1997) foram identificadas como mais comuns as obsessões com o pecado (religiosas) e as compulsões de lavagem das mãos. Numa pesquisa mais recente, Grenier e colaboradores (2009) reportaram como compulsões mais frequentes a lavagem, ordenação, verificação, contagem, repetição e acumulação (sem referir as obsessões). Assim, pressupõe-se que o estudo desta perturbação na idade avançada requer um maior investimento de modo a clarificar alguns destes aspetos.

No espetro obsessivo-compulsivo há ainda a destacar a **acumulação compulsiva** que consiste na dificuldade persistente em desfazer-se de bens, independentemente do seu valor, acompanhada de forte ansiedade em separar-se deles (APA, 2013/2014). A perturbação de acumulação pode ser um sintoma refratário da POC e um subtipo da perturbação da personalidade obsessivo-compulsiva, ocorrendo mais frequentemente e mais gravemente na idade avançada (Teachman, 2006).

Na **perturbação de stresse pós-traumático**, após experienciar, testemunhar ou ouvir uma situação traumática, ocorrem sintomas intrusivos (recordações, sonhos, dissociação ou sofrimento quando o sujeito é exposto a estímulos que evoquem a situação), evitamento de estímulos associados ou que façam recordar a situação traumática, alterações cognitivas (amnésia, crenças, cognições distorcidas, etc.) e alterações relevantes no estado de ativação (APA, 2013/2014). A PSPT está entre as perturbações menos prevalentes em indivíduos de idade avançada (ver revisão de Bryant et al., 2008; Reynolds, Pietrzak, Mackenzie, Chou, & Sareen, 2016), variando entre os 0,1% e os 2,6% (Byers et al., 2010; Reynolds et al., 2016; Sunderland et al., 2015). Tal como referido anteriormente para outras perturbações ansiosas, a baixa prevalência neste grupo etário poderá dever-se à diferente expressão da PSPT (Reynolds et al., 2016) e às queixas mais frequentes de saúde física e cognitiva, quando se compara com as de adultos mais jovens com experiências traumáticas (revisão de Graziano, 2003).

No Quadro 2 são apresentadas as características que marcam as diferentes perturbações ansiosas em pessoas de idade avançada.

QUADRO 2
Características distintivas das perturbações ansiosas
(incluindo perturbações obsessivo-compulsivas e de stresse)
em pessoas de idade avançada

Fobias específicas	Medo frequente de cair
Perturbação de pânico	Aspetos cognitivos menos relevantes
Agorafobia	Sintoma embaraçoso mais frequente: sensação de cair Evitamento mais frequente: entrar em lojas
Ansiedade social	Menos intensa, mas relativa a maior variedade de situações
Perturbação de ansiedade generalizada	Preocupação com bem-estar da família ou saúde física pessoal
Perturbação obsessivo--compulsiva	Obsessão frequente em recordar nomes Obsessões religiosas Compulsão de lavagem das mãos Dados escassos
Acumulação compulsiva	Mais frequente na idade avançada
Perturbação de stresse pós-traumático	Menor comorbilidade, menos sintomas de evitamento e de ativação, menos experiências traumáticas e queixas mais frequentes de saúde física e cognitiva

COMORBILIDADE, FATORES DE RISCO E DE PROTEÇÃO
E CONSEQUÊNCIAS DA ANSIEDADE NA IDADE AVANÇADA

Aspetos biológicos

Apesar da diferente expressão sintomática das várias perturbações ansiosas, elas partilham características comuns. A revisão da investigação relativa às perturbações e sintomas ansiosos encontra-se, de seguida, dividida em quatro secções, compreendendo os estudos sobre a variação genética do transportador da serotonina, neuroimagiológicos, e sobre a atividade neuroendócrina e estado físico.

Genética. Num estudo longitudinal com gémeos australianos de várias idades, incluindo gémeos de idade avançada, foi evidente a agregação familiar para a ansiedade, sendo explicada pela ação genética cumulativa (Gillespie et al., 2004). O mesmo foi verificado noutra investigação com gémeos suecos, com a novidade de os investigadores terem observado que a componente genética é mais importante a partir dos 60 anos (Lee et al., 2016). Existem ainda evidências de estudos com adultos com menos de 70 anos de que níveis talâmicos mais baixos do gene do transportador da serotonina se associam a níveis mais elevados de ansiedade estado (Reimold et al., 2011) e sintomas de **POC** (Reimold et al., 2007). Provavelmente acontecerá o mesmo em doentes de idade avançada, pois numa investigação conduzida em indivíduos com um diagnóstico de **PAG**, a variação da resposta aos inibidores seletivos da recaptação da serotonina dependeu da variação genética no transportador deste neurotransmissor (Lenze et al., 2010).

Neuroestruturas cerebrais. A investigação sugere que as regiões laterais e mediais do córtex pré-frontal modulam a amígdala e estruturas límbicas associadas, durante a regulação emocional em pessoas de idade avançada (Mohlman, Eldreth, Price, Staples,

& Hanson, 2017; O'Donovan, Slavich, Epel, & Neylan, 2013), pelo que é de esperar que o declínio das regiões pré-frontais relacionado com o envelhecimento se acompanhe de dificuldades de regulação emocional. Noutro sentido, mas em suporte desta ideia, foram fornecidas evidências de que as funções executivas, particularmente o controlo inibitório, que é essencial para a regulação emocional, declinam com a idade em parte devido às mudanças nas regiões pré-frontais cerebrais (Hu, Chao, Zhang, Ide, & Li, 2014). De forma específica, na **PAG** da idade avançada, a investigação com ressonância magnética funcional mostrou que os sujeitos, diferentemente de pessoas mais novas, não ativam eficazmente o córtex pré-frontal durante a supressão da preocupação (Andreescu et al., 2011). Esta descoberta reforça a ideia de que haverá alterações nas regiões pré-frontais relacionadas com o envelhecimento, o que poderá explicar as dificuldades terapêuticas com este grupo etário (Andreescu et al., 2011, 2015). Na **POC** poderá haver relação com AVC isquémico tálamo-estriado (Khairkar & Diwan, 2012). Na **perturbação de pânico**, a investigação aponta para défices na substância cinzenta da insula-fronto-temporal (Lai & Wu, 2012). Outro aspeto importante em pessoas de idade avançada parece ser a relação entre ansiedade e a integridade da substância branca (fascículo fronto-occipital, corpo caloso e trato longitudinal superior), tal como acontece também na perturbação de pânico (Lai & Wu, 2013). A ansiedade acompanha-se de efeitos vasculares que explicarão o dano consequente na substância branca, pois este dano tende a manifestar-se em pessoas com doença aterosclerótica (Bijanki et al., 2013).

Atividade neuroendócrina. Os efeitos perniciosos do stresse aumentam com o envelhecimento, pois os mecanismos homeostáticos que impedem uma reatividade biológica excessiva estão diminuídos (Urry et al., 2006). Há evidências de que a ansiedade se associa à variação diurna do cortisol, havendo um padrão de declínio diferente em pessoas com elevados níveis de ansiedade (Vedhara et al., 2003), especialmente em idosos (Heaney, Phillips, & Carroll, 2010). Mais recentemente, numa investigação com indivíduos de idade avançada que apresentavam perturbação ansiosa de longa duração (PAG, fobia específica, fobia social, agorafobia ou perturbação de pânico), os níveis salivares de cortisol matinal foram mais baixos do que em sujeitos sem qualquer perturbação ansiosa, sendo compatível com a noção de que a atividade do eixo hipotalâmico-hipófise-adrenal está abaixo do normal na ansiedade crónica (Hek et al., 2013). Esta hormona desempenha um papel de relevo no metabolismo energético, na atividade vascular e nas respostas inflamatória e imunitária (Schürmeyer & Wickings, 1999).

Estado físico. Diferentes estudos apontam para um maior risco de desenvolvimento de sintomas ansiosos ou de algumas perturbações ansiosas quando se sofre de uma doença física. Assim, num estudo qualitativo com pacientes com mais de 40 anos (média 58 anos) em remissão de cancro foram salientes os sintomas ansiosos (Firmin, Pathammavong, Johnson, & Trudel, 2014). Comparados com pessoas de idade avançada sem ansiedade, aqueles com alguma perturbação ansiosa ou sintomas ansiosos evidenciam pior estado de saúde (Dong et al., 2014) ou incapacidade física (Lenze et al., 2001).

A já referida resposta inflamatória é uma característica biológica comum às várias perturbações ansiosas (Gill, Saligan, Woods, & Page, 2009; Hoge et al., 2009; O'Donovan et al., 2010). Efetivamente, os processos inflamatórios associam-se a aceleração do envelhecimento e a risco aumentado de doenças crónicas (O'Donovan et al., 2013), o que tende a ser agravado pelo facto de esses processos inflamatórios durarem anos ou décadas, pois o início da maioria das perturbações ansiosas ocorre em idades jovens (Danese et al., 2011; Prenoveau et al., 2011). A resposta inflamatória é maior nas pessoas de idade avançada em que a perturbação ansiosa surgiu apenas nesta fase da vida (Vogelzangs, Beekman, Jonge, & Penninx, 2013).

Não será por acaso que a ansiedade pode influenciar o curso de doenças como a hipertensão e a doença coronária (Kubzansky, Cole, Kawachi, Vokonas, & Sparrow, 2006), aumentar o risco de doença gastrointestinal (El-Gabalawy et al., 2014) e a mortalidade cardiovascular (Carrière et al., 2013), especialmente em idosos de raça negra (Brenes et al., 2007). Mesmo quando se observam níveis moderados de ansiedade, estes associam-se a um risco aumentado de problemas cardiovasculares (Roest, Martens, de Jonge, & Denollet, 2010).

Especificando por tipos de perturbações, a PAG destaca-se pelo seu impacto e associação com o estado de saúde física (Gould, O'Hara, Goldstein, & Beaudreau, 2016). Os vários fatores de risco incluem artrite (El-Gabalawy et al., 2014), doença crónica (doenças respiratórias, cardíacas ou défice cognitivo), menor índice de massa corporal, défice na fluência verbal, menor suporte afetivo na infância (mesmo 50 anos depois) e a toma de polimedicação somática (Zhang et al., 2015a, 2015b). A existência de limitações funcionais associa--se também à PAG (Gonçalves, Pachana, & Byrne, 2011; Norton et al., 2012; Porensky et al., 2009; Schoevers, Deeg, van Tilburg, & Beekman, 2005), ainda que Zhang et al. (2015a) não tenham encontrado tal associação. Inversamente, na PAG a forte componente de comorbilidade psiquiátrica associa-se a um aumento do risco de problemas físicos (Mackenzie, Reynolds, Chou, Pagura, & Sareen, 2011). Existe, contudo, uma exceção, na síndrome coronária aguda. Neste os doentes com PAG têm um melhor prognóstico do que os que apresentam outras perturbações ansiosas, provavelmente porque procuram mais ajuda no decurso da sua preocupação (Parker, Hyett, Hadzi-Pavlovic, Brotchie, & Walsh, 2011).

Na **PSPT**, uma autoavaliação negativa da saúde física e incapacidade crónica correlacionaram-se com os sintomas da perturbação em pessoas com mais de 50 anos (Gelkopf Berger, Bleich, & Silver, 2012; Palgi, 2015; Pietrzak, Goldstein, Southwick, & Grant, 2012). A neurodegeneração da memória e o défice cognitivo são outros aspetos da idade avançada que podem desinibir os sintomas de uma PSPT antiga em doentes cuja perturbação estava relativamente controlada (Mittal, Torres, Abashidze, & Jimerson, 2001). Outras experiências que frequentemente precedem a PSPT são as de saúde, incluindo o enfarte do miocárdio (Chung, Berger, Jones, & Rudd, 2006), AVC (revisão de Campbell Burton et al., 2012) e quedas (Chung et al., 2009). Em sentido contrário, indivíduos de idade avançada que sofrem de **PSPT** durante grande parte da sua vida têm também grande probabilidade de manifestar doenças físicas (Pietrzak et al., 2012), como hipertensão, cancro, doenças cardiovasculares, asma, neoplasia, dor de costas, dificuldade auditiva, osteoporose, problemas gástricos e da tiroide (Glaesmer, Braehler, Gündel, & Riedel-Heller, 2011; Pietrzak et al., 2012). A PSPT é ainda fator de risco para o uso de substâncias aditivas e diminuição do funcionamento psicossocial (Pietrzak, Goldstein, Southwick, & Grant, 2011).

Em relação à **POC** de início tardio, apesar de existirem menos dados, estes sugerem que possa estar relacionada com vários problemas neurológicos (revisão de Calamari et al., 2012), menor carga genética (Sharma, Sundar, Thennarasu, & Reddy, 2015), podendo também ser uma consequência de AVC (revisão de Campbell Burton et al., 2012).

Aspetos sociodemográficos e psicossociais

Variáveis sociodemográficas. As variáveis sociodemográficas parecem ter influência no aparecimento e curso dos sintomas ansiosos. Quanto ao sexo, as mulheres têm maior probabilidade de sofrer de sintomas ansiosos (Diefenbach, Tolin, Meunier, & Gilliam, 2009; Grammatikopoulos & Koutentakis, 2010) e de perturbação ansiosa (Dong et al., 2014), em particular de PAG (Zhang et al., 2015a, 2015b). No entanto, os estudos apontam para a existência de risco de mortalidade em homens mais velhos, não sendo encontrada nas mulheres associação significativa entre ansiedade e mortalidade (Van Hout et al., 2004). A qualidade da relação conjugal surge associada a sintomatologia ansiosa (Santini, Koyanagi, Tyrovolas, & Haro, 2015; Wishman, Robustelli, & Labrecque, 2018). Em relação ao estado civil, a condição de viuvez na idade avançada aumenta a vulnerabilidade aos sintomas ansiosos (Dong et al., 2014; Mendes-Chiloff, 2006) e também à perturbação ansiosa (Dong et al., 2014), enquanto o envolvimento social e baixos níveis de solidão percebida parecem ser fatores protetores (Cacioppo, Hughes, Waite, Hawkley, & Thisted, 2006; Grammatikopoulos, & Koutentakis, 2010). O envolvimento em atividade física regular está associado a menores níveis de ansiedade (McDowell, Gordon, Andrews, MacDonncha, & Herring, 2018).

Quanto a perturbações ansiosas em particular, os únicos estudos encontrados foram relativos aos fatores de risco na **POC**. De acordo com a revisão de Calamari et al. (2012), ser do sexo feminino constiui um fator de risco relativamente às perturbações de ansiedade em sujeitos de idade avançada. Contudo, no estudo de Grenier e equipa (2009) a prevalência foi mais alta em homens, em indivíduos com menos escolaridade e com companheiro/a. Por sua vez na **PSPT**, a escolaridade mais baixa e um efeito menor de outras variáveis sociodemográficas em contraste com idades mais jovens foi também reportada (Palgi, 2015).

Comorbilidade psiquiátrica e emocional. Tal como noutras idades, também na idade avançada as perturbações ansiosas frequentemente coocorrem com depressão. Ainda que seja uma comorbilidade que pode ser explicada por limitações metodológicas, não deixa de ser confirmada por investigações recentes (Beekman et al., 2000; Demirkan et al., 2010; Forlani et al., 2014; Hek et al., 2011; Kang et al., 2016; Vadla, Bozikov, Blazeković-Milaković, & Kovacić, 2013). A ansiedade não só surge muitas vezes associada à depressão, como também aumenta o risco de depressão (Potvin et al., 2013; Sami & Nilforooshan, 2015). O mesmo foi observado no Projeto Trajetórias do Envelhecimento (Vicente et al., 2014).

Os fatores psicológicos são comuns, mas também diversos para a presença de sintomas ansiosos e para as diferentes perturbações ansiosas.

Para a presença de sintomas ansiosos foram identificados a solidão, o evitamento experiencial, o declínio da atividade física, a diminuição do envolvimento social, uma baixa perceção de saúde, níveis baixos de qualidade de vida e de satisfação com a vida, tédio, poucas atividades sociais de lazer e fraco aproveitamento dessas atividades (Bourland et al., 2000; Greaves & Farbus, 2006; Lenze et al., 2001; Losada et al., 2014). O afeto negativo é outra dimensão que prediz o desenvolvimento de sintomas ansiosos. Em indivíduos mais velhos com traços de afeto negativo, as mudanças cognitivas associadas à idade podem também contribuir para o desenvolvimento de sintomas ansiosos (Wilkes, Wilson, Woodard, & Calamari, 2013). Finalmente, traços elevados de neuroticismo aumentam o risco de a ansiedade persistir (Schuurmans et al., 2005).

Para a **fobia específica** mais frequente, o medo de quedas, entre 16% a 60% dos idosos que já caíram desenvolveram este medo, com o evitamento a envolver consequências a nível social, físico, cognitivo e perda da independência (Boyd & Stevens, 2009; Tirado, 2010). Já a **ansiedade social** parece ser mais comum em idosos que passaram por acontecimentos de vida dolorosos, como a morte do cônjuge (Cairney et al., 2007). A **perturbação de pânico** tende a iniciar-se precocemente, mas quando se inicia tardiamente pode associar-se a condições comórbidas médicas (especialmente doença cardiovascular) e psiquiátricas (distimia, depressão, PAG e agorafobia) (Flint & Gagnon, 2003; Hassan & Pollard, 1994; Seguí et al., 2000) e a acontecimentos de vida indutores de stresse recentes, incluindo a perda ou doença do cônjuge (Hassan & Pollard, 1994). Também na **agorafobia** é comum esta iniciar-se precocemente, ainda que possa apresentar-se pela primeira vez na idade avançada depois de AVC ou outro problema médico, acompanhando-se frequentemente de outras perturbações mentais com predomínio da depressão (McCabe et al., 2006; Ritchie & Norton, 2015), pior desempenho na memória visuoespacial e ansiedade traço (Ritchie & Norton, 2015). Quanto à **PAG** de início tardio, os principais preditores são os acontecimentos de vida adversos recentes, acontecimentos adversos na infância e doença mental crónica (depressão, fobia e história de PAG) (Zhang et al., 2015a, 2015b), e perturbação da personalidade (Mackenzie et al., 2011). Na **POC** a informação é escassa, pois a POC de início tardio é rara (Bryant et al., 2008; Grenier et al., 2009; Sunderland et al., 2015). No entanto, têm sido encontrados alguns aspetos associados como problemas em áreas de funcionamento social (AVD, tarefas domésticas, atividades sociais e, especialmente, relações com os outros), apesar de muitos destes doentes terem apoio social (Grenier et al., 2009), comorbilidade com perturbações depressivas e de ansiedade (revisão de Bryant et al., 2008; Klenfeldt et al., 2014; Lenze et al., 2000) e esquizofrenia (Poyurovsky, Bergman, & Weizman, 2006). Os sintomas depressivos desempenham um papel relevante na **acumulação compulsiva**, explicando, provavelmente, a sua maior gravidade nesta faixa etária (Reid et al., 2011).

Finalmente, quanto à **PSPT** da idade avançada destacam-se os sintomas de depressão, maior religiosidade e alternâncias na cognição e humor (Palgi, 2015). A idade avançada traz consigo uma maior probabilidade de exposição a determinadas experiências, como, por exemplo, morte de pessoas próximas, o que tem sido associado à gravidade da PSPT (Breslau et al., 1998). A perda de pessoas próximas pode também agravar a PSPT pela diminuição de redes de suporte (Brewin, Andrews, & Valentine, 2000). Acrescente-se que a idade avançada se faz igualmente acompanhar por uma maior probabilidade de se ter vivido um maior número de experiências traumáticas, tal como dá conta o estudo de Hauffa e equipa (2011).

Assim, o impacto cumulativo de experiências traumáticas ao longo da vida tem um papel significativo na PSPT do idoso, mais do que qualquer outro preditor conhecido para esta perturbação (Ogle, Rubin, & Siegler, 2014). Ainda assim, experiências traumáticas extremas, mesmo muitos anos depois de terem ocorrido, podem ligar-se a sintomas de PSPT, tal como revelou o estudo de Fridman, Bakermans-Kranenburg, Sagi-Schwartz e Van IJzendoorn (2011) com sobreviventes do Holocausto. Com efeito, a PSPT em indivíduos de idade avançada tende a associar-se a uma saúde mental deficitária, tal como mostrou o estudo de Brooks e Fulton (2010) com veteranos da guerra da Coreia.

Fatores e consequências neuropsicológicos. Os sintomas ansiosos apresentam uma prevalência elevada em pessoas de idade avançada com défice cognitivo ligeiro (DCL) (Lyketsos et al., 2002; Rozzini et al., 2009), podendo mesmo ser mais elevada do que em pessoas sem DCL (Hwang, Masterman, Ortiz, Fairbanks, & Cummings, 2004). Na demência, a prevalência da ansiedade comórbida varia entre 5% e 21% (Chemerinski, Petracca, Manes, & Leiguarda, 1998; Skoog, 1993), relacionando-se com défice nas atividades diárias, risco aumentado de institucionalização e pior qualidade de vida, mais do que com a demência só por si (Seignourel, Kunik, Snow, Wilson, & Stanley, 2008). Para além das associações referidas, a sintomatologia ansiosa na idade avançada associa-se a pior desempenho cognitivo com uma influência bidirecional (Petkus, Reynolds, Wetherell, Kremen, & Gatz, 2017; Sinoff & Werner, 2003). Em suporte deste aspeto, Wilson, Begeny, Boyle, Schneider e Bennett (2011) examinaram 785 indivíduos e acompanharam-nos durante três anos, tendo verificado que altos níveis de ansiedade se associavam a risco aumentado de doença de Alzheimer e a declínio mais rápido da cognição.

De forma a sintetizar esta informação, no Quadro 3 são listadas as principais consequências da ansiedade não tratada nos sujeitos de idade avançada.

QUADRO 3
Consequências da ansiedade não tratada
na pessoa de idade avançada

Físicos	Efeitos vasculares Dano na substância branca cerebral Efeitos inflamatórios e imunitários Risco aumentado de neoplasias Aceleração do envelhecimento Interferência no curso de diabetes, hipertensão e doença coronária Pior estado de saúde geral Incapacidade física ou limitação funcional Aumento da mortalidade cardiovascular
Emocionais	Depressão Interferência nas relações sociais
Cognitivos	Défice cognitivo ligeiro Demência

AVALIAÇÃO DA ANSIEDADE E SINTOMAS ANSIOSOS NA IDADE AVANÇADA

Numa revisão sistemática de instrumentos de avaliação da ansiedade para adultos com mais de 65 anos, Therrien e Hunsley (2012) identificaram 91 instrumentos de medida, contabilizando 12 como sendo de uso comum, mas concluindo que somente três apresentavam propriedades psicométricas satisfatórias para a administração nesta faixa etária. Os autores referiam-se ao *Beck Anxiety Inventory* (Kabacoff, Segal, Hersen, & Van Hasselt, 1997), ao *Penn State Worry Questionnaire* (Beck, Stanley, & Zebb, 1995) e ao *Geriatric Mental Status Schedule* (Copeland et al., 1976). A esta revisão, Lindesay, Stewart e Bisla (2012) acrescentaram o *Short Anxiety Screening Test* (Sinoff, Ore, Zlotogorsky, & Tamir, 1999), o *FEAR* (Krasucki et al., 1999), a *Worry Scale* (Wisocki, Handen, & Morse, 1986), a *Rating Anxiety in Dementia* (Shankar, Walker, Frost, & Orrell, 1999) e o *Geriatric Anxiety Inventory* (Pachana et al., 2007), incluindo a versão curta (Byrne & Pachana, 2011). Por fim, referiremos o *Spielberger*

State-trait Anxiety Inventory (Spielberger, Gorsuch, Lushene, Vagg, & Jacobs, 1983).

Beck Anxiety Inventory (BAI; Beck et al., 1988). O **BAI** foi originalmente desenvolvido para administração a adultos mais novos e, posteriormente, os autores forneceram uma pontuação média para indivíduos de idade avançada da comunidade. O inventário integra 21 itens com quatro opções de resposta referentes à última semana (0 = Ausente; 1 = Suave, não me incomoda muito; 2 = Moderado, é desagradável mas consigo suportar; 3 = Severo, quase não consigo suportar). Os itens são somados para obter um total que pode variar entre 0 e 63. Em sujeitos mais velhos, avaliados em consulta psiquiátrica, revelou uma consistência interna elevada e boa validade fatorial (fatores somático e subjetivo), não tendo sido possível encontrar um ponto de corte (Kabacoff et al., 1997). Este inventário não está validado para a faixa etária portuguesa idosa.

Penn State Worry Questionnaire (PSWQ; Meyer, Miller, Metzger, & Borkovec, 1990). O **PSWQ** foi desenvolvido inicialmente para adultos mais jovens, tendo revelado um modelo fatorial pouco adequado numa amostra de idosos (Hopko et al., 2003). Por esse motivo, foi criada uma versão abreviada (Penn State Worry Questionnaire - Abbreviated; PSWQ-A; Hopko et al., 2003) que inclui somente oito itens. Este questionário avalia a gravidade da preocupação independentemente do seu conteúdo e é pontuado numa escala de Likert que varia entre 1 («Nada típico») e 5 («Muito típico»), tendo revelado fortes índices de adequação fatorial e utilidade na determinação da gravidade da PAG na população geriátrica, mas não estando também validado em Portugal.

Geriatric Mental Status Schedule (GMS; Copeland et al., 1976). O **GMS** é uma entrevista semiestruturada validada para obter informação sobre o estado mental em pessoas de idade avançada e para as classificar em perfis sintomáticos. Posteriormente, os autores desenvolveram um algoritmo diagnóstico informatizado, o *Automated Geriatric Examination for Computer Assisted Taxonomy* (AGECAT), com demonstrada validade e fidedignidade (Copeland, Dewey, & Griffiths-Jones, 1986; Copeland et al., 2002). A GMS-AGECAT avalia os agrupamentos de depressão e ansiedade relativos ao mês que precede a avaliação e engloba seis níveis de confiança diagnóstica que variam entre a ausência de sintomas (0) e a perturbação muito grave (5). Os sujeitos que obtêm níveis de ordem 3 ou superior são considerados «casos», pois ultrapassam o limiar que reflete a necessidade de intervenção profissional. Os que se situam no nível 1 ou 2 são considerados «casos limítrofes». Esta entrevista não se encontra validada para a população portuguesa.

Short Anxiety Screening Test (SAST; Sinoff et al., 1999). O **SAST** foi desenvolvido para indivíduos com idade superior a 70 anos e avalia a perturbação ansiosa na presença de depressão. O SAST é um questionário que inclui perguntas baseadas nos critérios definidos no DSM-IV e questões sobre queixas somáticas, considerando os autores que estas refletem a ansiedade em pessoas idosas. As dez questões são respondidas de 1 («Raramente ou nunca») a 4 («Sempre»), resultando o total do seu somatório. Os autores indicam os 24 pontos como ponto de corte para o diagnóstico de ansiedade. O SAST não está validado para a população idosa portuguesa.

FEAR (Krasucki et al., 1999). O **FEAR** corresponde a uma escala breve de 4 itens que deriva da Anxiety Disorder Scale, sendo usada para detetar ansiedade generalizada, especialmente nos cuidados de saúde primários. O FEAR está construído no formato dicotómico (sim/não) e o seu acrónimo deriva das iniciais dos seus 4 itens: *Frequency of anxiety* (frequência da ansiedade); *Enduring nature of anxiety* (caráter duradouro da ansiedade); *Alcohol or sedative use* (consumo de álcool ou sedativos); *Restlessness or fidgeting* (inquietação ou desassossego). Com um ponto de corte de 1-2 apresenta valores adequados de sensibilidade e especificidade. Do nosso conhecimento não existem estudos em Portugal com análise das suas propriedades psicométricas.

Worry Scale (WS; Wisocki et al., 1986). A **WS** é um questionário de 35 itens relativos a preocupações na área da saúde, finanças e condições sociais. Os itens são respondidos numa escala de 0 («Nunca») a 4 («A maior parte do tempo»), variando o somatório total entre 0 e 140. Os autores não apresentam pontos de corte, nem dados normativos, mas Stanley, Beck e Zebb (1996) indicam uma média na pontuação total de 35,4 para pessoas com PAG e de 11,0 para o grupo de controlo. As propriedades psicométricas têm-se revelado adequadas para medir a preocupação em vários estudos nesta população (revisão de Therrien & Hunsley, 2012), não existindo, contudo, nenhum estudo português.

Rating Anxiety in Dementia (RAID; Shankar et al., 1999). A **RAID** classifica sinais e sintomas de ansiedade através de 18 questões colocadas a cuidadores de pessoas com demência. As questões dizem respeito a preocupação, apreensão, vigilância, tensão motora e hipersensibilidade vegetativa, sendo cotadas entre 0 («Ausente») e 3 («Grave»). Uma pontuação de 11 ou superior indica a presença de ansiedade clínica significativa. A RAID apresenta propriedades psicométricas adequadas à população em questão (Qazi, Shankar, & Orrell, 2003). A sua validação não foi ainda realizada em Portugal.

Geriatric Anxiety Inventory (GAI; Pachana et al., 2007). O **GAI** é um inventário desenvolvido para medir os sintomas ansiosos em pessoas idosas. A primeira versão inclui 20 itens com um formato de resposta dicotómico (sim/não) relativos à última semana, podendo ser auto ou heteroadministrado. A par com a facilidade de administração, o GAI inclui um número limitado de itens que espelham sintomas que podem ser encontrados noutras condições clínicas associadas à idade avançada. Uma outra vantagem deste instrumento é a sua adequação para todos os níveis de escolaridade e para o défice cognitivo ligeiro (Rozzini et al., 2009). A pontuação total resulta do somatório de todos os itens, variando entre 0 e 20, sendo que pontuações mais elevadas indicam a existência de um maior número de sintomas. No estudo original, o ponto de corte identificativo da ocorrência de PAG foi de 10/11 (Pachana et al., 2007). No estudo português de Ribeiro, Paúl, Simões e Firmino (2011), o ponto de corte foi de 8/9. No Projeto Trajetórias do Envelhecimento, este valor foi de 13 (Daniel, Vicente, Guadalupe, Silva, & Espírito-Santo, 2015). As muitas versões linguísticas deste inventário adaptadas para várias populações de idosos mostraram boas propriedades psicométricas (Byrne et al., 2010; Daniel et al., 2015; Márquez-González, Losada, Fernández-Fernández, & Pachana, 2012; Massena, de Araújo, Pachana, Laks, & de Pádua, 2014; Ribeiro et al., 2011; Yan, Xin, Wang, & Tang, 2014). Foi também validada uma versão breve de 4 itens para uso em estudos epidemiológicos e de rastreio clínico (Byrne & Pachana, 2011).

Spielberger State-trait Anxiety Inventory (STAI; Spielberger et al., 1983). O **STAI** é um inventário de autorresposta projetado para diferenciar entre a ansiedade traço e a ansiedade estado. A forma Y do STAI-X foi proposta para melhorar as suas propriedades psicométricas e reduzir a sobreposição com sintomas depressivos (Spielberger et al., 1983), sendo também relevante por ser menos orientada para sintomas somáticos, comparativamente com outros instrumentos (Bergua et al., 2015). Existem várias versões do STAI-Y para diferentes populações, incluindo uma versão para indivíduos de idade avançada (Bergua et al., 2015) que inclui 20 itens relativamente aos quais é solicitado ao respondente que indique qual o valor que melhor descreve os seus sentimentos ansiosos, usando para o efeito uma escala de resposta de 4 pontos («De maneira nenhuma»; «Um pouco»; «Moderadamente»; «Bastante»). Para o STAI-Y estado, dez itens são positivos e dez são negativos (cotados de forma invertida), resultando numa pontuação que varia entre 20 e 80 (mais ansiedade) (Bergua et al., 2015). Como mostram as revisões de Bergua et al. (2015) e de

Potvin et al. (2011), muitos estudos mostraram a sua utilidade como instrumento de medição em populações de sujeitos mais velhos.

Medidas e considerações adicionais de diagnóstico

Com vista ao estabelecimento de diagnósticos de doença mental existem várias entrevistas estruturadas disponíveis, mas poucas foram utilizadas com esta população (Volkert et al., 2013). Neste contexto, serão seguidamente referidas as duas entrevistas mais usadas neste grupo etário.

A *Mini International Neuropsychiatric Interview* (MINI; versão portuguesa 5.00: Amorim, 2000) ainda não se encontra validada, nem para a população portuguesa, nem, especificamente, para a população idosa portuguesa, ainda que vários investigadores a tenham utilizado para detetar perturbação mental, segundo os critérios do DSM-IV (e.g., Ritchie et al., 2004). Esta entrevista permite uma avaliação sintomatológica ampla, dispondo de algoritmos de diagnóstico. No Projeto Trajetórias do Envelhecimento este instrumento foi usado para despistar a presença potencial de ansiedade generalizada, tendo-se revelado uma entrevista simples de aplicar, rápida, não necessitando de treino extensivo para a sua administração. Noutras pesquisas com a população idosa foi utilizada para o diagnóstico de fobia específica (Karlsson et al., 2009); ataques de pânico/perturbação de pânico (Karlsson et al., 2009; Ritchie et al., 2004; Sigström et al., 2011), fobia social (Ritchie et al., 2004; Sigström et al., 2011), agorafobia (Karlsson et al., 2009), perturbação obsessivo-compulsiva (Ritchie et al., 2004) e ansiedade generalizada (Ritchie et al., 2004).

A *World Mental Health Composite International Diagnostic Interview* (WMH-CIDI) foi desenvolvida por Kessler e Üstün (2004) e adaptada para a população portuguesa por Xavier, Baptista, Mendes, Magalhães e Caldas-de-Almeida (2013). A WMH-CIDI é uma entrevista estruturada que integra questões relativas à presença, persistência e intensidade de grupos de sintomas, permitindo o diagnóstico, através de algoritmos computorizados, de perturbações mentais ao longo da vida e dos últimos 12 meses, seguindo os critérios da *International Classification of Diseases* (ICD-10) e do DSM-IV. As perturbações são classificadas como graves se estiver presente um dos seguintes: critério para perturbação bipolar I ou dependência de substância com síndrome fisiológico de dependência; tentativa de suicídio em comorbilidade com qualquer outra perturbação; pelo menos duas áreas de funcionamento com incapacidade grave devida à perturbação, segundo as *Sheehan Disability Scales*; presença de défice funcional global num nível de 50 ou menos no *Global Assessment of Functioning*, em comorbilidade com qualquer outra perturbação. Na população idosa foi já usada para despistar fobia específica (Kessler et al., 2005), agorafobia (Kessler et al., 2005; McCabe et al., 2006), fobia social (Cairney et al., 2007; Kessler et al., 2005), perturbação de pânico e agorafobia (Cairney et al., 2007; Corna et al., 2007; Kessler et al., 2005; McCabe et al., 2006), ansiedade generalizada e perturbação obsessivo-compulsiva (Kessler et al., 2005).

Para o diagnóstico de uma perturbação ansiosa levanta-se a necessidade de avaliar outros aspetos que as entrevistas não consideram (Bryant et al., 2013). Assim, há que considerar explorar ativamente a ocorrência de evitamentos que o indivíduo possa evidenciar, como forma de perceber as consequências funcionais da ansiedade (Bryant et al., 2013). O grau ou nível dos sintomas («excesso») deve ser avaliado, questionando pelo número de vezes em que eles ocorrem (Mohlman et al., 2012). A presença de depressão deve também ser averiguada devido à elevada comorbilidade (Beekman et al., 2000; Demirkan et al., 2010; Forlani et al., 2014; Hek et al., 2011; Kang et al., 2016; Vadla et al., 2013), devendo colocar-se a hipótese de estabelecer o diagnóstico de ansiedade/depressão mista para aqueles que não reúnem critérios para nenhuma destas perturbações consideradas isoladamente (Jeste et al., 2005). Outro aspeto relevante é a presença de doença física e uso de fármacos que podem mimetizar um quadro ansioso (e.g., diabetes, doença da tiroide e uso de corticoesteroides) ou a existência de resposta ansiosa a sintomas de uma doença física (revisão de Bryant et al., 2013). Por último, há também que não negligenciar a comorbilidade com a demência e a possibilidade de a presença desta impedir o diagnóstico correto de uma perturbação ansiosa, pelo que o recurso a informantes próximos deve ser considerado (revisão de Bryant et al., 2013).

Em síntese, no Quadro 4 são apresentados os principais aspetos a recolher para efetuar o diagnóstico de ansiedade no idoso.

QUADRO 4
Elementos para diagnóstico da ansiedade no idoso

• Rastreio dos sintomas (e.g., GAI-S)

• Avaliação do evitamento (DSM-V)

• Entrevista de diagnóstico (e.g., WMH-CIDI)

• Funcionamento cognitivo (e.g., MMSE)

• Avaliação da presença de depressão

• Avaliação de doença física (potencialmente mimética de perturbação de ansiedade)

• Medicação cujos efeitos secundários mimetizam sintomas ansiosos

• Entrevista ao informante sobre cronologia dos sintomas ansiosos e cognitivos

---

Nota. Quadro baseado nas sugestões de Bryant et al. (2013). GAI-S = Geriatric Anxiety Inventory – Short version.

TRATAMENTO DA ANSIEDADE NA IDADE AVANÇADA

Ao longo do presente capítulo foi possível esclarecer a diversidade de perturbações ansiosas existentes, bem como a sua prevalência na idade avançada. Existe uma clara controvérsia em torno das intervenções utilizadas e respetivos resultados obtidos, sendo que esta gira, fundamentalmente, em torno da intervenção farmacológica e da intervenção psicoterapêutica (Andreescu & Varon, 2015; Gonçalves & Byrne, 2012; Wetherell, Lenze, & Stanley, 2005). Para além desta dualidade (fármacos *vs.* psicoterapia), existem ainda diferentes abordagens psicoterapêuticas que poderão ser utilizadas, tais como, a *Terapia Cognitivo-Comportamental* (Pinquart & Duberstein, 2007; Wetherell, Lenze, et al., 2005) e as Terapias Cognitivo-Comportamemtais Contextuais, ou de 3.ª geração, nomeadamente, a *Terapia da Aceitação e Compromisso* (Bluett, Homan, Morrison, Levin, & Twohig, 2014; Wetherell et al., 2011), *Terapia Cognitiva Baseada no Mindfulness* (Helmes & Ward, 2015; Wetherell, Sorrell, Thorp, & Patterson, 2005) e *Terapia Focada na Compaixão* (Pinquart & Duberstein, 2007; Shrestha, Robertson, & Stanley, 2011; Thorp et al., 2009). É ainda importante sublinhar a componente física das diferentes perturbações de ansiedade na idade avançada, visto que, tal como mencionado, pode verificar-se comorbilidade com doença física, para além de situações em que os quadros de ansiedade decorrem, quer de doença física, quer das características idiossincráticas das pessoas na idade avançada (Blay & Marinho, 2012; Bourgault-Fagnou & Hadjistavropoulos, 2009; Ismail et al., 2015). A intervenção na idade avançada deverá ter em linha de conta as características desta população específica, nomeadamente a comorbilidade de quadros físicos e psicológicos (muitas vezes sem diagnóstico ou menosprezados), a administração farmacológica e sua interação com outros fármacos e, por fim, a existência ou não de colaboração e envolvimento na intervenção, fruto de eventuais sentimentos de desesperança perante o envelhecimento.

Assim, irão ser analisadas as questões supracitadas por forma a esclarecer o impacto das diferentes respostas de intervenção e a promoção de uma intervenção múltipla.

Intervenção farmacológica

A intervenção farmacológica na idade avançada deverá ser utilizada com precaução por motivos de natureza diversa. A comorbilidade de quadros, quer de doença física, quer de doença mental, poderá determinar especificidades na administração de fármacos. Esta característica na população de idade avançada, bem como a existência de doença física (e.g., doença cardiovascular) poderão comprometer a intervenção farmacológica. Atendendo a estas características e perante a existência de sintomatologia ansiosa, os recursos comummente utilizados são os serviços de cuidados de saúde primários que, numa fase inicial, recorrem maioritariamente à prescrição de fármacos (Devane, Chiao, Franklin, & Kruep, 2005; Gonçalves & Byrne, 2012; Hunt, Issakidis, & Andrews, 2002; Wetherell, Lenze, et al., 2005). Neste contexto, o recurso às *Benzodiazepinas* é o mais verificado, devido à sua eficácia, seguindo-se a utilização de antidepressivos serotoninérgicos, buspirona e venlafaxina, também devido à sua eficácia (Andreescu & Varon, 2015; Wetherell, Lenze, et al., 2005).

É ainda importante sublinhar que, muitas vezes, os efeitos secundários da intervenção farmacológica remetem para a existência de alguma relutância na adesão ao tratamento. A administração de benzodiazepinas poderá ter como efeitos secundários a dependência ao fármaco, a toxicidade, o declínio cognitivo, défice psicomotor e perda de equilíbrio, sendo que este último poderá predispor para a ocorrência de quedas (Andreescu & Varon, 2015; Thorp et al., 2009).

A intervenção farmacológica é, então, de forma transversal, acompanhada por efeitos secundários que são variáveis consoante o tipo de fármaco administrado. Por estes motivos, ainda que a eficácia nesta faixa etária seja notória, o recurso a intervenções psicoterapêuticas pode revelar-se mais adequado em casos em que exista recusa de toma de fármacos deste tipo, interação não recomendada com outros fármacos já prescritos, bem como risco de efeitos secundários, que podem levar ao agravamento de estados de saúde anteriores (Thorp et al., 2009).

Intervenção ao nível físico

A intervenção ao nível físico, no que respeita à patologia de ansiedade, implica uma compreensão dessa sintomatologia. Sabe-se que a ansiedade poderá (ou não) decorrer de ou potenciar estados de doença física, e este tipo de intervenção nessas mesmas doenças poderá ter efeitos na sintomatologia ansiosa (Blay & Marinho, 2012; Bourgault-Fagnou & Hadjistavropoulos, 2009). Na idade avançada, a ansiedade está em grande parte relacionada com o medo da perda de capacidades físicas e cognitivas, diagnósticos de doença física e diminuição da qualidade de vida (Andreescu & Varon, 2015; Wheterell, Lenze & Stanley, 2005). Como tal, a intervenção com base no exercício físico poderá ser viável, mostrando-se eficaz, quer na intervenção dirigida à doença física, quer na intervenção dirigida a quadros ansiosos e depressivos (e outras condições psicopatológicas) (Bherer, Erickson, & Liu-Ambrose, 2013; Teixeira, Vasconcelos-Raposo, Fernandes, & Brustad, 2013).

A existência de *prática de exercício físico regular* (e.g., atividades aeróbicas, exercícios de fortalecimento muscular, flexibilidade e equilíbrio) promove o treino de diversas competências físicas, existindo assim uma maior consciência da capacidade e da manutenção de execução de tarefas diárias, independência e qualidade de vida (Netz, Wu, Becker, & Tenenbaum, 2005). Neste contexto, a prática regular de exercício físico é facilitadora, entre outros aspetos, da diminuição de rigidez muscular e, consequentemente, potencia estados de relaxamento (pelo princípio da inibição recíproca, sabe-se que o estado ansioso não coocorre com o estado de relaxamento, sendo estas respostas orgânicas opostas). Para além deste aspeto, a prática de exercício fomenta melhorias na capacidade respiratória, na circulação sanguínea, nas capacidades cognitivas e, ainda, na estimulação da libertação de substâncias químicas que promovem a plasticidade cerebral, revelando-se, assim, como neuroprotetora (Erickson et al., 2011).

Paralelamente com a prática de exercício físico regular, a intervenção na sintomatologia ao nível físico no que respeita à ansiedade integra, inevitavelmente, elementos como o treino da respiração e técnicas de relaxamento. Não obstante o facto do exercício físico promover uma melhoria na respiração e um maior relaxamento, estes são aspetos fulcrais na intervenção sintomatológica da ansiedade. Estes exercícios (treino de relaxamento e treino da respiração) poderão resultar de um trabalho multidisciplinar, interligando a intervenção física e psicoterapêutica.

Intervenções psicoterapêuticas

As intervenções psicoterapêuticas em quadros de ansiedade podem ser de natureza diversa. Tal como referido, é possível recorrer à *Terapia Familiar e Sistémica, Terapias Cognitivo-Comportamentais, Terapias de Grupo, Abordagens Baseadas no Mindfulness* ou *Terapia da Aceitação e Compromisso*, entre outras (Andreescu & Varon, 2015; Gonçalves & Byrne, 2012; Shrestha et al., 2011; Thorp et al., 2009). A escolha destes modelos psicoterapêuticos prende-se com a necessidade, na idade avançada, de atuar fundamentalmente ao nível da diminuição da sintomatologia, tendo em conta que poderá haver menor recetividade e/ou adesão a intervenções a longo prazo (Pinquart & Duberstein, 2007). É ainda importante sublinhar que as pessoas de idade avançada podem apresentar défices cognitivos que dificultam processos de reflexão, restruturação cognitiva, compreensão de metáforas, entre outros. O terapeuta poderá ainda deparar-se com a complexidade do planeamento da intervenção que, em qualquer situação, deverá ser ajustado ao paciente independentemente da idade, mas que na idade avançada encontra outro tipo de variáveis que poderão ter implicações na escolha e sucesso das intervenções.

No que diz respeito à *Terapia Familiar e Sistémica*, esta poderá promover benefícios, no entanto, a dificuldade de ser implementada junto de famílias de idosos constitui, sem dúvida, um obstáculo. É necessário ter em conta que ocorre, por vezes, uma desresponsabilização da família nos processos de intervenção e que estas nem sempre se encontram disponíveis para este efeito. Ainda assim, poderá ser um modelo interessante dado que os desencadeadores de quadros ansiosos na idade avançada poderão relacionar-se com preocupações familiares, mitos e comunicação disfuncional e, assim, contribuir para o desenvolvimento e evolução deste tipo de patologias (Bourgault-Fagnou & Hadjistavropoulos, 2009). Para além da vertente familiar, a intervenção sistémica poderá ser adequada face a situações particulares, tais como as experienciadas em lares de idosos ou centros de dia.

No que respeita às *Terapias Cognitivo-Comportamentais* em pessoas de idade avançada, a componente comportamental tende a apresentar uma maior taxa de sucesso em relação às técnicas cognitivas (Andreescu & Varon, 2015; Gonçalves & Byrne, 2012). Esta discrepância deve-se, não só ao menor envolvimento do idoso no processo terapêutico (e.g., não realização de tarefas entre as sessões tipicamente indicadas neste modelo de intervenção ou dificuldade/incapacidade de preencher registos de automonitorização), como à resistência à mudança e à restruturação cognitiva. Para além disso, a eventual existência de défices cognitivos poderá desencadear discursos distantes da realidade (ou relativos a períodos de vida dispersos), períodos de confusão mental ou dificultar exercícios simples, como quantificação/descrição de episódios ou de respostas emocionais decorrentes dos mesmos (Gould, Coulson, & Howard, 2012). O diagnóstico diferencial é, sem dúvida, um ponto base para o sucesso terapêutico, bem como o conhecimento da história médica do indivíduo por forma a evitar erros de diagnóstico e intervenções que poderão não se revelar eficazes e comprometer a relação terapêutica ou até mesmo a recetividade para qualquer tipo de intervenção.

Ainda que nem sempre seja possível o recurso a uma *Intervenção Cognitiva* em pessoas de idade avançada que apresentem perturbações mediadas pela ansiedade, quando tal é viável, após uma avaliação detalhada, esta poderá incluir restruturação cognitiva (e.g., distorções cognitivas), linha da vida (análise de diferentes eventos de vida por forma a normalizar a experiência ansiosa e recuperar estratégias de *coping* eficazes), treino do autorreforço, treino de resolução de problemas e automonitorização (e.g., Wetherell, Lenze, et al., 2005; Wetherell, Sorrell, et al., 2005).

Aliada à intervenção cognitiva, a *Intervenção Comportamental* pode, sem dúvida, ter impacto neste tipo de diagnósticos. A título de exemplo, o *Treino de Relaxamento Muscular Progressivo* ou outras formas de treino de relaxamento (e.g., slide de paz) (e.g., Ayers, Sorrell, Thorp, & Wetherell, 2007; Thorp et al., 2009), *Exposição Gradual com Prevenção de Resposta* (salvaguardando uma avaliação cuidadosa na seleção desta técnica) (e.g., Jones, Wootton, & Vaccaro, 2012; Price & Salsman, 2010; Shrestha et al., 2011), *Ativação Comportamental* (e.g., Shrestha et al., 2011) e *Treino de Respiração Diafragmática* (e.g., Jones et al., 2012) constituem ferramentas que poderão ser usadas para promoção de mudanças comportamentais. Para além destes, o conhecimento das emoções, suas funções e sensações corporais associadas poderá também ser útil, no contexto de uma intervenção corpo-mente.

Na linha da intervenção corpo-mente é possível recorrer às abordagens baseadas no *mindfulness*, ainda que seja importante a sua adaptação a pessoas de idade avançada. A utilização de **Programas Baseados no Mindfulness** deverá passar por um processo de seleção dos componentes a integrar nos referidos programas, em consonância com as características dos participantes (e.g., défices executivos). As abordagens baseadas no *mindfulness* poderão ser aplicadas num contexto grupal ou individual, recorrendo a prática formal e/ou prática informal (Helmes & Ward, 2015). A prática formal deverá ser adaptada, optando-se maioritariamente pela posição sentada e por práticas de menor duração, tais como o *Espaço dos Três Minutos da Respiração*, versão reduzida do *Body Scan* e *Meditação focada na Respiração*. A prática informal poderá ser utilizada em diversas atividades adaptadas ao quotidiano do indivíduo. Assim, esta intervenção torna-se eficaz nos quadros ansiosos, pois permite o reconhecimento das sensações corporais, uma maior *desfusão* cognitiva, e um reconhecimento de padrões de pensamento. Estudos diversos (e.g., Helmes & Ward, 2015; Splevins, Smith, & Simpson, 2009; Young & Baime, 2010) têm demonstrado a eficácia e viabilidade do uso de abordagens baseadas no *Mindfulness* nesta população (ver Capítulo 8).

No que respeita à **Terapia da Aceitação e Compromisso** (ACT; Hayes, Strosahl, & Wilson, 1999), esta tem vindo a revelar um efeito positivo em diversas condições clínicas, entre as quais as patologias de ansiedade (e.g., Bluett et al., 2014; Roemer & Orsillo, 2002; Shrestha et al., 2011; Wetherell et al., 2011). Com efeito, a ACT visa ajudar os indivíduos a construir uma vida plena, rica, com significado, através da promoção da flexibilidade psicológica. A ACT tem vindo a ser ilustrada através de um modelo hexagonal que engloba seis processos terapêuticos nucleares interligados: Aceitação, *desfusão*, o *self* como contexto, *mindfulness* e ação comprometida com os valores (Hayes, Strosahl, Bunting, Twohig, & Wilson, 2004; Hayes et al., 1999). Na perspetiva inversa, processos como o evitamento experiencial, fusão cognitiva, ligação ao *self* conceptualizado, predomínio do passado e do futuro (sobre o presente), valores pouco claros, e inação, impulsividade ou evitamento persistente correspondem aos vértices do hexágono que a ACT sugere, enquanto modelo para a psicopatologia, sendo que cada vértice corresponde a um processo que poderá contribuir ou causar sofrimento humano (Hayes, Luoma, Bond, Masuda, & Lillis, 2006).

O modelo da ACT tem vindo a ser apontado como adequado para pessoas de idade avançada, dado que muitas podem já apresentar direções de vida valorizadas face à circunstância de um período de vida mais curto. Para além disso, uma abordagem transdiagnóstica, como a que é preconizada pela ACT, possibilita a normalização de experiências comuns na idade avançada (e.g., mudanças físicas e cognitivas decorrentes da idade), uma vez que os idosos apresentam frequentemente experiências de vida e condições heterogéneas (Roberts & Sedley, 2016). Apesar deste modelo se apresentar como promissor, é ainda necessário um investimento no estudo de eficácia com esta população específica, quer em amostras da comunidade, quer em amostras institucionalizadas (Petkus & Wetherell, 2013).

No que concerne à **Terapia da Autocompaixão** (ver Capítulo 8), esta tende a apresentar-se como adequada para pessoas de idade avançada (Perez-Blasco, Sales, Meléndez, & Mayordomo, 2016). O envelhecimento é um processo inevitável que, por si só, pode desencadear estados de ansiedade. A autocrítica, a dificuldade em lidar com as inúmeras perdas e eventos negativos que ocorrem nesta fase do ciclo vital poderão estar na base do desenvolvimento de diferentes patologias e no seu agravamento ou dificuldade em aderir a determinadas intervenções. Assim, a autocompaixão tende a ter um impacto positivo, quer na promoção de um envelhecimento saudável, quer na resiliência perante os eventos negativos (Perez-Blasco et al., 2016).

Por fim, as **Terapias Grupais** poderão ter como base os modelos cognitivo-comportamentais ou as abordagens contextuais, como, por exemplo, o *mindfulness*. O recurso a este formato de intervenção poderá ter impacto nas patologias de ansiedade devido à natureza da intervenção grupal promover a partilha de pensamentos, sentimentos e emoções que potenciam episódios de ansiedade, conduzindo à normalização dessas experiências (Agronin, 2009).

CONCLUSÃO

A ansiedade na idade avançada poderá manifestar-se de diversas formas e assumir constelações de sintomas característicos de diferentes tipos de perturbação. Ao longo do presente capítulo foi possível compreender que existe um vasto leque de perturbações, desde fobia específica, perturbação de ansiedade social, perturbação de pânico, perturbação de agorafobia, perturbação de ansiedade generalizada e, ainda que categorizadas de forma diferente no DSM-5, a perturbação obsessivo-compulsiva e a perturbação de stresse pós-traumático. A prevalência de cada perturbação revela-se diferente em pessoas de idade avançada por comparação com o que sucede em jovens e em adultos. No entanto, o estudo da ansiedade na idade avançada pode tornar-se desafiante, pois a não--existência de um diagnóstico de perturbação de ansiedade não se traduz forçosamente na ausência de sintomatologia ansiosa. Ainda neste contexto, o reconhecimento da ansiedade e do sofrimento causado pode não ser claro para o indivíduo e não existir, assim, um autorrelato que possibilite ao terapeuta/médico o diagnóstico ou a identificação de sintomatologia.

Para além da dificuldade mencionada, é ainda notória a multiplicidade de situações que poderão resultar em ansiedade na idade avançada. Desde a ansiedade que acompanha o indivíduo desde a infância ou idade adulta, e que não foi submetida a qualquer intervenção, arrastando-se e potenciando-se na idade avançada, até à ansiedade que surge mais tardiamente, resultante de diferentes causas (e.g., perda de capacidades motoras e cognitivas, estados de doença física, perdas diversas na sua rede de suporte).

A sintomatologia ansiosa pode, então, decorrer de múltiplas causas, mas também potenciar diferentes estados preexistentes de doença física e psicopatológicos (e.g., perturbações do sono). Dependendo ainda do tipo de perturbação existente, poderá existir mesmo o comprometimento de um envelhecimento ativo. A título de exemplo, uma perturbação de ansiedade social pode levar a um evitamento de locais públicos, como hospitais ou outras estruturas importantes, e evitamento de atividades que envolvam a interação social.

A avaliação é, por estes motivos, um ponto fundamental, quer através do reconhecimento da sintomatologia, quer da existência de instrumentos adaptados a esta população que auxiliem no seu diagnóstico. A sensibilidade e o conhecimento das perturbações ansiosas e sintomatologia residual poderão ser fundamentais nos processos de envelhecimento, promovendo intervenções adequadas e adaptadas a esta população.

No que respeita à intervenção, apresentam-se respostas variadas aproximando-se, cada vez mais, da multidisciplinaridade. Como referido, a promoção do exercício físico regular, o eventual recurso à farmacologia, e a abordagens psicoterapêuticas diversas têm-se revelado eficazes, sendo de realçar a importância de atender as características individuais na sua seleção.

Referências bibliográficas

Aggarwal, R., Kunik, M., & Asghar-Ali, A. (2017). Anxiety in later life. *Focus, Journal of Lifelong Learning in Psychiatry, 15*(2), 157-161. doi:10.1176/appi.focus.20160045

Agronin, M. (2009). Group therapy in older adults. *Current Psychiatry Reports, 11*(1), 27-32. doi:10.1007/s11920-009-0005-1

American Psychiatric Association. (2014). *DSM-5 – Manual de diagnóstico e estatística das perturbações mentais* (5.ª ed.). Lisboa: Climepsi Editores (Trabalho original em inglês publicado em 2013).

Amorim, P. (2000). Mini International Neuropsychiatric Interview (MINI): Validação de entrevista breve para diagnóstico de transtornos mentais. *Revista Brasileira de Psiquiatria, 22*(3), 106-115. doi:10.1590/S1516-44462000000300003

Andreas, F., Schulz, H., Volkert, J., Dehoust, M., Sehner, S., Suling, A., ... Härter, M. (2017). Prevalence of mental disorders in elderly people: The European MentDis_ICF65+ study. *British Journal of Psychiatric, 210*(2), 125-131. doi:10.1192/bjp.bp.115.180463

Andreescu, C., & Varon, D. (2015). New research on anxiety disorders in the elderly and an update on evidence-based treatments. *Current Psychiatry Reports, 17*(7), 53-57. doi:10.1007/s11920-015-0595-8

Andreescu, C., Gross, J. J., Lenze, E., Edelman, K. D., Snyder, S., Tanase, C., & Aizenstein, H. (2011). Altered cerebral blood flow patterns associated with pathologic worry in the elderly. *Depression and Anxiety, 28*(3), 202-209. doi:10.1002/da.20799

Andreescu, C., Sheu, L. K., Tudorascu, D., Gross, J. J., Walker, S., Banihashemi, L., & Aizenstein, H. (2015). Emotion reactivity and regulation in late-life generalized anxiety disorder: Functional connectivity at baseline and post-treatment. *American Journal of Geriatric Psychiatry, 23*(2), 200-214. doi:10.1016/j.jagp.2014.05.003

Ayers, C. R., Sorrell, J. T., Thorp, S. R., & Wetherell, J. L. (2007). Evidence-based psychological treatments for late-life anxiety. *Psychology and Aging, 22*(1), 8-17. doi:10.1037/0882-7974.22.1.8

Bassil, N., Ghandour, A., & Grossberg, G. T. (2011). How anxiety presents differently in older adults. *Current Psychiatry, 10*(3), 65-72.

Baxter, A. J., Scott, K. M., Vos, T., & Whiteford, H. A. (2012). Global prevalence of anxiety disorders: A systematic review and meta-regression. *Psychological Medicine, 43*(5), 1-14. doi:10.1017/S003329171200147X

Beck, A. T., Epstein, N., Brown, G., & Steer, R. A. (1988). An inventory for measuring clinical anxiety: Psychometric properties. *Journal of Consulting and Clinical Psychology, 56*(6), 893-897. doi:10.1037/0022-006X.56.6.893

Beck, J. G., Stanley, M. A., & Zebb, B. J. (1995). Psychometric properties of the Penn State Worry Questionnaire in older adults. *Journal of Clinical Geropsychology, 1*(1), 33-42.

Beekman, A. T. F., de Beurs, E., van Balkom, A. J. L. M., Deeg, D. J. H., van Dyck, R., & van Tilburg, W. (2000). Anxiety and depression in later life: Co-occurrence and communality of risk factors. *American Journal of Psychiatry, 157*(1), 89-95. doi:10.1176/ajp.157.1.89

Bergua, V., Meillon, C., Potvin, O., Ritchie, K., Tzourio, C., Bouisson, J., ... Amieva, H. (2015). Short STAI-Y anxiety scales: Validation and normative data for elderly subjects. *Aging & Mental Health, 20*(9), 987-995. doi:10.1080/13607863.2015.1051511

Bherer, L., Erickson, K. I., & Liu-Ambrose, T. (2013). A review of the effects of physical activity and exercise on cognitive and brain fuctions in older adults. *Journal of Aging Research, 2013*(657508), 1-8. doi:10.1155/2013/657508

Bijanki, K. R., Stillman, A. N., Arndt, S., Magnotta, V. A., Fiedorowicz, J. G., Haynes, W. G., ... Moser, D. J. (2013). White matter fractional anisotropy is inversely related to anxious symptoms in older adults with atherosclerosis. *International Journal of Geriatric Psychiatry*, *28*(10), 1069-1076. doi:10.1002/gps.3930

Blay, S. L., & Marinho, V. (2012). Anxiety disorders in old age. *Current Opinion in Psychiatry*, *25*(6), 462-467. doi:10.1097/YCO.0b013e3283578cdd

Bluett, E. J., Homan, K. J., Morrison, K. L., Levin, M. E., & Twohig, M. P. (2014). Acceptance and commitment therapy for anxiety and OCD spectrum disorders: An empirical review. *Journal of Anxiety Disorders*, *28*(6), 612-624. doi:10.1016/j.janxdis.2014.06.008

Bourgault-Fagnou, M. D., & Hadjistavropoulos, H. D. (2009). Understanding health anxiety among community dwelling seniors with varying degrees of frailty. *Aging & Mental Health*, *13*(2), 226-237. doi:10.1080/13607860802380664

Bourland, S. L., Stanley, M. A., Snyder, A. G., Novy, D. M., Beck, J. G., Averill, P. M., & Swann, A. C. (2000). Quality of life in older adults with generalized anxiety disorder. *Aging & Mental Health*, *4*(4), 315-323. doi:10.1080/713649960

Boyd, R., & Stevens, J. A. (2009). Falls and fear of falling: Burden, beliefs and behaviours. *Age and Ageing*, *38*(4), 423-428. doi:10.1093/ageing/afp053

Brenes, G. A. (2006). Age differences in the presentation of anxiety. *Aging & Mental Health*, *10*(3), 298-302. doi:10.1080/13607860500409898

Brenes, G. A., Kritchevsky, S. B., Mehta, K. M., Yaffe, K., Simonsick, E. M., Ayonayon, H. N., ... Penninx, B. W. J. H. (2007). Scared to death: Results from the health, aging, and body composition study. *American Journal of Geriatric Psychiatry*, *15*(3), 262-265. doi:10.1097/JGP.0b013e31802e21f0

Breslau, N., Kessler, R. C., Chilcoat, H. D., Schultz, L. R., Davis, G. C., & Andreski, P. (1998). Trauma and posttraumatic stress disorder in the community: The 1996 Detroit Area Survey of Trauma. *Archives of General Psychiatry*, *55*(7), 626-632. doi:10.1001/archpsyc.55.7.626

Brewin, C. R., Andrews, B., & Valentine, J. D. (2000). Meta-analysis of risk factors for posttraumatic stress disorder in trauma-exposed adults. *Journal of Consulting and Clinical Psychology*, *68*(5), 748-766. doi:10.1037/0022-006X.68.5.748

Brooks, M. S., & Fulton, L. (2010). Evidence of poorer life-course mental health outcomes among veterans of the Korean War cohort. *Aging & Mental Health*, *14*(2), 177-183. doi:10.1080/13607860903046560

Bryant, C., Jackson, H., & Ames, D. (2008). The prevalence of anxiety in older adults: Methodological issues and a review of the literature. *Journal of Affective Disorders*, *109*(3), 233-250. doi:10.1016/j.jad.2007.11.008

Bryant, C., Mohlman, J., Gum, A., Stanley, M., Beekman, A. T. F., Wetherell, J. L., ... Lenze, E. J. (2013). Anxiety disorders in older adults: Looking to DSM5 and beyond. *American Journal of Geriatric Psychiatry*, *21*(9), 872-876. doi:10.1016/j.jagp.2013.01.011

Burvill, P. W., Johnson, G. A., Jamrozik, K. D., Anderson, C. S., Stewart-Wynne, E. G., & Chakera, T. M. (1995). Anxiety disorders after stroke: Results from the Perth Community Stroke Study. *British Journal of Psychiatry*, *166*(3), 328-332. doi:10.1192/bjp.166.3.328

Byers, A. L., Arean, P. A., & Yaffe, K. (2012). Low use of mental health services among older americans with mood and anxiety disorders. *Psychiatric Services*, *63*(1), 66-72. doi:10.1176/appi.ps.201100121

Byers, A. L., Yaffe, K., Covinsky, K. E., Friedman, M. B., & Bruce, M. L. (2010). High occurrence of mood and anxiety disorders among older adults: The national comorbidity survey replication. *Archives of General Psychiatry*, *67*(5), 489-496. doi:10.1001/archgenpsychiatry.2010.35

Byrne, G. J., & Pachana, N. A. (2011). Development and validation of a short form of the Geriatric Anxiety Inventory - The GAI-SF. *International Psychogeriatrics*, *23*(1), 125-131. doi:10.1017/S1041610210001237

Byrne, G. J., Pachana, N. A., Gonçalves, D. C., Arnold, E., King, R., & Khoo, S. K. (2010). Psychometric properties and health correlates of the Geriatric Anxiety Inventory in Australian community-residing older women. *Aging & Mental Health*, *14*(3), 247-254. doi:10.1080/13607861003587628

Cacioppo, J. T., Hughes, M. E., Waite, L. J., Hawkley, L. C., & Thisted, R. A. (2006). Loneliness as a specific risk factor for depressive symptoms: Cross-sectional and longitudinal analyses. *Psychology and Aging*, *21*(1), 140-151. doi:10.1037/088 2-7974.21.1.140

Cairney, J., McCabe, L., Veldhuizen, S., Corna, L. M., Streiner, D., & Herrmann, N. (2007). Epidemiology of social phobia in later life. *American Journal of Geriatric Psychiatry*, *15*(3), 224-233. doi:10.1097/01.JGP.0000235702.77245.46

Calamari, J. E., Pontarelli, N. K., Armstrong, K. M., & Salstrom, S. A. (2012). Obsessive-compulsive disorder in late life. *Cognitive and Behavioral Practice*, *19*(1), 136-150. doi:10.1016/j.cbpra.2010.10.004

Calamari, J. E., Woodard, J. L., Armstrong, K. M., Molino, A., Pontarelli, N. K., Socha, J., & Longley, S. L. (2014). Assessing older adults' obsessive-compulsive disorder symptoms: Psychometric characteristics of the Obsessive Compulsive Inventory-Revised. *Journal of Obsessive-Compulsive and Related Disorders*, *3*(2), 124-131. doi:10.1016/j.jocrd.2014.03.002

Campbell Burton, C. A., Murray, J., Holmes, J., Astin, F., Greenwood, D., & Knapp, P. (2012). Frequency of anxiety after stroke: A systematic review and meta-analysis of observational studies. *International Journal of Stroke*, *8*(7), 545-559. doi:10.1111/j.1747-4949.2012.00906.x

Carrière, I., Ryan, J., Norton, J., Scali, J., Stewart, R., Ritchie, K., & Ancelin, M. L. (2013). Anxiety and mortality risk in community-dwelling elderly people. *British Journal of Psychiatry*, *203*(3), 303-309. doi:10.1192/bjp.bp.112.124685

Chemerinski, E., Petracca, G., Manes, F., & Leiguarda, R. (1998). Prevalence and correlates of anxiety in Alzheimer's disease. *Depression and Anxiety*, *7*(4), 166-170. doi:10.1002/(sici)1520-6394(1998)7:4<166::aid-da4>3.0.co;2-8

Chou, K.-L. (2009). Specific phobia in older adults: Evidence from the National Epidemiologic Survey on alcohol and related conditions. *American Journal of Geriatric Psychiatry*, *17*(5), 376-386. doi:10.1097/JGP.0b013e3181943214

Chou, K.-L. (2010). Panic disorder in older adults: Evidence from the national epidemiologic survey on alcohol and related conditions. *International Journal of Geriatric Psychiatry*, *25*(8), 822-832. doi:10.1002/gps.2424

Chung, M. C., Berger, Z., Jones, R., & Rudd, H. (2006). Posttraumatic stress disorder and general health problems following myocardial infarction (Post-MI PTSD) among older patients: The role of personality. *International Journal of Geriatric Psychiatry, 21*(12), 1163-1174. doi:10.1002/gps.1624

Chung, M. C., McKee, K. J., Austin, C., Barkby, H., Brown, H., Cash, S., ... Pais, T. (2009). Posttraumatic stress disorder in older people after a fall. *International Journal of Geriatric Psychiatry, 24*(9), 955-964. doi:10.1002/gps.2201

Copeland, J. R. M., Dewey, M. E., & Griffiths-Jones, H. M. (1986). A computerized psychiatric diagnostic system and case nomenclature for older subjects: GMS and AGECAT. *Psychological Medicine, 16*(1), 89-99. doi:10.1017/S0033291700057779

Copeland, J. R. M., Kelleher, M. J., Kellett, J. M., Gourlay, A. J., Gurland, B. J., Fleiss, J. L., & Sharpe, L. (1976). A semi-structured clinical interview for the assessment of diagnosis and mental state in the elderly: The Geriatric Mental State Schedule: I. Development and reliability. *Psychological Medicine, 6*(3), 439-449. doi:10.1017/S0033291700015889

Copeland, J. R. M., Prince, M., Wilson, K. C. M., Dewey, M. E., Payne, J., & Gurland, B. (2002). The Geriatric Mental State Examination in the 21st century. *International Journal of Geriatric Psychiatry, 17*(8), 729-732. doi:10.1002/gps.667

Corna, L. M., Cairney, J., Herrmann, N., Veldhuizen, S., McCabe, L., & Streiner, D. (2007). Panic disorder in later life: Results from a national survey of Canadians. *International Psychogeriatrics, 19*(6), 1084-1096. doi:10.1017/s1041610207004978

Crittendon, J., & Hopko, D. R. (2006). Assessing worry in older and younger adults: Psychometric properties of an abbreviated Penn State Worry Questionnaire (PSWQ-A). *Journal of Anxiety Disorders, 20*(8), 1036-1054. doi:10.1016/j.janxdis.2005.11.006

Danese, A., Caspi, A., Williams, B., Ambler, A., Sugden, K., Mika, J., ... Arseneault, L. (2011). Biological embedding of stress through inflammation processes in childhood. *Molecular Psychiatry, 16*(3), 244-246. doi:10.1038/mp.2010.5

Daniel, F., Vicente, H., Guadalupe, S., Silva, A., & Espírito-Santo, H. (2015). Propriedades psicométricas da versão portuguesa do Inventário de Ansiedade Geriátrica numa amostra de utentes de estruturas residenciais para idosos. *Revista Portuguesa de Investigação Comportamental e Social, 1*(2), 31-45. doi:10.7342/ismt.rpics.2015.1.2.22

Davis, M. J., Moye, J., & Karel, M. J. (2002). Mental health screening of older adults in primary care. *Journal of Mental Health and Aging, 8*(2), 139-149.

Demirkan, A., Penninx, B. W. J. H., Hek, K., Wray, N. R., Amin, N., Aulchenko, Y. S., ... Middeldorp, C. M. (2010). Genetic risk profiles for depression and anxiety in adult and elderly cohorts. *Molecular Psychiatry, 16*(7), 773-783. doi:10.1038/mp.2010.65

Devane, C. L., Chiao, E., Franklin, M., & Kruep, E. J. (2005). Anxiety disorders in the 21st century: Status, challenges, opportunities, and comorbidity with depression. *American Journal of Managed Care, 11*(Supl. 12), 344-353.

Diefenbach, G. J., Tolin, D. F., Meunier, S. A., & Gilliam, C. M. (2009). Assessment of anxiety in older home care recipients. *Gerontologist, 49*(2), 141-153. doi:10.1093/geront/gnp019

Dong, X., Chen, R., & Simon, M. A. (2014). Anxiety among community-dwelling U.S. Chinese older adults. *Journals of Gerontology: Series A, Biological Sciences and Medical Sciences*, *69*(Supl. 2), S61-S67. doi:10.1093/gerona/glu178

El-Gabalawy, R., Mackenzie, C. S., Pietrzak, R. H., & Sareen, J. (2014). A longitudinal examination of anxiety disorders and physical health conditions in a nationally representative sample of U.S. older adults. *Experimental Gerontology*, *60*, 46-56. doi:10.1016/j.exger.2014.09.012

Erickson, K. I., Voss, M. W., Prakash, R. S., Basak, C., Szabo, A., Chaddock, L., ... Kramer, A. F. (2011). Exercise training increases size of hippocampus and improves memory. *Proceedings of the National Academy of Sciences of the United States of America*, *108*(7), 3017-3022. doi:10.1073/pnas.1015950108

Firmin, M. W., Pathammavong, M. B., Johnson, C. B., & Trudel, J. F. (2014). Anxiety experienced by individuals with cancer in remission. *Psychology, Health & Medicine*, *19*(2), 153-158. doi:10.1080/13548506.2013.793373

Flint, A. J. (2005). Generalised anxiety disorder in elderly patients: Epidemiology, diagnosis and treatment options. *Drugs & Aging*, *22*(2), 101-114. doi:10.2165/00002512--200522020-00002

Flint, A. J., & Gagnon, N. (2003). Diagnosis and management of panic disorder in older patients. *Drugs & Aging*, *20*(12), 881-891. doi:10.2165/00002512--200320120-00002

Flint, A. J., Koszycki, D., Vaccarino, F. J., Cadieux, A., Boulenger, J. P., & Bradwejn, J. (1998). Effect of aging on cholecystokinin-induced panic. *American Journal of Psychiatry*, *155*(2), 283-285. doi:10.1176/ajp.155.2.283

Forlani, M., Morri, M., Belvederi Murri, M., Bernabei, V., Moretti, F., Attili, T., ... Atti, A. R. (2014). Anxiety symptoms in 74+ community-dwelling elderly: Associations with physical morbidity, depression and alcohol consumption. *PLoS ONE*, *9*(2), e89859. doi:10.1371/journal.pone.0089859

Fredrikson, M., Annas, P., Fischer, H., & Wik, G. (1996). Gender and age differences in the prevalence of specific fears and phobias. *Behaviour Research and Therapy*, *34*(1), 33-39. doi:10.1016/0005-7967(95)00048-3

Freud, S. (1963). Lecture XXV, Anxiety. In *The standard edition of the complete psychological works of Sigmund Freud – Introductory lectures on psycho-analysis (Part III), Volume XVI (1916-1917)* (J. Strachey, Trad. & Ed., Vol. 16, pp. 392-411). London: Hogarth Press (Trabalho original em alemão publicado em 1916).

Fridman, A., Bakermans-Kranenburg, M. J., Sagi-Schwartz, A., & Van IJzendoorn, M. H. (2011). Coping in old age with extreme childhood trauma: Aging Holocaust survivors and their offspring facing new challenges. *Aging & Mental Health*, *15*(2), 232-242. doi:10.1080/13607863.2010.505232

Gelkopf, M., Berger, R., Bleich, A., & Silver, R. C. (2012). Protective factors and predictors of vulnerability to chronic stress: A comparative study of 4 communities after 7 years of continuous rocket fire. *Social Science & Medicine*, *74*(5), 757-766. doi:10.1016/j.socscimed.2011.10.022

Gellis, Z. D., Kim, E. G., & McCracken, S. G. (2008). Anxiety disorders among older adults: A literature review. In *Council on Social Work Education, Master's Advanced Curriculum (Mac) Project Mental Health And Aging Resource Review 2014*

Revision. Acedido a 27 de junho de 2016, em http://www.cswe.org/File. aspx?id=234851-13

Gill, J. M., Saligan, L., Woods, S., & Page, G. (2009). PTSD is associated with an excess of inflammatory immune activities. *Perspectives in Psychiatric Care, 45*(4), 262-277. doi:10.1111/j.1744-6163.2009.00229.x

Gillespie, N. A., Kirk, K. M., Evans, D. M., Heath, A. C., Hickie, I. B., & Martin, N. G. (2004). Do the genetic or environmental determinants of anxiety and depression change with age? A longitudinal study of Australian twins. *Twin Research, 7*(1), 39-53. doi:10.1375/13690520460741435

Glaesmer, H., Braehler, E., Gündel, H., & Riedel-Heller, S. G. (2011). The association of traumatic experiences and posttraumatic stress disorder with physical morbidity in old age - A German population based study. *European Psychiatry, 26*, 1814. doi:10.1016/S0924-9338(11)73518-0

Gonçalves, D. C., & Byrne, G. J. (2012). Interventions for generalized anxiety disorder in older adults: Systematic review and meta-analysis. *Journal of Anxiety Disorders, 26*(1), 1-11. doi:10.1016/j.janxdis.2011.08.010

Gonçalves, D. C., Pachana, N. A., & Byrne, G. J. (2011). Prevalence and correlates of generalized anxiety disorder among older adults in the Australian National Survey of Mental Health and Well-Being. *Journal of Affective Disorders, 132*(1-2), 223-230. doi:10.1016/j.jad.2011.02.023

Gould, C., O'Hara, R., Goldstein, M., & Beaudreau, S. (2016). Multimorbidity is associated with anxiety in older adults in the Health and Retirement Study. *International Journal of Geriatric Psychiatry, 31*(10), 1105-1115. doi:10.1002/gps.4532

Gould, R. L., Coulson, M. C., & Howard, R. J. (2012). Efficacy of cognitive behavioral therapy for anxiety disorders in older people: A meta-analysis and meta-regression of randomized controlled trials. *Journal of the American Geriatrics Society, 60*(2), 218-229. doi:10.1111/j.1532-5415.2011.03824.x

Grammatikopoulos, I., & Koutentakis, C. (2010). Social activity and participation as determinants of anxiety and depression among elderly in primary care. *Annals of General Psychiatry, 9*(Supl. 1), S137. doi:10.1186/1744-859X-9-S1-S137

Graziano, R. (2003). Chapter 1 Trauma and aging. *Journal of Gerontological Social Work, 40*(4), 3-21. doi:10.1300/J083v40n04_02

Greaves, C. J., & Farbus, L. (2006). Effects of creative and social activity on the health and well-being of socially isolated older people: Outcomes from a multi--method observational study. *Journal of the Royal Society for the Promotion of Health, 126*(3), 133-142. doi:10.1177/1466424006064303

Grenier, S., Préville, M., Boyer, R., & O'Connor, K. (2009). Prevalence and correlates of obsessive-compulsive disorder among older adults living in the community. *Journal of Anxiety Disorders, 23*(7), 858-865. doi:10.1016/j.janxdis.2009.04.005

Gum, A. M., King-Kallimanis, B., & Kohn, R. (2009). Prevalence of mood, anxiety, and substance-abuse disorders for older Americans in the National Comorbidity Survey-Replication. *American Journal of Geriatric Psychiatry, 17*(9), 769-781. doi:10.1097/JGP.0b013e3181ad4f5a

Hassan, R., & Pollard, C. A. (1994). Late-life-onset panic disorder: Clinical and demographic characteristics of a patient sample. *Journal of Geriatric Psychiatry and Neurology, 7*(2), 84-88. doi:10.1177/089198879400700203

Hauffa, R., Rief, W., Brähler, E., Martin, A., Mewes, R., & Glaesmer, H. (2011). Lifetime traumatic experiences and posttraumatic stress disorder in the German population. *Journal of Nervous and Mental Disease, 199*(12), 934-939. doi:10.1097/nmd.0b013e3182392c0d

Hayes, S. C., Luoma, J. B., Bond, F. W., Masuda, A., & Lillis, J. (2006). Acceptance and Commitment Therapy: Model, processes and outcomes. *Behaviour Research and Therapy, 44*(1), 1-25. doi:10.1016/j.brat.2005.06.006

Hayes, S. C., Strosahl, K. D., & Wilson, K. G. (1999). *Acceptance and commitment therapy: An experiential approach to behavior change* (1.ª ed.). New York, NY: Guilford Press.

Hayes, S. C., Strosahl, K. D., Bunting, K., Twohig, M., & Wilson, K. G. (2004). What is acceptance and commitment therapy? In S. C. Hayes & K. D. Strosahl (Eds.), *A practical guide to acceptance and commitment therapy* (1.ª ed., pp. 1-30). New York, NY: Springer Science+Business Media. doi:10.1007/978-0--387-23369-7

Heaney, J. L. J., Phillips, A. C., & Carroll, D. (2010). Ageing, depression, anxiety, social support and the diurnal rhythm and awakening response of salivary cortisol. *International Journal of Psychophysiology, 78*(3), 201-208. doi:10.1016/j.ijpsycho.2010.07.009

Hek, K., Direk, N., Newson, R. S., Hofman, A., Hoogendijk, W. J. G., Mulder, C. L, & Tiemeier, H. (2013). Anxiety disorders and salivary cortisol levels in older adults: A population-based study. *Psychoneuroendocrinology, 38*(2), 300-305. doi:10.1016/j.psyneuen.2012.06.006

Hek, K., Tiemeier, H., Newson, R. S., Luijendijk, H. J., Hofman, A., & Mulder, C. L. (2011). Anxiety disorders and comorbid depression in community dwelling older adults. *International Journal of Methods in Psychiatric Research, 20*(3), 157-168. doi:10.1002/mpr.344

Helmes, E., & Ward, B. G. (2015). Mindfulness-based cognitive therapy for anxiety symptoms in older adults in residential care. *Aging & Mental Health, 21*(3), 272-278. doi:10.1080/13607863.2015.1111862

Hendriks, G.-J., Keijsers, G. P. J., Kampman, M., Voshaar, R. C. O., & Hoogduin, C. A. L. (2010). Agoraphobic cognitions in old and young patients with panic disorder. *American Journal of Geriatric Psychiatry, 18*(12), 1155-1158. doi:10.1097/JGP.0b013e3181dba6ba

Hermans, H., Beekman, A. T. F., & Evenhuis, H. M. (2013). Comparison of anxiety as reported by older people with intellectual disabilities and by older people with normal intelligence. *American Journal of Geriatric Psychiatry, 22*(12), 1391-1398. doi:10.1016/j.jagp.2013.04.017

Hoge, E. A., Brandstetter, K., Moshier, S., Pollack, M. H., Wong, K. K., & Simon, N. M. (2009). Broad spectrum of cytokine abnormalities in panic disorder and posttraumatic stress disorder. *Depression and Anxiety, 26*(5), 447-455. doi:10.1002/da.20564

Hopko, D. R., Reas, D. L., Beck, J. G., Stanley, M. A., Wetherell, J. L., Novy, D. M., & Averill, P. M. (2003). Assessing worry in older adults: Confirmatory factor analysis of the Penn State Worry Questionnaire and psychometric properties of an abbreviated model. *Psychological Assessment, 15*(2), 173-183. doi:10.1037/1040-3590.15.2.173

Hu, S., Chao, H. H.-A., Zhang, S., Ide, J. S., & Li, C.-S. R. (2014). Changes in cerebral morphometry and amplitude of low-frequency fluctuations of BOLD signals during healthy aging: Correlation with inhibitory control. *Brain Structure and Function, 219*(3), 983-994. doi:10.1007/s00429-013-0548-0

Hunt, C., Issakidis, C., & Andrews, G. (2002). DSM-IV generalized anxiety disorder in the Australian national survey of mental health and well-being. *Psychological Medicine, 32*(4), 649-659. doi:10.1017/s0033291702005512

Hwang, T. J., Masterman, D. L., Ortiz, F., Fairbanks, L. A., & Cummings, J. L. (2004). Mild cognitive impairment is associated with characteristic neuropsychiatric symptoms. *Alzheimer Disease & Associated Disorders, 18*(1), 17-21. doi:10.1097/00002093-200401000-00004

Ismail, Z., Mohamad, M., Isa, M. R., Fadzil, M. A., Yassin, S. M., Ma, K. T., & Abu Bakar, M. H. B. (2015). Factors associated with anxiety among elderly hypertensive in primary care setting. *Journal of Mental Health, 24*(1), 29-32. doi:10.3109/09 638237.2014.971148

Jenike, M. A. (1991). Geriatric obsessive-compulsive disorder. *Journal of Geriatric Psychiatry and Neurology, 4*(1), 34-39. doi:10.1177/089198879100400107

Jeste, D. V., Blazer, D. G., & First, M. (2005). Aging-related diagnostic variations: Need for diagnostic criteria appropriate for elderly psychiatric patients. *Biological Psychiatry, 58*(4), 265-271. doi:10.1016/j.biopsych.2005.02.004

Jones, M. K., Wootton, B. M., & Vaccaro, L. D. (2012). The efficacy of exposure and response prevention for geriatric obsessive compulsive disorder: A clinical case illustration. *Case Reports in Psychiatry, 2012*(394603), 1-5. doi:10.1155/2012/394603

Kabacoff, R. I., Segal, D. L., Hersen, M., & Van Hasselt, V. B. (1997). Psychometric properties and diagnostic utility of the Beck Anxiety Inventory and the State--Trait Anxiety Inventory with older adult psychiatric outpatients. *Journal of Anxiety Disorders, 11*(1), 33-47. doi:10.1016/s0887-6185(96)00033-3

Kang, H.-J., Bae, K.-Y., Kim, S.-W., Shin, I.-S., Yoon, J.-S., & Kim, J.-M. (2016). Anxiety symptoms in Korean elderly individuals: A two-year longitudinal community study. *International Psychogeriatrics, 28*(3), 423-433. doi:10.1017/ S1041610215001301

Karlsson, B., Klenfeldt, I. F., Sigström, R., Waern, M., Östling, S., Gustafson, D., & Skoog, I. (2009). Prevalence of social phobia in non-demented elderly from a Swedish population study. *American Journal of Geriatric Psychiatry, 17*(2), 127-135. doi:10.1097/JGP.0b013e3181860051

Kessler, R. C., & Üstün, T. B. (2004). The world mental health (WMH) survey initiative version of the world health organization (WHO) composite international diagnostic interview (CIDI). *International Journal of Methods in Psychiatric Research, 13*(2), 93-121. doi:10.1002/mpr.168

Kessler, R. C., Berglund, P., Demler, O., Jin, R., Merikangas, K. R., & Walters, E. E. (2005). Lifetime prevalence and age-of-onset distributions of DSM-IV disorders in the National Comorbidity Survey replication. *Archives of General Psychiatry, 62*(6), 593-602. doi:10.1001/archpsyc.62.6.593

Khairkar, P., & Diwan, S. (2012). Late-onset obsessive-compulsive disorder with comorbid narcolepsy after perfect blend of thalamo-striatal stroke and post-

-streptococcal infection. *Journal of Neuropsychiatry and Clinical Neurosciences, 24*(4), E29-E31. doi:10.1176/appi.neuropsych.11100252

King-Kallimanis, B., Gum, A. M., & Kohn, R. (2009). Comorbidity of depressive and anxiety disorders for older Americans in the national comorbidity survey--replication. *American Journal of Geriatric Psychiatry, 17*(9), 782-792. doi:10.1097/JGP.0b013e3181ad4d17

Kirmizioglu, Y., Doğan, O., Kuğu, N., & Akyüz, G. (2009). Prevalence of anxiety disorders among elderly people. *International Journal of Geriatric Psychiatry, 24*(9), 1026-1033. doi:10.1002/gps.2215

Klenfeldt, I. F., Karlsson, B., Sigström, R., Bäckman, K., Waern, M., Östling, S., ... Skoog, I. (2014). Prevalence of obsessive-compulsive disorder in relation to depression and cognition in an elderly population. *American Journal of Geriatric Psychiatry, 22*(3), 301-308. doi:10.1016/j.jagp.2012.09.004

Kohn, R., Westlake, R. J., Rasmussen, S. A., Marsland, R. T., & Norman, W. H. (1997). Clinical features of obsessive-compulsive disorder in elderly patients. *American Journal of Geriatric Psychiatry, 5*(3), 211-215. doi:10.1097/00019442--199700530-00004

Krasucki, C., Ryan, P., Ertan, T., Howard, R., Lindesay, J., & Mann, A. (1999). The FEAR: A rapid screening instrument for generalized anxiety in elderly primary care attenders. *International Journal of Geriatric Psychiatry, 14*(1), 60-68. doi:10.1002/(sici)1099-1166(199901)14:1<60::aid-gps893>3.0.co;2-g

Kreitler, S. (2017). The meaning profile of anxiety and depression: Similarities and differences in two age groups. *Cognition and Emotion, 2017*, 1-15. doi:10.1080/02699931.2017.1311248

Kubzansky, L. D., Cole, S. R., Kawachi, I., Vokonas, P., & Sparrow, D. (2006). Shared and unique contributions of anger, anxiety, and depression to coronary heart disease: A prospective study in the normative aging study. *Annals of Behavioral Medicine, 31*(1), 21-29. doi:10.1207/s15324796abm3101_5

Kvaal, K., Ulstein, I., Nordhus, I. H., & Engedal, K. (2005). The Spielberger State--Trait Anxiety Inventory (STAI): The state scale in detecting mental disorders in geriatric patients. *International Journal of Geriatric Psychiatry, 20*(7), 629-634. doi:10.1002/gps.1330

Lai, C.-H., & Wu, Y.-T. (2012). Fronto-temporo-insula gray matter alterations of first--episode, drug-naïve and very late-onset panic disorder patients. *Journal of Affective Disorders, 140*(3), 285-291. doi:10.1016/j.jad.2012.01.049

Lai, C.-H., & Wu, Y.-T. (2013). Fronto-occipital fasciculus, corpus callosum and superior longitudinal fasciculus tract alterations of first-episode, medication-naïve and late-onset panic disorder patients. *Journal of Affective Disorders, 146*(3), 378-382. doi:10.1016/j.jad.2012.09.022

Lee, L. O., Gatz, M., Pedersen, N. L., & Prescott, C. A. (2016). Anxiety trajectories in the second half of life: Genetic and environmental contributions over age. *Psychology and Aging, 31*(1), 101-113. doi:10.1037/pag0000063

Lenze, E. J., Goate, A. M., Nowotny, P., Dixon, D., Shi, P., Bies, R. R., ... Pollock, B. G. (2010). Relation of serotonin transporter genetic variation to efficacy of escitalopram for generalized anxiety disorder in older adults. *Journal of Clinical Psychopharmacology, 30*(6), 672-677. doi:10.1097/jcp.0b013e3181fc2bef

Lenze, E. J., Mulsant, B. H., Mohlman, J., Shear, M. K., Dew, M. A., Schulz, R., ... Reynolds, C. F. (2005). Generalized anxiety disorder in late life: Lifetime course and comorbidity with major depressive disorder. *American Journal of Geriatric Psychiatry, 13*(1), 77-80. doi:10.1097/00019442-200501000-00011

Lenze, E. J., Mulsant, B. H., Shear, M. K., Schulberg, H. C., Dew, M. A., Begley, A. E., ... Reynolds, C. F. (2000). Comorbid anxiety disorders in depressed elderly patients. *American Journal of Psychiatry, 157*(5), 722-728. doi:10.1176/appi.ajp.157.5.722

Lenze, E. J., Rogers, J. C., Martire, L. M., Mulsant, B. H., Rollman, B. L., Dew, M. A., ... Reynolds, C. F. (2001). The association of late-life depression and anxiety with physical disability: A review of the literature and prospectus for future research. *American Journal of Geriatric Psychiatry, 9*(2), 113-135. doi:10.1097/00019442-200105000-00004

Lindesay, J. (1991). Phobic disorders in the elderly. *British Journal of Psychiatry, 159*(4), 531-541. doi:10.1192/bjp.159.4.531

Lindesay, J., Baillon, S., Brugha, T., Dennis, M., Stewart, R., Araya, R., & Meltzer, H. (2006). Worry content across the lifespan: An analysis of 16- to 74-year-old participants in the British National Survey of Psychiatric Morbidity 2000. *Psychological Medicine, 36*(11), 1625-1633. doi:10.1017/S0033291706008439

Lindesay, J., Stewart, R., & Bisla, J. (2012). Anxiety disorders in older people. *Reviews in Clinical Gerontology, 22*(3), 204-217. doi:10.1017/S0959259812000019

Losada, A., Márquez-González, M., Pachana, N. A., Wetherell, J. L., Fernández--Fernández, V., Nogales-González, C., & Ruiz-Díaz, M. (2014). Behavioral correlates of anxiety in well-functioning older adults. *International Psychogeriatrics, 27*(7), 1135-1146. doi:10.1017/S1041610214001148

Lyketsos, C. G., Lopez, O., Jones, B., Fitzpatrick, A. L., Breitner, J., & DeKosky, S. (2002). Prevalence of neuropsychiatric symptoms in dementia and mild cognitive impairment: Results from the cardiovascular health study. *Journal of the American Medical Association, 288*(12), 1475-1483. doi:10.1001/jama.288.12.1475

Mackenzie, C. S., Reynolds, K., Chou, K.-L., Pagura, J., & Sareen, J. (2011). Prevalence and correlates of generalized anxiety disorder in a national sample of older adults. *American Journal of Geriatric Psychiatry, 19*(4), 305-315. doi:10.1097/JGP.0b013e318202bc62

Márquez-González, M., Losada, A., Fernández-Fernández, V., & Pachana, N. A. (2012). Psychometric properties of the Spanish version of the Geriatric Anxiety Inventory. *International Psychogeriatrics, 24*(1), 137-144. doi:10.1017/S1041610211001505

Massena, P. N., de Araújo, N. B., Pachana, N., Laks, J., & de Pádua, A. C. (2014). Validation of the Brazilian Portuguese version of Geriatric Anxiety Inventory - GAI-BR. *International Psychogeriatrics, 27*(7), 1113-1119. doi:10.1017/S1041610214001021

McCabe, L., Cairney, J., Veldhuizen, S., Herrmann, N., & Streiner, D. L. (2006). Prevalence and correlates of agoraphobia in older adults. *American Journal of Geriatric Psychiatry, 14*(6), 515-522. doi:10.1097/01.JGP.0000203177.54242.14

McDowell, P., Gordon, R., Andrews, L., MacDonncha, C., & Herring, P. (2018). Associations of physical activity with anxiety symptoms and status: results from

The Irish longitudinal study on ageing. *Epidemiology and Psychiatric Sciences, 31,* 1-10. doi:10.1017/S204579601800001X

Mendes-Chiloff, C. L. (2006). *Estudo da prevalência de sintomas depressivos e declínio cognitivo de idosos internados num Hospital de Ensino.* Dissertação de Mestrado, Faculdade de Medicina de Botucatu — Universidade Estadual Paulista, São Paulo, Brasil. Acedido a 22 de novembro de 2015, em http://livros01.livrosgratis.com. br/cp003205.pdf

Meyer, T. J., Miller, M. L., Metzger, R. L., & Borkovec, T. D. (1990). Development and validation of the Penn State Worry Questionnaire. *Behaviour Research and Therapy, 28*(6), 487-495. doi:10.1016/0005-7967(90)90135-6

Miloyan, B., & Pachana, N. A. (2015). Clinical significance of worry and physical symptoms in late-life generalized anxiety disorder. *Geriatric Psychiatric, 30*(12), 1186-1194. doi:10.1177/0891988715606231

Mittal, D., Torres, R., Abashidze, A., & Jimerson, N. (2001). Worsening of post--traumatic stress disorder symptoms with cognitive decline: Case series. *Journal of Geriatric Psychiatry and Neurology, 14*(1), 17-20. doi:10.1177/089198870101400105

Mohlman, J., Bryant, C., Lenze, E. J., Stanley, M. A., Gum, A., Flint, A., ... Craske, M. G. (2012). Improving recognition of late life anxiety disorders in Diagnostic and Statistical Manual of Mental Disorders, Fifth Edition: Observations and recommendations of the Advisory Committee to the Lifespan Disorders Work Group. *International Journal of Geriatric Psychiatry, 27*(6), 549-556. doi:10.1002/ gps.2752

Mohlman, J., Eldreth, D. A., Price, R. B., Staples, A. M, & Hanson, C. (2017). Prefrontal--limbic connectivity during worry in older adults with generalized anxiety disorder. *Aging & Mental Health, 21*(4), 426-438. doi:10.1080/13607863.2015.11 09058

Netz, Y., Wu, M.-J., Becker, B. J., & Tenenbaum, G. (2005). Physical activity and psychological well-being in advanced age: A meta-analysis of intervention studies. *Psychology and Aging, 20*(2), 272-284. doi:10.1037/0882-7974.20.2.272

Norton, J., Ancelin, M. L., Stewart, R., Berr, C., Ritchie, K., & Carrière, I. (2012). Anxiety symptoms and disorder predict activity limitations in the elderly. *Journal of Affective Disorders, 141*(2-3), 276-285. doi:10.1016/j.jad.2012.04.002

O'Donovan, A., Hughes, B. M., Slavich, G. M., Lynch, L., Cronin, M.-T., O'Farrelly, C., & Malone, K. M. (2010). Clinical anxiety, cortisol and interleukin-6: Evidence for specificity in emotion-biology relationships. *Brain, Behavior, and Immunity, 24*(7), 1074-1077. doi:10.1016/j.bbi.2010.03.003

O'Donovan, A., Slavich, G. M., Epel, E. S., & Neylan, T. C. (2013). Exaggerated neurobiological sensitivity to threat as a mechanism linking anxiety with increased risk for diseases of aging. *Neuroscience & Biobehavioral Reviews, 37*(1), 96-108. doi:10.1016/j.neubiorev.2012.10.013

Ogle, C. M., Rubin, D. C., & Siegler, I. C. (2014). Cumulative exposure to traumatic events in older adults. *Aging & Mental Health, 18*(3), 316-325. doi:10.1080/136 07863.2013.832730

Pachana, N. A., Byrne, G. J., Siddle, H., Koloski, N., Harley, E., & Arnold, E. (2007). Development and validation of the Geriatric Anxiety Inventory. *International Psychogeriatrics, 19*(1), 103-114. doi:10.1017/S1041610206003504

Pachana, N. A., McLaughlin, D., Leung, J., Byrne, G., & Dobson, A. (2012). Anxiety and depression in adults in their eighties: Do gender differences remain? *International Psychogeriatrics, 24*(1), 145-150. doi:10.1017/S104161021 1001372

Palgi, Y. (2015). Predictors of the new criteria for probable PTSD among older adults. *Psychiatry Research, 230*(3), 777-782. doi: 10.1016/j.psychres.2015.11.006

Parker, G., Hyett, M., Hadzi-Pavlovic, D., Brotchie, H., & Walsh, W. (2011). GAD is good? Generalized anxiety disorder predicts a superior five-year outcome following an acute coronary syndrome. *Psychiatry Research, 188*(3), 383-389. doi: 10.1016/j. psychres.2011.05.018

Perez-Blasco, J., Sales, A., Meléndez, J. C., & Mayordomo, T. (2016). The effects of mindfulness and self-compassion on improving the capacity to adapt to stress situations in elderly people living in the community. *Clinical Gerontologist, 39*(2), 90-103. doi:10.1080/07317115.2015.1120253

Petkus, A. J., & Wetherell, J. L. (2013). Acceptance and Commitment Therapy with older adults: Rationale and considerations. *Cognitive and Behavioral Practice, 20*(1), 47-56. doi: 10.1016/j.cbpra.2011.07.004

Petkus, A., Reynolds, C., Wetherell, J., Kremen, W., & Gatz, M. (2017). Temporal dynamics of cognitive performance and anxiety across older adulthood. *Psychology and Aging, 32*(3), 278-292. doi:10.1037/pag0000164

Pietrzak, R. H., Goldstein, R. B., Southwick, S. M., & Grant, B. F. (2011). Medical comorbidity of full and partial posttraumatic stress disorder in US adults: Results from Wave 2 of the National Epidemiologic Survey on Alcohol and Related Conditions. *Psychosomatic Medicine, 73*(8), 697-707. doi:10.1097/ PSY.0b013e3182303775

Pietrzak, R. H., Goldstein, R. B., Southwick, S. M., & Grant, B. F. (2012). Physical health conditions associated with posttraumatic stress disorder in U.S. older adults: Results from Wave 2 of the National Epidemiologic Survey on Alcohol and Related Conditions. *Journal of the American Geriatrics Society, 60*(2), 296-303. doi:10.1111/j.1532-5415.2011.03788.x

Pinquart, M., & Duberstein, P. R. (2007). Treatment of anxiety disorders in older adults: A meta-analytic comparison of behavioral and pharmacological interventions. *American Journal of Geriatric Psychiatry, 15*(8), 639-651. doi:10.1097/JGP.0b013e31806841c8

Porensky, E. K., Dew, M. A., Karp, J. F., Skidmore, E., Rollman, B. L., Shear, M. K., & Lenze, E. J. (2009). The burden of late-life generalized anxiety disorder: Effects on disability, health-related quality of life, and healthcare utilization. *American Journal of Geriatric Psychiatry, 17*(6), 473-482. doi:10.1097/ JGP.0b013e31819b87b2

Potvin, O., Bergua, V., Meillon, C., Le Goff, M., Bouisson, J., Dartigues, J.-F., & Amieva, H. (2011). Norms and associated factors of the STAI-Y State anxiety inventory in older adults: Results from the PAQUID study. *International Psychogeriatrics, 23*(6), 869-879. doi:10.1017/S1041610210002358

Potvin, O., Bergua, V., Swendsen, J., Meillon, C., Tzourio, C., Ritchie, K., ... Amieva, H. (2013). Anxiety and 10-year risk of incident and recurrent depressive symptomatology in older adults. *Depression and Anxiety, 30*(6), 554-563. doi:10.1002/da.22101

Poyurovsky, M., Bergman, J., & Weizman, R. (2006). Obsessive-compulsive disorder in elderly schizophrenia patients. *Journal of Psychiatric Research*, 40(3), 189-191. doi:10.1016/j.jpsychires.2005.03.009

Prenoveau, J. M., Craske, M. G., Zinbarg, R. E., Mineka, S., Rose, R. D., & Griffith, J. W. (2011). Are anxiety and depression just as stable as personality during late adolescence? Results from a three-year longitudinal latent variable study. *Journal of Abnormal Psychology*, 120(4), 832-843. doi:10.1037/a0023939

Price, M. C., & Salsman, N. L. (2010). Exposure and response prevention for the treatment of late-onset obsessive-compulsive disorder in an 82-year-old man. *Clinical Case Studies*, 9(6), 426-441. doi:10.1177/1534650110387294

Qazi, A., Shankar, K., & Orrell, M. (2003). Managing anxiety in people with dementia: A case series. *Journal of Affective Disorders*, 76(1-3), 261-265. doi:10.1016/S0165-0327(02)00074-5

Rasquin, S., Lodder, J., & Verhey, F. (2005). The association between psychiatric and cognitive symptoms after stroke: A prospective study. *Cerebrovascular Diseases*, 19(5), 309-316. doi:10.1159/000084499

Reid, J. M., Arnold, E., Rosen, S., Mason, G., Larson, M. J., Murphy, T. K., & Storch, E. A. (2011). Hoarding behaviors among nonclinical elderly adults: Correlations with hoarding cognitions, obsessive-compulsive symptoms, and measures of general psychopathology. *Journal of Anxiety Disorders*, 25(8), 1116-1122. doi:10.1016/j.janxdis.2011.08.002

Reimold, M., Knobel, A., Rapp, M. A., Batra, A., Wiedemann, K., Ströhle, A., ... Heinz, A. (2011). Central serotonin transporter levels are associated with stress hormone response and anxiety. *Psychopharmacology*, 213(2-3), 563-572. doi:10.1007/s00213-010-1903-y

Reimold, M., Smolka, M. N., Zimmer, A., Batra, A., Knobel, A., Solbach, C., ... Heinz, A. (2007). Reduced availability of serotonin transporters in obsessive-compulsive disorder correlates with symptom severity - a [11C]DASB PET study. *Journal of Neural Transmission*, 114(12), 1603-1609. doi:10.1007/s00702-007-0785-6

Reynolds, K., Pietrzak, R. H., Mackenzie, C. S., Chou, K. L., & Sareen, J. (2016). Posttraumatic stress disorder across the adult lifespan: Findings from a nationally representative survey. *American Journal of Geriatric Psychiatry*, 24(1), 81-93. doi:10.1016/j.jagp.2015.11.001

Ribeiro, O., Paúl, C., Simões, M. R., & Firmino, H. (2011). Portuguese version of the Geriatric Anxiety Inventory: Transcultural adaptation and psychometric validation. *Aging & Mental Health*, 15(6), 742-748. doi:10.1080/13607863.2011.562177

Ritchie, K., & Norton, J. (2015). Late-onset agoraphobia: General population incidence and evidence for a clinical subtype. *European Psychiatry*, 30(8), S54. doi:10.1016/j.eurpsy.2015.09.153

Ritchie, K., Artero, S., Beluche, I., Ancelin, M.-L., Mann, A., Dupuy, A.-M., ... Boulenger, J.-P. (2004). Prevalence of DSM-IV psychiatric disorder in the French elderly population. *British Journal of Psychiatry*, 184(2), 147-152. doi:10.1192/bjp.184.2.147

Roberts, S. L., & Sedley, B. (2016). Acceptance and Commitment Therapy with older adults: Rationale and case study of an 89 year-old with depression and generalized anxiety disorder. *Clinical Case Studies*, 15(1), 53-67. doi:10.1177/1534650115589754

Roemer, L., & Orsillo, S. M. (2002). Expanding our conceptualization of and treatment for generalized anxiety disorder: Integrating mindfulness/acceptance-based approaches with existing cognitive-behavioral models. *Clinical Psychology: Science and Practice, 9*(1), 54-68. doi:10.1093/clipsy.9.1.54

Roest, A. M., Martens, E. J., de Jonge, P., & Denollet, J. (2010). Anxiety and risk of incident coronary heart disease: A meta-analysis. *Journal of the American College of Cardiology, 56*(1), 38-46. doi:10.1016/j.jacc.2010.03.034

Rozzini, L., Chilovi, B. V., Peli, M., Conti, M., Rozzini, R., Trabucchi, M., & Padovani, A. (2009). Anxiety symptoms in mild cognitive impairment. *International Journal of Geriatric Psychiatry, 24*(3), 300-305. doi:10.1002/gps.2106

Sami, M. B., & Nilforooshan, R. (2015). The natural course of anxiety disorders in the elderly: A systematic review of longitudinal trials. *International Psychogeriatrics, 27*(7), 1061-1069. doi:10.1017/S1041610214001847

Santini, Z. I., Koyanagi, A., Tyrovolas, S., Mason, C., & Haro, J. M. (2015). The association between social relationships and depression: A systematic review. *Journal of Affective Disorders, 175*, 53-65. doi:10.1016/j.jad.2014.12.049

Schoevers, R. A., Deeg, D. J. H., van Tilburg, W., & Beekman, A. T. F. (2005). Depression and generalized anxiety disorder: Co-occurrence and longitudinal patterns in elderly patients. *American Journal of Geriatric Psychiatry, 13*(1), 31-39. doi:10.1097/00019442-200501000-00006

Schürmeyer, T. H., & Wickings, E. J. (1999). Principles of endocrinology. In M. Schedlowski & U. Tewes (Eds.), *Psychoneuroimmunology: An interdisciplinary introduction* (pp. 63-92). New York, NY: Kluwer Academic Publishers. doi:10.1007/978-1-4615-4879-9

Schuurmans, J., Comijs, H. C., Beekman, A. T. F., de Beurs, E., Deeg, D. J. H., Emmelkamp, P. M. G., & van Dyck, R. (2005). The outcome of anxiety disorders in older people at 6-year follow-up: Results from the Longitudinal Aging Study Amsterdam. *Acta Psychiatrica Scandinavica, 111*(6), 420-428. doi:10.1111/j.1600-0447.2005.00531.x

Seguí, J., Salvador-Carulla, L., Márquez, M., Garcìa, L., Canet, J., & Ortiz, M. (2000). Differential clinical features of late-onset panic disorder. *Journal of Affective Disorders, 57*(1-3), 115-124. doi:10.1016/s0165-0327(99)00082-8

Seignourel, P. J., Kunik, M. E., Snow, L., Wilson, N., & Stanley, M. (2008). Anxiety in dementia: A critical review. *Clinical Psychology Review, 28*(7), 1071-1082. doi:10.1016/j.cpr.2008.02.008

Shankar, K. K., Walker, M., Frost, D., & Orrell, M. W. (1999). The development of a valid and reliable scale for rating anxiety in dementia (RAID). *Aging & Mental Health, 3*(1), 39-49. doi:10.1080/13607869956424

Sharma, E., Sundar, A. S., Thennarasu, K., & Reddy, Y. C. J. (2015). Is late-onset OCD a distinct phenotype? Findings from a comparative analysis of "age at onset" groups. *CNS Spectrums, 20*(5), 508-514. doi:10.1017/S1092852914000777

Shrestha, S., Robertson, S., & Stanley, M. A. (2011). Innovations in research for treatment of late-life anxiety. *Aging & Mental Health, 15*(7), 811-821. doi:10.10 80/13607863.2011.569487

Sigström, R., Östling, S., Karlsson, B., Waern, M., Gustafson, D., & Skoog, I. (2011). A population-based study on phobic fears and DSM-IV specific phobia in 70-year olds. *Journal of Anxiety Disorders, 25*(1), 148-153. doi:10.1016/j.janxdis.2010.08.014

Sinoff, G., & Werner, P. (2003). Anxiety disorder and accompanying subjective memory loss in the elderly as a predictor of future cognitive decline. *International Journal of Geriatric Psychiatry, 18*(10), 951-959. doi:10.1002/gps.1004

Sinoff, G., Ore, L., Zlotogorsky, D., & Tamir, A. (1999). Short anxiety screening test - A brief instrument for detecting anxiety in the elderly. *International Journal of Geriatric Psychiatry, 14*(12), 1062-1071. doi:10.1002/(SICI)1099-1166(199912)14:12<1062::AID--GPS67>3.0.CO;2-Q

Skoog, I. (1993). The prevalence of psychotic, depressive and anxiety syndromes in demented and non-demented 85-year-olds. *International Journal of Geriatric Psychiatry, 8*(3), 247-253. doi:10.1002/gps.930080308

Spielberger, C. D., Gorsuch, R. L., Lushene, R., Vagg, P. R., & Jacobs, G. A. (1983). *Manual for the State-Trait Anxiety Inventory (Form Y)*. Palo Alto, CA: Consulting Psychologists Press.

Splevins, K., Smith, A., & Simpson, J. (2009). Do improvements in emotional distress correlate with becoming more mindful? A study of older adults. *Aging & Mental Health, 13*(3), 328-335. doi:10.1080/13607860802459807

Stanley, M. A., Beck, J. G., & Zebb, B. J. (1996). Psychometric properties of four anxiety measures in older adults. *Behaviour Research and Therapy, 34*(10), 827-838. doi:10.1016/0005-7967(96)00064-2

Starkstein, S. E., Jorge, R., Petracca, G., & Robinson, R. G. (2007). The construct of generalized anxiety disorder in Alzheimer disease. *American Journal of Geriatric Psychiatry, 15*(1), 42-49. doi:10.1097/01.JGP.0000229664.11306.b9

Sunderland, M., Anderson, T. M., Sachdev, P. S., Titov, N., & Andrews, G. (2015). Lifetime and current prevalence of common DSM-IV mental disorders, their demographic correlates, and association with service utilisation and disability in older Australian adults. *Australian and New Zealand Journal of Psychiatry, 49*(2), 145-155. doi:10.1177/0004867414538674

Teachman, B. A. (2006). Aging and negative affect: The rise and fall and rise of anxiety and depression symptoms. *Psychology and Aging, 21*(1), 201-207. doi:10.1037/0882-7974.21.1.201

Teixeira, C. M., Vasconcelos-Raposo, J., Fernandes, H. M., & Brustad, R. J. (2013). Physical activity, depression and anxiety among the elderly. *Social Indicators Research, 113*(1), 307-318. doi:10.1007/s11205-012-0094-9

Therrien, Z., & Hunsley, J. (2012). Assessment of anxiety in older adults: A systematic review of commonly used measures. *Aging & Mental Health, 16*(1), 1-16. doi:10.1080/13607863.2011.602960

Thorp, S. R., Ayers, C. R., Nuevo, R., Stoddard, J. A., Sorrell, J. T., & Wetherell, J. L. (2009). Meta-analysis comparing different behavioral treatments for late-life anxiety. *American Journal of Geriatric Psychiatry, 17*(2), 105-115. doi:10.1097/JGP.0b013e31818b3f7e

Tirado, P. A. (2010). Miedo a caerse. *Revista Española de Geriatría y Gerontología, 45*(1), 38-44. doi:10.1016/j.regg.2009.10.006

Urry, H. L., van Reekum, C. M., Johnstone, T., Kalin, N. H., Thurow, M. E., Schaefer, H. S., ... Davidson, R. J. (2006). Amygdala and ventromedial prefrontal cortex are inversely coupled during regulation of negative affect and predict the diurnal pattern of cortisol secretion among older adults. *Journal of Neuroscience, 26*(16), 4415-4425. doi:10.1523/JNEUROSCI.3215-05.2006

Vadla, D., Bozikov, J., Blazeković-Milaković, S., & Kovacić, L. (2013). Anxiety and depression in elderly – Prevalence and association with health care. *Lijecnicki Vjesnik, 135*(5-6), 134-138.

van Hout, H. P. J., Beekman, A. T. F., de Beurs, E., Comijs, H., van Marwijk, H., de Haan, M., ... Deeg, D. J. H. (2004). Anxiety and the risk of death in older men and women. *British Journal of Psychiatry, 185*(5), 399-404. doi:10.1192/bjp.185.5.399

Vedhara, K., Miles, J., Bennett, P., Plummer, S., Tallon, D., Brooks, E., ... Farndon, J. (2003). An investigation into the relationship between salivary cortisol, stress, anxiety and depression. *Biological Psychology, 62*(2), 89-96. doi:10.1016/s0301-0511(02)00128-x

Vicente, F., Espírito-Santo, H., Cardoso, D., Silva, F. D., Costa, M., Martins, S., ... Lemos, L. (2014). Estudo longitudinal dos fatores associados à evolução de sintomas depressivos em idosos institucionalizados. *Jornal Brasileiro de Psiquiatria, 63*(4), 308-316. doi:10.1590/0047-2085000000039

Vogelzangs, N., Beekman, A., Jonge, P., & Penninx, B. (2013). Anxiety disorders and inflammation in a large adult cohort. *Translational Psychiatry, 3*(4), 249. doi:10.1038/tp.2013.27

Volkert, J., Schulz, H., Härter, M., Wlodarczyk, O., & Andreas, S. (2013). The prevalence of mental disorders in older people in Western countries - A meta-analysis. *Ageing Research Reviews, 12*(1), 339-353. doi:10.1016/j.arr.2012.09.004

Wetherell, J. L., Afari, N., Ayers, C. R., Stoddard, J. A., Ruberg, J., Sorrell, J. T., ... Patterson, T. L. (2011). Acceptance and Commitment Therapy for Generalized Anxiety Disorder in older adults: A preliminary report. *Behavior Therapy, 42*(1), 127-134. doi:10.1016/j.beth.2010.07.002

Wetherell, J. L., Lenze, E. J., & Stanley, M. A. (2005). Evidence-based treatment of geriatric anxiety disorders. *Psychiatric Clinics of North American, 28*(4), 871-896. doi:10.1016/j.psc.2005.09.006

Wetherell, J. L., Maser, J. D., & van Balkom, A. (2005). Anxiety disorders in the elderly: Outdated beliefs and a research agenda. *Acta Psychiatrica Scandinavica, 111*(6), 401-402. doi:10.1111/j.1600-0447.2005.00545.x

Wetherell, J. L., Petkus, A. J., McChesney, K., Stein, M. B., Judd, P. H., Rockwell, E., ... Patterson, T. L. (2009). Older adults are less accurate than younger adults at identifying symptoms of anxiety and depression. *Journal of Nervous and Mental Disease, 197*(8), 623-626. doi:10.1097/nmd.0b013e3181b0c081

Wetherell, J. L., Sorrell, J. T., Thorp, S. R., & Patterson, T. L. (2005). Psychological interventions for late-life anxiety: A review and early lessons from the CALM study. *Journal of Geriatric Psychiatry and Neurology, 18*(2), 72-82. doi:10.1177/0891988705276058

Wilkes, C. M., Wilson, H. W., Woodard, J. L., & Calamari, J. E. (2013). Do negative affect characteristics and subjective memory concerns increase risk for late life anxiety? *Journal of Anxiety Disorders, 27*(6), 608-618. doi:10.1016/j.janxdis.2013.03.008

Wilson, R. S., Begeny, C. T., Boyle, P. A., Schneider, J. A., & Bennett, D. A. (2011). Vulnerability to stress, anxiety, and development of dementia in old age. *American Journal of Geriatric Psychiatry, 19*(4), 327-334. doi:10.1097/JGP.0b013e31820119da

Wishman, M., Robustelli, B., & Labrecque, L. (2018). Specificity of the association between marital discord and longitudinal changes in symptoms of depression and generalized anxiety disorder in the Irish Longitudinal Study on Ageing. *Family Process, 10*(10), 1-13. doi:10.1111/famp.12351

Wisocki, P. A., Handen, B., & Morse, C. K. (1986). The Worry Scale as a measure of anxiety among homebound and community active elderly. *Behavior Therapist, 9*(5), 91-95.

Wolitzky-Taylor, K. B., Castriotta, N., Lenze, E. J., Stanley, M. A., & Craske, M. G. (2010). Anxiety disorders in older adults: A comprehensive review. *Depression and Anxiety, 27*(2), 190-211. doi:10.1002/da.20653

World Health Organization. (2017). *Mental health of older adults.* Acedido a 14 julho de 2018, em http://www.who.int/news-room/fact-sheets/detail/mental-health--of-older-adults

Xavier, M., Baptista, H., Mendes, J. M., Magalhães, P., & Caldas-de-Almeida, J. M. (2013). Implementing the World Mental Health Survey Initiative in Portugal — Rationale, design and fieldwork procedures. *International Journal of Mental Health Systems, 7*(1), 19. doi:10.1186/1752-4458-7-19

Yan, Y., Xin, T., Wang, D., & Tang, D. (2014). Application of the Geriatric Anxiety Inventory-Chinese Version (GAI-CV) to older people in Beijing communities. *International Psychogeriatrics, 26*(3), 517-523. doi:10.1017/S1041610213002007

Young, L. A., & Baime, M. J. (2010). Mindfulness-Based Stress Reduction: Effect on emotional distress in older adults. *Complementary Health Practice Review, 15*(2), 59-64. doi:10.1177/1533210110387687

Zhang, X., Norton, J., Carrière, I., Ritchie, K., Chaudieu, I., & Ancelin, M.-L. (2015a). Generalized anxiety in community-dwelling elderly: Prevalence and clinical characteristics. *Journal of Affective Disorders, 172*(C), 24-29. doi:10.1016/j.jad.2014.09.036

Zhang, X., Norton, J., Carrière, I., Ritchie, K., Chaudieu, I., & Ancelin, M.-L. (2015b). Risk factors for late-onset generalized anxiety disorder: Results from a 12-year prospective cohort (The ESPRIT study). *Translational Psychiatry, 5*(3), e536. doi:10.1038/tp.2015.31

4. ENVELHECIMENTO E SAÚDE MENTAL
II: DEPRESSÃO

Helena Espírito-Santo,
Laura Lemos e *Inês Torres-Pena*

INTRODUÇÃO

O paradigma do *desenvolvimento ao longo da vida* propõe compreender o envelhecimento como um processo dinâmico que ocorre desde a concepção até à morte (Baltes, Lindenberger, & Staudinger, 2006; Settersten, 2003), influenciado por fatores biológicos (e.g., saúde física), psicológicos (e.g., estratégias de confronto) e socioculturais (e.g., contexto social) e marcado por perdas e ganhos com o avançar da idade (Baltes & Smith, 2004; Kessler, Kruse, & Wahl, 2014). Neste paradigma, pressupõe-se que, tal como outros períodos de vida, a idade avançada se caracteriza por experiências desenvolvimentais específicas, como, por exemplo, alterações nos domínios social e relacional (e.g., reforma, viuvez); o declínio da plasticidade biológica e da fidelidade genética; a diminuição da plasticidade comportamental e da resiliência biológica (Baltes, 1997); o declínio ou envolvimento seletivo nas interações sociais e alterações no comportamento emocional (Carstensen, 1991; Fung, Carstensen, & Lutz, 1999). A adultez tardia encara ainda o desafio para completar o ciclo de vida com significado (Erikson, 1980) e a acumulação de uma história de aprendizagem (Staudinger, Marsiske, & Baltes, 1995).

Ainda que num contexto de envelhecimento *bem-sucedido*, as pessoas idosas continuam a adaptar-se continuamente às alterações biológicas e ao aumento crescente de perdas, usando os seus recursos, mais para a manutenção e recuperação do que para o crescimento (Staudinger et al., 1995), e aumentam o seu repertório de estilos de *coping* e de estratégias de compensação (Staudinger & Kessler, 2009).

No entanto, a depressão na idade avançada é influenciada por diversos condicionalismos. Muitas pessoas idosas em condições socioculturais nefastas, com risco genético, e/ou afetadas por condições biológicas negativas, e/ou com dificuldades de regulação emocional, são incapazes de se adaptar aos desafios do envelhecimento, vindo a sofrer de problemas depressivos. De facto, tem-se comprovado que a chegada à idade da reforma contribui para o decréscimo do envolvimento social, a perda de uma identidade profissional, a maior probabilidade de presença de doença, a experiência de perdas frequentes (e.g., morte de entes queridos) e alterações a nível cognitivo e físico (Ciucurel & Iconaru, 2012; Lee & Smith, 2009). Acresce que a alteração das redes sociais pessoais contribui para que muitas pessoas idosas experienciem situações de solidão e/ou isolamento (afastadas ou tendo perdido familiares/amigos próximos). A solidão, os problemas de saúde, dificuldades de regulação emocional e/ou quadros psiquiátricos prévios ou atuais e responsabilidades como cuidador de outra pessoa pode potenciar o surgimento de sintomatologia depressiva (Chapman & Perry, 2008; Lee & Smith, 2009).

A depressão é uma problemática com um impacto importante nas atividades de vida diária (Papazacharias et al., 2010). Estima-se que 15% das pessoas acima dos 65 anos sofra de depressão (Ciucurel & Iconaru, 2012). A depressão é uma condição que pode afetar qualquer pessoa e apresenta similaridades qualquer que seja o momento do ciclo vital em que surge. No entanto, a depressão apresenta características específicas nas idades avançadas, graças à diminuição da intensidade emocional e ao aumento da seletividade emocional (Carstensen, 1991; Mather & Carstensen, 2003; Mather et al., 2004).

Assim, começaremos por abordar a depressão e os sintomas depressivos na idade adulta avançada e as características que distinguem esta problemática das idades mais jovens. Depois, avançar-se-á para a epidemiologia, avaliação, etiologia e tratamentos específicos para a depressão em idades avançadas.

A DEPRESSÃO NA IDADE AVANÇADA

A depressão na idade avançada apresenta características clínicas, etiologia e fatores de risco diferentes da depressão em idades mais jovens, não sendo, por isso mesmo, diagnosticada com a mesma frequência (Fiske & Jones, 2005). No entanto, a depressão é, provavelmente, a principal causa de sofrimento emocional na idade avançada, diminuindo significativamente a qualidade de vida das pessoas idosas (Atlantis, Browning, Sims & Kendig, 2011; revisão de Blazer, 2003; Onge, Kruger, & Rogers, 2014).

Definição

De acordo com o *Manual Diagnóstico e Estatística das Perturbações Mentais* (DSM-5, American Psychiatric Association [APA], 2013/2014), as perturbações depressivas são um conjunto de perturbações do humor que incluem as perturbações depressiva major, depressiva persistente (distimia), depressiva induzida por substância/medicamento e a devida a outra condição médica, depressiva com outra especificação e depressiva não especificada (retirámos da lista as que se associam a idades mais jovens, como a desregulação do humor disruptivo e a disfórica pré-menstrual).

O diagnóstico de perturbação depressiva major na pessoa de idade avançada não se afasta dos critérios apontados no DSM-5 (APA, 2013/2014), incluindo sintomas diários (ou quase) de humor deprimido ou perda de prazer (um destes dois sintomas tem de estar presente), queixas de insónia ou fadiga, tristeza inferida pelo comportamento, sentimentos de desvalorização ou de culpa excessiva, dificuldades de concentração ou indecisão, ideias de morte e alterações de peso ou apetite e, menos frequentemente, agitação ou lentificação (quatro destes sintomas têm de estar presentes). Os sintomas são intensos e causadores de grande sofrimento ou défice social e persistem a maior parte do dia durante pelo menos duas semanas. A apatia é também uma característica comum da depressão da idade avançada, sendo mais prevalente nesta população (Mehta et al., 2008; Yuen et al., 2014, 2015). As queixas cognitivas, especialmente as alterações da memória, sintomas melancólicos, alterações psicomotoras, fadiga e queixas somáticas são mais frequentes na depressão major da pessoa de idade avançada (APA, 2013/2014, pp. 190, 196; Fiske, Wetherell, & Gatz, 2009; Hegeman, Kok, van der Mast, & Giltay, 2012; Li, Meyer, & Thornby, 2001; Luppa et al., 2012; Parker, Hyett, Friend, & Hadzi-Pavlovic, 2013; Rahman, 2006; Singh & Misra, 2009). No Quadro 1 listam-se as características distintivas da depressão major no sujeito de idade avançada.

Na distimia, o humor depressivo está presente há pelo menos dois anos, podendo estar presente dois ou mais dos sintomas acima referidos para a depressão major, a que acresce a possibilidade de estarem presentes sentimentos de deses perança e de baixa autoestima (APA, 2013/2014). Os únicos aspetos distintivos parecem ser o pior prognóstico na pessoa de idade avançada (Comijs et al., 2015) e a frequente ocorrência sem comorbidade de perturbação de personalidade (Alexopoulos et al., 2002).

Características distintivas da depressão major na pessoa de idade avançada

---

• Queixas de défice de memória

• Alterações psicomotoras (lentidão)

• Sintomas de melancolia

• Queixas de fadiga

• Queixas somáticas

• Queixas de dificuldades no sono

• Níveis mais elevados de comorbilidade

• Alterações cerebrais mais extensas

• Pseudodemência depressiva

• Expressão minimizada de tristeza

• Apatia

• Danos autoinflingidos

• Acentuação patológica de traços de personalidade

Nota. Alguns destes dados aparecem mais à frente neste capítulo. Os últimos foram retirados de Ballesteros (2002) e da revisão de Gillespie et al. (2004).

A perturbação depressiva induzida por substância ou medicamento distingue-se da depressão major pelas evidências recolhidas da história clínica. As principais substâncias/fármacos associadas à depressão incluem o álcool, opiáceos, sedativos, hipnóticos, ansiolíticos, agentes cardiovasculares, entre outros (APA, 2013/2014). Não sendo surpreendente que o volume de medicação prescrito continue a aumentar na idade avançada, não é também de estranhar que aumente o impacto negativo associado à polimedicação (revisão de Mangoni & Pilotto, 2015), incluindo depressão (Cicero, Surratt, Kurtz, Ellis, & Inciardi, 2012).

O mesmo acontece com a perturbação depressiva devida a outra condição médica. As evidências são sugestivas de que os processos patológicos inflamatórios e vasculares que aumentam com a idade se associam a depressão, pelo que as doenças mais frequentes na idade avançada (e.g., doenças cardiovasculares, neurodegenerativas, metabólicas e neoplásicas) se associam também a depressão (Valkanova, Ebmeier, & Allan, 2013), de onde se destaca o acidente vascular cerebral, doenças de Huntington e de Parkinson (APA, 2013/2014).

A perturbação depressiva com outra especificação aplica-se às situações em que não estão reunidos os critérios totais para os diagnósticos anteriores (APA, 2013/2014), correspondendo provavelmente à anterior classificação de depressão minor ou subsindromática (Alexopoulos, 2005; Blazer, 2003).

A perturbação depressiva não especificada é reservada às situações em que o clínico não dispõe de informações suficientes no momento do diagnóstico (APA, 2013/2014).

Epidemiologia

A depressão, independentemente do tipo, está entre as perturbações mentais de maior prevalência na idade avançada, variando entre os 4,6% e os 11,2% (Blazer, Hughes, & George, 1987; Luppa et al., 2012; Missinne, Vandeviver, Van de Velde, & Bracke, 2014; Steffens & Potter, 2008). Os valores de prevalência podem, no entanto, variar consoante o método de avaliação utilizado e de cultura para cultura (Guerra et al., 2016). A investigação revela ainda que é mais expressiva em mulheres e um pouco mais alta para a distimia (revisão de Blazer, 2003; Guerra et al., 2016; Missinne et al., 2014). No estudo longitudinal de Samuelsson, McCamish--Svensson, Hagberg, Sundström e Dehlin (2005), a probabilidade cumulativa para o desenvolvimento de depressão clínica foi de 8%, com uma taxa mais elevada de incidência de depressão entre os 67 e os 81 anos. No entanto, todos estes dados foram obtidos em populações idosas residentes na comunidade. Ora, a prevalência da depressão aumenta substancialmente quando a investigação incide sobre pessoas em estruturas residenciais para pessoas de idade avançada (revisão de Blazer, 2003; Frade, Barbosa, Cardoso, & Nunes, 2015; Kramer, Allgaier, Fejtkova, Mergl, & Hegerl, 2009; Teresi, Abrams, Holmes, Ramirez, & Eimicke, 2001), não havendo dúvidas que a institucionalização se associa a depressão (Espírito--Santo, Vicente, et al., 2014; Runcan, 2012; Vicente et al., 2014). E, inversamente, a depressão na pessoa de idade avançada aumenta também a probabilidade de ser institucionalizado (Okura et al., 2011).

No Projeto Trajetórias do Envelhecimento, a tendência não foi evidente quanto à prevalência da depressão (18% em pessoas de idade avançada institucionalizadas vs. 15,6% em pessoas ativas residentes na comunidade), mas já o foi quanto aos sintomas depressivos (62,5% em pessoas de idade avançada institucionalizadas vs. 42,7% em pessoas ativas residentes na comunidade).

Quanto à distimia, esta afeta cerca de 2% das pessoas com idades acima dos 65 anos (Fiske & Jones, 2005).

Apesar destes dados, numa revisão da literatura realizada há quase 30 anos, Newmann (1989) alertava para a existência de evidências que indicavam que o envelhecimento não era fator de risco para a depressão. No mesmo sentido vão os resultados do estudo longitudinal de Fiske, Gatz e Pedersen (2003), onde foi encontrada somente uma subida modesta dos sintomas depressivos com a idade. A investigação epidemiológica, de facto, tem demonstrado que a depressão diagnosticada de acordo com os principais sistemas de diagnóstico apresenta valores de prevalência mais baixos do que em idades jovens ou de meia-idade (Fiske & Jones, 2005; Kessler et al., 2003), sendo a prevalência entre os 18-29 anos três vezes maior do que acima dos 60 anos (APA, 2013/2014).

Em apoio a estes dados epidemiológicos, os estudos transversais e longitudinais têm mostrado que os níveis de afeto negativo não aumentam nas idades avançadas e muito avançadas, enquanto a satisfação com a vida e o afeto positivo se mantêm estáveis (ver revisão de Charles & Carstensen, 2010). Noutra investigação foi verificado que a regulação emocional tende a estabilizar com a idade, sugerindo-se que são desenvolvidas adaptações específicas com o envelhecimento (Orgeta, 2009). Nas pessoas muito idosas, especialmente centenárias, a depressão diminui claramente, sugerindo-se que as pessoas que atingem estas idades têm mais mecanismos para lidar com o envelhecimento e suas limitações (Richmond, Law, & Kay-Lambkin, 2011).

Ainda quando presente, a depressão na pessoa de idade avançada raramente atinge a magnitude da depressão diagnosticada em idades mais jovens, sendo mais frequentes sintomas depressivos isolados (Kessler et al., 2003, 2010, 2011). De facto, a prevalência dos que sofrem de sintomas depressivos é mais expressiva, variando entre os 4,5% e os 56,1%, dependendo das populações analisadas (revisão de Blazer, 2003; Kramer et al., 2009; Luppa et al., 2012; Mendes-Chiloff, 2006; Santana & Filho, 2007; Sutcliffe et al., 2007; Teresi et al., 2001). Esta maior prevalência dos sintomas depressivos entre os indivíduos de idade mais avançada, parece dever-se a fatores associados ao envelhecimento, como a maior proporção de mulheres, maior défice cognitivo e menor estatuto socioeconómico (revisão de Blazer, 2003).

CONSEQUÊNCIAS DA DEPRESSÃO NÃO TRATADA NO ADULTO IDOSO

Apesar de ser a perturbação mental mais prevalente, o diagnóstico de depressão nem sempre é realizado (Alexopoulos et al., 2002; Blazer et al., 1987; Bogner, Morales, Reynolds, Cary, & Bruce, 2012; Brown, Bruce, Pearson, & PROSPECT Study Group, 2001; Gallo et al., 2013), no entanto, esta é uma doença que, se ignorada na pessoa de idade avançada, apresenta implicações graves.

Entre as principais consequências encontra-se o suicídio (Koponen et al., 2007; Minayo & Cavalcante, 2010, 2015; Onge et al., 2014); a mortalidade não relacionada com o suicídio (Rapp, Gerstorf, Helmchen, & Smith, 2008; Takeshita et al., 2002); a amplificação da incapacidade, da dor e dos efeitos secundários dos fármacos; malnutrição e maior necessidade de cuidados de saúde (Katz, 1996). A depressão na pessoa idosa surge também associada a maior risco de declínio cognitivo, de défice cognitivo ligeiro e/ou risco de demência (Al Hazzouri et al., 2014; Chodosh, Kado, Seeman, & Karlamangala, 2007; Dotson, Beydoun, & Zonderman, 2010; Dotson, Resnick, & Zonderman, 2008; Fernández-Martínez, Molano, Castro, & Zarranz, 2010; Jean, Simard, van Reekum, & Clarke, 2005; Jessen et al., 2014; Kertzman et al., 2010; Luppa et al., 2013; Naismith, Longley, Scott, & Hickie, 2007; Sachs-Ericsson, Joiner, Plant, & Blazer, 2005; Weisenbach, Boore, & Kales, 2012), especialmente de demência do tipo não-Alzheimer (e.g., vascular; Köhler, Boxtel, Jolles, & Verhey, 2011). A depressão associa-se também a défice dos processos executivos fundamentais para o funcionamento diário (Elderkin-Thompson, Mintz, Haroon, Lavretsky, & Kumar, 2007; Lockwood, Alexopoulos, & van Gorp, 2002) com impacto significativo na possibilidade de um de envelhecimento bem-sucedido (Jeste et al., 2013). Pessoas idosas com depressão apresentam também pobre qualidade subjetiva do sono (Cardoso, 2013; Espírito-Santo et al., 2012) ou insónia (Buysse, 2004), doença vascular (Kubzansky, Cole, Kawachi, Vokonas, & Sparrow, 2006; Rao, Jackson, & Howard, 2001), incapacidade física (Bruce, 2001), diabetes (Anderson, Freedland, Clouse, & Lustman, 2001) e níveis elevados de marcadores de inflamação sistémica (Penninx et al., 2003).

Um primeiro episódio depressivo na idade avançada é de especial interesse pela sua associação a défice cognitivo e prenúncio de doença de Alzheimer ou de demência vascular (Fiske & Jones, 2005) e risco acrescido de mortalidade (revisão de Papazacharias, Logroscino, Barulli, & Nardini, 2010).

Talvez por todas estas associações, a depressão tem um grande impacto pessoal, social e representa uma sobrecarga económica (revisão de Luppa, Heinrich, Angermeyer, König, & Riedel-Heller, 2007).

De forma a sintetizar estes dados, no Quadro 2 são listadas as principais consequências da depressão não tratada no adulto idoso.

QUADRO 2
Consequências da depressão não tratada na pessoa de idade avançada

---

- Suicídio
- Mortalidade não relacionada com suicídio
- Amplificação da incapacidade
- Amplificação da dor
- Amplificação dos efeitos secundários dos fármacos
- Malnutrição
- Declínio cognitivo e risco de demência
- Risco de demência do tipo não-Alzheimer
- Défice dos processos executivos
- Pobre qualidade subjetiva do sono ou insónia
- Doença vascular
- Diabetes
- Níveis elevados de marcadores de inflamação sistémica

AVALIAÇÃO DA DEPRESSÃO E SINTOMAS DEPRESSIVOS NA IDADE AVANÇADA

O diagnóstico de depressão na idade avançada deve ter em conta as diferenças entre a depressão no adulto e na pessoa de idade avançada, sendo criticado quando se usam os critérios de diagnóstico do DSM por não serem adaptados à depressão na idade avançada (Luppa et al., 2012). Assim, há que estar especialmente atento aos sintomas referidos como distintivos nesta população: queixas de memória, queixas somáticas, sintomas de melancolia, fadiga e agitação/lentificação psicomotora (Alexopoulos et al., 2002; Steffens & Potter, 2008).

Há que acrescentar que o rastreio nos cuidados primários é essencial, pois a prevalência da depressão é alta e a ideação suicida é elevada, mas nem sempre são detetadas (Alexopoulos et al., 2002; Bogner, Morales, Reynolds, Cary, & Bruce, 2012; Brown, Bruce, Pearson, & PROSPECT Study Group, 2001; Callahan, Hendrie, Nienaber, & Tierney, 1996; Callahan, Nienaber, Hendrie, & Tierney, 1992; Gallo et al., 2013).

Impõe-se, assim, a utilização de ferramentas de avaliação que permitam fazer o rastreio da depressão de forma rápida e simples na população idosa, de onde se destacam a *Center for Epidemiologic Studies Depression Scale* (CESD; Gonçalves, & Fagulha, 2004; Radloff, 1977), a *Cornell Scale for Depression in Dementia* para pessoas de idade avançada demenciadas e seus informantes (Alexopoulos, Abrams, Young, & Shamoian, 1988; Vieira, Lopes, & Vieira, 2008), a *Geriatric Depression Scale* (GDS; Espírito-Santo, Lemos, et al., 2014; Pocinho, Farate, Dias, Lee, & Yesavage, 2009; Yesavage et al., 1983); a *Minimum Data Set-based Depression Rating Scale* para uso em cuidados continuados (Amaral, Ferreira, & Gray, 2014; Burrows, Morris, Simon, Hirdes, & Phillips, 2000); a *Apathy Evaluation Scale* para avaliação da apatia, que se associa, quer a quadros depressivos na idade avançada, quer a quadros demenciais (Caeiro, Silva, Ferro, Pais-Ribeiro, & Figueira 2012; Marin, Biedrzycki, & Firinciogullari, 1991) e as *Psychogeriatric Assessment Scales* (Fonseca, Paúl, Teles, Martins, Nunes, & Caldas, 2008 citado por Magalhães, 2012) para pessoas idosas e informantes [avalia declínio cognitivo e acidente vascular cerebral (AVC) para além de depressão; Jorm et al., 1995]. Nesta listagem, destacam-se dois instrumentos que são os mais usados em populações de pessoas de idade avançada.

Center for Epidemiologic Studies Depression Scale (CES-D; Radloff, 1977). A CES-D consiste em 20 itens com quatro opções de resposta (0 = nunca ou muito raramente; 1 = ocasionalmente; 2 = com alguma frequência; 4 = com muita frequência/sempre), variando entre 0 e 60 pontos (mais sintomas). A CES-D é reconhecida como um instrumento de rastreio rápido e simples de sintomas depressivos ou da probabilidade de sofrer de depressão na idade avançada (Fiske & Jones, 2005; Lewinsohn, Seeley, Roberts, & Allen, 1997). A revisão de Mui, Burnette e Chen (2001) mostrou que a CES-D é útil no estudo de pessoas de idade avançada de diferentes culturas, ainda que deva ser utilizada com cautela, pois parece sofrer da influência de fatores socioculturais e de saúde. Na versão original e em coortes da comunidade, pontuações acima de 16 foram indicativas de depressão clínica e pontuações entre 8 e 15 foram sugestivas de depressão subsindromática (Radloff, 1977). Radloff e Locke (2008) reafirmaram o ponto de corte de 16 e sugeriram que a escala não era específica para a depressão, sendo mais uma medida de angústia geral (*distress*). Num estudo brasileiro com de pessoas de idade avançada residentes na comunidade e entrevistadas no seu domicílio, o ponto de corte para depressão clínica desceu para 11 pontos com uma sensibilidade de 74,6% e especificidade de 73,6% (Batistoni, Neri, & Cupertino, 2007). Gonçalves e Fagulha (2004) obtiveram um ponto de corte de 20 em amostras portuguesas da população estudantil, dos cuidados primários e da população geral, mas ainda não foi determinado em amostras de sujeitos de idade avançada.

Geriatric Depression Scale (GDS; Yesavage et al., 1983). A GDS tem sido o instrumento mais usado no rastreio cognitivo na população geriátrica (Dennis, Kadri, & Coffey, 2012) e encontra-se validada para a população portuguesa (Espírito-Santo, Lemos, et al., 2014; Pocinho et al., 2009). A GDS apresenta como vantagens a exclusão de sintomas somáticos e por incluir somente itens relevantes para adultos de idade avançada (Fiske & Jones, 2005). Na sua versão original (Yesavage et al., 1983), a GDS consiste em 30 itens, mas as versões curtas de 15, 10, 4 e 1 itens têm-se mostrado válidas (e.g., Castelo et al., 2010). Na versão portuguesa (Pocinho et al., 2009), está validada um inventário de 27 itens. O inventário tem um formato de resposta sim/não, pelo que é bastante rápido de responder, variando as suas pontuações entre 0 e 30 (mais sintomas depressivos). O ponto de corte no estudo português foi de 11 sintomas.

Medidas adicionais

A avaliação do estado cognitivo e executivo, por exemplo, com o *Mini-Mental State Examination* (Folstein, Folstein, & McHugh, 1975) e a *Frontal Assessment Battery* (Dubois, Slachevsky, Litvan, & Pillon, 2000), devem também ser considerados, dada a comorbilidade entre depressão e défice cognitivo e executivo (e.g., Dotson et al., 2008; Elderkin-Thompson et al., 2007).

O uso destes instrumentos não deve negligenciar a recolha da história clínica, acrescida de estudos físicos e laboratoriais para a realização de diagnóstico diferencial (APA, 2013/2014; revisão de Blazer, 2003). Entre estes exames, destacam-se a análise às concentrações de vitamina B12 e ácido fólico no sangue; a análise aos níveis das hormonas tireoestimulina, tiroxina (T3) e tri-iodotironina (T4) e a polissonografia para detetar anomalias nos padrões do sono (revisão de Blazer, 2003).

Acresce ainda a relevância de se avaliar o estado nutricional (índice de massa corporal e variação do peso, altura, níveis de albumina, triglicerídeos e colesterol sanguíneos) e tensão arterial (Kimura et al., 2013), uso de medicação (Cicero et al., 2012) e realização ou não de exercício físico (Ciucurel & Iconaru, 2012).

No Quadro 3 são apresentados os principais aspetos a recolher para fazer o diagnóstico de depressão da pessoa de idade avançada.

QUADRO 3
Elementos para diagnóstico da depressão na pessoa de idade avançada

• Rastreio dos sintomas (e.g., GDS)	• Valores de vitamina B12
• Entrevista de diagnóstico	• Valores de folato
• Funcionamento cognitivo (e.g., MMSE)	• Valores de colesterol e triglicerídeos
• Funcionamento executivo (e.g., FAB)	• Função tiroideia
• Polissonografia (padrões do sono)	• Função renal
• EEG	• Função hepática
• ECG	• Serologia sifilítica
• Hemograma completo	• Medicação

Nota. A segunda coluna foi adaptada de Ballesteros (2002). GDS = *Geriatric Depression Scale.* MMSE = Mini-Mental State Examination; FAB = Frontal Assessment Battery; EEG = Eletroencefalograma; ECG = Eletrocardiograma.

COMORBILIDADE, FATORES DE RISCO E DE PROTEÇÃO DA DEPRESSÃO NA IDADE AVANÇADA

Aspetos biológicos

Genética. As evidências de vulnerabilidade biológica para a depressão advêm de amostras etárias mistas e mostram que a depressão major tem uma componente de agregação familiar (Gillespie et al., 2004; Sullivan, Neale, & Kendler, 2000). Para essa agregação familiar, o maior contributo deriva da influência genética, com a heritabilidade a situar-se, provavelmente, nos 31%-42% (Sullivan et al., 2000). Em estudos recentes, foi confirmado que a influência genética na depressão na idade avançada ocorre ao nível da enzima conversora da angiotensina (Zettergren et al., 2017), assim como ao nível do fator neurotrófico derivado do cérebro (Januar, Ancelin, Ritchie, Saffery,

& Ryan, 2015). No entanto, a influência genética parece ser menor nos sintomas depressivos e parece diminuir na idade avançada (Fiske & Jones, 2005; Fiske et al., 2009).

História prévia. Uma história prévia de depressão aumenta a probabilidade de sofrer de novos episódios depressivos (Alexopoulos, 2005; Comijs et al., 2015), sendo este aspeto sugestivo de vulnerabilidade biológica (Fiske & Jones, 2005), especialmente vulnerabilidade vascular (Alexopoulos, 2005; Diniz et al., 2015; Tiemeier, 2003).

Neuroestruturas cerebrais. Noutra linha de investigação, relativa às alterações cerebrais, tem sido encontrada perda de volume do hipocampo bilateralmente em pessoas de idade avançada com depressão de início precoce (Bell-McGinty et al., 2002), o que pode refletir uma diminuição na neurogénese (Kempermann & Kronenberg, 2003). Na mesma linha, indivíduos de idade avançada com depressão major apresentam défices bilaterais na substância cinzenta do circuito fronto-estriado-límbico (Du et al., 2014), em particular da circunvolução do cíngulo anterior e do giro reto de forma proeminente (Ballmaier et al., 2004; Egger et al., 2008) e aumento do volume de hiperintensidades da substância branca (Hybels, Pieper, Payne, & Steffens, 2016) e, ainda, mudanças microestruturais na substância branca do giro frontal superior direito (Taylor et al., 2004).

Estado físico. Noutro sentido, está bem estabelecido que a depressão na idade avançada ocorre frequentemente no contexto de doença física, em particular de doença cardiovascular, cerebrovascular ou neurológica (Atlantis, Grayson, Browning, Sims, & Kendig, 2011; Briggs, Carey, Kennelly, & Kenny, 2018; Fiske et al., 2009; Rubin et al., 2010). Entre as perturbações neurológicas, a comorbilidade com o défice cognitivo e com a demência está amplamente evidenciada (Al Hazzouri et al., 2014; Diniz et al., 2015; Fiske et al., 2009; Georgakis et al., 2016; Luppa et al., 2013), assim como com o AVC (Jean, Swendsen, Sibon, Fehér, & Husky, 2013). Associa-se ainda a infeções, neoplasias, diabetes, alterações endócrinas como hiper/hipotiroidismo, perda de massa óssea (Brown, Varghese, & McEwen, 2004; Fiske et al., 2009; Katon et al., 2012), debilidade física (Lohman, Dumenci, & Mezuk, 2016) e também a diversas medicações, incluindo medicamentos para problemas gastrointestinais, respiratórios, neoplásicos, hormonais e neurológicos, e agentes betabloqueantes, bloqueadores de canais de cálcio e benzodiazepinas (Alexopoulos, 2005). Para estas associações, os fatores psicossociais deverão ser tidos em conta, pois muitas das doenças indicadas envolvem dor e limitações funcionais (Fiske & Jones, 2005; Fiske et al., 2009) e ainda vulnerabilidade psicológica (Lohman et al., 2016).

Entre outros fatores de saúde física contam-se ainda a presença e o número de doenças crónicas, défice visual ou auditivo, falta de exercício físico, deficiência física, tabagismo, perturbação de sono e perceção de má saúde física (Alexopoulos et al., 2002; Blay, Andreoli, Fillenbaum, & Gastal, 2007; Byers et al., 2012; Chang-Quan et al., 2010; Ciucurel & Iconaru, 2012; Cole & Dendukuri, 2003; Fiske et al., 2003; Lenze et al., 2005; Richardson et al., 2012; Rutherford, Brewster, Golub, Kim, & Roose, 2017).

Relações recíprocas. Note-se ainda que as relações entre depressão e saúde física parecem ser recíprocas, com a depressão a aumentar o risco de declínio cognitivo e demência, e a agravar o estado clínico de várias das doenças acima referidas (Alexopoulos, 2005; Campayo et al., 2010; Comijs et al., 2015; Diniz et al., 2015; Georgakis et al., 2016; Vilalta-Franch et al., 2012).

Aspetos sociodemográficos e psicossociais

A análise mais recente no âmbito do Projeto *Trajetórias do Envelhecimento* com uma amostra de 898 pessoas de idade avançada (76,3% mulheres), com idades compreendidas entre os 60 anos e os 100 anos (M = 79,00; DP = 8,43) e 88,5% sob resposta social, mostrou médias mais elevadas na GDS nas mulheres (M = 13,13; DP = 7,11), sem escolaridade (M = 14,09; DP = 6,87), que exerceram uma profissão manual (M = 13,22; DP = 6,90), sem companheiro (M = 13,15; DP = 6,88) e que estavam sob resposta social (M = 13,09; DP = 7,00).

Estes dados vão ao encontro dos resultados de outros estudos. Assim, os fatores associados a um maior risco de desenvolvimento de depressão nesta faixa etária incluem o ser do sexo feminino (Cole & Dendukuri, 2003; Ferreira & Tavares, 2013; Guerra et al., 2016; Missinne et al., 2014; Pena, 2014; Runcan, Haţegan, Bărbat, & Alexiu, 2010), ter uma idade mais avançada (Davey, Halverson, Zonderman, & Costa, 2004; Guerra et al., 2016; Rothermund & Brandtstädter, 2003; Runcan et al., 2010), ser viúvo(a) (Blay et al., 2007; Byers, Yaffe, Covinsky, Friedman, & Bruce, 2010; Cole & Dendukuri, 2003; Frade, Barbosa, Cardoso, & Nunes, 2015; Mendes-Chiloff, 2006; Papadopoulos et al., 2005) ou ter sofrido outras perdas (Runcan et al., 2010) e possuir baixa escolaridade (Ekinci, Tortumluoğlu, Okanlı, & Sezgin, 2004; Mendes-Chiloff, 2006; Pena et al., 2012). Note-se que a associação com o sexo feminino e com a idade avançada nem sempre é encontrada, tal como é atestado no estudo de Forlani et al. (2014).

Entre os fatores de risco contam-se o baixo estatuto socioeconómico e/ou situação de pobreza (Runcan et al., 2010; Ploubidis, Dale, & Grundy, 2012; Samuelsson et al., 2005), o isolamento social (Cacioppo, Hughes, Waite, Hawkley, & Thisted, 2006; Chlipala, 2008), o luto e a institucionalização forçada (Blazer, 2003; Bromley, 1966; Gertner, Domino, & Dow, 2017; Junior, Silva, Gomes, Paes, & Bastos, 2010; Pena, 2014; Porcu et al., 2002; Runcan et al., 2010; Snowdon, 2002; Stek, Gussekloo, Beekman, van Tilburg, & Westendorp, 2004) e o pequeno tamanho das redes sociais (Byers et al., 2012). A perceção negativa da reforma (Runcan et al., 2010) podem, adicionalmente, ser fatores de desencadeamento ou de agravamento de sintomas depressivos (Alexopoulos, 2005; West, Reed, & Gildengorin, 1998). O suporte social aparece, inversamente, como fator de proteção (Hsu, 2012; Wallace & O'Hara, 1992), mas distinto consoante o sexo. Assim, nos homens o suporte familiar é fator de proteção quando o nível educacional é mais alto e a idade é menos avançada. Nas mulheres o facto de terem uma boa qualidade subjetiva e o seu suporte familiar parecem protegê-las da depressão (Kim & Park, 2012).

Fatores psicológicos

Fatores neuropsicológicos. Como referimos acima, as alterações cognitivas e executivas associam-se frequentemente à depressão na pessoa de idade avançada (Alexopoulos, Gunning-Dixon, Latoussakis, Kanellopoulos, & Murphy, 2008; Dotson et al., 2008; Elderkin--Thompson et al., 2007). No Projeto Trajetórias do Envelhecimento verificámos o mesmo: pessoas de idade avançada com mais sintomas depressivos tinham piores pontuações no *Mini-Mental State Examination*/MMSE (Gonçalves, Espírito-Santo, Matreno, Fermino, & Guadalupe, 2012; Pena et al., 2012; Tomaz, 2012), e mais sinais de défice executivo (GDS-FAB: $r = 0,15$; $p < 0,001$; $n = 654$). Em fases depressivas agudas têm sido ainda reportados défices na velocidade de processamento e na memória de trabalho (Nebes et al., 2000) e da memória episódica (Rapp et al., 2005).

Estas associações devem colocar de sobreaviso os clínicos para a potencial presença daquilo que se designa por *pseudodemência depressiva* e que consiste num quadro de alterações cognitivas que decorre de uma perturbação do humor, mas que se resolve com o tratamento da perturbação primária. Este quadro de pseudodemência, ao ser erradamente diagnosticado como demência, leva habitualmente à negligência do tratamento da depressão (Ballesteros, 2002).

Fatores emocionais. Nos nossos estudos longitudinais realizados no decurso do Projeto Trajetórias do Envelhecimento, as análises mostraram que a ansiedade (Sousa, 2014; Vicente et al., 2014), os sentimentos de solidão e a afetividade negativa eram fatores preditivos da depressão (Vicente et al., 2014). Runcan e colaboradores (2010), destacaram também a solidão como fator de risco para a depressão da pessoa de idade avançada. Em suporte da importância deste fator emocional, no estudo de Gong et al. (2018) foi verificado que as pessoas de idade avançada que vivem com o companheiro e no contexto de «ninho vazio» sofrem de mais sintomas depressivos do que as que vivem com os filhos e com o companheiro. Como fatores psicológicos de proteção para a depressão encontramos a religião (Sun et al., 2012) e a afetividade positiva (Vicente et al., 2014).

Personalidade pré-mórbida. Num estudo prospetivo, Ormel, Oldehinkel e Brilman (2001), mostraram que as pessoas de idade avançada que apresentam níveis mais altos de neuroticismo, mesmo sem acontecimentos de vida stressantes, têm um risco mais elevado de desenvolver depressão. Os autores verificaram ainda uma associação forte entre neuroticismo alto e acontecimentos de vida stressantes moderados, dando, desse modo, apoio ao modelo dinâmico de stresse-vulnerabilidade. No mesmo sentido foi o estudo de Hayward, Taylor, Smoski, Steffens e Payne (2013) que mostrou que quanto maior o número de sintomas depressivos, maior o neuroticismo, menor a extroversão (assertividade, atividade e emocionalidade positiva) e menor a conscienciosidade (competência, ordem, dever e autodisciplina) em indivíduos com depressão de início precoce (antes dos 50 anos). De acordo com a revisão de Alexopoulos (2005), para além do neuroticismo, o pessimismo é um traço de personalidade que constitui um fator de risco para a depressão na idade avançada.

O conhecimento da comorbilidade, fatores de risco e de proteção dão pistas importantes para a intervenção na depressão da pessoa de idade avançada. No entanto, para além de o diagnóstico não ser sempre realizado, a fraca implementação de tratamento da depressão no idoso é um problema importante (Anderson, 2001; Cole & Dendukuri, 2003). Na verdade, as evidências mostram que os tratamentos em pessoas de idade avançada funcionam tão bem como em pessoas de outras idades, desde os tratamentos farmacológicos, psicossociais e psicológicos (Anderson, 2001; Chew-Graham, Baldwin, & Lovell, 2008).

Tratamento farmacológico

Em várias revisões sistemáticas de ensaios aleatorizados, tem sido consistentemente mostrado que os antidepressivos são mais eficazes do que o placebo na depressão do indivíduo de idade avançada (revisão de Cleare et al., 2015; Kok, Nolen, & Heeren, 2012; revisão de MacQueen et al., 2016; Mottram, Wilson, & Strobl, 2006; Wilson, Mottram, Sivananthan, & Nightingale, 2001). Em sentido contrário, no ensaio aleatorizado com pessoas idosas de idade muito avançada, Roose e equipa (2004) verificaram que a medicação não era mais eficaz do que o placebo, mas os dois grupos de pessoas estudadas tinham suporte psicossocial considerável.

Para que seja eficaz, o tratamento antidepressivo na população idosa deve respeitar um conjunto de diretrizes: "começar e avançar devagar"; vigiar especialmente as pessoas de idade mais avançada devido às alterações farmacodinâmicas que afetam o mecanismo de ação; acautelar a existência de doenças em comorbilidade e potencial interação farmacológica; vigiar efeitos secundários, incluindo perda óssea, síndrome serotoninérgico, efeitos extrapiramidais; precaver quedas, hiponatremia e hemorragia gástrica (revisão de MacQueen et al., 2016).

Quando se compara a eficácia entre as várias classes de antidepressivos (tricíclicos clássicos e atípicos, inibidores seletivos da recaptação da serotonina, inibidores da monoamina-oxidase), não se tem encontrado diferenças (Kok et al., 2012; revisão de MacQueen et al., 2016; Mottram et al., 2006), no entanto a taxa de abandono foi maior nos antidepressivos tricíclicos comparada com a dos inibidores seletivos da recaptação da serotonina (Mottram et al., 2006).

Acrescente-se que os efeitos secundários são uma razão importante para a não-adesão à medicação antidepressiva. Se a não-adesão é mais expressiva nos mais jovens (Rolnick, Pawloski, Hedblom, Asche, & Bruzek, 2013), ela não deixa de ser relevante entre os mais velhos, rondando os 13,4% e os 28% (Bosworth, Voils, Potter, & Steffens, 2008; Maidment, Livingston, & Katona, 2002). Nas pessoas de idade avançada, os fatores de adesão à medicação antidepressiva englobam a informação fornecida e o défice cognitivo; por oposição, os fatores de não-adesão incluem as preocupações com a toma dos antidepressivos e a gravidade dos efeitos secundários. Pelo impacto negativo na depressão e a nível socioeconómico que a não-adesão acarreta, impõem-se intervenções que envolvam educação e discussão sobre as preocupações específicas relativas à medicação (Bosworth et al., 2008; Maidment et al., 2002).

Tratamento físico

A depressão e a atividade física apresentam uma relação recíproca inegável em pessoas de idade avançada, pelo que se tem também investido em intervenções baseadas no exercício físico. A revisão da literatura mostra que a atividade física pode ser benéfica na redução dos sintomas depressivos e da depressão major no curto prazo (Sjösten & Kivelä, 2006), no entanto, as evidências têm sido contraditórias. Por exemplo, um dos estudos mostrou que a intervenção baseada no exercício de intensidade moderada é eficaz na melhoria do desempenho físico, mas não nos sintomas depressivos em pessoas de idade avançada sedentárias (Matthews et al., 2011). Ainda assim, as evidências são promissoras quando a atividade física é combinada com tratamento antidepressivo (Mura & Carta, 2013; Zanetidou et al., 2016).

Tratamento psicológico

Entre as intervenções com eficácia no tratamento da depressão contam-se várias baseadas na evidência, incluindo a terapia comportamental e cognitivo-comportamental, a terapia psicodinâmica breve e a terapia da reminiscência (revisão de MacQueen et al., 2016; Scogin, Welsh, Hanson, Stump, & Coates, 2005) e que são eficazes mesmo quando existe défice executivo (Mackin et al., 2013). Duas das formas de intervenção que se revelaram particularmente bem estabelecidas foram a terapia cognitivo-comportamental e a terapia da reminiscência (Pinquart, Duberstein, & Lyness, 2007). Outros tratamentos, mais recentes, que têm mostrado resultados promissores na depressão geriátrica consistem nas psicoterapias baseadas no *mindfulness* (Foulk, Ingersoll-Dayton, Kavanagh, Robinson, & Kales, 2014; Lima, Oliveira, & Godinho, 2011).

Ainda que as evidências sejam contraditórias quando se compara a eficácia dos tratamentos psicoterapêuticos com a dos tratamentos farmacológicos (Flückiger, Del Re, Munder, Heer, & Wampold, 2014; Pinquart, Duberstein, & Lyness, 2006), as pessoas idosas preferem-nas aos tratamentos farmacológicos (Raue, Schulberg, Heo, Klimstra, & Bruce, 2009).

PREVENÇÃO DA DEPRESSÃO NA IDADE AVANÇADA

A prevenção pode dirigir-se ao evitamento de um primeiro episódio, à recaída (durante terapia aguda ou de continuação) ou à recorrência (após tratamento de manutenção) (Frank et al., 1991; Mitchell & Subramaniam, 2005).

Uma vez que a probabilidade de um primeiro episódio na terceira idade ronda os 50% (Fiske et al., 2009), é importante dirigir os esforços de prevenção para as pessoas de idade avançada que apresentam fatores de risco. Segundo Schoevers e colaboradores (2006) e van't Veer-Tazelaar e equipa (2011), a abordagem preventiva dirigida aos sintomas depressivos subsindromáticos revela-se promissora, impedindo recaídas na ordem dos 24,6%. Os indivíduos com doença e incapacidade físicas, insónia, luto e/ou no papel de cuidadores estão em especial risco de vir a desenvolver um episódio depressivo, e os tratamentos que mais reúnem evidências de eficácia abrangem as intervenções educacionais, terapias dirigidas para o luto, terapias cognitivo-comportamentais para o pensamento negativo e revisão de vida (revisão de Cole & Dendukuri, 2004). Pacientes de idade avançada com AVC que recebem desde cedo antidepressivos ficam mais protegidos de vir a desenvolver depressão (Salter, Foley, Zhu, Jutai, & Teasell, 2013).

A prevenção deve também dirigir-se à consequência mais grave da depressão e que é o suicídio. O estudo PROSPECT (*Prevention of Suicide in Primary Care Elderly: Collaborative Trial*) fornece evidências da eficácia das estratégias de prevenção na redução da ideação suicida (Alexopoulos et al., 2009; Bruce et al., 2004), incluindo na depressão em comorbidade com múltiplas condições médicas (Gallo et al., 2016).

De acordo com a revisão sistemática de Mitchell e Subramaniam (2005), um primeiro episódio na idade avançada tem uma probabilidade aumentada de recorrência até três anos, o tempo para a recorrência tende a ser menor, mas a taxa de recaída é semelhante à de outras idades, registando somente um estudo com recaída mais rápida em sujeitos de idade avançada. Entre as terapias com eficácia comprovada para a recorrência contam-se uma variedade de intervenções psicológicas (p. ex., terapia interpessoal) e farmacológicas (p. ex., tricíclico) (Reynolds et al., 1999, 2006, 2011).

CONCLUSÃO

A depressão no adulto de idade avançada é menos comum de que nas pessoas de idades mais jovens, no entanto merece especial atenção pelas suas consequências que incluem a limitação funcional, a amplificação do estado de doença física e o risco aumentado de suicídio. A depressão no idoso tende a expressar-se mais com sintomas cognitivos e somáticos, diferentemente da depressão noutras idades que tende a manifestar mais sintomas afetivos.

Para o desenvolvimento da depressão na pessoa de idade avançada concorrem vários fatores, abrangendo vulnerabilidades biológicas, sociais, neuropsicológicas, emocionais e de personalidade que interagem com acontecimentos de vida stressantes comuns nesta faixa etária, de onde se destaca a limitação nas atividades da vida diária.

Por oposição, são fatores de proteção a escolaridade e estatuto socioeconómico mais elevados, ter exercido uma profissão intelectual, a existência de suporte social, o envolvimento religioso e a boa saúde.

A depressão na idade avançada é tratável, mesmo em pessoas com demência. Entre os tratamentos disponíveis contam-se o farmacológico, a terapia comportamental e cognitivo-comportamental, a terapia psicodinâmica breve e a terapia da reminiscência.

Mais importante do que tratar a depressão no sujeito de idade avançada é preveni-la, abrangendo a intervenção no luto, na insónia, na doença física e nas limitações que daí decorrem; o tratamento antidepressivo profilático nas pessoas que tiveram AVC e a intervenção dos sintomas residuais consequentes a um episódio depressivo para evitar a recaída. Para a prevenção devem ainda ser envolvidos aspetos mais alargados que colmatem o abismo entre o potencial na idade avançada e as estruturas de oportunidade existentes na sociedade (Riley, Kahn, & Foner, 1994). É assim essencial intervir nos ambientes residenciais, nas redes sociais, no sistema de saúde e nos meios tecnológicos modernos.

Referências bibliográficas

Al Hazzouri, A. Z., Vittinghoff, E., Byers, A., Covinsky, K., Blazer, D., Diem, S., ... Yaffe, K. (2014). Long-term cumulative depressive symptom burden and risk of cognitive decline and dementia among very old women. *Journals of Gerontology: Series A, Biological Sciences and Medical Sciences, 69*(5), 595-601. doi:10.1093/gerona/glt139

Alexopoulos, G. S. (2005). Depression in the elderly. *Lancet, 365*(9475), 1961-1970. doi:10.1016/S0140-6736(05)66665-2

Alexopoulos, G. S., Abrams, R. C., Young, R. C., & Shamoian, C. A. (1988). Cornell scale for depression in dementia. *Biological Psychiatry, 23*(3), 271-284. doi:10.1016/0006-3223(88)90038-8

Alexopoulos, G. S., Borson, S., Cuthbert, B. N., Devanand, D. P., Mulsant, B. H., Olin, J. T., & Oslin, D. W. (2002). Assessment of late life depression. *Biological Psychiatry, 52*(3), 164-174. doi:10.1016/s0006-3223(02)01381-1

Alexopoulos, G. S., Gunning-Dixon, F. M., Latoussakis, V., Kanellopoulos, D., & Murphy, C. F. (2008). Anterior cingulate dysfunction in geriatric depression. *International Journal of Geriatric Psychiatry, 23*(4), 347-355. doi:10.1002/gps.1939

Alexopoulos, G. S., Reynolds, C. F., Bruce, M. L., Katz, I. R., Raue, P. J., Mulsant, B. H., ... The PROSPECT Group. (2009). Reducing suicidal ideation and depression in older primary care patients: 24-month outcomes of the PROSPECT study. *American Journal of Psychiatry, 166*(8), 882-890. doi:10.1176/appi.ajp.2009.08121779

Amaral, A., Ferreira, P., & Gray, L. (2014). Validation of the International Resident Assessment Instrument: Acute Care (InterRAI-AC) for the Portuguese population. *Revista de Enfermagem Referência, 4*(1), 103-115. doi:10.12707/RIII13197

American Psychiatric Association. (2014). *DSM-5 - Manual de diagnóstico e estatística das perturbações mentais* (5.ª ed.). Lisboa: Climepsi Editores (Trabalho original em inglês publicado em 2013).

Anderson, D. N. (2001). Treating depression in old age: The reasons to be positive. *Age and Ageing, 30*(1), 13-17. doi:10.1093/ageing/30.1.13

Anderson, R. J., Freedland, K. E., Clouse, R. E., & Lustman, P. J. (2001). The prevalence of comorbid depression in adults with diabetes: A meta-analysis. *Diabetes Care, 24*(6), 1069-1078. doi:10.2337/diacare.24.6.1069

Atlantis, E., Grayson, D. A., Browning, C., Sims, J., & Kendig, H. (2011). Cardiovascular disease and death associated with depression and antidepressants in the Melbourne Longitudinal Studies on Healthy Ageing (MELSHA). *International Journal of Geriatric Psychiatry, 26*(4), 341-350. doi:10.1002/gps.2532

Ballesteros, J. A. C. (2002). Trastornos depresivos. In L. A. Ortiz, M. M. Carrasco, & J. C. Ballesteros (Eds.), *Psiquiatría geriátrica* (1.ª ed., pp. 333-370). Barcelona, Spain: Masson.

Ballmaier, M., Toga, A. W., Blanton, R. E., Sowell, E. R., Lavretsky, H., Peterson, J., ... Kumar, A. (2004). Anterior cingulate, gyrus rectus, and orbitofrontal abnormalities in elderly depressed patients: An MRI-based parcellation of the prefrontal cortex. *American Journal of Psychiatry, 161*(1), 99-108. doi:10.1176/appi.ajp.161.1.99

Baltes, P. B. (1997). On the incomplete architecture of human ontogeny: Selection, optimization, and compensation as foundation of developmental theory. *American Psychologist, 52*(4), 366-380. doi:10.1037/0003-066X.52.4.366

Baltes, P. B., & Smith, J. (2004). Lifespan psychology: From developmental contextualism to developmental biocultural co-construtivism. *Research in Human Development, 1*(3), 123-144. doi:10.1207/s15427617rhd0103_1

Baltes, P. B., Lindenberger, U., & Staudinger, U. M. (2006). Life span theory in developmental psychology. In W. Damon, & R. M. Lerner (Eds.), *Handbook of Child Psychology: Vol. 1. Theoretical models of human development* (6.ª ed., pp. 569-664). Hoboken, NJ: John Wiley & Sons.

Batistoni, S. S. T., Néri, A. L., & Cupertino, A. P. (2010). Validade e confiabilidade da versão Brasileira da Center for Epidemiological Scale - Depression (CES-D) em idosos Brasileiros. *Psico-USF, 15*(1), 13-22. doi:10.1590/S1413-82712010000100003

Bell-McGinty, S., Butters, M. A., Meltzer, C. C., Greer, P. J., Reynolds, C. F., & Becker, J. T. (2002). Brain morphometric abnormalities in geriatric depression: Long-term neurobiological effects of illness duration. *American Journal of Psychiatry, 159*(8), 1424-1427. doi:10.1176/appi.ajp.159.8.1424

Blay, S. L., Andreoli, S. B., Fillenbaum, G. G., & Gastal, F. L. (2007). Depression morbidity in later life: Prevalence and correlates in a developing country. *American Journal of Geriatric Psychiatry, 15*(9), 790-799. doi:10.1097/JGP.0b013e3180654179

Blazer, D. G. (2003). Depression in late life: Review and commentary. *Journals of Gerontology: Series A, Biological Sciences and Medical Sciences, 58*(3), 249-265. doi:10.1093/gerona/58.3.m249

Blazer, D., Hughes, D. C., & George, L. K. (1987). The epidemiology of depression in an elderly community population. *Gerontologist, 27*(3), 281-287. doi:10.1093/geront/27.3.281

Bogner, H. R., Morales, K. H., Reynolds, C. F., Cary, M. S., & Bruce, M. L. (2012). Course of depression and mortality among older primary care patients. *American Journal of Geriatric Psychiatry, 20*(10), 895-903. doi:10.1097/JGP.0b013e3182331104

Bosworth, H. B., Voils, C. I., Potter, G. G., & Steffens, D. C. (2008). The effects of antidepressant medication adherence as well as psychosocial and clinical factors on depression outcome among older adults. *International Journal of Geriatric Psychiatry, 23*(2), 129-134. doi:10.1002/gps.1852

Briggs, R., Carey, D., Kennelly, S. P., & Kenny, R. A. (2018). Longitudinal association between orthostatic hypotension at 30 seconds post-standing and late-life depression. *Hypertension, 71*(5), 946-954. doi:10.1161/HYPERTENSIONAHA.117.10542

Bromley, D. B. (1966). *Psicologia do envelhecimento humano.* Lisboa: Editora Ulisseia.

Brown, E. S., Varghese, F. P., & McEwen, B. S. (2004). Association of depression with medical illness: Does cortisol play a role? *Biological Psychiatry, 55*(1), 1-9. doi:10.1016/s0006-3223(03)00473-6

Brown, G. K., Bruce, M. L., Pearson, J. L., & The PROSPECT Group. (2001). High-risk management guidelines for elderly suicidal patients in primary care settings. *International Journal of Geriatric Psychiatry, 16*(6), 593-601. doi:10.1002/gps.468

Bruce, M. L. (2001). Depression and disability in late life: Directions for future research. *American Journal for Geriatric Psychiatry, 9*(2),102-112. doi:10.1097/00019442-200105000-00003

Bruce, M. L., Ten Have, T. R., Reynolds, C. F., Katz, I. I., Schulberg, H. C., Mulsant, B. H., ... Alexopoulos, G. S. (2004). Reducing suicidal ideation and depressive symptoms in depressed older primary care patients: A randomized controlled trial. *Journal of the American Medical Association, 291*(9), 1081-1091. doi:10.1001/jama.291.9.1081

Burrows, A. B., Morris, J. N., Simon, S. E., Hirdes, J. P., & Phillips, C. (2000). Development of a minimum data set-based depression rating scale for use in nursing homes. *Age and Ageing, 29*(2), 165-172. doi:10.1093/ageing/29.2.165

Buysse, D. J. (2004). Insomnia, depression and aging. Assessing sleep and mood interactions in older adults. *Geriatrics, 59*(2), 47-51, quiz 52.

Byers, A. L., Vittinghoff, E., Lui, L.-Y., Hoang, T., Blazer, D. G., Covinsky, K. E., ... Yaffe, K. (2012). Twenty-year depressive trajectories among older women. *Archives of General Psychiatry, 69*(10), 1073-1079. doi:10.1001/archgenpsychiatry.2012.43

Byers, A. L., Yaffe, K., Covinsky, K. E., Friedman, M. B., & Bruce, M. L. (2010). High occurrence of mood and anxiety disorders among older adults: The national comorbidity survey replication. *Archives of General Psychiatry, 67*(5), 489-496. doi:10.1001/archgenpsychiatry.2010.35

Cacioppo, J. T., Hughes, M. E., Waite, L. J., Hawkley, L. C., & Thisted, R. A. (2006). Loneliness as a specific risk factor for depressive symptoms: Cross-sectional and longitudinal analyses. *Psychology and Aging, 21*(1), 140-151. doi:10.1037/0882-7974.21.1.140

Caeiro, L., Silva, T., Ferro, J., Pais-Ribeiro, J., & Figueira, M. (2012). Propriedades métricas da versão portuguesa da escala de avaliação de apatia. *Psicologia, Saúde & Doenças, 13*(2), 266-282.

Callahan, C. M., Hendrie, H. C., Nienaber, N. A., & Tierney, W. M. (1996). Suicidal ideation among older primary care patients. *Journal of the American Geriatrics Society, 44*(10), 1205-1209. doi:10.1111/j.1532-5415.1996.tb01370.x

Callahan, C. M., Nienaber, N. A., Hendrie, H. C., & Tierney, W. M. (1992). Depression of elderly outpatients. *Journal of General Internal Medicine, 7*(1), 26-31. doi:10.1007/bf02599097

Campayo, A., de Jonge, P., Roy, J. F., Saz, P., de la Cámara, C., Quintanilla, M. A., ... Lobo, A. (2010). Depressive disorder and incident diabetes mellitus: The effect of characteristics of depression. *American Journal of Psychiatry, 167*(5), 580-588. doi:10.1176/appi.ajp.2009.09010038

Cardoso, D. C. M. (2013). *Sono, depressão e afetividade em idosos institucionalizados.* Dissertação de Mestrado, Instituto Superior Miguel Torga, Coimbra. Acedido a 24 de novembro de 2016, em http://repositorio.ismt.pt/handle/123456789/381

Carstensen, L. L. (1991). Socioemotional selectivity theory: Social activity in life-span context. *Annual Review of Gerontology and Geriatrics, 11*, 195-217.

Castelo, M. S., Coelho-Filho, J. M., Carvalho, A. F., Lima, J. W. O., Noleto, J. C. S., Ribeiro, K. G., & Siqueira-Neto, J. I. (2010). Validity of the Brazilian version of the Geriatric Depression Scale (GDS) among primary care patients. *International Psychogeriatrics, 22*(1), 109-113. doi:10.1017/S1041610209991219

Chang-Quan, H., Xue-Mei, Z., Bi-Rong, D., Zhen-Chan, L., Ji-Rong, Y., & Qing-Xiu, L. (2010). Health status and risk for depression among the elderly: A meta-analysis of published literature. *Age and Ageing, 39*(1), 23-30. doi:10.1093/ageing/afp187

Chapman, D. P., & Perry, G. S. (2008). Depression as a major component of public health for older adults. *Preventing Chronic Disease, 5*(1), 1-9.

Charles, S. T., & Carstensen, L. L. (2010). Social and emotional aging. *Annual Review of Psychology, 61*(1), 383-409. doi:10.1146/annurev.psych.093008.100448

Chew-Graham, C., Baldwin, R., & Lovell, K. (2008). Management of late-life depression. In C. A. Chew-Graham, R. Baldwin, & A. Burns (Eds.), *Integrated management of depression in the elderly* (1.ª ed., pp. 17-32). Cambridge, UK: Cambridge University Press.

Chlipala, M. L. (2008). *Longitudinal study of loneliness and depression as predictors of health in mid- to later life.* Dissertação de Mestrado, University of North, Texas. Acedido a 21 de setembro de 2016, em https://digital.library.unt.edu/ark:/67531/metadc6124/m2/1/high_res_d/thesis.pdf

Chodosh, J., Kado, D. M., Seeman, T. E., & Karlamangla, A. S. (2007). Depressive symptoms as a predictor of cognitive decline: MacArthur studies of successful aging. *American Journal of Geriatric Psychiatry, 15*(5), 406-415. doi:10.1097/01.JGP.0b013e31802c0c63

Cicero, T. J., Surratt, H. L., Kurtz, S., Ellis, M. S., & Inciardi, J. A. (2012). Patterns of prescription opioid abuse and comorbidity in an aging treatment population. *Journal of Substance Abuse Treatment, 42*(1), 87-94. doi:10.1016/j.jsat.2011.07.003

Ciucurel, C., & Iconaru, E. I. (2012). The importance of sedentarism in the development of depression in elderly people. *Procedia - Social and Behavioral Sciences, 33*, 722-726. doi:10.1016/j.sbspro.2012.01.216

Cleare, A., Pariante, C. M., Young, A. H., Anderson, I. M., Christmas, D., Cowen, P. J., ... Uher, R. (2015). Evidence-based guidelines for treating depressive disorders with antidepressants: A revision of the 2008 British Association for Psychopharmacology guidelines. *Journal of Psychopharmacology, 29*(5), 459-525. doi:10.1177/0269881115581093

Cole, M. G., & Dendukuri, N. (2004). The feasibility and effectiveness of brief interventions to prevent depression in older subjects: A systematic review. *International Journal of Geriatric Psychiatry, 19*(11), 1019-1025.

Cole, M. G., & Dendukuri, N. (2003). Risk fators for depression among elderly community subjects: A systematic review and meta-analysis. *American Journal of Psychiatry, 160*(6), 1147-1156. doi:10.1176/appi.ajp.160.6.1147

Comijs, H. C., Nieuwesteeg, J., Kok, R., van Marwijk, H. W., van der Mast, R. C., Naarding, P., … Stek, M. L. (2015). The two-year course of late-life depression; results from the Netherlands study of depression in older persons. *BMC Psychiatry, 15*(20), 1-9. doi:10.1186/s12888-015-0401-5

Davey, A., Halverson, C. F., Zonderman, A. B., & Costa, P. T. (2004). Change in depressive symptoms in the Baltimore longitudinal study of aging. *Journals of Gerontology, Series B: Psychological Sciences and Social Sciences, 59B*(6), P270--P277. doi:10.1093/geronb/59.6.P270

Dennis, M., Kadri, A., & Coffey, J. (2012). Depression in older people in the general hospital: A systematic review of screening instruments. *Age and Ageing, 41*(2), 148-154. doi:10.1093/ageing/afr169

Diniz, B. S., Sibille, E., Ding, Y., Tseng, G., Aizenstein, H. J., Lotrich, F., … Butters, M. A. (2015). Plasma biosignature and brain pathology related to persistent cognitive impairment in late-life depression. *Molecular Psychiatry, 20*, 594-601. doi:10.1038/mp.2014.76

Dotson, V. M., Beydoun, M. A., & Zonderman, A. B. (2010). Recurrent depressive symptoms and the incidence of dementia and mild cognitive impairment. *Neurology, 75*(1), 27-34. doi:10.1212/WNL.0b013e3181e62124

Dotson, V. M., Resnick, S. M., & Zonderman, A. B. (2008). Differential association of concurrent, baseline, and average depressive symptoms with cognitive decline in older adults. *American Journal of Geriatric Psychiatry, 16*(4), 318-330. doi:10.1097/JGP.0b013e3181662a9c

Du, M., Liu, J., Chen, Z., Huang, X., Li, J., Kuang, W., … Kendrick, K. M. (2014). Brain grey matter volume alterations in late-life depression. *Journal of Psychiatry & Neuroscience, 39*(6), 397-406. doi:10.1503/jpn.130275

Dubois, B., Slachevsky, A., Litvan, I., & Pillon, B. (2000). The FAB: A Frontal Assessment Battery at bedside. *Neurology, 55*(11), 1621-1626. doi:10.1212/WNL.55.11.1621

Egger, K., Schocke, M., Weiss, E., Auffinger, S., Esterhammer, R., Goebel, G., … Marksteiner, J. (2008). Pattern of brain atrophy in elderly patients with depression revealed by voxel-based morphometry. *Psychiatry Research: Neuroimaging, 164*(3), 237-244. doi:10.1016/j.pscychresns.2007.12.018

Ekinci, M., Tortumluoğlu, G., Okanlı, A., & Sezgin, S. (2004). The prevalence of depression in elderly living at home in eastern Turkey: Erzurum. *International Journal of Human Sciences, 1*(1), 1-10.

Elderkin-Thompson, V., Mintz, J., Haroon, E., Lavretsky, H., & Kumar, A. (2007). Executive dysfunction and memory in older patients with major and minor depression. *Archives of Clinical Neuropsychology, 22*(2), 261-270. doi:10.1016/j.acn.2007.01.021

Erikson, E. H. (1980). *Identity and the life cycle* (2.ª ed). New York, NY: W. W. Norton & Company.

Espírito-Santo, H., Marques, M., Matreno, J., Fermino, S., Pena, I., Rodrigues, F., … Pimentel, A. (2012). Associations between sleep quality and different correlates in the elderly [Resumo]. *Journal of Sleep Research, 21*(Supl. 1), 142.

Espírito-Santo, H., Lemos, L., Torres-Pena, I., Guadalupe, S., Gordo, S., Daniel, F., & Testa-Vicente, H. (2014). Development of a Geriatric Functionality Scale to screen for functional ability [Resumo]. *Revista de Saúde Pública, 48*(n. esp.), 124.

Espírito-Santo, H., Vicente, F., Cardoso, D., Silva, G. F., Ventura, L., Costa, M., ... Daniel, F. (2014). EPA-1653 — Risk and protective factors of depression in institutionalized elderly [Resumo]. *European Psychiatry, 29*(Supl. 1), 1. doi:10.1016/S0924-9338(14)78799-1

Fernández-Martínez, M., Molano, A., Castro, J., & Zarranz, J. J. (2010). Prevalence of neuropsychiatric symptoms in mild cognitive impairment and Alzheimer's disease, and its relationship with cognitive impairment. *Current Alzheimer Research, 7*(6), 517-526. doi:10.2174/156720510792231748

Ferreira, P. C. S., & Tavares, D. M. S. (2013). Prevalência e fatores associados ao indicativo de depressão entre idosos residentes na zona rural. *Revista da Escola de Enfermagem da USP, 47*(2), 401-407. doi:10.1590/S0080-62342013000200018

Fiske, A., & Jones, R. S. (2005). Depression. In M. L. Johnson, V. L. Bengtson, P. G. Coleman, & T. B. L. Kirkwood (Eds.), *The Cambridge handbook of age and ageing* (pp. 245-251). Cambridge, UK: Cambridge University Press.

Fiske, A., Gatz, M., & Pedersen, N. L. (2003). Depressive symptoms and aging: The effects of illness and non-health-related events. *Journals of Gerontology, Series B: Psychological Sciences and Social Sciences, 58B*(6), P320-P328. doi:10.1093/geronb/58.6.P320

Fiske, A., Wetherell, J. L., & Gatz, M. (2009). Depression in older adults. *Annual Review of Clinical Psychology, 5*(1), 363-389. doi:10.1146/annurev.clinpsy.032408.153621

Flückiger, C., Del Re, A. C., Munder, T., Heer, S., & Wampold, B. E. (2014). Enduring effects of evidence-based psychotherapies in acute depression and anxiety disorders versus treatment as usual at follow-up — A longitudinal meta-analysis. *Clinical Psychology Review, 34*(5), 367-375. doi:10.1016/j.cpr.2014.05.001

Folstein, M. F., Folstein, S. E., & McHugh P. R. (1975). "Mini-mental state": A practical method for grading the cognitive state of patients for the clinician. *Journal of Psychiatric Research, 12*(3), 189-198. doi:10.1016/0022-3956(75)90026-6

Forlani, C., Morri, M., Ferrari, B., Dalmonte, E., Menchetti, M., De Ronchi, D., & Atti, A. R. (2014). Prevalence and gender differences in late-life depression: A population-based study. *American Journal of Geriatric Psychiatry, 22*(4), 370--380. doi:10.1016/j.jagp.2012.08.015

Foulk, M. A., Ingersoll-Dayton, B., Kavanagh, J., Robinson, E., & Kales, H. C. (2014). Mindfulness-based cognitive therapy with older adults: An exploratory study. *Journal of Gerontological Social Work, 57*(5), 498-520. doi:10.1080/01634372.2013.869787

Frade, J., Barbosa, P., Cardoso, S., & Nunes C. (2015). Depressão no idoso: sintomas em indivíduos institucionalizados e não-institucionalizados. *Revista de Enfermagem Referência, 4*(4), 41-49. doi:10.12707/RIV14030

Frank, E., Prien, R. F., Jarrett, R. B., Keller, M. B., Kupfer, D. J., Lavori, P. W., ... Weissman, M. M. (1991). Conceptualization and rationale for consensus definitions of terms in major depressive disorder. Remission, recovery, relapse, and recurrence. *Archives of General Psychiatry, 48*(9), 851-855. doi:10.1001/archpsyc.1991.01810330075011

Fung, H. H., Carstensen, L. L., & Lutz, A. M. (1999). Influence of time on social preferences: Implications for life-span development. *Psychology and Aging, 14*(4), 595-604. doi:10.1037/0882-7974.14.4.595

Gallo, J. J., Hwang, S., Joo, J. H., Bogner, H. R., Morales, K. H., Bruce, M. L., & Reynolds, C. F. (2015). Multimorbidity, depression, and mortality in primary care: Randomized clinical trial of an evidence-based depression care management program on mortality risk. *Journal of General Internal Medicine, 31*(4), 380-386. doi:10.1007/s11606-015-3524-y

Gallo, J. J., Morales, K. H., Bogner, H. R., Raue, P. J., Zee, J., Bruce, M. L., & Reynolds, C. F. (2013). Long term effect of depression care management on mortality in older adults: Follow-up of cluster randomized clinical trial in primary care. *BMJ, 346*(2), f2570-f2570. doi:10.1136/bmj.f2570

Georgakis, M. K., Papadopoulos, F. C., Protogerou, A. D., Pagonari, I., Sarigianni, F., Biniaris-Georgallis, S.-I., ... Petridou, E. T. (2016). Comorbidity of cognitive impairment and late-life depression increase mortality. *Journal of Geriatric Psychiatry and Neurology, 29*(4), 195-204. doi:10.1177/0891988716632913

Gertner, A. K., Domino, M. E., & Dow, W. H. (2017). Risk factors for late-life depression and correlates of antidepressant use in Costa Rica: Results from a nationally--representative longitudinal survey of older adults. *Journal of Affective Disorders, 208*, 338-344. doi:10.1016/j.jad.2016.08.063

Gillespie, N. A., Kirk, K. M., Evans, D. M., Heath, A. C., Hickie, I. B., & Martin, N. G. (2004). Do the genetic or environmental determinants of anxiety and depression change with age? A longitudinal study of Australian twins. *Twin Research, 7*(1), 39-53. doi:10.1375/13690520460741435

Gonçalves, A. R., Espírito-Santo, H., Matreno, J., Fermino, S., & Guadalupe, S. (2012, abril). Declínio cognitivo, sintomas ansiosos e depressivos: Estudo em idosos sob resposta social no concelho de Coimbra. In Universidade dos Açores — *Escola Superior de Enfermagem de Angra do Heroísmo* (Ed.), *Livro de Resumos do I Congresso Internacional de Gerontologia Social dos Açores — Problemáticas e desafios, construção duma nova realidade* (pp. 119-122). Praia da Vitória, Açores: Universidade dos Açores.

Gonçalves, B., & Fagulha, T. (2004). The portuguese version of the Center for Epidemiologic Studies Depression Scale (CES-D). *European Journal of Psychological Assessment, 20*(4), 339-348. doi:10.1027/1015-5759.20.4.339

Gong, F., Zhao, D., Zhao, Y., Lu, S., Qian, Z., & Sun, Y. (2017). The factors associated with geriatric depression in rural China: Stratified by household structure. *Psychology, Health & Medicine, 23*(5), 593-603. doi:10.1080/13548506.2017.1400671

Guerra, M., Prina, A. M., Ferri, C. P., Acosta, D., Gallardo, S., Huang, Y., ... Prince, M. (2016). A comparative cross-cultural study of the prevalence of late life depression in low and middle income countries. *Journal of Affective Disorders, 190*, 362-368. doi:10.1016/j.jad.2015.09.004

Hayward, R. D., Taylor, W. D., Smoski, M. J., Steffens, D. C., & Payne, M. E. (2013). Association of five-factor model personality domains and facets with presence, onset, and treatment outcomes of major depression in older adults. *American Journal of Geriatric Psychiatry, 21*(1), 88-96. doi:10.1016/j.jagp.2012.11.012

Hegeman, J. M., Kok, R. M., van der Mast, R. C., & Giltay, E. J. (2012). Phenomenology of depression in older compared with younger adults: Meta-analysis. *British Journal of Psychiatry, 200*(4), 275-281. doi:10.1192/bjp.bp.111.095950

Hsu, H.-C. (2012). Group-based trajectories of depressive symptoms and the predictors in the older population. *International Journal of Geriatric Psychiatry, 27*(8), 854-862. doi:10.1002/gps.2796

Hybels, C. F., Pieper, C. F., Payne, M. E., & Steffens, D. C. (2016). Late-life depression modifies the association between cerebral white matter hyperintensities and functional decline among older adults. *American Journal of Geriatric Psychiatry, 24*(1), 42-49. doi:10.1016/j.jagp.2015.03.001

Januar, V., Ancelin, M.-L., Ritchie, K., Saffery, R., & Ryan, J. (2015). BDNF promoter methylation and genetic variation in late-life depression. *Translational Psychiatry, 5*(8), 1-7. doi:10.1038/tp.2015.114

Jean, F. A. M., Swendsen, J. D., Sibon, I., Fehér, K., & Husky, M. (2013). Daily life behaviors and depression risk following stroke: A preliminary study using ecological momentary assessment. *Journal of Geriatric Psychiatry and Neurology, 26*(3), 138-143. doi:10.1177/0891988713484193

Jean, L., Simard, M., van Reekum, R., & Clarke, D. E. (2005). Differential cognitive impairment in subjects with geriatric depression who will develop Alzheimer's disease and other dementias: A retrospective study. *International Psychogeriatrics, 17*(2), 289-301. doi:10.1017/S1041610205001511

Jessen, F., Wolfsgruber, S., Wiese, B., Bickel, H., Mösch, E., Kaduszkiewicz, H., … Wagner, M. (2014). AD dementia risk in late MCI, in early MCI, and in subjective memory impairment. *Alzheimer's & Dementia, 10*(1), 76-83. doi:10.1016/j.jalz.2012.09.017

Jeste, D. V., Savla, G. N., Thompson, W. K., Vahia, I. V., Glorioso, D. K., Martin, A. S., … Depp, C. A. (2013). Association between older age and more successful aging: Critical role of resilience and depression. *American Journal of Psychiatry, 170*(2), 188-196. doi:10.1176/appi.ajp.2012.12030386

Jorm, A. F., Mackinnon, A. J., Henderson, A. S., Scott, R., Christensen, H., Korten, A. E., … Mulligan, R. (1995). The Psychogeriatric Assessment Scales: A multi--dimensional alternative to categorical diagnoses of dementia and depression in the elderly. *Psychological Medicine, 25*(3), 447-460. doi:10.1017/S0033291700033377

Junior, J. A. S. H., Silva, R. A., Gomes, G. C., Paes, E. T., & Bastos, O. (2010). Teoria da mente e depressão em idosos institucionalizados. *Neurobiologia, 73*(3), 143--149.

Katon, W., Lyles, C. R., Parker, M. M., Karter, A. J., Huang, E. S., & Whitmer, R. A. (2012). Association of depression with increased risk of dementia in patients with type 2 diabetes: The diabetes and aging study. *Archives of General Psychiatry, 69*(4), 410-417. doi:10.1001/archgenpsychiatry.2011.154

Katz, I. R. (1996). On the inseparability of mental and physical health in aged persons: Lessons from depression and medical comorbidity. *American Journal of Geriatric Psychiatry, 4*(1), 1-16. doi:10.1097/00019442-199624410-00001

Kempermann, G., & Kronenberg, G. (2003). Depressed new neurons? — Adult hippocampal neurogenesis and a cellular plasticity hypothesis of major depression. *Biological Psychiatry, 54*(3), 499-503. doi:10.1016/s0006-3223(03)00319-6

Kertzman, S., Reznik, I., Hornik-Lurie, T., Weizman, A., Kotler, M., & Amital, D. (2010). Stroop performance in major depression: Selective attention impairment or psychomotor slowness? *Journal of Affective Disorders, 122*(1-2), 167-173. doi:10.1016/j.jad.2009.08.009

Kessler, E.-M., Kruse, A., & Wahl, H.-W. (2014). Clinical geropsychology: A lifespan perspective. In N. A. Pachana & K. Laidlaw (Eds.), *The Oxford handbook of clinical geropsychology* (1.ª ed., pp. 3-25). Oxford, UK: Oxford University Press.

Kessler, R. C., Barker, P. R., Colpe, L. J., Epstein, J. F., Gfroerer, J. C., Hiripi, E., ... Zaslavsky, A. M. (2003). Screening for serious mental illness in the general population. *Archives of General Psychiatry, 60*(2), 184-189. doi:10.1001/archpsyc.60.2.184

Kessler, R. C., Green, J. G., Gruber, M. J., Sampson, N. A., Bromet, E., Cuitan, M., ... Zaslavsky, A. M. (2010). Screening for serious mental illness in the general population with the K6 screening scale: Results from the WHO World Mental Health (WMH) survey initiative. *International Journal of Methods in Psychiatric Research, 19*(Supl. 1), 4-22. doi:10.1002/mpr.310

Kessler, R. C., Green, J. G., Gruber, M. J., Sampson, N. A., Bromet, E., Cuitan, M., ... Zaslavsky, A. M. (2011). Screening for serious mental illness in the general population with the K6 screening scale: Results from the WHO World Mental Health (WMH) survey initiative. *International Journal of Methods in Psychiatric Research, 20*(1), 62. doi:10.1002/mpr.333

Kim, C.-G., & Park, S. (2012). Gender difference in risk factors for depression in community-dwelling elders [Resumo]. *Journal of Korean Academy of Nursing, 42*(1), 136-147. doi:10.4040/jkan.2012.42.1.136

Kimura, Y., Ogawa, H., Yoshihara, A., Yamaga, T., Takiguchi, T., Wada, T., ... Matsubayashi, K. (2013). Evaluation of chewing ability and its relationship with activities of daily living, depression, cognitive status and food intake in the community-dwelling elderly. *Geriatrics & Gerontology International, 13*(3), 718--725. doi:10.1111/ggi.12006

Köhler, S., van Boxtel, M., Jolles, J., & Verhey, F. (2011). Depressive symptoms and risk for dementia: A 9-year follow-up of the maastricht aging study. *American Journal of Geriatric Psychiatry, 19*(10), 902-905. doi:10.1097/JGP.0b013e31821f1b6a

Kok, R. M., Nolen, W. A., & Heeren, T. J. (2012). Efficacy of treatment in older depressed patients: A systematic review and meta-analysis of double-blind randomized controlled trials with antidepressants. *Journal of Affective Disorders, 141*(2-3), 103-115. doi:10.1016/j.jad.2012.02.036

Koponen, H. J., Viilo, K., Hakko, H., Timonen, M., Meyer-Rochow, V. B., Särkioja, T., & Räsänen, P. (2007). Rates and previous disease history in old age suicide. *International Journal of Geriatric Psychiatry, 22*(1), 38-46. doi:10.1002/gps.1651

Kramer, D., Allgaier, A.-K., Fejtkova, S., Mergl, R., & Hegerl, U. (2009). Depression in nursing homes: Prevalence, recognition, and treatment. *International Journal of Psychiatry in Medicine, 39*(4), 345-358. doi:10.2190/PM.39.4.a

Kubzansky, L. D., Cole, S. R., Kawachi, I., Vokonas, P., & Sparrow, D. (2006). Shared and unique contributions of anger, anxiety, and depression to coronary heart disease: A prospective study in the normative aging study. *Annals of Behavioral Medicine, 31*(1), 21-29. doi:10.1207/s15324796abm3101_5

Lee, J., & Smith, J. (2009). Work retirement, and depression. *Journal of Population and Aging, 2*(1), 57-71. doi:10.1007/s12062-010-9018-0

Lenze, E. J., Mulsant, B. H., Mohlman, J., Shear, M. K., Dew, M. A., Schulz, R., ... Reynolds, C. F. (2005). Generalized anxiety disorder in late life: Lifetime course and comorbidity with major depressive disorder. *American Journal of Geriatric Psychiatry, 13*(1), 77-80. doi:10.1097/00019442-200501000-00011

Lewinsohn, P. M., Seeley, J. R., Roberts, R. E., & Allen, N. B. (1997). Center for Epidemiologic Studies Depression Scale (CES-D) as a screening instrument for depression among community-residing older adults. *Psychology and Aging, 12*(2), 277-287. doi:10.1037/0882-7974.12.2.277

Li, Y.-S., Meyer, J. S., & Thornby, J. (2001). Longitudinal follow-up of depressive symptoms among normal versus cognitively impaired elderly. *International Journal of Geriatric Psychiatry, 16*(7), 718-727. doi:10.1002/gps.423

Lima, M. P., Oliveira, A. L., & Godinho, P. (2011). Promover o bem-estar de idosos institucionalizados: Um estudo exploratório com treino em *mindfulness. Revista Portuguesa de Pedagogia, 45*(1), 165-183. doi:10.14195/1647-8614_45-1_9

Lockwood, K. A., Alexopoulos, G. S., & van Gorp, W. G. (2002). Executive dysfunction in geriatric depression. *American Journal of Psychiatry, 159*(7), 1119-1126. doi:10.1176/appi.ajp.159.7.1119

Lohman, M., Dumenci, L., & Mezuk, B. (2016). Depression and frailty in late life: Evidence for a common vulnerability. *Journals of Gerontology, Series B: Psychological Sciences and Social Sciences, 71*(4), 630-640. doi:10.1093/geronb/gbu180

Luppa, M., Heinrich, S., Angermeyer, M. C., König, H.-H., & Riedel-Heller, S. G. (2007). Cost-of-illness studies of depression: A systematic review. *Journal of Affective Disorders, 98*(1-2), 29-43. doi:10.1016/j.jad.2006.07.017

Luppa, M., Luck, T., Ritschel, F., Angermeyer, M. C., Villringer, A., & Riedel-Heller, S. G. (2013). Depression and incident dementia. An 8-year population-based prospective study. *PLoS ONE, 8*(3), e59246. doi:10.1371/journal.pone.0059246

Luppa, M., Sikorski, C., Luck, T., Ehreke, L., Konnopka, A., Wiese, B., ... Riedel--Heller, S. G. (2012). Age- and gender-specific prevalence of depression in latest-life — Systematic review and meta-analysis. *Journal of Affective Disorders, 136*(3), 212-221. doi:10.1016/j.jad.2010.11.033

Mackin, R. S., Nelson, J. C., Delucchi, K., Raue, P., Byers, A., Barnes, D., ... Arean, P. A. (2013). Cognitive outcomes after psychotherapeutic interventions for major depression in older adults with executive dysfunction. *American Journal of Geriatric Psychiatry, 22*(12), 1496-1503. doi:10.1016/j.jagp.2013.11.002

MacQueen, G. M., Frey, B. N., Ismail, Z., Jaworska, N., Steiner, M., Lieshout, R. J. V., ... Ravindran, A. V. (2016). Canadian Network for Mood and Anxiety Treatments (CANMAT) 2016 Clinical guidelines for the management of adults with major depressive disorder. *Canadian Journal of Psychiatry. Revue Canadienne De Psychiatrie, 61*(9), 588-603. http://doi.org/10.1177/0706743716659276

Magalhães, A. S. S. (2012). *Avaliação psicogeriátrica e institucionalização*. Dissertação de mestrado, Faculdade de Educação e Psicologia da Universidade Católica do Porto, Portugal. Acedido a 26 de julho de 2018, em https://repositorio.ucp.pt/bitstream/10400.14/9257/1/Dissertação.pdf

Maidment, R., Livingston, G., & Katona, C. (2002). 'Just keep taking the tablets': Adherence to antidepressant treatment in older people in primary care. *International Journal of Geriatric Psychiatry, 17*(8), 752-757. doi:10.1002/gps.688

Mangoni, A. A., & Pilotto, A. (2015). New drugs and patient-centred end-points in old age: Setting the wheels in motion. *Expert Review of Clinical Pharmacology, 9*(1), 1-9. doi:10.1586/17512433.2016.1100074

Marin, R. S., Biedrzycki, R. C., & Firinciogullari, S. (1991). Reliability and validity of the Apathy Evaluation Scale. *Psychiatry Research, 38*(2), 143-162. doi:10.1016/0165--1781(91)90040-V

Mather, M., & Carstensen, L. L. (2003). Aging and attentional biases for emotional faces. *Psychological Science, 14*(5), 409-415. doi:10.2307/40064160

Mather, M., Canli, T., English, T., Whitfield, S., Wais, P., Ochsner, K., ... Carstensen, L. L. (2004). Amygdala responses to emotionally valenced stimuli in older and younger adults. *Psychological Science, 15*(4), 259-263. doi:10.2307/40063965

Matthews, M. M., Hsu, F.-C., Walkup, M. P., Barry, L. C., Patel, K. V., & Blair, S. N. (2011). Depressive symptoms and physical performance in the lifestyle interventions and independence for elders pilot study. *Journal of the American Geriatrics Society, 59*(3), 495-500. doi:10.1111/j.1532-5415.2011.03319.x

Mendes-Chiloff, C. L. (2006). *Estudo da prevalência de sintomas depressivos e declínio cognitivo de idosos internados num Hospital de Ensino*. Dissertação de Mestrado, Faculdade de Medicina de Botucatu — Universidade Estadual Paulista "Júlio de Mesquita Filho", São Paulo, Brasil. Acedido a 22 de novembro de 2016, em http://livros01.livrosgratis.com.br/cp003205.pdf

Mehta, M., Whyte, E., Lenze, E., Hardy, S., Roumani, Y., Subashan, P., ... Studenski, S. (2008). Depressive symptoms in late life: associations with apathy, resilience and disability vary between young-old and old-old. *International Journal of Geriatric Psychiatry, 23*(3), 238-243. doi:10.1002/gps.1868

Minayo, M. C. S., & Cavalcante, F. G. (2010). Suicídio entre pessoas idosas: Revisão da literatura. *Revista de Saúde Pública, 44*(4), 750-757. doi:10.1590/S0034-89102010000400020

Minayo, M. C. S., & Cavalcante, F. G. (2015). Tentativas de suicídio entre pessoas idosas: Revisão de literatura (2002/2013). *Ciência & Saúde Coletiva, 20*(6), 1751--1762. doi:10.1590/1413-81232015206.10962014

Missinne, S., Vandeviver, C., Van de Velde, S., & Bracke, P. (2014). Measurement equivalence of the CES-D 8 depression-scale among the ageing population in eleven European countries. *Social Science Research, 46*, 38-47. doi:10.1016/j.ssresearch.2014.02.006

Mitchell, A. J., & Subramaniam, H. (2005). Prognosis of depression in old age compared to middle age: A systematic review of comparative studies. *American Journal of Psychiatry, 162*(9), 1588-1601. doi:10.1176/appi.ajp.162.9.1588

Mottram, P. G., Wilson, K., & Strobl, J. J. (2006). Antidepressants for depressed elderly. *Cochrane Database of Systematic Reviews 2006, 1* (Art. n.º CD003491). doi:10.1002/14651858.CD003491.pub2

Mui, A. C., Burnette, D., & Chen, L.-M. (2001). Cross-cultural assessment of geriatric depression: A review of the CES-D and the GDS. *Journal of Mental Health and Aging*, 7(1), 137-164.

Mura, G., & Carta, M. G. (2013). Physical activity in depressed elderly: A systematic review. *Clinical Practice & Epidemiology in Mental Health*, 9(1), 125-135. doi:10.2174/1745017901309010125

Naismith, S. L., Longley, W. A., Scott, E. M., & Hickie, I. B. (2007). Disability in major depression related to self-rated and objectively-measured cognitive deficits: A preliminary study. *BMC Psychiatry*, 7(32), 1-7. doi: 10.1186/1471-244x-7-32

Nebes, R. D., Butters, M. A., Mulsant, B. H., Pollock, B. G., Zmuda, M. D., Houck, P. R., & Reynolds, C. F. (2000). Decreased working memory and processing speed mediate cognitive impairment in geriatric depression. *Psychological Medicine*, 30(3), 679-691. doi:10.1017/s0033291799001968

Newmann, J. P. (1989). Aging and depression. *Psychology and Aging*, 4(2), 150-165. doi:10.1037/0882-7974.4.2.150

Okura, T., Plassman, B. L., Steffens, D. C., Llewellyn, D. J., Potter, G. G., & Langa, K. M. (2011). Neuropsychiatric symptoms and the risk of institutionalization and death: The aging, demographics, and memory study. *Journal of the American Geriatrics Society*, 59(3), 473-481. doi:10.1111/j.1532-5415.2011.03314.x

Onge, M., Krueger, M., & Rogers, G. (2014). The relationship between major depression and nonsuicide mortality for U.S. adults: The importance of health behaviors. *Journal of Gerontology: Psychological Science*, 69(4), 622-632. doi:10.1093/geronb/gbu009

Orgeta, V. (2009). Specificity of age differences in emotion regulation. *Aging & Mental Health*, 13(6), 818-826. doi:10.1080/13607860902989661

Ormel, J., Oldehinkel, A. J., & Brilman, E. I. (2001). The interplay and etiological continuity of neuroticism, difficulties, and life events in the etiology of major and subsyndromal, first and recurrent depressive episodes in later life. *American Journal of Psychiatry*, 158(6), 885-891. doi:10.1176/appi.ajp.158.6.885

Papadopoulos, F. C., Petridou, E., Argyropoulou, S., Kontaxakis, V., Dessypris, N., Anastasiou, A., ... Lyketsos, C. (2005). Prevalence and correlates of depression in late life: A population based study from a rural Greek town. *International Journal of Geriatric Psychiatry*, 20(4), 350-357. doi:10.1002/gps.1288

Papazacharias, A., Logroscino, G., Barulli, M. R., & Nardini, M. (2010). Late life depression and late onset depression: Are the same clinical and pathopsysiological picture? *Psychiatria Danubina*, 22(Supl. 1), 108-110.

Parker, G., Hyett, M. P., Friend, P., & Hadzi-Pavlovic, D. (2013). Does age impact on rating melancholic and non-melancholic depressive symptoms? *Journal of Affective Disorders*, 147(1-3), 318-324. doi:10.1016/j.jad.2012.11.031

Pena, I. T. (2014). *Funcionamiento neuropsicológico y emocional en el envejecimiento. Estudio comparativo entre ancianos institucionalizados y no-institucionalizados*. Tese de Doutoramento, Universidad de Extremadura, Spain. Acedido a 8 de setembro de 2016, http://hdl.handle.net/10662/1778

Pena, I. T., Espírito-Santo, H., Fermino, S., Matreno, J., Lemos, L., Amaro, H., ... Guadalupe, S. (2012, abril). O impacto dos sintomas depressivos no défice cognitivo em idosos institucionalizados. In R. Quevedo-Blasco & V. J. Quevedo-

-Blasco (Eds.), *Avances en Psicología Clínica* (pp. 199-202). Santander, Spain: Asociación Española de Psicología Conductual (AEPC).

Penninx, B. W. J. H., Kritchevsky, S. B., Yaffe, K., Newman, A. B., Simonsick, E. M., Rubin, S., ... Pahor, M. (2003). Inflammatory markers and depressed mood in older persons: Results from the health, aging and body composition study. *Biological Psychiatry, 54*(5), 566-572. doi:10.1016/s0006-3223(02)01811-5

Pinquart, M., Duberstein, P. R., & Lyness, J. M. (2006). Treatments for later-life depressive conditions: A meta-analytic comparison of pharmacotherapy and psychotherapy. *American Journal of Psychiatry, 163*(9), 1493-1501. doi:10.1176/ajp.2006.163.9.1493

Pinquart, M., Duberstein, P. R., & Lyness, J. M. (2007). Effects of psychotherapy and other behavioral interventions on clinically depressed older adults: A meta-analysis. *Aging & Mental Health, 11*(6), 645-657. doi:10.1080/13607860701529635

Ploubidis, G. B., Dale, C., & Grundy, E. (2012). Later life health in Europe: How important are country level influences? *European Journal of Ageing, 9*(1), 5-13. doi:10.1007/s10433-011-0215-3

Pocinho, M. T. S., Farate, C., Dias, C. A., Lee, T. T., & Yesavage, J. A. (2009). Clinical and psychometric validation of the Geriatric Depression Scale (GDS) for portuguese elders. *Clinical Gerontologist, 32*(2), 223-236. doi:10.1080/07317110802678680

Porcu, M., Scantamburlo, V. M., Albrecht, N. R., Silva, S. P., Vallim, F. L., Araújo, C. R., ... Faiola, R. V. (2002). Estudo comparativo sobre a prevalência de sintomas depressivos em idosos hospitalizados, institucionalizados e residentes na comunidade. *Ata Scientiarum, 24*, 713-717. doi:10.4025/actascihealthsci.v24i0.2498

Radloff, L. S. (1977). The CES-D Scale: A self-report depression scale for research in the general population. *Applied Psychological Measurement, 1*(3), 385-401. doi:10.1177/014662167700100306

Radloff, L. S., & Locke, B. Z. (2008). Center for epidemiologic studies depression scale (CES-D). In A. J. Rush, M. B. First, & D. Blacker (Eds.), *Handbook of psychiatric measures* (2.ª ed., pp. 506-508). Arlington, VA: American Psychiatric Association Publishing.

Rahman, T. T. A. (2006). Anxiety and depression in lone elderly living at their own homes & going to geriatric clubs versus those living at geriatric homes or anxiety and depression in lone elderly. In *Global health issues around the World* (archives 2006). New York, NY: Global Action on Aging. Acedido a 5 de agosto de 2016, em http://globalag.igc.org/health/world/2006/egyptelderly.pdf

Rao, R., Jackson, S., & Howard, R. (2001). Depression in older people with mild stroke, carotid stenosis and peripheral vascular disease: A comparison with healthy controls. *International Journal of Geriatric Psychiatry, 16*(2), 175-183. doi:10.1002/1099-1166(200102)16:2<175::aid-gps298>3.0.co;2-0

Rapp, M. A., Dahlman, K., Sano, M., Grossman, H. T., Haroutunian, V., & Gorman, J. M. (2005). Neuropsychological differences between late-onset and recurrent geriatric major depression. *American Journal of Psychiatry, 162*(4), 691-698. doi:10.1176/appi.ajp.162.4.691

Rapp, M. A., Gerstorf, D., Helmchen, H., & Smith, J. (2008). Depression predicts mortality in the young old, but not in the oldest old: Results from the Berlin aging study. *American Journal of Geriatric Psychiatry, 16*(10), 844-852. doi:10.1097/JGP.0b013e31818254eb

Raue, P. J., Schulberg, H. C., Heo, M., Klimstra, S., & Bruce, M. L. (2009). Patients' depression treatment preferences and initiation, adherence, and outcome: A randomized primary care study. *Psychiatric Services, 60*(3), 337-343. doi:10.1176/ps.2009.60.3.337

Reynolds, C. F., Butters, M. A., Lopez, O., Pollock, B. G., Dew, M. A., Mulsant, B. H., ... DeKosky, S. T. (2011). Maintenance treatment of depression in old age: A randomized, double-blind, placebo-controlled evaluation of the efficacy and safety of donepezil combined with antidepressant pharmacotherapy. *Archives of General Psychiatry, 68*(1), 51-60. doi:10.1001/archgenpsychiatry.2010.184

Reynolds, C. F., Dew, M. A., Pollock, B. G., Mulsant, B. H., Frank, E., Miller, M. D., ... Kupfer, D. J. (2006). Maintenance treatment of major depression in old age. *New England Journal of Medicine, 354*(11), 1130-1138. doi:10.1056/NEJMoa052619

Reynolds, C. F., Frank, E., Perel, J. M., Imber, S. D., Cornes, C., Miller, M. D., ... Kupfer, D. J. (1999). Nortriptyline and interpersonal psychotherapy as maintenance therapies for recurrent major depression: A randomized controlled trial in patients older than 59 years. *Journal of the American Medical Association, 281*(1), 39-45. doi:10.1001/jama.281.1.39

Richardson, T. M., Friedman, B., Podgorski, C., Knox, K., Fisher, S., He, H., & Conwell, Y. (2012). Depression and its correlates among older adults accessing aging services. *American Journal of Geriatric Psychiatry, 20*(4), 346-354. doi:10.1097/JGP.0b013e3182107e50

Richmond, R. L., Law, J., & Kay-Lambkin, F. (2011). Physical, mental, and cognitive function in a convenience sample of centenarians in Australia. *Journal of the American Geriatrics Society, 59*(6), 1080-1086. doi:10.1111/j.1532-5415.2011.03404.x

Riley, M. W., Kahn, R. L., & Foner, A. (Eds.). (1994). *Age and structural lag: Society's failure to provide meaningful opportunities in work, family, and leisure.* New York, NY: John Wiley & Sons.

Rolnick, S. J., Pawloski, P. A., Hedblom, B. D., Asche, S. E., & Bruzek, R. J. (2013). Patient characteristics associated with medication adherence. *Clinical Medicine & Research, 11*(2), 54-65. doi:10.3121/cmr.2013.1113

Roose, S. P., Sackeim, H. A., Krishnan, K. R. R., Pollock, B. G., Alexopoulos, G., Lavretsky, H., ... Old-Old Depression Study Group. (2004). Antidepressant pharmacotherapy in the treatment of depression in the very old: A randomized, placebo-controlled trial. *American Journal of Psychiatry, 161*(11), 2050-2059. doi:10.1176/appi.ajp.161.11.2050

Rothermund, K., & Brandtstädter, J. (2003). Coping with deficits and losses in later life: From compensatory action to accommodation. *Psychology and Aging, 18*(4), 896-905. doi:10.1037/0882-7974.18.4.896

Rubin, R. R., Gaussoin, S. A., Peyrot, M., DiLillo, V., Miller, K., Wadden, T. A., ... Look AHEAD Research Group (2010). Cardiovascular disease risk factors, depression symptoms and antidepressant medicine use in the Look AHEAD (Action for Health in Diabetes) clinical trial of weight loss in diabetes. *Diabetologia, 53*(8), 1581-1589. doi:10.1007/s00125-010-1765-1

Runcan, P. L. (2012). Elderly institutionalization and depression. *Procedia - Social and Behavioral Sciences, 33,* 109-113. doi:10.1016/j.sbspro.2012.01.093

Runcan, P. L., Haţegan, M., Bărbat, C., & Alexiu, M. T. (2010). The emergence of depression in the elderly. *Procedia – Social and Behavioral Sciences, 2*(2), 4966--4971. doi:10.1016/j.sbspro.2010.03.804

Rutherford, B. R., Brewster, K., Golub, J. S., Kim, A. H., & Roose, S. P. (2018). Sensation and psychiatry: Linking age-related hearing loss to late-life depression and cognitive decline. *American Journal of Psychiatry, 175*(3), 215-224. doi:10.1176/appi.ajp.2017.17040423

Sachs-Ericsson, N., Joiner, T., Plant, E. A., & Blazer, D. G. (2005). The influence of depression on cognitive decline in community-dwelling elderly persons. *American Journal of Geriatric Psychiatry, 13*(5), 402-408. doi:10.1097/00019442--200505000-00009

Salter, K. L., Foley, N. C., Zhu, L., Jutai, J. W., & Teasell, R. W. (2013). Prevention of poststroke depression: Does prophylactic pharmacotherapy work? *Journal of Stroke and Cerebrovascular Diseases, 22*(8), 1243-1251. doi:10.1016/j.jstrokecerebrovasdis.2012.03.013

Samuelsson, G., McCamish-Svensson, C., Hagberg, B., Sundström, G., & Dehlin, O. (2005). Incidence and risk factors for depression and anxiety disorders: Results from a 34-year longitudinal Swedish cohort study. *Aging & Mental Health, 9*(6), 571-575. doi:10.1080/13607860500193591

Santana, A. J., & Filho, J. C. B. (2007). Prevalência de sintomas depressivos em idosos institucionalizados na cidade do Salvador. *Revista Baiana de Saúde Pública, 31*(1), 134-146.

Schoevers, R. A., Smit, F., Deeg, D. J. H., Cuijpers, P., Dekker, J., van Tilburg, W., & Beekman, A. T. F. (2006). Prevention of late-life depression in primary care: Do we know where to begin? *American Journal of Psychiatry, 163*(9), 1611-1621. doi:10.1176/ajp.2006.163.9.1611

Scogin, F., Welsh, D., Hanson, A., Stump, J., & Coates, A. (2005). Evidence-based psychotherapies for depression in older adults. *Clinical Psychology: Science and Practice, 12*(3), 222-237. doi:10.1093/clipsy.bpi033

Settersten, R. A. (Ed.). (2003). *Invitation to the life course: Toward new understandings of later life.* Amityville, NY: Baywood.

Singh, A., & Misra, N. (2009). Loneliness, depression and sociability in old age. *Industrial Psychiatry Journal, 18*(1), 51-55. doi:10.4103/0972-6748.57861

Sjösten, N., & Kivelä, S.-L. (2006). The effects of physical exercise on depressive symptoms among the aged: A systematic review. *International Journal of Geriatric Psychiatry, 21*(5), 410-418. doi:10.1002/gps.1494

Snowdon, J. (2002). How high is the prevalence of depression in old age? *Revista Brasileira de Psiquiatria, 24*(Supl. 1), 42-47. doi:10.1590/S1516-44462002000500009

Sousa, M. C. C. (2014, novembro). *Comorbidade e relação temporal entre ansiedade e depressão em idosos institucionalizados.* Dissertação de Mestrado, Instituto Superior Miguel Torga, Coimbra. Acedido a 22 de setembro de 2016, em http://repositorio.ismt.pt/handle/123456789/451

Staudinger, U. M., & Kessler, E.-M. (2009). Adjustment and personality growth: Two trajectories of positive personality development across adulthood. In M. C. Smith

& T. J. Reio (Eds.), *The handbook on adult development and learning* (pp. 241- -268). Mahwah, NJ: Lawrence Erlbaum Associates.

Staudinger, U. M., Marsiske, M., & Baltes, P. B. (1995). Resilience and reserve capacity in later adulthood: Potentials and limits of development across the life span. In D. Cicchetti & D. Cohen (Eds.), *Developmental psychopathology*: Risk, disorder and adaptation (vol. 2, pp. 801-847). New York, NY: John Wiley & Sons.

Steffens, D. C., & Potter, G. G. (2008). Geriatric depression and cognitive impairment. *Psychological Medicine, 38*(2), 163-175. doi:10.1017/S003329170700102X

Stek, M. L., Gussekloo, J., Beekman, A. T. F., van Tilburg, W., & Westendorp, R. G. J. (2004). Prevalence, correlates and recognition of depression in the oldest old: The Leiden 85-plus study. *Journal of Affective Disorders, 78*(3), 193-200. doi:10.1016/s0165-0327(02)00310-5

Sullivan, P. F., Neale, M. C., & Kendler, K. S. (2000). Genetic epidemiology of major depression: Review and meta-analysis. *American Journal of Psychiatry, 157*(10), 1552-1562. doi:10.1176/appi.ajp.157.10.1552

Sun, F., Park, N. S., Roff, L. L., Klemmack, D. L., Parker, M., Koenig, H. G., ... Allman, R. M. (2012). Predicting the trajectories of depressive symptoms among southern community-dwelling older adults: The role of religiosity. *Aging, & Mental Health, 16*(2), 189-198. doi:10.1080/13607863.2011.602959

Sutcliffe, C., Burns, A., Challis, D., Mozley, C. G., Cordingley, L., Bagley, H., & Huxley, P. (2007). Depressed mood, cognitive impairment, and survival in older people admitted to care homes in England. *American Journal of Geriatric Psychiatry, 15*(8), 708-715. doi:10.1097/JGP.0b013e3180381537

Takeshita, J., Masaki, K., Ahmed, I., Foley, D. J., Li, Y. Q., Chen, R., ... White, L. (2002). Are depressive symptoms a risk factor for mortality in elderly Japanese American men?: The Honolulu-Asia Aging Study. *American Journal of Psychiatry, 159*(7), 1127-1132. doi:10.1176/appi.ajp.159.7.1127

Taylor, W. D., MacFall, J. R., Payne, M. E., McQuoid, D. R., Provenzale, J. M., Steffens, D. C., & Krishnan, K. R. R. (2004). Late-life depression and microstructural abnormalities in dorsolateral prefrontal cortex white matter. *American Journal of Psychiatry, 161*(7), 1293-1296. doi:10.1176/appi.ajp.161.7.1293

Teresi, J., Abrams, R., Holmes, D., Ramirez, M., & Eimicke, J. (2001). Prevalence of depression and depression recognition in nursing homes. *Social Psychiatry and Psychiatric Epidemiology, 36*(12), 613-620. doi:10.1007/s127-001-8202-7

Tiemeier, H. (2003). Biological risk factors for late life depression. *European Journal of Epidemiology, 18*(8), 745-750. doi:10.1023/a:1025388203548

Tomaz, M. B. (2012, novembro). *Relação da afetividade, depressão, e ansiedade com a memória a curto-prazo no idoso*. Dissertação de Mestrado, Instituto Superior Miguel Torga, Coimbra. Acedido a 26 de novembro de 2016, em http://repositorio. ismt.pt/handle/123456789/455

Valkanova, V., Ebmeier, K. P., & Allan, C. L. (2013). CRP, IL-6 and depression: A systematic review and meta-analysis of longitudinal studies. *Journal of Affective Disorders, 150*(3), 736-744. doi:10.1016/j.jad.2013.06.004

van't Veer-Tazelaar, P. J., van Marwijk, H. W. J., van Oppen, P., van der Horst, H. E., Smit, F., Cuijpers, P., & Beekman, A. T. F. (2011). Prevention of late-life anxiety and depression has sustained effects over 24 months: A pragmatic randomized trial. *American Journal of Geriatric Psychiatry, 19*(3), 230-239. doi:10.1097/JGP.0b013e3181faee4d

Vicente, F., Espírito-Santo, H., Cardoso, D., da Silva, F., Costa, M., Martins, S., ... Lemos, L. (2014). Estudo longitudinal dos fatores associados à evolução de sintomas depressivos em idosos institucionalizados. *Jornal Brasileiro de Psiquiatria, 63*(4), 308-316. doi:10.1590/0047-2085000000039

Vieira C., Lopes R., & Vieira O. (2008). *Escala Cornell para a Depressão na Demência. Escalas e Testes na Demência.* Porto: GEECD - Grupo de Estudos de Envelhecimento Cerebral e Demência.

Vilalta-Franch, J., López-Pousa, S., Llinàs-Reglà, J., Calvó-Perxas, L., Merino-Aguado, J., & Garre-Olmo, J. (2012). Depression subtypes and 5-year risk of dementia and Alzheimer disease in patients aged 70 years. *International Journal of Geriatric Psychiatry, 28*(4), 341-350. doi:10.1002/gps.3826

Wallace, J., & O'Hara, M. W. (1992). Increases in depressive symptomatology in the rural elderly: Results from a cross-sectional and longitudinal study. *Journal of Abnormal Psychology, 101*(3), 398-404. doi:10.1037/0021-843x.101.3.398

Weisenbach, S. L., Boore, L. A., & Kales, H. C. (2012). Depression and cognitive impairment in older adults. *Current Psychiatry Reports, 14*(4), 280-288. doi:10.1007/s11920-012-0278-7

West, C. G., Reed, D. M., & Gildengorin, G. L. (1998). Can money buy happiness? Depressive symptoms in an affluent older population. *Journal of the American Geriatrics Society, 46*(1), 49-57. doi:10.1111/j.1532-5415.1998.tb01012.x

Wilson, K., Mottram, P. G., Sivananthan, A., & Nightingale, A. (2001). Antidepressants versus placebo for the depressed elderly. *Cochrane Database of Systematic Reviews, 1* (Art. n.º CD000561). doi:10.1002/14651858.cd000561

Yesavage, J. A., Brink, T. L., Rose, T. L., Lum, O., Huang, V., Adey, M., & Leirer, V. O. (1983). Development and validation of a geriatric depression screening scale: A preliminary report. *Journal of Psychiatric Research, 17*(1), 37-49. doi:10.1016/0022-3956(82)90033-4

Yuen, G. S., Bhutani, S., Lucas, B. J., Gunning, F. M., AbdelMalak, B., Seirup, J. K., ... Alexopoulos, G. S. (2015). Apathy in late-life depression: Common, persistent, and disabling. *American Journal of Geriatric Psychiatry, 23*(5), 488-494. doi:10.1016/j.jagp.2014.06.005

Yuen, G. S., Gunning, F. M., Woods, E., Klimstra, S. A., Hoptman, M. J., & Alexopoulos, G. S. (2014). Neuroanatomical correlates of apathy in late-life depression and antidepressant treatment response. *Journal of Affective Disorders, 166*, 179-186. doi:10.1016/j.jad.2014.05.008

Zanetidou, S., Belvederi Murri, M., Menchetti, M., Toni, G., Asioli, F., Bagnoli, L., ... the Safety Efficacy of Exercise for Depression in Seniors Study Group. (2016). Physical exercise for late-life depression: Customizing an intervention for primary care. *Journal of the American Geriatrics Society, 65*(2), 348-355. doi:10.1111/jgs.14525

Zettergren, A., Kern, S., Gustafson, D., Gudmundsson, P., Sigström, R., Östling, S., & Skoog, I. (2017). The ACE gene is associated with late-life major depression and age at dementia onset in a population-based cohort. *American Journal of Geriatric Psychiatry, 25*(2), 170-177. doi:10.1016/j.jagp.2016.06.009

5. ENVELHECIMENTO E SAÚDE MENTAL III: PSICOSE E PERTURBAÇÕES DA PERSONALIDADE

Mariana Marques, Sónia Simões
e Inês Chiote Rodrigues

INTRODUÇÃO

Reservámos este capítulo à doença mental grave com curso eminentemente crónico e de início, habitualmente, em idades mais jovens e de difícil tratamento.

Estes doentes, devido à sua condição, raramente se equiparam para lidar com os problemas que a idade avançada levanta. Muitos, especialmente os que sofrem de algum tipo de doença psicótica, dificilmente conseguiram ter ou manter um emprego que lhes permitisse ter uma reforma na idade avançada. Outros, dificilmente criaram relações sociais ou amorosas sólidas que lhes servissem de rede social de apoio.

Outros, ainda, toda a sua vida dependeram de cuidadores, habitualmente mais velhos. Ora, à medida que os seus cuidadores desapareceram, as alternativas que lhes restaram foram instituições que dão resposta social a idosos, sendo a maior parte delas estruturas residenciais. No entanto, este tipo de instituição de suporte, carece, na sua grande maioria, de apoio psicológico e psiquiátrico especializado.

https://doi.org/10.14195/978-989-26-1737-4_5

Nestas instituições, a coabitação de idosos demenciados com idosos com algum tipo de doença mental está a tornar-se uma realidade em Portugal. Neste contexto, os erros de diagnóstico e as consequentes dificuldades no tratamento podem causar diferentes tipos de problemas. O uso de medicamentos, nalguns casos, durante toda a vida adulta, acarreta também consigo alterações cognitivas, complicando a tarefa de diagnóstico e a implementação de tratamentos adequados.

Este grupo de doentes que se encontra institucionalizado é um grupo complexo, heterogéneo e carente de cuidados apropriados. Nesse sentido, este capítulo aborda várias doenças mentais no idoso, particularizando-se as características que as distinguem das idades mais jovens.

PSICOSE E ESQUIZOFRENIA NA IDADE AVANÇADA

A prevalência das perturbações psicóticas diminui nas idades avançadas, especialmente a esquizofrenia e a perturbação esquizofreniforme, embora a prevalência dos sintomas psicóticos seja alta. A prevalência de distúrbios psicóticos em idosos varia entre 0,2% a 4,75% em amostras comunitárias, e 8% a 10% em estruturas residenciais para pessoas idosas (Giblin, Clare, Livingston, & Howard, 2004; Zayas & Grossberg, 1998). Numa revisão de 2011, Skoog refere que estudos populacionais mostram, ainda, que a prevalência de sintomas psicóticos autorrelatados, em idosos sem demência, varia entre 1,7% e 4,2%, alertando para o facto destes valores subirem para 10% e 8% em idosos sem demência (com 85 anos e 95 anos de idade, respetivamente) quando combinadas diferentes fontes de informação (como a de familiares). Num estudo com uma ampla amostra asiática (tendo em conta que muitos dos estudos foram realizados com populações ocidentais), foi encontrada uma prevalência de 5,2% (para qualquer sintoma psicótico) numa amostra de idosos sem demência (Subramaniam et al., 2016). Em 2003, McAlpine apresentou, como estimativa para 2020 em termos de prevalência, o valor de 17,6% (e em 2035 de 21,5%) em pessoas com 65 anos ou mais. No entanto, a prevalência de sintomas psicóticos varia em diferentes populações e contextos. Por exemplo, Östling e Skoog (2002) constataram que 10,1% da sua amostra de adultos sem demência, residentes na comunidade e com mais de 85 anos apresentavam sintomas psicóticos, a maioria dos quais associados a depressão. Entretanto, os sintomas psicóticos em pessoas com demência podem ser superiores a 60% (Zayas & Grossberg, 1998). Cohen (2000) estimou que pelo menos 80% das pessoas idosas com esquizofrenia vivem em comunidade e as restantes residem em lares de idosos ou em internamentos psiquiátricos.

CLASSIFICAÇÃO DAS PERTURBAÇÕES PSICÓTICAS NO IDOSO

É importante fazer o diagnóstico diferencial das perturbações psicóticas na população idosa, dados os diferentes prognósticos e tipos de tratamento. As perturbações psicóticas podem ser classificadas como perturbações psicóticas primárias ou secundárias. As primeiras incluem a esquizofrenia e as perturbações relacionadas — perturbações esquizoafetiva, esquizofreniforme, delirante ou psicótica breve – e a psicose afetiva – perturbação bipolar ou depressão unipolar, ambas com características psicóticas. As segundas incluem o delírio associado a sintomas psicóticos – sintomas psicóticos associados à medicação ou abuso de substâncias ou a perturbações médicas – e a psicose associada a vários tipos de demência – Alzheimer, Demência Vascular, Demência de corpos de Lewy e outras demências com psicose (Desai & Grossberg, 2003).

A ESQUIZOFRENIA NO IDOSO E AS ALTERAÇÕES
DOS SINTOMAS COM A IDADE

A esquizofrenia, representante mais característica das perturbações psicóticas, tem como principais características a existência de duas categorias de sintomas, os sintomas positivos e os sintomas negativos. Os sintomas positivos correspondem aos delírios, alucinações, perturbações no pensamento e certas perturbações no movimento. Os sintomas negativos estão relacionados com perturbações na emoção e no comportamento, como o embotamento afetivo, anedonia, motivação diminuída e afastamento social (Pearman & Batra, 2012). A esquizofrenia é uma perturbação que normalmente tem o seu início na idade adulta e mantém-se ao longo da vida. No entanto, 15% da população idosa com esquizofrenia desenvolveu uma esquizofrenia de início tardio, o que corresponde ao princípio dos sintomas depois dos 44 anos de idade (Folsom et al., 2006). A maioria dos pacientes com esquizofrenia de início tardio tem o seu início na meia-idade. O início depois dos 65 anos geralmente significa um início muito tardio da esquizofrenia, como a psicose, a qual normalmente é secundária a condições médicas gerais, como a demência ou outras perturbações neurodegenerativas. O curso da esquizofrenia na idade avançada apresenta, deste modo, algumas diferenças clínicas entre a esquizofrenia de início precoce e a esquizofrenia de início tardio, sobretudo em relação ao declínio cognitivo, à remissão e à natureza e importância das condições e cuidados médicos dos idosos com esquizofrenia (Folsom et al., 2006).

As pessoas com início tardio da esquizofrenia tendem a ter um melhor funcionamento pré-mórbido, menos sintomas negativos graves e menos alterações cognitivas acentuadas do que os idosos com esquizofrenia de início precoce (Folsom et al., 2006). A esquizofrenia do subtipo paranoide é também mais comum entre os pacientes com início tardio da doença. Adicionalmente, uma esquizofrenia de início tardio não exige dosagens de antipsicóticos tão elevadas como a esquizofrenia de início precoce, para além de apresentar melhor prognóstico (Folsom et al., 2006; Howard, Rabins, Seeman, Jeste, & the International Late-Onset Schizophrenia Group, 2000; Wetherell & Jeste, 2004).

Estudos recentes têm demonstrado que os sintomas da esquizofrenia melhoram com a idade. As pessoas idosas têm geralmente menos sintomas positivos e menos graves do que os indivíduos mais jovens. No entanto, os idosos com esquizofrenia de início tardio tendem a experienciar mais sintomas positivos e menos sintomas negativos do que os idosos com esquizofrenia de início precoce. Ou seja, delírios persecutórios e paranoides e alucinações visuais, táteis e auditivas tendem a ser mais frequentes nos idosos com esquizofrenia de início tardio (Pearman & Batra, 2012). Estes sintomas podem piorar com uma história de funcionamento pobre à medida que se avança na idade (especialmente em pacientes institucionalizados). Em relação aos sintomas negativos, estes tendem a continuar com o avançar da idade (Palmer, McClure, & Jeste, 2001; Schultz et al., 1997). Contudo, as alterações nestes sintomas estão mais correlacionadas com a cronicidade do sintoma, com alterações funcionais e cognitivas, com sinais neurológicos leves como a limitação da coordenação motora fina e com a institucionalização do que com a idade do paciente.

Relativamente às diferenças de sexo, as mulheres são mais suscetíveis de desenvolver uma esquizofrenia de início tardio do que os homens, ao contrário do que acontece no início precoce da esquizofrenia que tem uma prevalência maior nos homens (Cohen, 2000; Desai & Grossberg, 2003; Dickerson, 2007; Folsom et al., 2006; Palmer et al., 2001; Wetherell & Jeste, 2004).

O envelhecimento está associado a uma remissão completa dos défices sociais em 25% dos pacientes com esquizofrenia, enquanto outros 40% demonstram uma melhoria significativa nos sintomas, especialmente no que diz respeito aos sintomas positivos (Desai & Grossberg, 2003). Os fatores que contribuem para um melhor prognóstico incluem: ser do sexo feminino, desenvolver a doença tardiamente, ser casado e obter tratamento adequado no início da doença (Desai, Seraji, Redden, & Tatini, 2010; Wetherell & Jeste, 2004).

FATORES DE RISCO ASSOCIADOS À PSICOSE NO IDOSO

Para além das diferenças nos sinais e sintomas típicos, as perturbações psicóticas de início tardio caracterizam-se também por diferenças nos fatores de risco. A identificação dos fatores de risco para a psicose na população idosa é essencial para a compreensão dos processos patológicos subjacentes e da sua relação com a esquizofrenia em pacientes mais jovens.

Existem vários fatores de risco que predispõem os idosos ao desenvolvimento das perturbações psicóticas. Brunelle, Cole e Elie (2012), num estudo sobre os fatores de risco para a psicose de início tardio, identificaram cinco fatores de risco significativos: história de sintomas psicóticos, problemas cognitivos, estado de saúde pobre, deficiência visual e acontecimentos negativos de vida. Para além destes fatores de risco, existem outros fatores como as perturbações psiquiátricas comórbidas (especialmente a demência e o delírio), o isolamento social, traços de personalidade como a inexpressividade ou impertinência e o abuso de substâncias (Desai & Grossberg, 2003). Quin, Clare, Ryan e Jackson (2009) descobriram, ainda, que além de um padrão de isolamento social, a sensação de se ser diferente dos outros e a tendência para lidar com os desafios sozinho, são também fatores de risco para a psicose de início tardio.

TRATAMENTO DA PSICOSE NO IDOSO

No que diz respeito ao tratamento dos idosos com esquizofrenia ou com sintomas psicóticos, as intervenções psicossociais e psicofarmacológicas usadas nos pacientes mais jovens são também adequadas para os idosos. No entanto, em relação aos antipsicóticos, existe um maior risco de efeitos secundários extrapiramidais, sobretudo a discinesia tardia, nos indivíduos idosos, pelo que os antipsicóticos de segunda geração são mais recomendados (Pearman & Batra, 2012; Talaslahti et al., 2013; Wetherell & Jeste, 2004). A maioria dos efeitos adversos da medicação são mais prevalentes na população idosa do que nos indivíduos mais jovens, pelo que os clínicos devem começar com uma dose mais baixa de medicação e aumentá-la gradualmente. Os indivíduos com esquizofrenia de início tardio devem tomar metade da dose antipsicótica típica que é tomada pelos idosos com esquizofrenia de início precoce. O tratamento farmacológico deve durar vários anos, embora se possam reduzir as doses com o avançar da idade (Cohen, 2000; Pearman & Batra, 2012; Wetherell & Jeste, 2004).

As intervenções psicossociais são muito úteis juntamente com o tratamento farmacológico, assim como juntamente com a terapia cognitivo-comportamental (TCC) e o treino de aptidões sociais. A TCC e o treino de aptidões sociais podem melhorar o funcionamento, a gestão da doença e os sintomas de perturbação do humor nos idosos com esquizofrenia. Também algumas modificações ambientais, como, por exemplo, a remoção de espelhos nas casas de pacientes delirantes, que acreditam que existem pessoas a viver nas paredes, pode aliviar o stresse. A acrescentar a isto, o contacto social e as atividades estruturadas (como os exercícios de grupo) podem beneficiar os pacientes com psicose. Por último, ensinar os cuidadores sobre as várias formas de trabalhar com estes pacientes, usando técnicas de distração ou não desafiando diretamente as suas ideias falsas, pode reduzir os níveis de ansiedade e depressão, tanto dos pacientes como dos seus cuidadores (Jeste & Maglione, 2013; Wetherell & Jeste, 2004).

PERTURBAÇÃO DA PERSONALIDADE

As perturbações de personalidade constituem um grupo de perturbações que pode ser considerado como «polémico» no que diz respeito à sua operacionalização/categorização. Ainda que surjam categorizadas, desde a sua primeira versão, no Manual de Diagnóstico e Estatística das Perturbações Mentais (DSM), a sua organização foi alterada ao longo das várias versões. Na versão mais recente (American Psychiatric Association [APA], 2013/2014, p. 773), a definição de perturbação de personalidade geral implica:

> «[...] um padrão duradouro de experiência interna e comportamento que se desvia marcadamente do esperado na cultura do indivíduo. Este padrão é manifestado em 2 (ou mais) das seguintes áreas: cognição [...], afetividade [...], funcionamento interpessoal [...] ou controlo dos impulsos. O padrão duradouro é inflexível e global numa grande variedade de situações pessoais e sociais [...] origina mal-estar clinicamente significativo ou défice no funcionamento social, ocupacional ou noutras áreas importantes de funcionamento. O padrão é estável, de longa duração, e o seu início ocorreu o mais tardar na adolescência ou no início da idade adulta [...]»

Este manual apresenta, então, no grupo das perturbações de personalidade, dez perturbações organizadas em três *clusters* que se baseiam em temas subjacentes, e com critérios de diagnóstico específicos. Assim, no *cluster* A (grupo dos estranhos e excêntricos) aparecem as perturbações de personalidade paranoide, esquizoide e esquizotípica. No *cluster* B (grupo dos dramáticos e teatrais) incluem-se as perturbações de personalidade antissocial, *borderline*, histriónica e narcísica. O *cluster* C (dos ansiosos ou receosos) inclui as perturbações de personalidade evitante, dependente e obsessivo-compulsiva. A categoria de perturbação de personalidade sem outra especificação (SOE) é usada nos casos em que as pessoas apresentam indicações de perturbação de personalidade, mas em que não preenchem a totalidade dos critérios de nenhuma das perturbações (APA, 2013/2014).

No que toca à prevalência das perturbações de personalidade, esta é estimada como sendo de 5,7% para o *cluster* A, de 1,5% para as perturbações incluídas no *cluster* B e de 6% para as perturbações englobadas no *cluster* C. É referida uma prevalência de 9,1% para a comorbilidade de perturbações dos diferentes *clusters* (APA, 2013/2014). O *National Epidemiologic Survey on Alcohol and Related Conditions* refere que aproximadamente 15% dos adultos da população geral apresentam pelo menos uma perturbação de personalidade (Hasin & Grant, 2015).

A PERTURBAÇÃO DA PERSONALIDADE EM IDOSOS

A literatura é escassa no que diz respeito às perturbações de personalidade em idosos. Numa primeira metanálise (com 11 estudos), Abrams e Horowitz (1996) encontraram uma prevalência média de 10% para as perturbações de personalidade de adultos com mais de 50 anos. Posteriormente, incluindo 16 estudos, os mesmos autores encontraram uma prevalência de 20% (Abrams & Horowitz, 1999). Já os estudos com idosos em situação de internamento apontam para valores de prevalência superiores, entre os 20% e os 70% (Ames & Molinari, 1994; Coolidge, Burns, Nathan, & Mull, 1992; Coolidge,

Segal, Hook, & Stewart, 2000). Abrams e Horowitz (1999) verificaram, ainda, que as perturbações de personalidade paranoide e a esquizoide seriam as mais frequentes em idosos. Por seu lado, estudos posteriores referem que as perturbações de personalidade incluídas no *cluster* C (personalidade evitante, dependente e obsessivo-compulsiva) são as mais diagnosticadas em idosos (Kenan et al., 2000; Kunik et al., 1994; Vine & Steingart, 1994).

Pode concluir-se, então, que a prevalência para perturbação de personalidade se encontra entre 10 a 20%, sendo referidas maiores prevalências nos *clusters* A e/ou C. A literatura sublinha várias hipóteses explicativas para as diferenças na prevalência das perturbações de personalidade incluídas nos três *clusters*. Assim, estudos transversais parecem mostrar que as perturbações de personalidade do *cluster* A e C tendem a permanecer estáveis ao longo da vida, ao passo que as perturbações do *cluster* B (e.g., perturbação de personalidade antissocial e perturbação de personalidade *borderline*) tendem a diminuir com a meia idade (e.g., Bennasar & Arroyo, 1998; Engels, Duijsens, Haringsma, & van Putten, 2003; Kenan et al., 2000; Morse & Lynch, 2004; Stevenson, Meares, & Comerford, 2003; Ullrich & Coid, 2009). Alguns autores referem que uma menor prevalência do *cluster* B em idosos pode associar-se a uma maior mortalidade neste grupo, nomeadamente pela presença de comportamentos de risco (Fishbain, 1996; Stone, 1993). No mesmo sentido, como refletem van Alphen, Derksen, Sadavoy e Rosowsky (2012), algumas características/manifestações típicas do *cluster* B podem «enfrentar» mais dificuldades em se expressar em idosos, nomeadamente em contextos como os lares.

Não obstante, as perturbações de personalidade podem ser subidentificadas em idosos, principalmente porque a maioria dos idosos não preenche a totalidade dos critérios para cada perturbação (Morse & Lynch, 2004). Importa referir que as estimativas de prevalência destas perturbações em idosos são também influenciadas pela comorbilidade elevada com as perturbações depressivas nesta fase da vida (Abrams, 1996; Kunik et al., 1994).

De facto, os estudos mostram que os idosos com depressão major apresentam maior prevalência de perturbações de personalidade (sobretudo as do *cluster* C), do que idosos sem este diagnóstico (Agbayewa, 1996; Devanand et al., 1994). As estimativas em idosos de comorbilidade das perturbações de personalidade com depressão variam entre 24% e 61% (Kunik et al., 1994; Molinari & Marmion, 1995). Os estudos mostram, inclusive, que um início mais precoce de depressão em idosos está associado a maiores níveis de psicopatologia da personalidade, comparativamente a um quadro de depressão com início mais tardio (Abrams, Rosendahl, Card, & Alexopoulos, 1994; Camus, de Mendonça Lima, Gaillard, Simeone, & Wertheimer, 1997; Devanand et al., 2000).

A presença de comorbilidade entre uma perturbação de personalidade e a depressão aumenta, igualmente, o risco de suicídio, por oposição com os casos em que só esteja presente um quadro depressivo (Kunik et al., 1993). Na população geral, os custos com a saúde associados à presença de uma perturbação da personalidade são o dobro das situações em que estas perturbações não estão presentes (Rendu, Moran, Patel, Knapp, & Mann, 2002).

ESTUDOS EMPÍRICOS SOBRE O TRATAMENTO DA PERTURBAÇÃO DA PERSONALIDADE EM IDOSOS

A psicopatologia da personalidade está também associada a uma pior resposta em termos de tratamento, nomeadamente quanto ao tratamento com antidepressivos, terapia interpessoal, placebo e medicação combinada com terapia (Fiorot, Boswell, & Murray, 1990; Ilardi, Craighead, & Evans, 1997; Kunik et al., 1994; Paris, 2003; Thase, 1996; Thompson, Gallagher, & Czirr, 1988). Igualmente, aquela psicopatologia também se associa a uma maior cronicidade dos quadros psicopatológicos, como a depressão, destacando-se frequentes recaídas ou manutenção das dificuldades (Morse & Lynch, 2004; Stek, van Exel, van Tilburg, Westendorp, & Beekman, 2002; Vine & Steingart, 1994). Alguns estudos mostraram, ainda, que a presença de perturbações de personalidade associa-se a prejuízo do funcionamento mesmo depois dos sintomas afetivos terem melhorado (Abrams, 1996), a menor apoio social (Vine & Steingart, 1994), a menor qualidade de vida, a maior incapacidade e a maiores taxas de suicídio (Iliceto, Fino, Sabatello, & Candilera, 2014; Lyness, Caine, Conwell, King, & Cox, 1993).

Lynch e colaboradores (2007) discutem os motivos pelos quais existe procura de tratamento por parte de pessoas idosas com perturbações de personalidade, particularmente quando estas são sentidas como egossintónicas. Os autores referem que, possivelmente, os idosos com estas perturbações já procuraram várias vezes apoio para os sintomas resultantes de quadros depressivos ou das perturbações de personalidade, e que poderão não ter sentido melhorias significativas. É também possível que os padrões rígidos presentes nas perturbações relativas ao *cluster* C apenas venham a causar grande sofrimento e prejuízo numa idade mais tardia, depois de vários stressores e de variados problemas interpessoais. A acumular a estes aspetos, o curso da vida também conduz a alterações nas redes sociais dos idosos, nos seus confidentes (e.g., perdas por morte e doença), na situação profissional e saúde, o que pode aumentar a motivação destes idosos para um processo terapêutico, segundo Lynch e colaboradores (2007).

Não existem estudos que abordem o efeito do tratamento nas perturbações de personalidade em idosos, sem que exista comorbilidade com outro quadro. De Leo, Scocco e Meneghel (1999) expressaram que as modalidades de tratamento que focam as mudanças de personalidade em idosos são demasiado ambiciosas. Estes autores consideram que a deterioração cognitiva, as perturbações somáticas graves, as dificuldades ao longo da vida em aceitar situações difíceis e uma história de relações interpessoais difíceis podem complicar as terapias focadas no *insight*. Deste modo, recomendaram um conjunto de modalidades de tratamento para idosos, focadas sobretudo na terapia cognitivo-comportamental, na terapia psicanalítica de curta duração, na terapia comportamental dialética e na psicoterapia interpessoal.

De Leo e colaboradores (1999) aconselham particularmente as duas últimas modalidades, que focam as relações e os comportamentos atuais dos idosos. As duas primeiras abordagens psicoterapêuticas, segundo os autores, podem não ser tão indicadas por implicarem grandes exigências em termos de introspeção e pensamento abstrato. Porém, não existem estudos que confirmem ou refutem estas afirmações, que são até contrárias às evidências sobre a eficácia da terapia cognitivo-comportamental e da terapia psicanalítica de curta duração no tratamento das perturbações de ansiedade e da depressão em idosos (Hendriks, Oude Voshaar, Keijsers, Hoogduin, & van Balkom, 2008; Pinquart, Duberstein, & Lyness, 2007).

Lynch e colaboradores (2007) verificaram, num pequeno estudo controlado aleatorizado ($n = 35$), que a terapia comportamental dialética juntamente com a terapia farmacológica parece reduzir as taxas de remissão de depressão por oposição com o tratamento apenas farmacológico, em doentes com depressão em comorbilidade com perturbação de personalidade. Importa, porém, referir que neste estudo não fica claro se a terapia era direcionada à depressão, à perturbação de personalidade ou a ambas. Refira-se, ainda, que alguns estudos de caso e revisões empíricas indicam que a terapia cognitivo-comportamental e a terapia focada nos esquemas podem ser úteis em idosos, ainda que sofrendo ligeiras adaptações (Bizzini, 1998; Dick & Gallagher-Thompson, 1995; Laidlaw, 2001; van Alphen, 2010).

Diagnóstico e instrumentos de avaliação de perturbação de personalidade em idosos

Para se diagnosticar as perturbações de personalidade e assegurar a escolha das melhores opções de tratamento, é essencial realizar avaliações clínicas, administrar entrevistas semiestruturadas, solicitar o preenchimento de questionários de autorrelato e que outros informantes também possam preencher alguns questionários. Porém, os critérios de diagnóstico das perturbações de personalidade não têm em consideração as situações e experiências de vida dos idosos. Neste sentido, um estudo com uma amostra da população geral (entre os 18 e os 98 anos) revelou que 29% dos critérios do DSM para estas perturbações conduziu a erros de avaliação no caso dos idosos (Balsis, Gleason, Woods, & Oltmanns, 2007). No que toca, de uma forma particular, à perturbação de personalidade antissocial, o estudo de van Alphen, Nijhuis, & Oei (2007), com psicólogos e psiquiatras forenses mostrou que os critérios do DSM-IV não se aplicam totalmente a idosos, com apenas três dos sete critérios a revelarem ser úteis.

Refiram-se alguns instrumentos específicos para avaliação das perturbações de personalidade nos idosos. O *Longitudinal, Expert, All Data* (LEAD; Spitzer, 1983) baseia-se na ideia de um diagnóstico de consenso, obtido usando diferentes dados longitudinais (observação, dados biográficos, dados de informantes, testes, registos médicos e até experiências dos cuidadores dos doentes). Especialistas em perturbações de personalidade que participaram num estudo sobre a capacidade de diagnóstico do LEAD, consideraram que o seu uso, combinado com uma abordagem de diagnóstico multidimensional é muito ajustado à avaliação destas perturbações em idosos (van Alphen, Derksen, Sadavoy, & Rosowsky, 2012).

Para além dos critérios de diagnóstico para perturbações de personalidade serem inadequados em idosos e das limitações associadas a usar sempre o LEAD (a avaliação é morosa), existem poucos instrumentos e entrevistas validados para avaliar estas perturbações em idosos (Oltmanns & Balsis, 2011). Os instrumentos existentes implicam que os idosos tenham a capacidade de manter a atenção e tal pode ser difícil, atendendo às condições de vida de vários idosos. Muitas vezes os itens estão, também, formulados de forma muito abstrata e as suas respostas podem ficar comprometidas por problemas sensoriais e motores (van Alphen, Engelen, Kuin, Hoijtink, & Derksen, 2006).

Independentemente destas limitações, existem alguns instrumentos especificamente desenvolvidos e validados para avaliar as perturbações de personalidade em idosos. A *Gerontological Personality Disorders Scale* (GPS; Tummers, Hoijtink, Penders, Derksen, & van Alphen, 2011; van Alphen et al., 2006) é uma escala híbrida que avalia estas perturbações, com 52 itens.

O *Dutch Informant Personality Questionnaire* (HAP; Barendse, Thissen, Rossi, Oei, & van Alphen, 2013) é um instrumento com 62 itens, a ser preenchido por um informante. É pedido aos informantes que respondam ao instrumento, recordando o comportamento do paciente antes de sofrer de uma perturbação do Eixo I (pré-mórbida), como uma demência ou uma depressão grave, procurando assim diminuir os enviesamentos da presença de um diagnóstico do Eixo I, na avaliação dos sintomas e traços de personalidade.

Já o *Wisconsin Personality Disorder Inventory IV* (WISPI; Klein & Benjamin, 1996; Smith, Klein, & Benjamin, 2013) permite avaliar as características de perturbação de personalidade em amostras de idosos.

Instrumentos mais gerais na avaliação da personalidade podem ser usados para rastrear a patologia da personalidade em idosos, como o **NEO-PI-R** (Van den Broeck, Rossi, Dierckx, & De Clercq, 2012), com base no modelo dos cinco fatores da personalidade. Este instrumento foi validado para ser usado com informantes e estandardizado para se usar com idosos (Archer et al., 2006). Foi igualmente desenvolvida uma versão curta para uso com idosos (Mooi, Comijs, De Fruyt, De Ritter, Hoekstra, & Beekman, 2011). Apesar do modelo dos cinco fatores (*Five Factor Model*/FFM; neuroticismo, extroversão, amabilidade, abertura à experiência e conscienciosidade) ter sido criado para avaliar os traços gerais de personalidade, mostrou captar com sucesso as perturbações de personalidade do DSM-IV (Saulsman & Page, 2004). Nesta linha, Miller, Bagby, Pilkonis, Reynolds e Lynam (2005) desenvolveram uma versão mais simples da técnica de contabilização de perturbações de personalidade, seguindo o FFM, que passa pela soma das pontuações do sujeito em diferentes facetas do instrumento, permitindo assim avaliar a presença de certas perturbações de personalidade. Lawton, Shields e Oltmanns (2011) validaram esta técnica numa amostra comunitária de adultos com idades entre os 55 e os 64 anos.

Numa revisão da literatura, Debast, van Alphen, Rossi, Tummers, Bolwerk, Derksen, & Rosowsky (2014) testaram se as características de personalidade podem mudar ao longo da vida, considerando o FFM ou os diagnósticos do DSM-IV. O neuroticismo, a extroversão, e a abertura à experiência parecem diminuir à medida que as pessoas envelhecem, ao passo que a amabilidade e a conscienciosidade parecem aumentar com a idade. Nesta revisão, os autores constataram que as perturbações de personalidade de acordo com o DSM-IV se manifestam de maneiras distintas, em função da idade, designadamente em dois estudos longitudinais e três estudos transversais. Referem, então, a importância de uma avaliação com itens não influenciados pela idade (neutros em função da idade) e com recurso a informantes, o que pode melhorar a fidelidade dos estudos.

Nos idosos, as demências, nomeadamente a doença de Alzheimer, apresentam uma natureza heterogénea com variação na idade de início, padrão de prejuízo cognitivo, problemas comportamentais e mudanças de personalidade (Barreto, 2005). Os sintomas neuropsiquiátricos de demência podem, então, tomar a forma de mudanças afetivas, psicóticas, comportamentais e perturbações/mudanças de personalidade.

Jacomb e Jorm (1996), usando um inventário de personalidade desenvolvido por Goldberg (1990), que segue o modelo dos cinco fatores, identificaram em idosos com demência tipo Alzheimer uma diminuição das pontuações na conscienciosidade, abertura à experiência, extroversão e amabilidade e aumento da pontuação no neuroticismo. Outros estudos revelam o mesmo padrão de alterações (e.g., Archer et al., 2006; Dawson, Welsh-Bohmer, & Siegler, 2000), sendo importante enfatizar a revisão sistemática de Wahlin e Byrne (2011) que sublinham que nos quadros demenciais os traços de personalidade que denotam uma maior alteração são a conscienciosidade (que diminui) e o neuroticismo (que aumenta).

Sendo as mudanças de personalidade um aspeto consistente da fenomenologia da doença de Alzheimer (Aitken, Simpson, & Burns, 1999; Purandare, Bloom, Page, Morris, & Burns, 2002; Siegler, Dawson, & Welsh, 1994), ainda não é consensual o papel que os fatores de personalidade pré-mórbidos podem ter em termos da manifestação de demências. Alguns autores consideram que os pacientes com demência mantêm as suas personalidades (Balsis, Carpenter, & Storandt, 2005; Gilley, Wilson, Bienias, Bennett, & Evans, 2004; Kolanowski & Whall, 1996; Wilson et al., 2003) e que as mudanças de personalidade que aparecem com a evolução da doença são como que uma acentuação dos traços pré-mórbidos de personalidade. Portanto, os eventuais sintomas comportamentais e psicológicos em idosos com Alzheimer poderão refletir simplesmente traços de personalidade prévios (Kolanowski & Whall, 1996).

Já alguns autores referem que a incidência elevada de mudança de personalidade na demência de Alzheimer e no declínio cognitivo ligeiro podem funcionar como um marcador precoce destas

condições (Strauss, Pasupathi, & Chatterjee, 1993). Nesta continuidade, Duchek, Balota, Storandt e Larsen (2007) mostraram que a
personalidade pré-mórbida pode ajudar a discriminar idosos na
fase inicial da demência de Alzheimer de idosos «normais». Também
Archer e colaboradores (2006) verificaram que o estilo pré-mórbido
de personalidade pode predizer a probabilidade de certos sintomas
comportamentais e psicológicos de demência se manifestarem. Por
fim, o estudo longitudinal de Crowe, Andel, Pedersen, Fratiglioni
e Gatz (2006) sublinhou que níveis mais elevados de neuroticismo
prévios, avaliados vinte cinco anos antes, se associam a um maior
risco de prejuízo cognitivo.

Finalmente, importa referir a síndrome de Diogenes que está
associada a declínio funcional e que pode refletir uma variante
clínica das perturbações de personalidade, caracterizando-se por
sintomas comportamentais como a autonegligência, o comportamento
de acumulação e de desarrumação doméstica (Ngeh, 2000; Reyes-
-Ortiz, 2001; Shah, 1995; Wrigley & Cooney, 1992). Muitas pessoas
com a síndrome de Diogenes frequentemente apresentam traços de
personalidade subclínica: pouca simpatia, teimosia, agressividade,
independência, excentricidade, paranoia, desligamento, compulsi-
vidade, narcisismo e falta de *insight*. Esta síndrome apresenta uma
incidência anual estimada de 0,5 para 1.000 na população de idosos
(Cole, Gillett, & Fairbairn, 1992; Ngeh, 2000; Reyes-Ortiz, 2001;
Shah, 1995).

CONCLUSÃO

Neste capítulo, especificamente dedicado à doença mental grave,
são abordadas as perturbações psicóticas e as perturbações da personalidade em idosos. Em ambos os casos começa-se por explorar
aspetos de diagnóstico e epidemiológicos. No caso dos quadros

psicóticos, são abordadas detalhadamente a esquizofrenia com início tardio e as diferenças desta relativamente à esquizofrenia de início precoce, a qual é mais frequente no início da idade adulta. Não são esquecidos os fatores de risco para o desenvolvimento de uma perturbação psicótica nesta fase da vida e são sintetizadas, brevemente, as abordagens psicossociais e psicofarmacológicas usadas no tratamento de idosos com esquizofrenia ou com sintomas psicóticos.

No que toca às perturbações de personalidade em idosos, é abordada a sua comorbilidade com os quadros depressivos, bem como o facto da presença de uma perturbação de personalidade condicionar a cronicidade de diferentes quadros psicopatológicos e uma pior resposta em termos de diferentes modalidades de tratamento. Não existem, aliás, estudos sobre o tratamento das perturbações de personalidade em idosos sem comorbilidade com outros quadros e parece premente a realização de mais estudos que explorem diferentes abordagens terapêuticas, já que não tem havido consenso. Verifica-se, igualmente, a existência de poucos instrumentos de autorrelato e de entrevistas validadas para avaliar estas perturbações em idosos.

Termina-se o capítulo abordando a associação entre as alterações de personalidade e a demência, explorando o facto de um dos sintomas neuropsiquiátricos de demência mais comum ser precisamente as alterações/perturbações de personalidade, sublinhando as hipóteses das mudanças de personalidade na demência serem apenas uma acentuação de traços pré-mórbidos de personalidade ou serem mesmo marcadores precoces de uma demência.

Referências bibliográficas

Abrams, R. C. (1996). Personality disorders in the elderly. *International Journal of Geriatric Psychiatry*, *11*(9), 759-763. doi:10.1002/(sici)1099-1166(199609)11:9<759::aid-gps497>3.0.co;2-t

Abrams, R. C., & Horowitz, S. V. (1996). Personality disorders after age 50: A meta-analysis. *Journal of Personality Disorders, 10*(3), 271-281. doi:10.1521/pedi.1996.10.3.271

Abrams, R. C., & Horowitz, S. V. (1999). Personality disorders after age 50: A meta-analytic review of the literature. In E. Rosowsky, R. C. Abrams, & R. A. Zweig (Eds.), *Personality disorders in older adults: Emerging issues in diagnosis and treatment* (1.ª ed., pp. 55-68). Mahwah, NJ: Lawrence Erlbaum.

Abrams, R. C., Rosendahl, E., Card, C., & Alexopoulos, G. S. (1994). Personality disorder correlates of late and early onset depression. *Journal of the American Geriatrics Society, 42*(7), 727-731. doi:10.1111/j.1532-5415.1994.tb06532.x

Aitken, L., Simpson, S., & Burns, A. (1999). Personality change in dementia. *International Psychogeriatrics, 11*(3), 263-271. doi:10.1017/s1041610299005827

American Psychiatric Association. (2014). *DSM-5 – Manual de diagnóstico e estatística das perturbações mentais* (5.ª ed.). Lisboa: Climepsi Editores (Trabalho original em inglês publicado em 2013).

Ames, A., & Molinari, V. (1994). Prevalence of personality disorders in community-living elderly. *Journal of Geriatric Psychiatry and Neurology, 7*(3), 189-194. doi:10.1177/089198879400700311

Archer, N., Brown, R. G., Boothby, H., Foy, C., Nicholas, H., & Lovestone, S. (2006). The NEO-FFI is a reliable measure of premorbid personality in patients with probable Alzheimer's disease. *International Journal of Geriatric Psychiatry, 21*(5), 477-484. doi:10.1002/gps.1499

Balsis, S., Carpenter, B. D., & Storandt, M. (2005). Personality change precedes clinical diagnosis of dementia of the Alzheimer type. *Journals of Gerontology, Series B: Psychological Sciences and Social Sciences, 60B*(2), P98-P101. doi:10.1093/geronb/60.2.p98

Balsis, S., Gleason, M. E. J., Woods, C. M., & Oltmanns, T. F. (2007). An item response theory analysis of DSM-IV personality disorder criteria across younger and older age groups. *Psychology and Aging, 22*(1), 171-185. doi:10.1037/0882-7974.22.1.171

Barendse, H. P. J., Thissen, A. J. C., Rossi, G., Oei, T. I., & van Alphen, S. P. J. (2013). Psychometric properties of an informant personality questionnaire (the HAP) in a sample of older adults in the Netherlands and Belgium. *Aging & Mental Health, 17*(5), 623-629. doi:10.1080/13607863.2012.756458

Barreto, J. (2005). Os sinais da doença e a sua evolução. In A. Castro-Caldas & A. Mendonça (Coords.), *A doença de Alzheimer e outras demências em Portugal* (pp. 27-40). Lisboa: Lidel.

Bennasar, M. R., & Arroyo, M. B. (1998). Epidemiologia. In M. B. Arroyo & M. R. Bennasar (Eds.), *Trastornos de la personalidad. Evaluación y tratamiento* (pp. 1-44). Barcelona, Spain: Masson, S. A.

Bizzini, L. (1998). Cognitive psychotherapy in the treatment of personality disorders in the elderly. In C. Perris & P. D. McGorry (Eds.), *Cognitive psychotherapy of psychotic and personality disorders: Handbook of theory and practice* (pp. 397-419). Chichester, England: John Wiley & Sons.

Brunelle, S., Cole, M. G., & Elie, M. (2012). Risk factors for the late-onset psychoses: A systematic review of cohort studies. *International Journal of Geriatric Psychiatry, 27*(3), 240-252. doi:10.1002/gps.2702

Camus, V., de Mendonça Lima, C. A., Gaillard, M., Simeone, I., & Wertheimer, J. (1997). Are personality disorders more frequent in early onset geriatric depression? *Journal of Affective Disorders, 46*(3), 297-302. doi:10.1016/s0165--0327(97)00152-3

Cohen, C. I. (2000). Directions for research and policy on schizophrenia and older adults: Summary of the GAP committee report. *Psychiatric Services, 51(3)*, 299--302. doi:10.1176/appi.ps.51.3.299

Cole, A. J., Gillett, T. P., & Fairbairn, A. (1992). A case of senile self-neglect in a married couple: 'Diogenes à deux'? *International Journal of Geriatric Psychiatry, 7*(11), 839-841. doi:10.1002/gps.930071111

Coolidge, F. L., Burns, E. M., Nathan, J. H., & Mull, C. E. (1992). Personality disorders in the elderly. *Clinical Gerontologist, 12*(1), 41-55. doi:10.1300/J018v12n01_05

Coolidge, F. L., Segal, D. L., Hook, J. N., & Stewart, S. (2000). Personality disorders and coping among anxious older adults. *Journal of Anxiety Disorders, 14*(2), 157-172. doi:10.1016/s0887-6185(99)00046-8

Crowe, M., Andel, R., Pedersen, N. L., Fratiglioni, L., & Gatz, M. (2006). Personality and risk of cognitive impairment 25 years later. *Psychology and Aging, 21*(3), 573-580. doi:10.1037/0882-7974.21.3.573

Dawson, D. V., Welsh-Bohmer, K. A., & Siegler, I. C. (2000). Premorbid personality predicts level of rated personality change in patients with Alzheimer disease. *Alzheimer Disease and Associated Disorders, 14*(1), 11-19. doi:10.1097/00002093--200001000-00002

De Leo, D., Scocco, P., & Meneghel, G. (1999). Pharmacological and psychotherapeutic treatment of personality disorders in the elderly. *International Psychogeriatrics, 11*(2), 191-206. doi:10.1017/s1041610299005748

Debast, I., van Alphen, S. P. J., Rossi, G., Tummers, J. H. A., Bolwerk, N., Derksen, J. J. L., & Rosowsky, E. (2014). Personality traits and personality disorders in late middle and old age: Do they remain stable? A literature review. *Clinical Gerontologist, 37*(3), 253-271. doi:10.1080/07317115.2014.885917

Desai, A. K., & Grossberg, G. T. (2003). Differential diagnosis of psychotic disorders in the elderly. In C. I. Cohen (Ed.), *Schizophrenia into later life: Treatment, research, and policy* (1.ª ed., pp. 55-75). Washington, DC: American Psychiatric Publishing, Inc.

Desai, A. K., Seraji, M., Redden, M., & Tatini, R. (2010). Schizophrenia in older adults: How to adjust treatment to address aging patients' changing symptoms, comorbidities. *Current Psychiatry, 9*(9), 23-28.

Devanand, D. P., Nobler, M. S., Singer, T., Kiersky, J. E., Turret, N., Roose, S. P., & Sackeim, H. A. (1994). Is dysthymia a different disorder in the elderly? *American Journal of Psychiatry, 151*(11), 1592-1599. doi:10.1176/ajp.151.11.1592

Devanand, D. P., Turret, N., Moody, B. J., Fitzsimons, L., Peyser, S., Mickle, K., Nobler, M. S., & Roose, S. P. (2000). Personality disorders in elderly patients with dysthymic disorder. *American Journal of Geriatric Psychiatry, 8*(3), 188-195. doi:10.1097/00019442-200008000-00002

Dick, L. P., & Gallagher-Thompson, D. (1995). Cognitive therapy with the core beliefs of a distressed, lonely caregiver. *Journal of Cognitive Psychotherapy, 9*(4), 215--227.

Dickerson, F. B. (2007). Women, aging, and schizophrenia. *Journal of Women & Aging, 19*(1-2), 49-61. doi:10.1300/J074v19n01_04

Duchek, J. M., Balota, D. A., Storandt, M., & Larsen, R. (2007). The power of personality in discriminating between healthy aging and early-stage Alzheimer's disease. *Journals of Gerontology, Series B: Psychological Sciences and Social Sciences, 62B*(6), P353-P361. doi:10.1093/geronb/62.6.p353

Engels, G. I., Duijsens, I. J., Haringsma, R., & van Putten, C. M. (2003). Personality disorders in the elderly compared to four younger age groups: A cross-sectorial study of community residents and mental health patients. *Journal of Personality Disorders, 17*(5), 447-459. doi:10.1521/pedi.17.5.447.22971

Fiorot, M., Boswell, P., & Murray, E. J. (1990). Personality and response to psychotherapy in depressed elderly women. *Behavior, Health, and Aging, 1,* 51-63.

Fishbain, D. A. (1996). Re: Personality disorders and depression in the young and old [Letter to the editor]. *Canadian Journal of Psychiatry, 41*(9), 602. doi:10.1177/070674379604100915

Folsom, D. P., Lebowitz, B. D., Lindamer, L. A., Palmer, B. W., Patterson, T. L., & Jeste, D. V. (2006). Schizophrenia in late life: Emerging issues. *Dialogues in Clinical Neuroscience, 8*(1), 45-52.

Giblin, S., Clare, L., Livingston, G., & Howard, R. (2004). Psychosocial correlates of late-onset psychosis: Life experiences, cognitive schemas, and attitudes to ageing. *International Journal of Geriatric Psychiatry, 19,* 611-623. doi:10.1002/gps.1129

Gilley, D. W., Wilson, R. S., Bienias, J. L., Bennett, D. A., & Evans, D. A. (2004). Predictors of depressive symptoms in persons with Alzheimer's disease. *Journals of Gerontology, Series B: Psychological Sciences and Social Sciences, 59B*(2), P75-P83. doi:10.1093/geronb/59.2.P75

Goldberg, L. R. (1990). An alternative "description of personality": The big-five factor structure. *Journal of Personality and Social Psychology, 59*(6), 1216-1229. doi:10.1037/0022-3514.59.6.1216

Hasin, D. S. & Grant, B. F. (2015). The National Epidemiologic Survey on Alcohol and Related Conditions (NESARC) Waves 1 and 2: Review and summary of findings. *Social Psychiatry and Psychiatric Epidemiology, 50*(11), 1609-1640. doi:10.1007/s00127-015-1088-0

Hendriks, G. J., Oude Voshaar, R. C., Keijsers, G. P. J., Hoogduin, C. A. L., & van Balkom, A. J. L. M. (2008). Cognitive-behavioural therapy for late-life anxiety disorders: A systematic review and meta-analysis. *Acta Psychiatrica Scandinavica, 117*(6), 403-411. doi:10.1111/j.1600-0447.2008.01190.x

Howard, R., Rabins, P. V., Seeman, M. V., Jeste D. V., & The International Late-Onset Schizophrenia Group. (2000). Late-onset schizophrenia and very-late-onset schizophrenia-like psychosis: An international consensus. *American Journal of Psychiatry, 157*(2), 172-178.

Ilardi, S. S., Craighead, W. E., & Evans, D. D. (1997). Modeling relapse in unipolar depression: The effects of dysfunctional cognitions and personality disorders. *Journal of Consulting and Clinical Psychology, 65*(3), 381-391. doi:10.1037/0022-006x.65.3.381

Iliceto, P., Fino, E., Sabatello, U., & Candilera, G. (2014). Personality and suicidal ideation in the elderly: Factorial invariance and latent means structures across age. *Aging & Mental Health, 18*(6), 792-800. doi:10.1080/13607863.2014.880404

Jacomb, P. A., & Jorm, A. F. (1996). Personality change in dementia of the Alzheimer type. *International Journal of Geriatric Psychiatry, 11*(3), 201-207. doi:10.1002/(sici)1099-1166(199603)11:3<201::aid-gps299>3.0.co;2-n

Jeste, D. V., & Maglione, J. E. (2013). Treating older adults with schizophrenia: Challenges and opportunities. *Schizophrenia Bulletin, 39*(5), 966-968. doi:10.1093/schbul/sbt043

Kenan, M. M., Kendjelic, E. M., Molinari, V. A., Williams, W., Norris, M., & Kunik, M. E. (2000). Age-related differences in frequency of personality disorders among inpatient veterans. *International Journal of Geriatric Psychiatry, 15*(9), 831-837. doi:10.1002/1099-1166(200009)15:9<831::aid-gps208>3.0.co;2-h

Klein, M. H., & Benjamin, L. S. (1996). *The Wisconsin Personality Disorders Inventory--IV*. Madison, WI: University of Wisconsin, unpublished test. Available from Dr. M. H. Klein, Department of Psychiatry, Wisconsin Psychiatric Institute and Clinic.

Kolanowski, A. M., & Whall, A. L. (1996). Life-span perspective of personality in dementia. *Journal of Nursing Scholarship, 28*(4), 315-320. doi:10.1111/j.1547-5069.1996.tb00380.x

Kunik, M. E., Mulsant, B. H., Hind Rifai, A., Sweet, R. A., Pasternak, R., & Zubenko, G. S. (1994). Diagnostic rate of comorbid personality disorder in elderly psychiatric inpatients. *American Journal of Psychiatry, 151*(4), 603-605. doi:10.1176/ajp.151.4.603

Kunik, M. E., Mulsant, B. H., Hind Rifai, A. H., Sweet, R., Pasternak, R., Rosen, J., & Zubenko, G. S. (1993). Personality disorders in elderly inpatients with major depression. *American Journal of Geriatric Psychiatry, 1*(1), 38-45. doi:10.1097/00019442-199300110-00006

Laidlaw, K. (2001). An empirical review of cognitive therapy for late life depression: Does research evidence suggest adaptations are necessary for cognitive therapy with older adults? *Clinical Psychology & Psychotherapy, 8*(1), 1-14. doi:10.1002/cpp.276

Lawton, E. M., Shields, A. J., & Oltmanns, T. F. (2011). Five-factor model personality disorder prototypes in a community sample: Self- and informant-reports predicting interview-based DSM diagnoses. *Personality Disorders: Theory, Research, and Treatment, 2*(4), 279-292. doi:10.1037/a0022617

Lynch, T. R., Cheavens, J. S., Cukrowicz, K. C., Thorp, S. R., Bronner, L., & Beyer, J. (2007). Treatment of older adults with co-morbid personality disorder and depression: A dialectical behavior therapy approach. *International Journal of Geriatric Psychiatry, 22*(2), 131-143. doi:10.1002/gps.1703

Lyness, J. M., Caine, E. D., Conwell, Y., King, D. A., & Cox, C. (1993). Depressive symptoms, medical illness, and functional status in depressed psychiatric inpatients. *American Journal of Psychiatry, 150*(6), 910-915. doi:10.1176/ajp.150.6.910

McAlpine, D. D. (2003). Patterns of care for persons 65 years and older with schizophrenia. In C. I. Cohen (Ed.), *Schizophrenia into later life: Treatment, research, and policy* (1.ª ed., pp. 3-17). Washington, DC: American Psychiatric Publishing, Inc.

Miller, J. D., Bagby, R. M., Pilkonis, P. A., Reynolds, S. K., & Lynam, D. R. (2005). A simplified technique for scoring DSM-IV personality disorders with the five-factor model. *Assessment*, *12*(4), 404-415. doi:10.1177/1073191105280987

Molinari, V., & Marmion, J. (1995). Relationship between affective disorders and axis II diagnoses in geropsychiatric patients. *Journal of Geriatric Psychiatry and Neurology*, *8*(1), 61-64.

Mooi, B., Comijs, H. C., De Fruyt, F., De Ritter, D., Hoekstra, H. A., & Beekman, A. T. F. (2011). A NEO-PI-R short form for older adults. *International Journal of Methods in Psychiatric Research*, *20*(3), 135-144. doi:10.1002/mpr.342

Morse, J. Q., & Lynch, T. R. (2004). A preliminary investigation of self-reported personality disorders in late life: Prevalence, predictors of depressive severity, and clinical correlates. *Aging & Mental Health*, *8*(4), 307-315. doi:10.1080/1360 7860410001709674

Ngeh, J. K. T. (2000). Diogenes syndrome presenting with a stroke in an elderly, bereaved woman. *International Journal of Geriatric Psychiatry*, *15*(5), 467-469. doi:10.1002/(sici)1099-1166(200005)15:5<468::aid-gps138>3.0.co;2-l

Oltmanns, T. F., & Balsis, S. (2011). Personality disorders in later life: Questions about the measurement, course, and impact of disorders. *Annual Review Clinical Psychology*, *7*(1), 321-349. doi:10.1146/annurev-clinpsy-090310-120435

Östling, S., & Skoog, I. (2002). Psychotic symptoms and paranoid ideation in a nondemented population-based sample of the very old. *Archives of General Psychiatry*, *59*(1), 53-59. doi:10.1001/archpsyc.59.1.53

Palmer, B. W., McClure, F. S., & Jeste, D. V. (2001). Schizophrenia in late life: Findings challenge traditional concepts. *Harvard Review of Psychiatry*, *9*(2), 51-58. doi:10.1080/10673220127883

Paris J. (2003). Personality disorders over time: Precursors, course and outcome. *Journal of Personality Disorders*, *17*(6), 479-488. doi:10.1521/pedi.17.6.479.25360

Pearman, A., & Batra, A. (2012). Late-onset schizophrenia: A review for clinicians. *Clinical Gerontologist*, *35*(2), 126-147. doi:10.1080/07317115.2011.642943

Pinquart, M., Duberstein, P. R., & Lyness J. M. (2007). Effects of psychotherapy and other behavioral interventions on clinically depressed older adults: A meta--analysis. *Aging & Mental Health*, *11*(6), 645-657. doi:10.1080/13607860701529635

Purandare, N., Bloom, C., Page, S., Morris, J., & Burns, A. (2002). The effect of anticholinesterases on personality changes in Alzheimer's disease. *Aging & Mental Health*, *6*(4), 350-354. doi:10.1080/1360786021000006974

Quin, R. C., Clare, L., Ryan, P., & Jackson, M. (2009). 'Not of this world': The subjective experience of late-onset psychosis. *Aging & Mental Health*, *13*(6), 779-787. doi:10.1080/13607860903046453

Rendu, A., Moran, P., Patel, A., Knapp, M., & Mann, A. (2002). Economic impact of personality disorders in UK primary care attenders. *British Journal of Psychiatry*, *181*(1), 62-66. doi:10.1192/bjp.181.1.62

Reyes-Ortiz, C. A. (2001). Diogenes syndrome: The self-neglect elderly. *Comprehensive Therapy*, *27*(2), 117-121. doi:10.1007/s12019-996-0005-6

Saulsman, L. M., & Page, A. C. (2004). The five-factor model and personality disorder empirical literature: A meta-analytic review. *Clinical Psychology Review*, *23*(8), 1055-1085. doi:10.1016/j.cpr.2002.09.001

Schultz, S. K., Miller, D. D., Oliver, S. E., Arndt, S., Flaum, M., & Andreasen, N. C. (1997). The life course of schizophrenia: Age and symptom dimensions. *Schizophrenia Research*, *23*(1), 15-23. doi:10.1016/S0920-9964(96)00087-4

Shah, A. (1995). Squalor syndrome: A viewpoint. *Australian Journal on Ageing*, *14*(4), 160-162. doi:10.1111/j.1741-6612.1995.tb00726.x

Siegler, I. C., Dawson, D. V., & Welsh, K. A. (1994). Caregiver ratings of personality change in Alzheimer's disease patients: A replication. *Psychology and Aging*, *9*(3), 464-466. doi:10.1037/0882-7974.9.3.464

Skoog, I. (2011). Psychiatric disorders in the elderly. *Canadian Journal of Psychiatry*, *56*(7), 387-397. doi:10.1177/070674371105600702

Smith, T. L., Klein, M. H., & Benjamin, L. S. (2003). Validation of the Wisconsin Personality Disorders Inventory-IV with the SCID-II. *Journal of Personality Disorders*, *17*(3), 173-187. doi:10.1521/pedi.17.3.173.22150

Spitzer, R. L. (1983). Psychiatric diagnosis: Are clinicians still necessary? *Comprehensive Psychiatry*, *24*(5), 399-411. doi:10.1016/0010-440x(83)90032-9

Stek, M. L., van Exel, E., van Tilburg, W., Westendorp, R. G. J., & Beekman, A. T. F. (2002). The prognosis of depression in old age: Outcome six to eight years after clinical treatment. *Aging & Mental Health*, *6*(3), 282-285. doi: 10.1080/13607860220142413

Stevenson, J., Meares, R., & Comerford, A. (2003). Diminished impulsivity in older patients with borderline personality disorder. *American Journal of Psychiatry*, *160*(1), 165-166. doi:10.1176/appi.ajp.160.1.165

Stone, M. H. (1993). Long-term outcome in personality disorders. *British Journal of Psychiatry*, *162*(3), 299-313. doi:10.1192/bjp.162.3.299

Strauss, M. E., Pasupathi, M., & Chatterjee, A. (1993). Concordance between observers in descriptions of personality change in Alzheimer's disease. *Psychology and Aging*, *8*(4), 475-480. doi:10.1037/0882-7974.8.4.475

Subramaniam, M., Abdin, E., Vaingankar, J., Picco, L., Shahwan, S., Jeyagurunathan, ... Chong, S. A. (2016). Prevalence of psychotic symptoms among older adults in an Asian population. *International Psychogeriatry*, *28*(7), 1211-1220. doi:10.1017/S1041610216000399

Talaslahti, T., Alanen, H.-M., Hakko, H., Isohanni, M., Häkkinen, U., & Leinonen, E. (2013). Change in antipsychotic usage pattern and risk of relapse in older patients with schizophrenia. *International Journal of Geriatric Psychiatry*, *28*(12), 1305--1311. doi:10.1002/gps.3962

Thase, M. E. (1996). The role of axis II comorbidity in the management of patients with treatment-resistant depression. *Psychiatric Clinics of North America*, *19*(2), 287-309. doi:10.1016/S0193-953X(05)70289-6

Thompson, L. W., Gallagher, D., & Czirr, R. (1988). Personality disorder and outcome in the treatment of late-life depression. *Journal of Geriatric Psychiatry*, *21*(2), 133-153.

Tummers, J. H. A., Hoijtink, J. H. A., Penders, K. A. P., Derksen, J. L. L., & van Alphen, S. P. J. (2011). Screening items for personality disorders in older adults: A multi--center study of psychiatric inpatients and outpatients in the Netherlands. *Clinical Gerontologist*, *34*(1), 34-44. doi:10.1080/07317115.2011.524601

Ullrich, S., & Coid, J. (2009). The age distribution of self-reported personality disorder traits in a household population. *Journal of Personality Disorders*, *23*(2), 187--200. doi:10.1521/pedi.2009.23.2.187

van Alphen, S. P. J. (2010). Treatment of avoidant personality pathology in late life. *International Psychogeriatrics, 30*, 1-4.

van Alphen, S. P. J., Derksen, J. J. L., Sadavoy, J., & Rosowsky, E. (2012). Features and challenges of personality disorders in late life. *Aging & Mental Health, 16*(7), 805-810. doi:10.1080/13607863.2012.667781

van Alphen, S. P. J., Engelen, G. J. J. A., Kuin, Y., Hoijtink, H. J. A. & Derksen, J. J. L. (2006). A preliminary study of the diagnostic accuracy of the Gerontological Personality disorders Scale (GPS). *International Journal of Geriatric Psychiatry, 21*(9), 862-868. doi:10.1002/gps.1572

van Alphen, S. P. J., Nijhuis, P. E. P., & Oei, T. I. (2007). Antisocial personality disorder in older adults: A qualitative study of Dutch forensic psychiatrists and forensic psychologists. *International Journal of Geriatric Psychiatry, 22*(8), 813-815. doi:10.1002/gps.1758

Van den Broeck, J., Rossi, G., Dierckx, E., & De Clercq, B. (2012). Age-neutrality of the NEO-PI-R: Potential differential item functioning in older versus younger adults. *Journal of Psychopathology and Behavioral Assessment, 34*(3), 361-369. doi: 10.1007/s10862-012-9287-4

Vine, R. G., & Steingart, A. B. (1994). Personality disorder in the elderly depressed. *Canadian Journal of Psychiatry, 39*(7), 392-398.

Wahlin, T.-B. R., & Byrne, G. J. (2011). Personality changes in Alzheimer's disease: A systematic review. *International Journal of Geriatric Psychiatry, 26*(10), 1019--1029. doi:10.1002/gps.2655

Wetherell, J. L., & Jeste, D. V. (2004). Older adults with schizophrenia: Patients are living longer and gaining researchers' attention. *Elder Care, 3*(2), 8-11.

Wilson, R. S., Evans, D. A., Bienias, J. L., Mendes de Leon, C. F., Schneider, J. A., & Bennett, D. A. (2003). Proneness to psychological distress is associated with risk of Alzheimer's disease. *Neurology, 61*(11), 1479-1485. doi:10.1212/01.WNL.0000096167.56734.59

Wrigley, M., & Cooney, C. (1992). Diogenes syndrome — An Irish series. *Irish Journal of Psychological Medicine, 9*(1), 37-41. doi:10.1017/s0790966700013896

Zayas, E. M., & Grossberg, G. T. (1998). The treatment of psychosis in late life. *Journal of Clinical Psychiatry, 59*(Supl. 1), 5-10.

6. O SONO NA IDADE AVANÇADA

Mariana Marques, Inês Chiote Rodrigues
e Helena Espírito-Santo

INTRODUÇÃO

O sono é uma parte essencial da vida e universal entre os seres humanos e outros vertebrados. Durante bastante tempo o sono foi considerado um estado passivo de inconsciência, mas hoje o sono humano é considerado um processo fisiológico complexo, organizado e ativo, que requer a participação de uma variedade de regiões encefálicas (Bear, Connors, & Paradiso, 2002; Paterson, 2012; Stanley, 2005; Olbrich, Acherman, & Wennekers, 2011).

A quantidade de sono exigida é geneticamente determinada e varia entre as pessoas. O que é importante na duração do sono é que esta seja suficiente para que o indivíduo se sinta revigorado e capaz de desempenhar as suas tarefas diárias de uma maneira satisfatória. Em geral, a quantidade de sono considerada suficiente para os adultos situa-se entre as sete e as oito horas por noite (Paterson, 2012), diminuindo, de uma forma geral, com a idade (Edwards et al., 2010), passando para as seis e a seis horas e meia entre as pessoas de idade mais avançada (Rajput & Bromley, 1999). A quantidade de sono em adultos idosos não deixa de ser, contudo, semelhante ou maior quando comparada com o tempo total de sono em adultos mais novos (Byles, Mishra, Harris, & Nair, 2003).

https://doi.org/10.14195/978-989-26-1737-4_6

Os estádios do sono

Os diferentes estádios do sono são identificados de acordo com a presença de certas características comportamentais e/ou fisiológicas. Para medir os estádios do sono com precisão, a medida padrão é a polissonografia. Esta técnica envolve o registo de ondas cerebrais do indivíduo através do eletroencefalograma (EEG), e é, geralmente, combinada com medidas do movimento dos olhos através da eletro-oculografia (EOG) e da atividade dos músculos, através da eletromiografia (EMG). O EEG é descrito de acordo com o tamanho do sinal (amplitude da voltagem) e do número de oscilações por segundo (frequência). As frequências estão divididas em bandas que ajudam a classificar o sono: *delta, telta, alfa* e *beta*. Estes padrões ao longo das medidas de EMG e EOG permitem determinar qual o estádio do sono em que a pessoa se encontra num determinado momento (Paterson, 2012).

Foram identificados dois padrões específicos de EEG associados ao sono – o do movimento rápido dos olhos (*Rapid Eye Movement*; REM) e o do movimento não rápido dos olhos (*Non-Rapid Eye Movement*; NREM) (Colten & Altevogt, 2006; Paterson, 2012; Stanley, 2005).

O sono NREM está dividido em quatro estádios distintos, caracterizados pelo aumento da profundidade do sono após o indivíduo adormecer (Colten & Altevogt, 2006; Paterson, 2012; Stanley, 2005). Assim, o *Estádio 1* é definido como um estágio transicional entre o estar acordado e o adormecer, tendo habitualmente uma duração de 5 a 10 minutos. Durante esta fase, os olhos rodam lentamente, a respiração torna-se lenta e regular e o ritmo cardíaco diminui. Corresponde a um estágio passageiro e é o estádio de sono mais leve, pelo que o indivíduo pode ser facilmente acordado durante esta fase (Colten & Altevogt, 2006; Paterson, 2012; Stanley, 2005). O *Estádio 2*, ainda leve, é um pouco mais profundo, com duração de 5 a 15 minutos, passando pela mente fragmentos de pensamentos e imagens. Neste estádio, o ritmo cardíaco e a respiração tornam-se mais lentos, os movimentos dos olhos praticamente desaparecem, os músculos relaxam e existe muito pouco movimento do corpo. Cerca de 40 a 50% do sono numa noite normal é passado nesta fase (Bear et al., 2002; Colten & Altevogt, 2006; Paterson, 2012; Stanley, 2005). Os *Estádios 3* e *4* podem também ser denominados de *sono de ondas lentas*. O ritmo cardíaco e a respiração são lentos e o EEG exibe ondas lentas síncronas de grande magnitude. O indivíduo parece imóvel e calmo e é muito mais difícil acordar quando se encontra neste estádio do sono. Não existem movimentos dos olhos nem do corpo. O *Estádio 4* corresponde ao estádio do sono mais profundo (Colten & Altevogt, 2006; Paterson, 2012; Stanley, 2005).

Na Figura 1 são representados os dois padrões e os quatro estádios do sono durante uma noite de sono.

FIGURA 1
Hipnograma do sono em uma única noite
(REM = *rapid eye movements* [movimentos oculares rápidos])

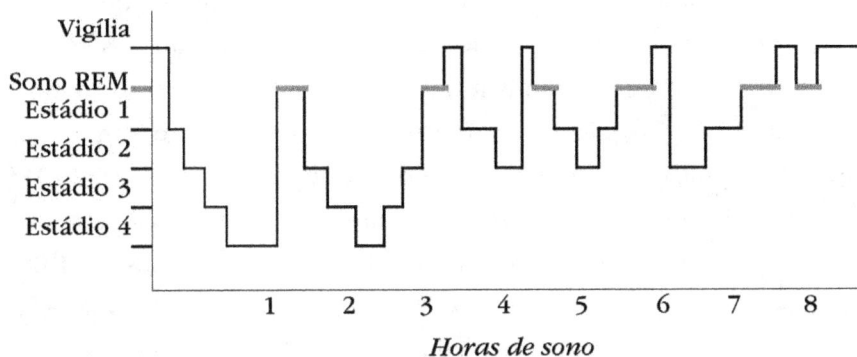

Horas de sono

Habitualmente, após o primeiro episódio do *Estádio 4* do sono NREM, surge o sono REM. Este é caracterizado por oscilações rápidas e de baixa voltagem, que se assemelham à vigília, razão pela qual é também chamado de *sono paradoxal*. No entanto, o sono REM difere da vigília, na medida em que se acompanha de uma paralisia que corresponde a uma perda total do tónus muscular ou atonia. Este é o sono onde se sonha, correspondendo a uma atividade cerebral elevada, respiração irregular, aumento do ritmo cardíaco e movimento rápido dos olhos. Os processos homeostáticos normais (incluindo o controlo da respiração e da temperatura) são interrompidos e a temperatura interna desce. Em pessoas normais, o clitóris ou pénis são preenchidos por sangue e ficam eretos durante o sono, embora normalmente este processo não se relacione com o conteúdo sexual dos sonhos. Durante o sono REM, o encéfalo parece fazer tudo menos repousar (Bear et al., 2002; Colten & Altevogt, 2006; Paterson, 2012; Stanley, 2005).

Arquitetura normal do sono

A progressão dos estádios do sono durante a noite é denominada de *arquitetura do sono* e consiste em *ciclos de sono* que se repetem a cada 90 a 120 minutos. Estes ciclos são exemplos de *ritmos ultradianos*, os quais têm períodos mais rápidos do que os *ritmos circadianos,* abordados mais à frente. O sono de ondas lentas predomina durante o primeiro terço da noite, enquanto o sono REM predomina na última metade da noite (Figura 1). O ciclo NREM/REM repete-se três a seis vezes por noite e, com cada ciclo, a quantidade de sono de ondas lentas diminui e a proporção de sono REM aumenta. Aproximadamente 75% a 80% do tempo total do sono é despendido no sono NREM (60% em Estádios 2 e 3; 20% em Estádios 3 e 4) e 20 a 25% em sono REM, com ciclos periódicos entre estes estádios durante toda a noite (Bear et al., 2002; Colten & Altevogt, 2006; Edwards et al., 2010; Paterson, 2012; Setiati & Laksmi, 2005; Stanley, 2005; Wolkove, Elkholy, Baltzan, & Palayew, 2007).

A investigação tem demonstrado que os diferentes estádios do sono têm diferentes funções. O sono NREM está relacionado com os processos homeostáticos, contribuindo para o descanso físico e o reforço do sistema imunitário. Por sua vez, o sono REM pode contribuir para o descanso psicológico e o bem-estar emocional a longo prazo, e pode, ainda, reforçar a memória (McKenna, Zelinski, & McCarley, 2017; Stanley, 2005).

Mecanismos reguladores do sono

O ciclo sono-vigília (um dos ritmos circadianos) está normalmente programado para ocorrer numa fase específica relativa ao ciclo externo da exposição dia-noite, consistindo num ciclo de cerca de 8 horas de sono noturno e 16 horas de vigília diurna. Este ciclo é governado por dois processos biológicos subjacentes controlados pelo cérebro, os *ritmos circadianos* e o *processo homeostático do sono* (Cuesta, Boudreau, & Boivin, 2017; Paterson, 2012). Os ritmos circadianos e o processo homeostático do sono são processos separados, mas interagem, assegurando que a propensão para dormir seja maior durante as horas «programadas» para esse efeito, e menor durante as horas de vigília em que se exige que o indivíduo esteja alerta (Cuesta et al., 2017; Paterson, 2012). Estes processos, determinam, então, qual a altura do dia que o indivíduo está mais suscetível a adormecer, bem como a profundidade e a duração do sono. Para além disso, são capazes de se compensarem. Por exemplo, se um indivíduo permanecer acordado durante toda a noite, a acumulação do processo homeostático vai ser substituída pelo processo circadiano que intervém de manhã cedo. Isto significa que, mesmo que se fique sem dormir durante uma noite inteira, ser-se-á capaz de funcionar no dia seguinte, ainda que, tendencialmente, com um desempenho reduzido (Paterson, 2012). Quanto ao *ritmo circadiano*, este é um processo que regula os ritmos diários do cérebro e do corpo. Este ritmo é gerado no corpo através de um relógio biológico que se encontra num grupo de células do núcleo supraquiasmático (NSQ) do hipotálamo e é regulado por estímulos externos (*zeitgebers*). O relógio circadiano controla a atividade sono-vigília e todos os ritmos corporais, incluindo a libertação de hormonas, temperatura corporal central e função hepática (Colten & Altevogt, 2006; Cuesta et al., 2017; Paterson, 2012; Siddiqui & D'Ambrosio, 2012; Stanley, 2005; Zhu & Zee, 2012). O NSQ é influenciado pela luz que entra nos olhos e, numa extensão menor, por outros estímulos como a temperatura. Assim, o ser humano tende naturalmente a dormir à noite, quando está escuro, e a estar ativo durante o dia, quando há luz. Para além disso, uma descida da temperatura coincide, geralmente, com o aumento da sonolência e um aumento da temperatura ocorre com o aumento do estado de alerta na hora de acordar (Colten & Altevogt, 2006; Paterson, 2012; Stanley, 2005). Por vezes, por diferentes motivos (e.g., trabalho por turnos) ocorrem alterações do ritmo circadiano. O resultado de uma mudança constante deste ritmo é a insónia ou a sonolência em alturas inapropriadas (Stanley, 2005; Zhu & Zee, 2012).

No que diz respeito ao *processo homeostático do sono*, a homeostasia diz respeito a uma propriedade dos organismos que regula o seu sistema interno para manter uma condição estável e constante. O *processo homeostático do sono* é responsável por recuperar o sono perdido através do aumento subsequente do sono. Independentemente do processo circadiano, o processo homeostático do sono é dependente da vigília, ou seja, aumenta, de uma forma proporcional, à quantidade de tempo desde o último sono. Quando o sono é inferior ao normal, existe uma *dívida de sono* que leva a um aumento do processo homeostático, o qual trabalha para assegurar que a dívida seja soldada no próximo período de tempo, acelerando o tempo de sono e aumentando a profundidade e duração do mesmo. Pelo contrário, se muito do sono já foi obtido, por exemplo, através de sestas, será mais difícil adormecer à noite e a profundidade do sono será reduzida (Paterson, 2012).

Durante o sono também ocorrem alterações no sistema nervoso vegetativo (Stanley, 2005). O equilíbrio deste sistema manifesta-se pela diminuição da ativação simpática e aumento da atividade parassimpática que facilitam o adormecer. A ativação simpática, seja ela de origem endógena, como nos estados ansiosos, ou exógena, como no uso de cafeína, pode afetar o início do sono. Assim, a utilização de boas medidas de higiene do sono e técnicas de relaxamento pode ajudar a alcançar um equilíbrio do sistema nervoso vegetativo em indivíduos com dificuldade em adormecer (Paterson, 2012; Stanley, 2005).

Durante alturas de stresse, o aumento da ativação simpática resulta no aumento de cortisol e da hormona adrenocorticotrofina que passam a apresentar níveis mais elevados do que o normal, o que aumenta a vigília. A ativação simpática tem uma função na sobrevivência, ao melhorar a vigilância dos indivíduos em momentos de stresse. Assim, quando se adormece, os elevados níveis destas hormonas inibem um sono reparador de ondas lentas. A insónia e as quantidades reduzidas do sono de ondas lentas durante alturas de maior ansiedade podem fazer com que o indivíduo não se sinta revigorado quando acorda (Stanley, 2005).

AS ALTERAÇÕES NORMAIS DO SONO COM O ENVELHECIMENTO

O envelhecimento é um processo multidimensional, com uma dimensão física, social, emocional, cognitiva e económica. Diferentes fatores ambientais podem proteger contra ou agravar os sinais do envelhecimento; estes fatores associam-se a processos biológicos, neurológicos e comportamentais, de uma forma não linear

(Schmidt, Peigneux, & Cajochen, 2012). Quanto ao processo do sono, o envelhecimento normal associa-se a mudanças profundas no mesmo, sobretudo na sua quantidade, duração e arquitetura (Cooke & Ancoli-Israel, 2011; Dijk, Groeger, Stanley, & Deacon, 2010; Paterson, 2012; Neubauer, 1999; Ohayon, Carskadon, Guilleminault, & Vitiello, 2004; Quinhones & Gomes, 2011; Stanley, 2005; Wolkove et al., 2007).

Início e manutenção do sono

Vários estudos demonstram que a capacidade para iniciar e manter o sono diminui com o envelhecimento (Allen, 2001; Edwards et al., 2010; Neikrug & Ancoli-Israel, 2010a; Roepke & Ancoli-Israel, 2010). No *Established Population for Epidemiologic Studies of the Elderly*, que incluiu mais de 9.000 adultos com mais do que 65 anos, cerca de 42% dos participantes apresentava dificuldade em iniciar e em manter o sono. Na avaliação realizada após três anos, 15% dos participantes que não relataram uma dificuldade de sono no primeiro momento, tinha sono perturbado no seguimento, sugerindo uma taxa anual de cerca de 5% (Foley et al., 1995). De facto, o sono nos adultos mais velhos tende a iniciar-se mais cedo (Edwards et al., 2010; Richardson, Carskadon, Orav, & Dement, 1982; Wolkove et al., 2007), a ser mais curto e menos profundo (aumento dos Estádios 1 e 2 e diminuição do *sono de ondas lentas*), o que aumenta a propensão para as sestas durante o dia (Cooke & Ancoli-Israel, 2011; Dijk et al., 2010; Duffy & Czeisler, 2002; Edwards et al., 2010; Quinhones & Gomes, 2011; Stanley, 2005; Yoon et al., 2003). Apesar de as pessoas idosas irem para a cama mais cedo (Edwards et al., 2010; Ohayon et al., 2004), demoram mais tempo a adormecer (aumento da latência do sono) (Ohayon et al., 2004). A frequência de acordares durante a noite também aumenta com o envelhecimento, gerando um sono mais fragmentado (Ohayon et al., 2004; Setiati & Laksmi, 2005). Para além da diminuição da eficiência do sono, as pessoas idosas são mais facilmente despertáveis durante o sono, existindo maior sensibilidade aos estímulos externos. Adicionalmente, no envelhecimento normal, é mais difícil voltar a adormecer depois de acordar, existindo uma quantidade significativa de vigília durante a noite (Cooke & Ancoli-Israel, 2011; Espiritu, 2008; Quinhones & Gomes, 2011). Acresce que a diminuição da capacidade para iniciar e manter o sono se associa ao aumento da morbilidade e mortalidade em pessoas idosas (Espiritu, 2008; Quinhones & Gomes, 2011; Silva et al., 2016). Vários estudos demonstram, ainda, que a latência do sono prolongada se relaciona com várias perturbações do sono, como a insónia e a apneia obstrutiva do sono, que serão abordadas mais à frente (Dew et al., 2003; Ohayon & Vecchierini, 2005).

Duração do sono

À medida que as pessoas envelhecem, vai existindo um declínio gradual do tempo total de sono, com um decréscimo de cerca de uma hora quando se compara pessoas de meia-idade e de idade avançada com pessoas adultas mais novas (Campbell & Murphy, 2007; Foley, Ancoli-Israel, Britz, & Walsh, 2004). Esta diminuição do tempo total de sono deve-se ao avanço de fase circadiana do ciclo sono-vigília com o envelhecimento (acordar cedo de manhã enquanto outras pessoas, a residirem na mesma casa, ainda estão a dormir) (Edwards et al., 2010; Espiritu, 2008; Quinhones & Gomes, 2011; Richardson et al., 1982; Wolkove et al., 2007) ou à curta duração do sono noturno devido às sestas durante o dia (Edwards et al., 2010; Espiritu, 2008; Quinhones & Gomes, 2011).

Arquitetura do sono

São várias as mudanças na arquitetura do sono que ocorrem com o avanço da idade (Figura 2). Uma dessas mudanças consiste no aumento do tempo despendido nos Estádios 1 e 2 do sono NREM em consequência da diminuição do sono de ondas lentas (Estádios 3 e 4). A atividade delta diminui em amplitude e quantidade, pelo que aos 60 anos de idade, o sono de ondas lentas representa não mais que 10% do tempo total de sono e após os 75 anos de idade o Estádio 4 é praticamente inexistente (Allen, 2001; Cooke & Ancoli-Israel, 2011; Edwards et al., 2010; Espiritu, 2008; Quinhones & Gomes, 2011; Ohayon et al., 2004; Setiati & Laksmi, 2005).

Outra alteração é o declínio do sono REM com a idade (Figura 2). O maior declínio surge entre a idade jovem e a idade adulta, depois da qual não é observada mais nenhuma mudança. Como o sono de ondas lentas diminui, o primeiro ciclo diminui, pelo que existe um consequente aumento da latência do sono REM com a idade (Cooke & Ancoli-Israel, 2011; Edwards et al., 2010; Espiritu, 2008; Quinhones & Gomes, 2011; Ohayon et al., 2004; Setiati & Laksmi, 2005).

Com o avançar da idade, a frequência com que o indivíduo acorda durante a noite aumenta (Figura 2), pelo que experiencia períodos maiores de vigília durante a noite (Cooke & Ancoli-Israel, 2011; Edwards et al., 2010; Espiritu, 2008; Quinhones & Gomes, 2011; Ohayon et al., 2004; Setiati & Laksmi, 2005).

Finalmente, existe uma diminuição do tempo total de sono, assim como da eficiência do mesmo (Cooke & Ancoli-Israel, 2011; Espiritu, 2008; Quinhones & Gomes, 2011; Ohayon et al., 2004; Setiati & Laksmi, 2005; Suzuki et al., 2016).

FIGURA 2

Hipnograma representativo dos ciclos sono em uma única noite numa pessoa idosa (REM = *rapid eye movements* [movimentos oculares rápidos])

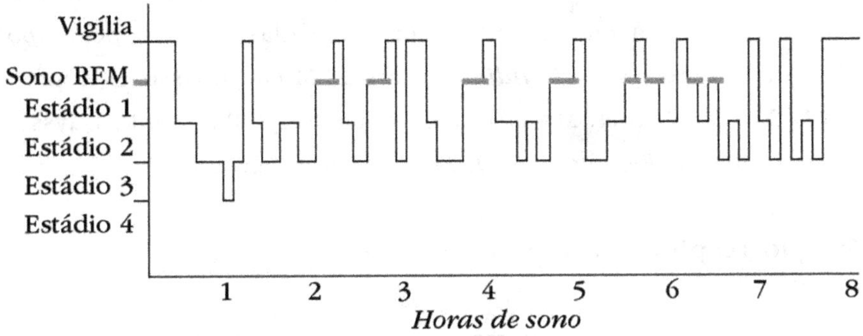

Ritmo circadiano

As alterações no início e manutenção do sono, assim como na sua arquitetura podem ser interpretadas à luz das mudanças que ocorrem no mecanismo de regulação circadiana com o processo de envelhecimento (Dijk et al., 2010; Espiritu, 2008; Paterson, 2012; Quinhones & Gomes, 2011). O ritmo circadiano sono-vigília sofre alguma degeneração com a idade, resultando em ritmos menos precisos e mais fracos. Ocorre ainda uma diminuição gradual da sua amplitude, que leva a períodos sono-vigília menos consistentes em 24 horas. Para além disso, no decorrer do processo de envelhecimento, o sono torna-se fragmentado e com várias interrupções, pela desregulação do relógio biológico, existindo um maior número de transições de um estádio para o outro e para a vigília (Ancoli-Israel, 2000; revisão de Mattis & Sehgal, 2016; Quinhones & Gomes, 2011; Shochat, Martin, Marler, & Ancoli-Israel, 2000; Stanley, 2005). Alguns estudos demonstram que as pessoas idosas preferem deitar-se mais cedo e acordar mais cedo, quando comparados com os jovens adultos. Esta preferência está associada ao já referido avanço de fase circadiana a um nível fisiológico. Para além disso, os adultos idosos apresentam um faseamento da temperatura corporal mais cedo do que os jovens adultos e uma diminuição da secreção de melatonina durante o sono. Deste modo, as diferenças no sono, com o avançar da idade, podem ser explicadas também pelo *tipo circadiano* e pela *fase circadiana* (Carrier, Monk, Buysse, & Kupfer, 1997; Carrier, Paquet, Morettini, & Touchette, 2002; Monk, Buysse, Begley, Billy, & Fletcher, 2009; Schmidt et al., 2012).

Função respiratória durante o sono

As mudanças degenerativas na função respiratória relacionadas com a idade podem ser parcialmente responsáveis pela morbilidade cardiovascular e pela mortalidade nos idosos. Assim, vários estudos observaram o aumento da ocorrência de apneia do sono, hipoapneia e despertares em indivíduos idosos (Hewitt, Smeeth, Bulpitt, Tulloch, & Fletcher, 2005; Naifeh, Severinghaus, & Kamiya, 1987).

Função endócrina e sono

Existem mudanças na função endócrina relacionadas com a idade, responsáveis pela deterioração da saúde e da qualidade de vida dos indivíduos idosos. Essas alterações na secreção hormonal durante o sono podem também relacionar-se com a menor qualidade do sono das pessoas idosas (Espiritu, 2008; Quinhones & Gomes, 2011). Uma dessas hormonas é o *cortisol*[1] cujo nadir e a acrofase[2] de secreção

---

[1] O cortisol é uma hormona produzida no córtex suprarrenal responsável pela estimulação da gliconeogénese (formação de carboidratos a partir de proteínas e de outras substâncias) no fígado, pela diminuição de proteínas nas células, mobilização dos ácidos gordos e importante na resistência ao stresse e inflamação (Guyton & Hall, 2006).

[2] Respetivamente, momentos em que ocorrem o valor mais baixo (mínimo) e o valor mais alto (pico) de um ritmo (Jansen et al., 2007).

ocorrem cerca de três horas mais cedo em pessoas idosas (Sherman, Wysham, & Pfohl, 1985). Ora, os níveis altos de cortisol noturnos têm sido implicados no sono fragmentado em pessoas idosas (Van Cauter, Leproult, & Plat, 2000). Noutro estudo, observou-se que, entre indivíduos idosos saudáveis, os que tinham maiores taxas de cortisol, apresentavam mais alterações do sono: menor eficiência do sono, menor tempo (poucos minutos) nos Estádios 2 e 3, e mais atividade durante o sono NREM (Espiritu, 2008). Noutra hormona, a *hormona de crescimento*[3] (GH), observa-se um declínio bifásico, do início da vida adulta até à meia-idade, que se correlaciona com um declínio paralelo do sono de ondas lentas (revisão de Allen, 2001; Espiritu, 2008). Estas mudanças nos níveis de secreção da GH e de cortisol poderão, também, contribuir parcialmente para a diminuição das funções neurocognitivas e anabólicas no idoso (Espiritu, 2008). A *melatonina*[4] é outra hormona que se altera com o avanço da idade e que está também envolvida em algumas perturbações do sono do idoso (revisão de Olde Rikkert & Rigaud, 2001). Outra hormona relacionada com o sono e várias das suas perturbações é a *orexina*[5]. Estudos recentes sugerem que os níveis desta hormona decrescem com o envelhecimento (revisão de Nixon et al., 2015). Finalmente, a *insulina*[6] é uma hormona que pode ser afetada pelas

---

[3] A hormona do crescimento é de origem hipofisária, causando o crescimento de todos os tecidos do corpo passíveis de crescer; estimulando a síntese de proteínas na maior parte dos tecidos; aumentando a mobilização dos ácidos gordos do tecido adiposo e o seu uso para energia e diminuindo a taxa de utilização de glicose no corpo (Guyton & Hall, 2006).

[4] A melatonina é uma hormona produzida na pineal que regula o ritmo circadiano e induz o sono (revisão de Olde Rikkert & Rigaud, 2001).

[5] A orexina é uma hormona sintetizada no hipotálamo lateral–posterior–perifornical e que regula o despertar, o metabolismo, a energia corporal, a procura de recompensa, a função vegetativa e o controlo ventilatório (revisão de Nixon et al., 2015).

[6] A insulina é uma hormona produzida nas ilhotas de Langerhans do pâncreas e que regula o metabolismo dos carboidratos, lípidos e proteínas através da estimulação do transporte da glicose do sangue para as células musculares, hepáticas e adiposas (Guyton & Hall, 2006).

alterações do sono. Um estudo em particular mostrou que a insónia em pessoas idosas se relacionava com um aumento da resistência à insulina (Yamamoto et al., 2010).

Perturbações do sono em pessoas idosas

Como vimos, diversas alterações do sono caracterizam o envelhecimento, mas não resultam necessariamente na presença de uma perturbação de sono. Foley et al. (1995), através dos dados referentes a mais de 9.000 indivíduos idosos do projeto *«Established Populations for Epidemiologic Studies of the Elderly»* do *National Institute on Aging*, indicaram que cerca de 57% das pessoas sofriam pelo menos de uma queixa crónica de perturbação do sono. Entre as queixas crónicas mais frequentes registaram-se as dificuldades em iniciar e em manter o sono que, usualmente, se associavam a problemas de saúde físicos. No entanto, Vitiello, Moe e Prinz (2002) referem que o sono perturbado é raro em adultos idosos saudáveis quando se usam critérios de exclusão quanto às comorbilidades. Ainda assim, vários estudos longitudinais atestam que as perturbações do sono aumentam com a idade, tornando-se crónicas numa grande percentagem de pessoas idosas (Buysse et al., 1991; Dening et al., 1998; Mallon, Broman, & Hetta, 2000). Como afirmam Neikrug e Ancoli-Israel (2010) e Suzuki e colaboradores (2016) nas suas revisões, muitas vezes, são outras comorbilidades que precipitam e mantêm os problemas de sono. Os autores referem que quando estes problemas se associam a um impacto no funcionamento diário (não fazendo parte, então, de um envelhecimento normal), importa estar atento à eventual presença de uma perturbação do sono, que deve ser devidamente avaliada e consequentemente tratada. De notar que alguns estudos indicam que as perturbações do sono aumentam o risco de institucionalização (Pollak, Perlick, Linsner, Wenston, & Hsieh, 1990).

Perturbações primárias do sono

As perturbações primárias do sono não são devidas a perturbações mentais, condições médicas, uso de medicação ou de substâncias. As mais comuns nos indivíduos idosos são a perturbação respiratória do sono, a síndrome das pernas inquietas/movimentos periódicos dos membros durante o sono e perturbação do comportamento no sono REM (Bloom et al., 2009; revisão de Bombois, Derambure, Pasquier, & Monaca, 2010; Foley et al., 2007; revisão de Neikrug & Ancoli-Israel, 2010a; revisão de Roepke & Ancoli-Israel, 2010; Wolkove et al., 2007).

Perturbação respiratória do sono. A perturbação respiratória do sono caracteriza-se por um conjunto de acontecimentos respiratórios que acontecem periodicamente durante o sono, desde o simples ressonar até à obstrução completa das vias respiratória (apneia) (revisão de Wolkove et al., 2007). Um índice de apneia-hipoapneia entre 5 e 10 (número de momentos de apneia ou hipoapneia/redução parcial da passagem de ar) é usado para fazer o diagnóstico. Esta perturbação é mais prevalente na população idosa (e naquela que é, igualmente, mais velha, por comparação com os idosos mais novos) (Young et al., 1993) e ainda mais nos idosos institucionalizados, particularmente nos que apresentam demência (Gehrman et al., 2003). Os sintomas desta perturbação na população idosa são o ressonar e a sonolência diurna excessiva que resultam da fragmentação do sono devida aos acordares e que aumentam a probabilidade da realização de sestas não intencionais ou de adormecer durante atividades diversas (revisão de Neikrug & Ancoli-Israel, 2010a). Ancoli-Israel et al. (1991), num estudo com idosos entre os 65-95 anos de idade, aleatoriamente selecionados e a residirem na comunidade, relataram uma prevalência de 62% de idosos com o referido índice acima de 10, 44% superior ou igual a 20 e 24% superior ou igual a 40. Diferentes fatores são considerados como sendo de risco para esta perturbação na população idosa: idade, sexo, obesidade, uso de medicação, consumo de álcool e tabaco, história familiar, raça e a configuração das vias aéreas superiores (revisão de Neikrug & Ancoli-Israel, 2010a; revisão de Roepke & Ancoli-Israel, 2010). Os doentes idosos com perturbação respiratória do sono podem relatar insónia, confusão durante a noite e prejuízo/défice cognitivo (dificuldades de concentração, atenção e memória a curto-prazo), sendo que, em idosos com demência, a gravidade da perturbação respiratória associa-se à gravidade da demência. Os doentes idosos com esta perturbação do sono apresentam, ainda, maior risco de consequências cardiovasculares como hipertensão, arritmias, ataque cardíaco, entre outras (revisão de Rodriguez, Dzierzewski, & Alessi, 2015). Nesta condição é essencial uma avaliação completa que abarque: história do sono, sonolência diurna, sestas não intencionais, ressonar, sintomas de outras perturbações de sono, dados adicionais do/da parceiro/a e cuidadores, história psiquiátrica e médica, uso de medicação e álcool e avaliação do prejuízo cognitivo (revisão de Neikrug & Ancoli-Israel, 2010a; revisão de Roepke & Ancoli-Israel, 2010). O tratamento de eleição é a pressão positiva e contínua nas vias respiratória (CPAP) que reduz ou elimina a apneia e hipoapneia, melhora a arquitetura do sono, melhora a sonolência (Weaver & Chasens, 2007) e está associada a melhorias no funcionamento cognitivo (Aloia et al., 2003).

Síndrome das pernas inquietas. A síndrome das pernas inquietas (ou síndrome de Willis-Ekbom) caracteriza-se por parestesias das pernas (descritas como picadas de pregos ou agulhas) que ocorrem quando a pessoa está acordada e relaxada ou num estado de descanso, ocorrendo mais frequentemente desde a tarde até à noite e sendo apenas aliviada com movimento (revisão de Neikrug & Ancoli-Israel, 2010a; revisão de Roepke & Ancoli-Israel, 2010; revisão de Wolkove et al., 2007). A prevalência desta perturbação aumenta com a idade (Ancoli-Israel et al., 1991; Chen & Cheng, 2009), com uma prevalência estimada de 10-35% em pessoas com mais de 65 anos (Milligan & Chesson, 2002), sendo duas vezes mais prevalente no sexo feminino (Phillips et al., 2000). Cerca de 70% dos pacientes com esta síndrome relatam, igualmente, movimentos periódicos dos membros durante o sono (outra perturbação do sono), que são caracterizados por conjuntos de espasmos nas pernas que causam ativação breve e/ou acordares que ocorrem a cada 20-40 segundos durante a noite (Ancoli-Israel et al., 1991). Para se diagnosticar a presença destes movimentos é necessário realizar um registo durante a noite que demonstre que a pessoa dá pelo menos cinco pontapés por hora em que o sono se encontra emparelhado com ativação (revisão de Neikrug & Ancoli-Israel, 2010a; revisão de Roepke & Ancoli-Israel, 2010), sendo igualmente importante o relato do parceiro/a (revisão de Neikrug & Ancoli-Israel, 2010a). Esta perturbação é bastante frequente em idosos mais velhos (45%), por comparação com os mais novos (entre 5-6%) (Ancoli-Israel et al., 1991). As pessoas com a síndrome das pernas inquietas, bem como, por vezes, as com movimentos periódicos dos membros durante o sono relatam sonolência diurna, dificuldade em iniciar e manter o sono (revisão de Roepke & Ancoli-Israel, 2010). No caso dos movimentos periódicos, podem ou não estar conscientes dos movimentos das pernas (o que leva algumas pessoas a queixar-se, antes, de insónia) (revisão de Neikrug & Ancoli-Israel, 2010a). Em ambos os casos, é importante que as pessoas sejam avaliadas para anemia, uremia e neuropatia periférica, antes de qualquer tratamento. Pensa-se que a desregulação do sistema dopaminérgico esteja subjacente às duas perturbações (desta forma os agonistas dopaminérgicos são a terapêutica mais usada), mas existe a hipótese da desregulação homeostática do ferro (revisão de Neikrug & Ancoli-Israel, 2010a; revisão de Roepke & Ancoli-Israel, 2010).

Perturbação do comportamento no sono REM. A perturbação do comportamento no sono REM caracteriza-se por comportamentos motores complexos (pontapear, esmurrar, correr e/ou gritar) que acontecem durante o sono REM (revisão de Neikrug & Ancoli-Israel, 2010a; revisão de Roepke & Ancoli-Israel, 2010), contrariando a típica atonia dos músculos esqueléticos durante esta fase do sono (revisão de Neikrug & Ancoli-Israel, 2010a; Wolkove et al., 2007). Assim, estes movimentos podem resultar em lesões no próprio ou no/a parceiro/a. Desconhece-se a etiologia da perturbação, mas parece estar associada a perturbações neurológicas ou neurodegenerativas (em 40% dos casos), especialmente doença de Parkinson, pelo que alguns estudos referem que a mesma pode ser a primeira indicação/manifestação de uma doença degenerativa (Boeve, Silber, Ferman, Lucas, & Parisi, 2001; Olson, Boeve, & Silber, 2000; revisão de Wolkove et al., 2007). Esta perturbação é mais prevalente em adultos idosos, predominando no sexo masculino (Olson et al., 2000; Sforza, Krieger, & Petiau, 1997; revisão de Wolkove et al., 2007). Mais uma vez, para diagnosticar esta perturbação, torna-se necessário realizar uma avaliação detalhada da história de sono, bem como ouvir o/a parceiro/a. A polissonografia acompanhada de um registo em vídeo é também essencial. Deve ser dada particular atenção às elevações intermitentes no tónus muscular ou à presença de movimentos nos membros no eletromiograma durante o sono REM, visto que são muito sugestivos da presença desta perturbação (revisão de Neikrug & Ancoli-Israel, 2010a; revisão de Roepke & Ancoli-Israel, 2010).

Insónia

É relativamente desafiante definir esta perturbação do sono. Tal como afirma Galimi (2010) na sua revisão, a insónia distingue-se da privação de sono, referindo-se esta à perda de sono que ocorre na presença de oportunidade/s e circunstância/s inadequada/s para dormir. Já a insónia refere-se à perda de sono mesmo que estejam reunidas as condições e oportunidades adequadas para o fazer. Como é possível verificar, esta definição de insónia assenta, relativamente, em elementos subjetivos, mas a verdade é que o relato subjetivo da pessoa é fundamental na avaliação da insónia. Na realidade, ao atentar-se aos diferentes sistemas de classificação e diagnóstico, pode verificar-se que o elemento subjetivo está mais ou menos diretamente patente. Segundo a *Classificação Internacional das Perturbações do Sono-2* (American Academy of Sleep Medicine, 2005), a insónia consiste na dificuldade repetida na iniciação, duração, consolidação ou qualidade do sono, que ocorre mesmo quando a pessoa tem o tempo e a oportunidade adequada para dormir e que conduz a prejuízo diurno. Segundo a quinta edição do *Manual de Diagnóstico e Estatística das Perturbações Mentais* (DSM-5; American Psychiatric Association [APA], 2013/2014, pp. 434-436), a insónia consiste na *insatisfação* com a qualidade ou quantidade do sono, associada a queixas de dificuldade em *iniciar, manter* o sono ou *despertares precoces* com incapacidade em voltar a adormecer, com ocorrência mínima de três noites por semana, duração mínima de três meses e a causar sofrimento clinicamente significativo ou prejuízo no funcionamento social ou ocupacional ou em outras áreas importantes de vida da pessoa. Ainda segundo o DSM-5, a insónia acontece mesmo que as circunstâncias para dormir sejam adequadas, não devendo ser melhor explicada nem ocorrer exclusivamente a par com outras perturbações do sono-vigília, nem ser atribuível aos efeitos diretos de uma substância. O diagnóstico é realizado quer como condição independente, quer como entidade comórbida com outras perturbações. A *Classification of Mental and Behavioural Disorders/* Classificação Internacional das Doenças, versão 10 (CID-10, World Health Organization, 1992) apresenta critérios semelhantes, mas o período mínimo é de um mês.

Em termos polissonográficos, pode recorrer-se aos esclarecimentos fornecidos pela DSM-5 (APA, 2013/2014) para cada um dos sintomas. Assim, a dificuldade em iniciar o sono é definida como uma latência do sono superior ou igual a 20-30 minutos (tempo acordado depois de adormecer), despertar precoce (acordar cerca de 30 minutos antes da hora prevista) e tempo total do sono menor do que seis horas e meia.

Conceptualmente e de acordo com o modelo dos 3 «P», e para compreender o alvo de várias intervenções não-farmacológicas, a insónia pode ser entendida à luz de fatores *predisponentes* (genéticos e traços de personalidade), *precipitantes* (problema de saúde, emocionais, sociais e familares) e *perpetuadores* (hábitos, atividades e preocupação) (revisão de Ebben & Spielman, 2009; revisão de Suzuki et al., 2016).

Depois, a insónia pode ser categorizada em *primária* quando não resulta de nenhum problema médico, psiquiátrico ou ambiental (e.g., uso de substâncias; parecendo estar associada a um estado constante de hiperativação; Saper, Scammell, & Lu, 2005) ou *secundária* quando resulta de um problema médico ou do uso de medicação. Esta divisão, fazendo sentido em qualquer faixa etária, é particularmente importante em pessoas de idade avançada, visto que a insónia é uma perturbação do sono de alta prevalência nesta fase da vida (Foley, Monjan, Simonsick, Wallace, & Blazer, 1999; Neubauer, 1999; Rajput & Bromley, 1999) e que ocorre, a maioria das vezes, em comorbilidade com outras perturbações médicas e/ou psiquiátricas ou toma de medicação (Foley et al., 1995, 1999, 2004; Ohayon, 2002; Suzuki et al., 2016; Vitiello et al., 2002).

A insónia pode ainda ser classificada como *aguda* (duração ≤ 4 semanas; associando-se a doença aguda, hospitalização, mudanças no ambiente onde se dorme, *jet lag* ou *stressores* psicossociais agudos ou recorrentes; Kamel & Gammack, 2006) ou, caso se mantenha, como *crónica*, durante um mínimo de 30 dias, segundo Mayer e equipa (2009) e Rocha, Guerra e Lima-Costa (2002), ou três meses, ou mais, segundo a American Academy of Sleep Medicine

(2005). Quanto à insónia *crónica* caracteriza-se por um ou mais dos seguintes sintomas: dificuldade em adormecer, dificuldade em manter o sono, acordar demasiado cedo (nos períodos referidos de tempo e com o prejuízo já mencionado; American Academy of Sleep Medicine, 2005). Segundo Ancoli-Israel e Roth (1999), os três quartos de indivíduos idosos que referem sono perturbado (e.g., dificuldades em adormecer) afirmam, também, que este problema é ocasional, acontecendo cerca de seis noites por mês. Os outros 25% sofrem de insónia crónica. Ganguli, Reynolds e Gilby (1996) tinham já, também, reportado que a persistência dos sintomas de insónia em pessoas idosas era elevada. No já referido estudo de Foley et al. (1995), com mais de 9.000 participantes com idade superior a 65 anos, mais de metade relatou problemas de sono crónicos: 43% dificuldades em iniciar e manter sono; 30% acordares noturnos; 29% insónia; 25% sestas diurnas; 19% dificuldades em adormecer; 19% acordar demasiado cedo pela manhã e 13% não sentir ter tido um sono reparador pela manhã (ao acordar). Neste mesmo estudo, salienta-se que as pessoas idosas sem problema de sono de base não vieram a desenvolver insónia causada pelo envelhecimento por si mesmo; na realidade, o desenvolvimento de problemas de sono foi secundário a uma doença crónica, à incapacidade física, ao uso de sedativos, ao humor depressivo, a uma saúde percebida como fraca e à viuvez.

A reforçar estes dados, a investigação epidemiológica indica que a insónia é mais frequente em pessoas idosas do que em pessoas mais novas (Mellinger, Balter, & Uhlenhuth, 1985; Roth & Roehrs, 2003), com maior prevalência entre as mulheres do que entre os homens (Roth & Roehrs, 2003; Su, Huang, & Chou, 2004). Segundo Monane (1992), a insónia atinge cerca de metade das pessoas com mais de 65 anos de idade ou afeta cerca de 20% a 40% dos indivíduos idosos (Foley et al., 1995; Vitiello, 1997). Ohayon (2002) na sua revisão relatou que em idosos não institucionalizados, entre 15-45% das pessoas relatavam dificuldade em adormecer, entre 20-65% sono perturbado, entre 15-54% acordares demasiado cedo pela manhã e 10% sono não reparador. Como se pode observar, os valores encontrados em diferentes estudos variam significativamente, o que levou Ohayon (2002) a conceptualizar os estudos epidemiológicos sobre a insónia como fazendo parte de quatro categorias: a) estudos que definem insónia pela presença de sintomas de insónia, como dificuldade em iniciar e manter o sono (prevalência entre os 30% a 48% na população geral); b) estudos que definem a insónia pela presença de sintomas de insónia e consequências diurnas (prevalência entre os 9% e os 15%); c) estudos que definem a insónia pela insatisfação subjetiva com a qualidade do sono (prevalência entre 8% a 18%) e d) estudos que definem a insónia recorrendo ao diagnóstico, usando um sistema formal de classificação, como o DSM-IV-TR (prevalência entre 4,4% a 6,4%).

Perturbações do sono em pessoas idosas e comorbilidades

Como acima mencionado, a maioria dos casos de insónia associa--se à presença de uma ou mais condições ou doenças crónicas ou doenças psiquiátricas, pelo que vários autores afirmam que o grande fator de risco para a ocorrência de insónia não é a idade (Galimi, 2010; revisão de Neikrug & Ancoli-Israel, 2010a; revisão de Roepke & Ancoli-Israel, 2010).

Doenças físicas crónicas. O *National Sleep Foundation* (2003) revelou a comorbilidade da insónia com diversas doenças crónicas: artrite, dor musculo-esquelética, cancro, demência/doença de Alzheimer, doença de Parkinson, angina de peito, insuficiência cardíaca congénita, asma, derrames (cerebrais), doença pulmonar crónica obstrutiva e doença de refluxo gastroesofágico. Para além disso, doentes idosos com quatro ou mais condições médicas apresentam mais dificuldades em dormir e maior insatisfação com o sono (Foley et al., 2004; National Sleep Foundation, 2003). Taylor e colaboradores (2007) referem as seguintes prevalências de certas condições/doenças em idosos com insónia, por comparação com os que não têm insónia: dor crónica (50,4% vs. 18,2%), pressão arterial elevada (43,1% vs. 18,7%), problemas gastrointestinais (33,6% vs. 9,2%), problemas respiratórios (24,8% vs. 5,7%), doença cardíaca (21,9% vs. 9,5%), problemas urinários (19,7% vs. 9,5%) e doença neurológica (7,3% vs. 1,2%). Importa enfatizar a importância da dor física crónica (que inclui quadros de artrite, fibromialgia e osteoartrite), visto que estes quadros são altamente prevalentes em indivíduos idosos (AGS Panel on Persistent Pain in Older Persons, 2002; Ancoli-Israel, 2006; Leigh, Hindmarch, Bird, & Wright, 1988), associando-se a problemas de sono (Blay, Andreoli, & Gastal, 2007; Foley et al., 2004; Giron et al., 2002; Janson, Lindberg, Gislason, Elmasry, & Boman, 2001; Lindstrom, Andersson, Lintrup, Holst, & Berglund, 2012; Ohayon, 2005). A este propósito, note-se que estudos epidemiológicos com amostras clínicas mostraram que o número médio de condições crónicas variava entre 5,2 e 6,5 em idosos a partir dos 65 anos ou mais (e.g., Fortin, Bravo, Hudon, Vanasse, & Lapointe, 2005). A nocturia (urgência para urinar durante a noite) é outro aspeto que não pode ser esquecido, uma vez que promove acordares frequentes durante a noite e sestas durante o dia em pessoas de idade mais avançada (Foley et al., 2007), sendo também responsável por quedas (Teo, Briffa, Devine, Dhaliwal, & Prince, 2006), aumentando, dessa forma, a mortalidade em adultos idosos (Galimi, 2010). Outro aspeto a ter em consideração é a menopausa que também se associa a problemas no sono: entre 25% a 50% de mulheres pós-menopáusicas sofrem de perturbação na arquitetura do sono, podendo tal associação decorrer de sintomas vasomotores, como os «calores» (Eichling & Sahni, 2005). Finalmente, removendo o efeito da idade, sexo e sobrecarga de doença, pessoas idosas com alterações específicas do sono (latência de sono acima dos 30 minutos; eficiência do sono inferior a 80%; sono REM fora dos extremos 15% da distribuição normal) têm um risco de morte acrescido (Dew et al., 2003).

Consumo de fármacos/substâncias. Os vários fármacos que a população idosa consome são também responsáveis por vários problemas de sono. Alguns medicamentos atrasam ou perturbam o sono, como os usados para a asma e alergias (broncodilatadores), beta-bloqueantes, corticosteroides, descongestionantes, diuréticos, hormonas para a tiroide ou corticoesteroides e outros medicamentos para doenças cardiovasculares, neurológicas, psiquiátricas e gastrointestinais (Ancoli-Israel & Cooke, 2005; Galimi, 2010; revisão de Wolkove et al., 2007). Assim, por exemplo, medicamentos para a depressão, como os inibidores seletivos da recaptação da serotonina e os inibidores serotoninérgicos e noradrenérgicos podem causar/agravar a insónia. Já fármacos como as benzodiazepinas parecem associar-se a sono leve ou a duração reduzida de sono em pessoas idosas (Giron et al., 2002). Por isso, Ancoli-Israel e Cooke (2005) indicam que os medicamentos sedativos (e.g., certos antidepressivos, anti-histamínicos, medicamentos para a tensão, etc.) devem ser administrados mais à noite, enquanto os medicamentos estimulantes devem ser ingeridos o mais cedo possível durante o dia.

Outras substâncias devem também ser consideradas, dado o elevado consumo entre pessoas idosas do mundo ocidental. Assim, a toma de cafeína, o consumo de nicotina e de álcool (este é, habitualmente, ingerido, numa primeira fase, para induzir o sono) prejudicam, igualmente, o sono (Ancoli-Israel & Cooke, 2005; Chueh, Yang, Chen, & Chiou, 2009; Galimi, 2010; Wolkove et al., 2007).

Perturbações mentais. Da mesma forma, tal como noutras faixas etárias, a insónia nos indivíduos idosos apresenta elevada comorbilidade com algumas perturbações mentais (cerca de 40% das vezes; Roth & Roehrs, 2003). Segundo o *National Sleep Foundation* (2003), os adultos idosos com depressão relatavam maior probabilidade de dormir menos de seis horas por noite, de se queixarem de qualquer sintoma de insónia, e de sonolência diurna excessiva. Em pessoas idosas (como aliás em qualquer outro momento da vida) se a insónia é um critério de diagnóstico para depressão, assim como pode ser um fator de risco para sintomas depressivos/depressão (Jaussent et al., 2011; Perlis et al., 2006), a depressão é também um correlato/ preditor de insónia (Cole & Dendukuri, 2003; Foley et al., 1999; Giron et al., 2002; Katz & McHorney, 1998; Naismith et al., 2009; Riemann, Berger, & Voderholzer, 2001). As perturbações de ansie-dade também existem, frequentemente, nos indivíduos idosos, em comorbilidade com a insónia (Breslau, Roth, Rosenthal, & Andreski, 1996; Ford & Kamerow, 1989; Hidalgo et al., 2007; Jackson, Sztendur, Diamond, Byles, & Bruck, 2014; Mellinger et al., 1985; Spira, Stone, Beaudreau, Ancoli-Israel, & Yaffe, 2009). Especificamente, Ford e Kamerow (1989) verificaram que 40% dos pacientes com insónia crónica preenchiam o diagnóstico para uma ou mais doenças psi-quiátricas, comparativamente a idosos sem insónia (16%). Taylor, Lichstein, Durrence, Reidel e Bush (2005) verificaram que pacientes idosos com insónia apresentavam mais sintomas graves de depres-são e ansiedade, dos que não tinham insónia e apresentavam maior probabilidade de apresentar depressão e ansiedade clínica.

Défice cognitivo e *perturbações neurológicas*. A associação da insónia com o funcionamento cognitivo (especialmente, memó-ria, alerta, velocidade psicomotora) está extensamente estudada em pessoas idosas (e.g., Bliwise, 1993; Cricco, Simonsick, & Foley, 2001; Dealberto, Pajot, Courbon, & Alpérovitch, 1996; Foley et al., 2001; Hart, Morin, & Best, 1995; Naismith et al., 2009; Prinz, Vitiello, Raskind, & Thorpy, 1990). No entanto, e como referido, quando é estudada a comorbilidade da insónia com outras condições médicas, é essencial detalhar a sua associação com as doenças neurológicas, nomeadamente com a demência [Bliwise (1993, 2004); ver Avidan (2006) e Roth (2012) para duas excelentes revisões quanto às alterações do sono em diferentes demências, aspetos específicos da avaliação e tratamento]. As doenças neurológicas podem afetar os mecanismos reguladores do sono e a arquitetura do sono e, de facto, as perturbações do sono são altamente prevalentes em adultos idosos com doença de Parkinson e doença de Alzheimer, bem como com outras demências menos frequentes (Bliwise, 2004; Bliwise et al., 2011; Brotini e Gigli, 2004; Dauvilliers, 2007; Roth, 2012; Tractenberg, Singer, & Kaye, 2005).

De acordo com Bliwise e colaboradores (2011), as perturbações do sono afetam entre 25% a 80% dos pacientes, dependendo do tipo de demência. Segundo McCurry, Reynolds, Ancoli-Israel, Teri e Vitiello (2000) entre 19% a 44% dos indivíduos idosos que vivem na comunidade e que tem demência de Alzheimer apresentam perturbações do sono. Já cerca de 70% dos doentes de Parkinson referem insónia, pesadelos, sonhos vividos e sonolência diurna excessiva (Askenasy, 2003). Segundo Bliwise, Trotti, Greer, Juncos e Rye (2010), perto de 90% dos doentes de Parkinson apresentam insónia intermédia, com acordares frequentes. Doentes de Alzheimer podem apresentar padrão sono-vigília invertido, maior dificuldade em adormecer, maior número e duração de acordares e uma maior percentagem de Estádio 1 do sono, apresentando uma diminuição do sono de ondas lentas e do sono REM (Bliwise, 2004; revisão de Bombois et al., 2010; Roth, 2012; Wolkove et al., 2007). Com o evoluir da doença, os doentes apresentam cada vez mais sonolência diurna. As alterações do sono nestes doentes podem estar associadas a alterações da respiração que afetam o sono, a perturbação cronobiológica, mas também a uma frequência excessiva de sestas (Bliwise, 2004). Os doentes de Alzheimer podem, igualmente, apresentar agitação psicomotora (maioritariamente durante a noite), confusão, desorientação, suspeição e alguns comportamentos violentos, um quadro difícil de traduzir, mas que na literatura surge designado como *síndrome do pôr do sol (sundowning syndrome)*, visto que estes sintomas se tendem a manifestar ao fim da tarde ou da noite (Canevelli et al., 2016; Bliwise, 2004; Khachiyants, Trinkle, Son, & Kim, 2011; Wolkove et al., 2007).

Importa acrescentar que as manifestações associadas à disrupção do sono são as mais difíceis de lidar por parte dos cuidadores (em termos emocionais, físicos e psicológicos; e.g., Mahoney, Regan, Katona, & Livingston, 2005; McCurry, Logsdon, Teri, & Vitiello, 2007b), podendo, inclusive, originar perturbações de sono nos cuidadores (Kotronoulas, Wengström, & Kearney, 2013; Peng, Lorenz, & Chang, 2018; Pollak & Stokes, 1997), sendo as que muitas vezes originam a institucionalização, mais até do que a própria demência (Bliwise, 2004; Gaugler et al., 2000; Hope, Keene, Gedling, Fairburn, & Jacoby, 1998; Moe, Vitiello, Larsen, & Prinz, 1995; Pollak & Perlick, 1991; Spira et al., 2012).

Para além disso, as perturbações do sono podem amplificar o prejuízo cognitivo e a desregulação emocional já vivenciadas pelas pessoas com demência, conduzindo à perda de várias funções (Bonanni et al., 2005; Bubu et al., 2016; Chen et al., 2017; Moe et al., 1995).

Correlatos ambientais: a institucionalização. Neste domínio, a investigação tem mostrado que o recurso à institucionalização tem um potencial impacto sobre o sono. Vários estudos têm vindo a mostrar que os idosos institucionalizados apresentam maiores períodos de sono com avanço de fase (revelando maior perturbação do ciclo sono-vigília), pior qualidade de sono, início do sono com maior perturbação (maior latência do sono), sono extremamente fragmentado, maior tempo passado na cama e maior uso de medicação hipnótica-sedativa (Ancoli-Israel & Kripke, 1989; Galimi, 2010; Gindin et al., 2014; Middelkoop, Kerkhof, Smilde-van den Doel, Ligthart, & Kamphuisen, 1994; Moyle et al., 2017; revisão de Neikrug & Ancoli-Israel, 2010b; Tsai, Wong, & Ku, 2008; Valenza et al., 2013; Ye & Richards, 2018), comparativamente a pessoas idosas que vivem na comunidade ou que recebem cuidados nas suas casas (e.g., apoio domiciliário) (Kume et al., 2016). Vários estudos mostram mesmo que, em indivíduos idosos que residem em instituições, nem uma única hora, em vinte e quatro horas, é passada totalmente a dormir ou totalmente acordado (Ancoli-Israel & Kripke, 1989; Pat-Horenczyk, Klauber, Shochat, & Ancoli-Israel, 1998), isto porque vários idosos institucionalizados permanecem na cama muito tempo e vão dormindo intermitentemente, mesmo durante as horas de refeição, o que provoca, como já referido, perturbação do padrão de sono-vigília (Galimi, 2010; revisão de Neikrug & Ancoli-Israel, 2010b). Diferentes fatores têm sido associados ao prejuízo e perturbação do sono em idosos institucionalizados, com o barulho e a exposição à luz artificial (que ocorrem intermitentemente durante todo o dia e noite) a serem alguns dos mais importantes (revisão de Neikrug & Ancoli-Israel, 2010b; Schnelle et al., 1998), verificando-se igualmente pouca atividade física (Moyle et al., 2017) e social (Garms-Homolovà, Flick, & Röhnsch, 2010) e pouca exposição à luz solar durante o dia (Ancoli-Israel & Kripke, 1989). Esta última exposição parece associar-se a menor perturbação do sono (Shochat et al., 2000).

Projeto Trajetórias do Envelhecimento: outros correlatos. Neste Projeto realizaram-se seis estudos sobre o sono em pessoas idosas. Depois de se desenvolver um instrumento específico para avaliar a qualidade subjetiva do sono, o *Questionário sobre o Sono na Terceira Idade* (Marques et al., 2012), um dos estudos iniciais com 99 indivíduos idosos institucionalizados mostrou que os problemas mais comuns eram a sonolência diurna e as sestas (Espirito Santo et al., 2012b). As outras pesquisas com a mesma amostra revelaram os seguintes correlatos: a qualidade subjetiva do sono associou-se ao funcionamento cognitivo avaliado através do teste do relógio (Espirito Santo et al., 2012b), escolaridade mais baixa, maior sonolência diurna, presença de condições médicas, sintomas depressivos (Espirito Santo et al., 2012a) e solidão (Costa et al., 2013); a idade mais avançada relacionou-se com despertares mais precoces e diminuição da profundidade do sono (Espirito Santo et al., 2012a).

Noutro desses estudos (Testas, 2015), os três grupos definidos de sono (*Bons Dormidores, Idosos com Sintomas de Insónia* e *Idosos Insones*) associaram-se à toma de medicação, sensação de agitação no corpo antes de ir para a cama, prática de atividade física, presença de dores, sintomas depressivos e pontuação total no MMSE. A sensação de agitação no corpo antes de ir para a cama, a ausência de prática de atividade física, a presença de dores e os sintomas depressivos foram preditores do facto dos idosos pertencerem ao grupo de *Insones* (particularmente as dores e a sensação de agitação no corpo antes de ir para a cama). Finalmente, no estudo mais recente com 140 pessoas (Napoleão, Monteiro, & Espirito-Santo, 2016), as pessoas idosas residentes na comunidade, quando comparadas com as institucionalizadas, mostraram ter a perceção de demorar mais tempo a adormecer, de acordar precocemente e de ter mais pesadelos, não se tendo encontrado outras diferenças em termos de qualidade subjetiva de sono entre os dois grupos.

AVALIAÇÃO DO SONO EM PESSOAS IDOSAS

Atendendo às alterações normais do sono com o envelhecimento, mas também à prevalência considerável de diferentes perturbações do sono, nos indivíduos idosos, a avaliação do sono deve ser incorporada nas avaliações gerais da saúde de um idoso (Geib, Neto, Wainberg, & Nunes, 2003). No caso dos adultos idosos, é também importante lembrar que estes, habitualmente, não relatam espontaneamente os seus hábitos de sono, a menos que estes sejam questionados (Bloom et al., 2009).

Na sua revisão, Geib et al. (2003) referem que importa, para além da informação recolhida junto do indivíduo idoso, considerar a informação recolhida junto de potenciais observadores (familiares, cuidadores, colegas de quarto, etc.). Para além disso, é importante que a avaliação seja abrangente, em termos médicos, atendendo à comorbilidade das perturbações/alterações do sono nos idosos com outras condições médicas/psiquiátricas. O diagnóstico resultará do relato subjetivo (e.g., história do sono e de condições médicas/psiquiátricas; diário de sono) mas também do uso de métodos objetivos (exame físico, polissonografia e teste de latências múltiplas do sono).

Já de acordo com as recomendações baseadas em evidências de Bloom et al. (2009), no que respeita à avaliação e tratamento das perturbações do sono em doentes idosos, a abordagem a seguir em ambulatório para detetar problemas no ciclo sono-vigília passa por avaliar o sono de uma forma regular, com o clínico a realizar algumas questões gerais ou permitindo a um elemento da equipa clínica que administre um questionário sobre o sono antes ou durante as consultas de rotina (no caso de uma primeira consulta antes da consulta; nos casos em seguimento, semestralmente), sendo, posteriormente, as respostas cedidas ao clínico que decidirá aprofundar a avaliação, caso necessário (ver no final do subcapítulo, os instrumentos mais usados). Poderá, então, ser necessária uma avaliação mais detalhada (dados laboratoriais, exames físicos, etc.). Os clínicos podem recorrer a diagramas de fluxo para realizar diagnósticos e decidir opções de tratamento.

Estes e outros aspetos que iremos referir de seguida (a que os profissionais que trabalham com pessoas idosas poderão ter em conta para identificar se o idoso sofre de insónia ou de outra perturbação de sono) são apresentados no Quadro 1.

No seguimento do acima exposto, seguem-se alguns instrumentos de avaliação mais usados e validados para a população idosa. No entanto, note-se que a evocação retrospetiva relativa à qualidade do sono pode ser difícil em pessoas idosas, pelo que se recomenda o uso complementar de um diário de sono que permita o registo temporal (horas de deitar, acordar/es), quantidade, e qualidade ao longo de dias consecutivos (Rodriguez et al., 2015).

QUADRO 1
Elementos para diagnóstico da insónia no idoso

- Informação recolhida junto do idoso (história do sono, de condições médicas/ psiquiátricas e níveis de ansiedade e stresse; uso de questionários validados e/ou diário de sono).
- Informação recolhida junto de potenciais observadores (e.g., familiares, cuidadores, colegas de quarto), visto que podem notar sintomas e comportamentos de que o próprio não se apercebe (recomendação: uso de questionários validados e/ou diário de sono).
- Métodos objetivos (exame físico, dados laboratoriais, polissonografia e teste de latências múltiplas do sono).
- Determinar se o idoso apresenta uma alteração do sono decorrente do processo de envelhecimento ou se sofre de insónia.
- Definir a perturbação de sono dominante questionando/avaliando o padrão de sono do idoso (horas habituais de adormecer e acordar), qualidade do seu sono, latência do sono, duração total do sono, e número de acordares (recomendação: uso de diário de sono durante uma a duas semanas).
- Questionar acerca das sestas e da sonolência diurna (recomendação: escalas específicas de avaliação da sonolência).
- Avaliar alterações do ciclo sono-vigília.
- Identificar alguma condição médica que possa contribuir para o sono perturbado da pessoa.
- Rever as medicações que o idoso toma (prescritas ou não prescritas).
- Questionar sobre a tomar diária de cafeína e sobre o consumo de álcool.
- Considerar o encaminhamento para um especialista do sono se se desconfiar de uma perturbação primária do sono (quando existe sonolência diurna, queixas de ressonar, sono inquieto, dores de cabeça, etc.).

Nota. Adaptado de Bloom et al. (2009), Carrier, Lafortune e Drapeau (2012) e Geib et al. (2003).

Questionário sobre o Sono na Terceira Idade (QSTI; Marques et al., 2012). Tal como referido, no Projeto Trajetórias do Envelhecimento foi desenvolvido o QSTI que revelou boas propriedades psicométricas, inicialmente com uma amostra de 99 pessoas idosas institucionalizadas (alfa de Cronbach = 0,81; solução unifatorial significativa), e alfa de Cronbach de 0,70 com 140 pessoas institucionalizadas e residentes na comunidade (Napoleão et al., 2016). Este questionário resultou da adaptação para pessoas idosas do Índice de Qualidade de Sono (Gomes, 2005), sendo heteroadministrado e constituído, numa primeira parte, por sete questões (latência do sono, dificuldade em adormecer, número de acordares noturnos, acordar espontaneamente e precocemente, acordar precoce como um problema, qualidade subjetiva do sono em geral e profundidade do sono) cujas respostas variam de 0 a 4. O somatório desta primeira parte permite determinar o *Índice de Qualidade Subjetiva do Sono* que pode variar entre 0 (melhor) e 28 (pior). A segunda parte do QSTI é constituída por 12 questões de resposta dicotómica (Sim/Não) relativas aos correlatos do sono (1. sono no último mês; 2. sonolência diurna; 3. medicação para dormir; 4. atividade física; 5. manutenção de horário de sono regular; 6. presença de dores que afetam o sono; 7. doença que afeta o sono; 8. sestas diurnas; 9. parceiro de sono ruidoso; 10. doenças do sono; 11. medicamentos perturbadores do sono e da vigília; 12. questão realizada a informante sobre inversão do padrão/ciclo do sono-vigília). Adicionalmente, e seguindo os critérios do DSM-5 (APA, 2013/2014), é possível criar um *Índice de Insónia* com base na resposta «sim» às perguntas 1.1 a 1.4 e «não» às questões 1.6, 2.1 a 2.6, 7.1 a 7.5, 9 e 10.1 a 10.4. Finalmente, recorrendo aos pontos de corte estabelecidos pela média mais ou menos desvio padrão, é possível determinar três grupos: *Bons Dormidores, Idosos com Sintomas de Insónia* e *Idosos Insones* (Napoleão et al., 2016). No total, o questionário toma cerca de 10 minutos a completar. O questionário e pedido de uso pode ser obtido em http://repositorio.ismt.pt/handle/123456789/670.

Pittsburgh Sleep Quality Index (PSQI; Buysse, Reynolds, Monk, Berman, & Kupfer, 1989). O PSQI foi construído para avaliar a qualidade e perturbações do sono referentes ao último mês e discrimina entre «bons» e «maus» dormidores (Buysse et al., 1989). O PSQI é um questionário de autopreenchimento que demora 5 a 10 minutos a preencher e engloba sete componentes: *eficiência habitual do sono* (3 itens), *latência do sono* (2 itens), *duração do sono* (1 item), *perturbações do sono* (9 itens), *qualidade subjetiva do sono* (1 item), *uso de medicações para dormir* (1 item) e *disfunção diurna* (2 itens). O PSQI inclui 19 itens que entram na pontuação e cinco itens adicionais a serem preenchidos pelo companheiro de quarto e que não entram na cotação, mas que podem ser úteis para fins clínicos. Nos 19 itens, as respostas aos itens 1 a 4 são abertas e referem-se às horas habituais de deitar e levantar, minutos para adormecer e horas dormidas por noite. A partir daqui obtém-se o *índice de eficiência habitual do sono* que se calcula a partir da seguinte fórmula: N.º de horas dormidas (Item 4) / [Hora de deitar (Item 1) - hora de acordar (Item 3)] X 100. Depois os valores deste índice são convertidos da seguinte forma: zero pontos para > 85%; um ponto para 75-84%; dois pontos para 65-74% e três pontos para < 65% de eficiência. As respostas aos Itens 2 e 4 (*duração do sono*) sofrem depois, também, transformação para valores entre zero e três pontos, respetivamente: «≤ 15 minutos», «16-30 minutos», «31-60 minutos» ou «> 60 minutos»; e «> 7 horas», «6-7 horas», «5-6 horas» ou «< 5 horas». De seguida, todos os restantes itens são respondidos numa escala de resposta de Likert de quatro pontos [0 pontos (ausência de dificuldade) a 3 pontos (dificuldade grave)]. O Item 5a (quantidade de vezes que não se consegue adormecer nos 30 minutos após deitar; «Não ocorreu no último mês», «Menos do que uma vez por semana», «Uma ou duas vezes por semana», ou «Três ou mais vezes por semana») entra depois com o Item 2 no somatório para a *latência do sono*, sendo o seu total reconvertido da seguinte forma: 0 (0 pontos), 1-2 (1 ponto), 3-4 (2 pontos), 5-6 (3 pontos). Os itens 5b a 5j são relativos à frequência de problemas de sono específicos[7]

---

[7] Acordar a meio da noite ou de madrugada; levantar para ir à casa de banho; não conseguir respirar adequadamente; tossir ou ressonar; ter sensação de frio; ter

(«Não ocorreu no último mês», «Menos do que uma vez por semana», «Uma ou duas vezes por semana», ou «Três ou mais vezes por semana»), as suas pontuações são somadas ao componente *perturbações do sono*, podendo variar entre 0 e 27 pontos reclassificáveis do seguinte modo: 0 (0 pontos), 1-9 (1 ponto), 10-18 (2 pontos), 19-27 (3 pontos). O Item 6 é relativo à avaliação global da *qualidade de sono* («Muito boa», «Moderadamente boa», «Moderadamente má» ou «Muito má»). A Pergunta 7 diz respeito ao uso de medicação hipnótica («Não ocorreu no último mês», «Menos do que uma vez por semana», «Uma ou duas vezes por semana» ou «Três ou mais vezes por semana»). A *disfunção diurna* resulta do somatório das Questões 8 (dificuldades em se manter acordado nas atividades) e 9 (manter o entusiasmo suficiente para realizar as tarefas necessárias: «Nenhum problema», «Apenas um problema muito ligeiro», «Algum problema» ou «Um problema muito grande»). A *disfunção diurna* pode variar entre zero e seis pontos reclassificáveis do seguinte modo: 0 (0 pontos), 1-2 (1 ponto), 3-4 (2 pontos), 5-6 (3 pontos). O *Índice de qualidade de Sono de Pittsburgh* resulta, por fim, da soma dos sete componentes, permitindo então discriminar entre *Bons Dormidores* (< 5 pontos) e *Maus Dormidores* (≥ 5 pontos) com uma sensibilidade de 89,6% e especificidade de 86,5% (Buysse et al., 1989), ainda que outros apontem para um ponto de corte mais adequado de 8 pontos (Carpenter & Andrykowski, 1998). O instrumento pode ser obtido no apêndice da versão original (Buysse et al., 1989) e a permissão de uso pode ser obtida junto do autor (Daniel J. Buysse, E-mail: buyssedj@upmc.edu).

Alguns estudos de validação atestam as qualidades psicométricas do PSQI com indivíduos idosos, com valores adequados de consistência interna e de validade de constructo (Beaudreau et al., 2012; Spira et al., 2012). Na revisão da literatura não encontrámos

---

sensação de calor; ter pesadelos; ter dores e outro problema identificado pelo próprio.

estudos de validação para a população idosa portuguesa, ainda que haja alguns estudos que usam este índice (e.g., Rodrigues, Nina, & Matos, 2014).

Epworth Sleepiness Scale (ESS; Johns, 1991). Esta escala de oito itens serve para medir a sonolência diurna, sendo pedido aos respondentes que classifiquem a probabilidade de adormecer ou «cabecear com sono» em oito situações comuns do dia a dia, como «sentar e ler» ou «ver TV» (Johns, 1991). A ESS pede ainda aos sujeitos que «tente indicar como é que o/a afetam» mesmo que não tenham realizado uma dessas atividades recentemente. Cada item é respondido numa escala de Likert de quatro pontos (0 «nunca adormeceria», 1 «pequena probabilidade de adormecer», 2 «moderada probabilidade de adormecer», ou 3 «grande probabilidade de adormecer»), determinando uma pontuação total entre 0 (sonolência mínima) e 24 (sonolência máxima). Pontuações acima de 11 são geralmente consideradas fora do normal ou positivas para sonolência diurna excessiva. O critério para sonolência diurna excessiva baseou-se na média e desvio padrão (4,5 ± 2,8) com trabalhadores australianos saudáveis (Johns & Hocking, 1997). O instrumento está disponível em http://epworthsleepinessscale.com, tomando 2-3 minutos a preencher e 1 minuto a cotar. Dois estudos de validação suportam a adequação das suas qualidades psicométricas com indivíduos idosos, incluindo consistência interna e validade de constructo (Beaudreau et al., 2012; Spira et al., 2012). Apesar de validada numa amostra de adultos portugueses com apneia obstrutiva do sono (Sargento, Perea, Ladera, Lopes, & Oliveira, 2015), a nossa revisão não detetou validações com pessoas idosas portuguesas.

Insomnia Severity Index (ISI; Bastien, Vallières, & Morin, 2001; Morin, 1993). Este índice mede a perceção da pessoa relativamente à sua insónia e consiste na classificação subjetiva de sete problemas de insónia, relativos às duas semanas anteriores, numa escala de Likert de cinco pontos (0 «sem problema»; 4 «problema muito grave»). Através do total resultante do somatório das pontuações individuais, é possível estabelecer quatro categorias: 0 a 7, insónia clinicamente não significante; 8 a 14, insónia sublimiar; 15 a 21, insónia moderada; 22 a 28, insónia grave (clínica). O conteúdo do questionário corresponde aos critérios de insónia estabelecidos no DSM-IV e dirige-se aos sintomas subjetivos, consequências e grau de preocupação ou sofrimento provocado por essas dificuldades (Bastien et al., 2001). Assim, os itens incluem a gravidade das dificuldades relativas ao início e manutenção do sono (noturno e acordares matutinos), satisfação com o padrão do sono, interferência com o funcionamento diário, défice óbvio atribuível ao problema de sono e grau de sofrimento provocado pelo problema. O ISI preenche-se em menos de 5 minutos e existem duas versões paralelas para o clínico e para o cônjuge. No estudo 2 de Bastien et al. (2001), que incluiu 78 adultos idosos, o alfa de Cronbach foi de 0,76, com correlações item-total a variar entre 0,32 e 0,76, estrutura trifatorial (Componente I, itens relacionados com o funcionamento, défice e sofrimento; Componente II, itens relativos ao adormecer, manter e acordar; Componente III, itens referentes à satisfação com o padrão do sono, gravidade da insónia e nível de sofrimento) e média de 15,4 (DP = 4,2). O questionário foi publicado no estudo original (Bastien et al., 2001) e a permissão de uso pode ser solicitada a Charles M. Morin (E-mail: cmorin@psy.ulaval.ca). Não foram encontradas versões validadas em português.

Diário de sono. Os diários de sono estão entre as medidas mais válidas para medir a insónia na prática clínica, devendo ser preenchidos, no mínimo, durante duas semanas antes da intervenção (Petit, Azad, Byszewski, Sarazan, & Power, 2003). Um desses diários de sono aplicados à população idosa consiste no registo subjetivo de vários parâmetros do sono durante uma a duas semanas, incluindo: momento de sesta, consumo de substâncias para ajudar a adormecer, altura de deitar, latência do sono, frequência dos acordares noturnos, altura de acordar, altura de levantar, o que sente quando se levanta (escala de 5 pontos) e qualidade do sono (escala de 5 pontos) (Bastien et al., 2001; Morin, 1993). As medidas determinadas a partir deste registo, consistem na latência do sono ao adormecer (tempo entre o apagar da luz e início do sono), vigília após adormecer (quantidade de tempo acordado/a entre o momento de adormecer inicial e último acordar; acordar matinal precoce (tempo acordado/a desde o último acordar até levantar efetivamente da cama); tempo na cama (tempo total desde o apagar da luz até ao levantar) e tempo de sono total. A eficiência do sono é determinada através do rácio entre o tempo de sono total e o tempo na cama, multiplicado por 100%.

Outro exemplo é fornecido por Ebben e Spielman (2009) e adaptado na Figura 3. Neste diário, os pacientes são instruídos a completá-lo mal acordam pela manhã, colocando as letras de código relativas a várias atividades na hora respetiva (nossa adaptação). A medicação, indicada pelo número, deve também ser colocada na hora em que foi ingerida. Cada linha corresponde a um dia e o tempo que se passa a dormir é indicado através de um traço que percorre as horas correspondentes no diário.

FIGURA 3
Diário de sono adaptado de Ebben e Spielman (2009)

6	7	8	9	10	11	12	13	14	15	16	17	18	19	20	21	22	23	0	1	2	3	4	5	DATA DE MANHÃ	TEMPO PARA ADORMECER (MIN)	QUANTIDADE DE SONO	GRAU DE FADIGA 1 BAIXO — 10 ALTO

MEDICAÇÃO 1 _____ DOSE _____ MEDICAÇÃO 2 _____ DOSE _____

• = Momento de ir para a cama; —— = tempo a dormir; F = fora da cama; C = cafeína; A = álcool; T = tabaco; R = refeição.

A maioria da literatura existente acerca das intervenções nas perturbações do sono em indivíduos idosos, foca a insónia (Ancoli-Israel, 2005; Ancoli-Israel & Cooke, 2005; Bloom et al., 2009; Cooke & Ancoli-Israel, 2011; Galimi, 2010; Phillips & Ancoli-Israel, 2001; Roepke & Ancoli-Israel, 2010; Suzuki, Miyamoto, & Hirata, 2016), pelo que a nossa revisão vai seguir a mesma tendência. Dividir-se-á a intervenção nas terapias psicológicas (terapias comportamentais e cognitivo-comportamentais), biológicas não farmacológicas e farmacológicas. Apesar do maior uso da alternativa farmacológica, a eficácia das terapias psicológicas está bem documentada com indicação de melhoria dos sintomas de insónia em 70-80% dos doentes e duração até seis meses após o término da intervenção (revisão de Ebben & Spielman, 2009; Morin, Colecchi, et al., 1999), por esse motivo, irá começar-se por estas abordagens.

Terapias comportamentais. Uma vez que o sono é profundamente regulado pelo comportamento, apesar da forte componente biológica homeostática e circadiana, diversas intervenções/técnicas baseadas na teoria comportamental têm conduzido a resultados positivos (Rodriguez et al., 2015). Uma dessas técnicas é a *educação do sono* que consiste em explicar o impacto que vários hábitos de vida (sestas, exercício, banho, cafeína, nicotina e álcool) e diversos fatores ambientais (barulho, temperatura e luz) têm no sono (Adachi et al., 2011). A educação do sono é, habitualmente, a primeira forma de intervenção usada para tratar a insónia, consistindo numa técnica simples que se tem mostrado eficaz na intervenção com pessoas idosas (Adachi et al., 2011; McCurry, Logsdon, Teri, & Vitiello, 2007a; Morgenthaler et al., 2006). A técnica associada à educação do sono é a *higiene do sono* que consiste num conjunto de sugestões/linhas orientadoras a seguir para manter um sono saudável/bons hábitos de sono (Bootzin & Rider, 1997; Morin, Colecchi, et al., 1999; National Institutes of Health [NIH], 2005). Isto porque práticas/hábitos inadequadas/errados de sono (diferentes comportamentos) e variados fatores comportamentais podem causar disrupção do sono. Como referido, de uma forma geral, esta técnica comportamental é eficaz em idosos (McCurry et al., 2007a; Morgenthaler et al., 2006), sobretudo quando usada em simultâneo com outras terapias/intervenções (Morin, Colecchi, et al., 1999; NIH, 2005; revisão de Rodriguez et al., 2015). Entre as linhas orientadoras que integram a higiene de sono, destacam-se as que são apresentadas no Quadro 2.

QUADRO 2
Sugestões para uma boa higiene do sono

- Não passar demasiado tempo na cama.
- Manter um ciclo sono-vigília consistente (horas e tempo).
- Ir para a cama apenas se sentir sono.
- Estabelecer uma rotina de preparação para dormir.
- Determinar um momento para relaxar antes de ir para a cama e utilizar técnicas de relaxamento.
- Dormir apenas no quarto.
- Assegurar sossego e conforto no quarto (não demasiado quente, não muito barulhento, nem com muita luz).
- Não ver televisão ou trabalhar na cama.
- Sair da cama se não conseguir adormecer.
- Não "levar" os problemas para a cama.
- Não tentar provocar/controlar o adormecer.
- Levantar sempre à mesma hora para acertar o relógio biológico, mesmo nos fins de semana.
- Ingerir alimentos leves antes de ir para a cama, não indo para a cama com fome, mas evitando refeições pesadas ou com muita gordura nas duas horas antes de ir para a cama.
- Limitar os líquidos depois do jantar para evitar ter de urinar durante a noite.
- Evitar a cafeína ou alimentos com cafeína, especialmente após o almoço.
- Evitar a nicotina pois provoca perturbações do sono.
- Manter o relógio fora da vista para evitar estados de frustração por não dormir.
- Evitar álcool à noite, pois causa micro-sintomas de ressaca durante a noite.
- Restringir as sestas a 30-60 minutos no fim da manhã ou início da tarde (antes das 15 h).
- Fazer exercício regularmente (caminhar ou jardinar), e limitar/diminuir o exercício mais vigoroso nas duas horas antes de ir para a cama.

- Manter atividades diurnas suficientes.
- Passar mais tempo fora de casa, sem óculos de sol, especialmente ao final do dia.
- Aumentar a exposição solar.

Nota. Sugestões adaptadas de Bombois et al. (2010), Cooke e Ancoli-Israel (2011), Hauri (1991), Roepke e Ancoli-Israel (2010) e Petit et al. (2003).

As *técnicas de relaxamento muscular psicoterapêuticas* são um conjunto de técnicas a ponderar no tratamento dos problemas do sono com indivíduos idosos. Entre essas técnicas contam-se o relaxamento muscular progressivo, o treino autogénico e os exercícios de *mindfulness* (atenção plena), tendo todas elas uma influência positiva na ativação emocional e fisiológica que pode interferir com o processo de adormecer (Bootzin & Rider, 1997; Ebben & Spielman, 2009; Lushington & Lack, 2002; Means, Lichstein, Epperson, & Johnson, 2000). As técnicas de *relaxamento* podem melhorar o sono, pois promovem a descida da tensão arterial, estimulam a circulação sanguínea (devido ao aumento de libertação de óxido nítrico endotelial) e relaxam os músculos (Unbehaun, Spiegelhalder, Hirscher, & Riemann, 2010). O *relaxamento muscular progressivo* (RMP), em particular, foi desenvolvido por E. Jacobson na década de 20 do século vinte e consiste na contração voluntária durante 10-15 segundos de grupos de músculos esqueléticos, de forma a gerar e aprender a identificar a sensação de tensão, seguida do relaxamento (alongamento) dos mesmos grupos musculares. No processo de aprendizagem, o sujeito contrasta a sensação de tensão prévia com a eliminação de tensão (Jacobson, 1938). Quando usado no tratamento da insónia, o RMP deve ser executado durante o dia ou à noite (Ebben & Spielman, 2009). Vários estudos mostraram os efeitos positivos do RMP no tratamento da insónia (e.g., Coursey, Frankel, Gaarder, & Mott, 1980; Means et al., 2000; revisão de Siebern, Suh, & Nowakowski, 2012), incluindo em idosos. Os dados referentes a indivíduos idosos são contraditórios, oscilando entre impacto positivo, negativo ou ausente (Friedman, Bliwise, Yesavage, & Salom, 1991; Lichstein & Johnson, 1993; revisão de Morin et al., 2006; Örsal, Alparslan, Özkaraman, & Sönmez, 2014; Piercy & Lohr, 1989; Ziv, Rotem, Arnon, & Haimov, 2008). Quanto ao *treino autogénico* é uma técnica para lidar com o stresse, tendo sido desenvolvida por J. H. Schultz no início do século vinte com base no seu trabalho sobre sono e hipnose (Bowden, Lorenc, & Robinson, 2012). Esta técnica envolve a visualização de uma cena pacífica e repetição de frases autogénicas para aprofundamento da resposta de relaxamento (Payne & Payne, 2010), podendo ser uma alternativa a incorporar no tratamento da insónia com adultos, incluindo idosos (Bowden et al., 2012). A meditação *mindfulness* é uma nova abordagem de gestão do stresse e de regulação emocional (Kabat-Zinn, 1982, 1990) que se tem mostrado benéfica no tratamento da insónia (e.g., revisão de Larouche, Côté, Bélisle, & Lorrain, 2014; Ong & Sholtes, 2010) e mais eficaz a longo prazo do que a farmacoterapia (Gross et al., 2011). A investigação recente mostra que é eficaz no tratamento da insónia em doentes idosos (O'Reilly et al., 2014), com resultados superiores à higiene do sono (Black, O'Reilly, Olmstead, Breen, & Irwin, 2015).

Duas terapias comportamentais mais específicas, que são várias vezes incluídas na Terapia Cognitivo-Comportamental (detalhada mais à frente) são o controlo do estímulo e a terapia de restrição do sono. O *controlo do estímulo* baseia-se na noção de que a insónia pode resultar de um condicionamento clássico disfuncional (Bootzin & Perlis, 1992; Bootzin & Rider, 1997). Procura-se, com esta técnica, quebrar a associação existente entre a cama e o «estado de estar acordado» que possa ter-se estabelecido. Na primeira sessão, explica-se ao paciente o racional de cada passo da técnica. Depois, o paciente é instruído a eliminar quaisquer atividades na cama, que não sejam dormir (e.g., ler ou ver televisão) mas, também, a procurar dormir apenas na cama. Para além disso, se não conseguir adormecer dentro de 20 minutos, deve sair da cama até se sentir com sono, podendo, então, voltar para a cama e tentar adormecer. De novo, se não conseguir adormecer dentro de 20 minutos, deve levantar-se, até ter sono (Cooke & Ancoli-Israel, 2011; Morin et al., 2006; Petit et al., 2003). Para que o paciente siga o protocolo, pode ser fornecida uma cópia com as instruções (Morin et al., 2006; Petit et al., 2003; Quadro 3). Existem fortes evidências da eficácia desta abordagem no tratamento de insónia com pessoas idosas (McCurry et al., 2007a; Morgenthaler et al., 2006).

QUADRO 3
Instruções a fornecer ao paciente na técnica do controlo do estímulo
para a insónia em indivíduos idosos

---

1. Ir para a cama somente quando se sente sonolento ou cansado.

2. Use a cama e o quarto somente para dormir (não leia, não veja TV, não coma, nem se dedique a preocupar-se).

3. Saia do quarto se não adormecer em 20 minutos (estimar esse tempo sem usar relógio). Fique na outra divisão e regresse à cama somente quando se sentir novamente sonolento.

4. Se não conseguir adormecer, repita o passo 3. Faça isto as vezes que forem necessárias ao longo da noite.

5. Levante-se da cama sempre à mesma hora, independentemente do que tiver dormido (use alarme se necessário). Isto ajuda o seu corpo a adquirir um ritmo de sono consistente.

6. Evite fazer sestas durante o dia.

Nota. Sugestões adaptadas de Bootzin e Rider (1997), Morin et al. (2006) e Petit et al. (2003).

Na *técnica da restrição do sono* (TRS), desenvolvida por Spielman, Saskin e Thorpy (1987), o paciente é aconselhado a reduzir a quantidade de tempo que permanece na cama, para que este se correlacione com o tempo «real» em que realmente está a dormir. Essa privação inicial e parcial do sono tem como efeitos reduzir o tempo para adormecer, aprofundar e manter o sono (Bootzin & Rider, 1997; Spielman et al., 1987; Spielman, Yang, & Glovinsky, 2010). A TRS foi idealizada para aumentar a necessidade homeostática de dormir e fortalecer o sinal circadiano, através do alinhamento do tempo passado na cama com o tempo passado a dormir. O fundamento da TRS é o de que um tempo excessivo na cama provoca fragmentação do sono e perpetua a insónia (Bootzin & Rider, 1997; McCurry et al., 2007a; Morgenthaler et al., 2006; revisão de Morin et al., 2006; revisão de Petit et al., 2003; Spielman et al., 1987). O tempo recomendado de sono é baseado em registos de sono realizados durante duas semanas antes da terapia de restrição de sono ter início (ver exemplo de diário do sono no subcapítulo Avaliação), com um mínimo de tempo na cama de cinco horas (Ebben & Spielman, 2009). Assim, uma pessoa que relate passar oito horas e meia na cama, mas apenas dormir cinco horas e meia (dessas oito horas), é aconselhada a limitar o seu tempo na cama entre cinco horas e meia a seis horas. O tempo que é permitido ficar na cama vai sendo aumentado quinze a vinte minutos de cada vez, aproximadamente uma vez a cada cinco dias, caso as melhorias se mantenham e à medida que a eficiência de sono aumente, até que o tempo ótimo de sono da pessoa seja atingido (Bloom et al., 2009; Cooke & Ancoli-Israel, 2011). Para aumentar a adesão, o racional da técnica deve ser explicado cuidadosamente ao paciente (Bonnet & Arand, 2016) e deve ainda ser esclarecido que deve esperar sentir fadiga e sonolência no início do tratamento (Ebben & Spielman, 2009). Habitualmente, o curso do tratamento toma seis a oito semanas (Ebben & Spielman, 2009). Note-se que os pacientes idosos tendem a ter mais dificuldade em manter o sono mesmo quando há restrição, pelo que as exigências não têm de ser tão impositivas (Bonnet & Arand, 2016). Na variante *compressão do sono* desta técnica, as pessoas são aconselhadas a diminuir o seu tempo na cama gradualmente para se aproximar do tempo real de sono, em vez de fazer logo uma mudança radical no início (Bloom et al., 2009; Cooke & Ancoli-Israel, 2011). No Quadro 4 é apresentado o protocolo de atuação com os passos em detalhe com adaptação para pacientes idosos.

Em doentes idosos com insónia crónica, são vários os estudos a revelar a eficácia desta técnica (Friedman et al., 1991; McCurry et al., 2007a; Morgenthaler et al., 2006), assim como da modalidade *compressão do sono* (Friedman et al., 2000; Lichstein, Riedel, Wilson, Lester, & Aguillard, 2001; Riedel, Lichstein, & Dwyer, 1995). Num desses estudos (Friedman et al., 1991) foi mostrado que a TRS é mais eficaz do que o relaxamento.

QUADRO 4
Técnica de restrição do sono adaptada para indivíduos idosos

1. Estimar a média da duração total do sono através do recurso a diário de sono realizado nas duas últimas semanas.

2. Limitar o tempo na cama à média estimada de duração total do sono, com uso de alarme para acordar à mesma hora todos os dias baseada no tipo de insónia e necessidade do paciente.

3. Em cada semana, determinar a eficiência de sono semanal (sono total/tempo na cama X 100) através do registo no diário de sono.

4. Aumentar o tempo total na cama em 15-30 minutos quando a eficiência de sono exceder os 85%. Diminuir em 15-20 minutos quando a eficiência de sono for inferior a 80%. Manter o tempo total na cama quando a eficiência de sono se situar entre os 80-85%.

5. Em cada semana, ajustar o tempo total na cama, até que seja obtida a duração de sono ideal.

6. Não reduzir o tempo na cama abaixo das 5 horas.

7. Permitir sestas breves a meio do dia, especialmente no início do tratamento.

Nota. Sugestões adaptadas de Ebben e Spielman (2009), Petit et al. (2003) e Spielman et al. (2010).

Tratamento de restrição intensa do sono (TRIS). Uma sugestão recente num formato menos oneroso e com resultados promissores é a TRIS que consiste na privação de sono, durante uma noite seguida, de séries de 50 sestas breves de forma a experienciar e a reaprender a iniciar o sono. Num estudo não controlado, esta técnica reduziu a latência de sono e diminuiu o total de vigília noturna. O tempo de sono total aumentou e foi estável durante 2 meses (Harris, Lack,

Wright, Gradisar, & Brooks, 2007). Esta técnica, no entanto, ainda não foi testada em pessoas idosas.

Terapia cognitivo-comportamental (TCC). Na TCC combinam--se múltiplas técnicas comportamentais, como a restrição de sono, higiene do sono e controlo de estímulo, e a terapia cognitiva (*reestruturação cognitiva*), podendo ser seguido o modelo dos 3 «P» (revisão de Ebben & Spielman, 2009). Podem também ser usadas estratégias motivacionais (NIH, 2005). Na componente cognitiva da TCC, os pacientes são ajudados a identificar, desafiar e alterar as crenças e atitudes disfuncionais em relação ao sono (Quadro 5) e a substituí-las por alternativas adaptativas (Bootzin & Rider, 1997; Morin & Espie, 2004; Perlis & Lichstein, 2003). Outras técnicas cognitivas podem incluir a *intenção paradoxal*[8] (Bootzin & Rider, 1997; Morgenthaler et al., 2006) ou a redução/prevenção de monitorização excessiva e preocupação sobre a insónia ou sobre outros assuntos (Bootzin & Rider, 1997; revisão de Morin et al., 2006) através de diferentes técnicas, como, por exemplo, *distração de atenção, treino de imaginação*, ou *monitorização seletiva* (revisão de Molen, Carvalho, Prado, & Prado, 2014). Um programa típico de oito sessões pode incluir uma sessão inicial de educação sobre o sono, seguida de duas sessões que focam o controlo do estímulo e a restrição do sono, seguidas de duas sessões de intervenção cognitiva e depois uma sessão de higiene de sono (Morin, 1993). Vários estudos demonstraram a eficácia da TCC junto da população idosa (Irwin, Cole, & Nicassio, 2006; Morin et al., 2006; Pallesen,

---

[8] A intenção paradoxal consiste em instruir o paciente a exagerar o(s) sintoma(s), para assim remover o esforço para não ter o sintoma (esforço esse que só faz aumentar o próprio sintoma em ciclo vicioso), desfocar dos pensamentos e reduzir a ansiedade associados ao problema. No tratamento da insónia é, então, indicado ao paciente para se manter acordado enquanto está na cama durante a noite (Ascher & Efran, 1978; Bootzin & Rider, 1997). A técnica está especialmente indicada para pacientes que resistem às sugestões terapêuticas, sendo eficaz se o racional enfatizar o efeito positivo em ter o problema (revisão de Bootzin & Rider, 1997).

Nordhus, & Kvale, 1998). De facto, a TCC mostrou ser tão efetiva como a medicação a curto-prazo, no tratamento da insónia, e assegurar melhores resultados a longo prazo, quer em adultos mais novos, quer mais velhos (idosos), por comparação com a terapia exclusivamente farmacológica (Morin, Colecchi, et al., 1999). No NIH (2005) concluiu-se que a TCC é tão efetiva como a medicação no tratamento da insónia crónica. É, igualmente, mais efetiva que a terapia comportamental porque conjuga vários tratamentos comportamentais com a reestruturação cognitiva (Morin, Hauri, et al., 1999; Spielman et al., 1987).

QUADRO 5

Categorias de Cognições Não-Adaptativas em Relação ao Sono

• Considerar as dificuldades do sono transitórias como um problema crónico.

• Acreditar que a maioria dos problemas que ocorre durante o dia se deve a um sono pobre.

• Ter expectativas irrealistas em relação à quantidade de sono necessária (p. ex., acreditar que só se funciona bem com 8 horas de sono).

• Amplificar as consequências de um sono pobre.

• Ter a perceção de que não se controla o sono e de que ele é imprevisível.

• Ter crenças erradas em relação às atividades que promovem o sono.

Nota. Adaptado de Morin (1993).

Intervenção ambiental no contexto institucional. Considerando as alterações do sono que frequentemente se associam à institucionalização (ver revisão acima), a intervenção no próprio local merece uma nota de atenção. Assim, tal como referido por Alessi e Schnelle (2000), Ancoli-Israel, Jones, McGuinn, Beleville-Taylor (1997, citado em Neikrug & Ancoli-Israel, 2010a) e Rajput e Bromley (1999), as instituições que recebem pessoas idosas podem atentar nos seguintes elementos (reestruturando o ambiente e fomentando a higiene do sono) para melhorar o ambiente (de sono) dos residentes e, consequentemente, a qualidade do seu sono: a) apresentar grandes relógios e calendários; b) manter níveis mínimos de barulho durante a noite; c) evitar acordares durante a noite para toma de medicação ou tratamentos; d) manter os quartos dos residentes escuros durante a noite e expostos à luz solar durante o dia; e) manter os quartos no máximo silêncio possível durante a noite; f) manter as rotinas de sono; g) desaconselhar os residentes a fazerem as refeições e os lanches na cama; h) procurar emparelhar residentes com comportamentos semelhantes (durante a noite e o dia); i) limitar as sestas a uma hora no início da tarde; j) no caso de identificarem um problema de sono, determinar a sua causa e iniciar um tratamento específico; k) ajustar medicações e evitar cafeína. Alguns estudos mostram, ainda, que a terapia de luz pode ser implementada no contexto institucional, ajudando a consolidar o sono e a fortalecer os ritmos circadianos de idosos residentes neste contexto (Ancoli-Israel et al., 2003).

Intervenções biológicas não farmacológicas. Para além das técnicas/intervenções referidas, alguns estudos analisaram o efeito de outros componentes importantes a integrar no tratamento da insónia, como o exercício físico (King, Oman, Brassington, Bliwise, & Haskell, 1997), a massagem (Chen, Lin, Wu, & Lin, 1999; Tsay, Rong, & Lin, 2003) e a terapia da luz (Li et al., 2004; Most, Scheltens, & Van Someren, 2010). O *exercício físico* em adultos idosos, tal como em adultos mais jovens, é benéfico pois, ao aumentar a massa e força muscular, reduz a probabilidade de quedas, embora também melhore o humor com consequências indiretas no sono. Quanto ao sono, o exercício tem sido associado ao ajuste dos ritmos circadianos e à promoção de sono mais restaurador em pessoas idosas (Baehr et al., 2003; King et al., 1997). Entre algumas intervenções físicas específicas com efeitos terapêuticos nesta população incluem-se o Tai Chi Chih (Irwin, Olmstead, & Motivala, 2008) e a caminhada em floresta (Morita, Imai, Okawa, Miyaura, & Miyazaki, 2011).

A *terapia da luz* ou *fototerapia* recorre ao uso de caixas de luz de alto brilho (1.000 a 10.000 Lux) e baseia-se no papel que a luz exerce na regulação da temperatura corporal, ciclo da melatonina e ritmo circadiano descanso-atividade (revisão de Terman & Terman, 2005). Apesar de as diretrizes de aplicação da terapia da luz estarem publicadas (Chesson et al., 1999; Morgenthaler et al., 2007), não existe padrão de ouro quanto à altura do dia, quantidade de tempo, ou comprimentos de onda seguros e eficazes (Deschenes & McCurry, 2009). Ainda assim, são indicados valores acima de 1.000 Lux para indivíduos idosos com problemas de avanço de fase (Campbell et al., 1995). Ainda em pacientes idosos, a terapia da luz ao entardecer parece ser eficaz no tratamento de problemas de manutenção do sono e de avanço de fase (adormecer e acordar mais cedo), enquanto a exposição pela manhã é mais eficaz nos problemas de atraso de fase (adormecer e acordar mais tarde), de perturbação depressiva sazonal (Deschenes & McCurry, 2009) e de duração do sono total em idosos com demência (Lyketsos, Lindell Veiel, Baker, & Steele, 1999).

Intervenções farmacológicas. A intervenção farmacológica é a mais frequentemente utilizada para tratar a insónia e são vários os medicamentos usados em idosos: benzodiazepinas, hipnóticos não-benzodiazepínicos, anti-histamínicos, antidepressivos, antipsicóticos, agonistas da melatonina e anticonvulsivantes (Bain, 2006; Bonnet & Arand, 2016; Dollman, LeBlanc, & Roughead, 2003; Siddiqui & D'Ambrosio, 2012). Para muitos destes fármacos, no entanto, não existe evidência sistemática para a sua efetividade no tratamento da insónia (anti-histamínicos, antidepressivos, antipsicóticos, anticonvulsivantes). Aliás, foram expressas preocupações quanto ao uso destes medicamentos para o tratamento da insónia em doentes idosos (NIH, 2005). Por exemplo, apesar de os anti-histamínicos (e.g., difenidramina, hidroxizina, clorfeniramina) serem prescritos com frequência, os potentes efeitos secundários (sedação, défice cognitivo, sonolência diurna, respostas anticolinérgicas) indicam que devem ser evitados como primeira linha de tratamento em idosos (Caterino, Emond, & Camargo, 2004; revisão de Kamel & Gammack, 2006).

Quanto às *benzodiazepinas*, estas estão entre os fármacos mais usados no tratamento de curto prazo de várias perturbações do sono (Caterino et al., 2004; Dollman et al., 2003). Genericamente, as benzodiazepinas diminuem a latência do sono, aumentam o tempo total de sono e diminuem a duração da fase 2, mas algumas delas, devido à sua farmacocinética, são claramente contraindicadas para pessoas idosas (têm uma semivida mais longa em idades avançadas), tais como o clordiazepóxido, diazepam, flurazepam e meprobamato; enquanto outras são mais seguras, tais como o lorazepam e o oxazepam (Caterino et al., 2004; Stahl, 2013). De acordo com os critérios de Beers (1997), toda a benzodiazepina de atuação rápida a intermédia é considerada inadequada se o máximo da dose tiver de ser excedido. De facto, o uso deste tipo de fármacos tende a exceder os limites recomendados (Golden et al., 1999). Note-se, ainda, que as benzodiazepinas usadas a longo prazo podem causar excessiva sonolência e comprometer a coordenação motora, aumentando o risco de quedas, défice cognitivo (amnésia anterógrada), *delirium*, vaguear noturno, agitação, confusão pós-operativa, e défice na execução das atividades da vida diária (revisão de Bain, 2006; revisão de Bonnet & Arand, 2016; Roth, Roehrs, & Zorick, 1988; Walsh & Schweitzer 1999). Adicionalmente, esta classe de fármacos pode gerar sintomas de tolerância e de abstinência se descontinuados abruptamente, bem como exacerbar condições médicas existentes, incluindo doenças hepáticas e renais (Cooke & Ancoli-Israel, 2006). Em conclusão, o que os estudos parecem apontar é que mesmo que as benzodiazepinas possam ajudar no tratamento da insónia, devem ser complementadas com terapia comportamental ou TCC, para que o tratamento seja mais efetivo (Lichstein & Riedel, 1994; McCall, 2004; Morin, Hauri, et al., 1999), pelo que os clínicos devem sempre pesar os custos-benefícios do uso da medicação (Bloom et al., 2009).

Outra classe de fármacos, a dos *moduladores alostéricos positivos do GABA-A* (eszopiclone, indiplon, zaleplon, zolpidem e zopiclone), tem um perfil aparentemente seguro e eficaz no tratamento de insónia em pessoas idosas (Ancoli-Israel, Richardson, & Mangano, 2003; Krystal et al., 2003; revisão de McCall, 2004; Scharf et al., 2005), mas não para as perturbações respiratórias do sono (revisão de Kamel & Gammack, 2006). No entanto, devido ao mesmo critério de Beers (1997), acima indicado, à tendência para ultrapassar as doses (Golden et al., 1999) e à propensão para prolongar o seu uso para além do tempo recomendado (Andersen & Frydenberg, 2011), a sua utilização deve ser parcimoniosa e ponderada, devendo ser evitada em pessoas idosas com insónia crónica e sem sintomatologia ansiosa (McCall, 2004). O aumento do risco de quedas (revisão de Bonnet & Arand, 2016), alterações cognitivas adversas e fadiga diurna (Glass, Lanctôt, Herrmann, Sproule, & Busto, 2005) estão também reportados para esta classe de medicamentos, reforçando a cautela do seu uso.

Relativamente aos *antidepressivos*, devido às consequências significativas de longo prazo, são medicamentos de segunda linha (NIH, 2005), e alguns são claramente de evitar devido ao seu forte perfil anticolinérgico e sedativo (amitriptilina e doxepina) (Caterino et al., 2004). Um dos mais utilizados é a trazodona devido ao seu poder sedativo, sendo usado em doses baixas como hipnótico (revisão de Kamel & Gammack, 2006). No entanto, apesar do menor risco cardiovascular que outros antidepressivos, a trazodona pode causar ortostasia e não tem publicações que sustentem a sua eficácia (revisão de Kamel & Gammack, 2006; McCall, 2004).

Quanto aos recentes *hipnóticos melatoninérgicos* (agomelatina e ramelteon), que induzem o avanço da fase do sono e o declínio da temperatura corporal, o encurtamento da latência do sono e o aparecimento da melatonina (Kuriyama, Honda, & Hayashino, 2014; Stahl, 2013), em pacientes idosos, revelaram-se eficazes no tratamento de insónia primária (revisão de Kamel & Gammack, 2006; revisão de Kuriyama et al., 2014; Roth, Stubbs, & Walsh, 2005), insónia e perturbações do sono associadas a perturbações depressivas (Srinivasan et al., 2012), apneia obstrutiva do sono (revisão de Kuriyama et al., 2014) e insónia associada a doença de Alzheimer (Altınyazar & Kiylioglu, 2016).

Finalmente, o acetaminofeno é uma solução a considerar fora dos grupos de fármacos habitualmente usados para as perturbações do sono, para além de ser uma opção mais barata. O acetaminofeno (e.g., paracetamol) é um medicamento usado para analgesiar e reduzir a febre, mas, recentemente, num estudo duplamente cego com pessoas idosas, manifestou-se um fármaco adequado no tratamento de insónia não relacionada com a dor (van de Glind et al., 2014).

Combinações terapêuticas. No geral, face às evidências, o uso de fármacos sedativo-hipnóticos é desaconselhado devido aos potenciais efeitos secundários, e a longo prazo a sua eficácia ainda está por ser determinada (Bain, 2006). Em alternativa, a combinação terapêutica parece ser a mais indicada. Num estudo aleatorizado controlado, Morin, Hauri, et al. (1999) analisaram a combinação de terapias em pessoas idosas, mostrando ser esta a melhor opção. Os autores testaram a eficácia da TCC comparando-a com o fármaco temazepam, a combinação da TCC com temazepam e um grupo de placebo (em idosos). Depois de oito semanas de tratamento, cada um dos tratamentos mostrou ser mais eficaz do que o placebo, reduzindo o tempo que os idosos estavam acordados durante a noite. Porém, aos 3, 12 e 24 meses de seguimento, os pacientes tratados com TCC mantiveram mais os benefícios clínicos do que os que não foram tratados com TCC. Se a medicação parece ter mais resultados a curto prazo, a longo prazo são a terapia comportamental ou a TCC a assegurar resultados. A revisão de Morgenthaler et al. (2006) vai no mesmo sentido, indicando que a TCC implementada em associação com o uso de sedativos-hipnóticos é a opção com garantias de eficácia a mais longo prazo.

CONCLUSÃO

Neste capítulo é abordado o sono como um processo fisiológico complexo, caracterizado por diferentes estádios e por uma arquitetura específica. Adicionalmente, é explorado o facto de, tal como com qualquer outro processo fisiológico, o envelhecimento normal acarretar alterações significativas na quantidade, duração e arquitetura do sono. São revistas as perturbações primárias do sono e, mais detalhadamente, a insónia nesta faixa etária, dado a elevada prevalência da insónia ou dos sintomas de insónia.

Problematiza-se a comorbilidade deste quadro e dos sintomas de insónia com várias doenças crónicas e mentais. É revista, igualmente, com bastante pormenor, a associação entre as alterações de sono e a insónia em adultos idosos com doenças neurológicas, como a demência. São sintetizados os aspetos que clínicos e familiares poderão ter em consideração na avaliação das alterações/perturbações do sono e alguns instrumentos de avaliação do sono validados para a população idosa, bem como as intervenções (psicológicas, biológicas não-farmacológicas e medicamentosas) sugeridas na literatura para lidar com estas manifestações.

Referências bibliográficas

Adachi, H., Matsushita, M., Mikami, A., Yamamura, S., Suganuma, N., Shigedo, Y., ... Moriyama, T. (2011). Disparity by the sex difference in the efficacy of self-help sleep education in community dwelling elderly people. *Journal of Men's Health*, *8*(Supl. 1), 554-557. doi:10.1016/S1875-6867(11)60022-5

AGS Panel on Persistent Pain in Older Persons. (2002). The management of persistent pain in older persons. *Journal of American Geriatrics Society*, *50*(Supl. 6), S205-S224. doi:10.1046/j.1532-5415.50.6s.1.x

Alessi, C. A., & Schnelle, J. F. (2000). Approach to sleep disorders in the nursing home setting. *Sleep Medicine Reviews, 4*(1), 45-56. doi:10.1053/smrv.1999.0066

Allen, R. P. (2001). Article reviewed: Age-related changes in slow wave sleep and REM sleep and relationship with growth hormone and cortisol levels in healthy men. *Sleep Medicine, 2*(4), 359-361. doi:10.1016/s1389-9457(01)00104-6

Aloia, M. S., Ilniczky, N., Di Dio, P., Perlis, M. L., Greenblatt, D. W., & Giles, D. E. (2003). Neuropsychological changes and treatment compliance in older adults with sleep apnea. *Journal of Psychosomatic Research, 54*(1), 71-76. doi:10.1016/s0022-3999(02)00548-2

Altınyazar, V., & Kiylioglu, N. (2016). Insomnia and dementia: Is agomelatine treatment helpful? Case report and review of the literature. *Therapeutic Advances in Psychopharmacology, 6*(4), 263-268. doi:10.1177/2045125316646064

American Academy of Sleep Medicine. (2005). *The international classification of sleep disorders: Diagnostic and coding manual* (2.ª ed.). Westchester, IL: American Academy of Sleep Medicine.

American Psychiatric Association. (2014). *DSM-5 - Manual de diagnóstico e estatística das perturbações mentais* (5.ª ed.). Lisboa: Climepsi Editores (Trabalho original em inglês publicado em 2013).

Ancoli-Israel, S. (2000). Insomnia in the elderly: A review for the primary care practitioner. *Sleep, 23*(Supl. 1), S23-S30.

Ancoli-Israel, S. (2005). Sleep and aging: Prevalence of disturbed sleep and treatment considerations in older adults. *Journal of Clinical Psychiatry, 66*(Supl. 9), 24-30.

Ancoli-Israel, S. (2006). The impact and prevalence of chronic insomnia and other sleep disturbances associated with chronic illness. *American Journal of Managed Care, 12*(Supl. 8), S221-S229.

Ancoli-Israel, S., & Cooke, J. R. (2005). Prevalence and comorbidity of insomnia and effect on functioning in elderly populations. *Journal of the American Geriatrics Society, 53*(7), S264-S271. doi:10.1111/j.1532-5415.2005.53392.x

Ancoli-Israel, S., & Kripke, D. F. (1989). Now I lay me down to sleep: The problem of sleep fragmentation in elderly and demented residents of nursing homes. *Bulletin of Clinical Neuroscience, 54*, 127-132.

Ancoli-Israel, S., & Roth, T. (1999). Characteristics of insomnia in the United States: Results of the 1991 National Sleep Foundation Survey I. *Sleep, 22*(Supl. 2), S347-S353.

Ancoli-Israel, S., Gehrman, P., Martin, J. L., Shochat, T., Marker, M., Corey-Bloom, J., & Levi, L. (2003). Increased light exposure consolidates sleep and strengthens circadian rhythms in severe Alzheimer´s disease patients. *Behavioral Sleep Medicine, 1*(1), 22-36. doi:10.1207/S15402010BSM0101_4

Ancoli-Israel, S., Kripke, D. F., Klauber, M. R., Mason, W. J., Fell, R., & Kaplan, O. (1991). Sleep-disordered breathing in community-dwelling elderly. *Sleep, 14*(6), 486-495.

Ancoli-Israel, S., Richardson, G. S., & Mangano, R. M. (2003, junho). Long-term exposure to zaleplon is safe and effective in younger-elderly and older-elderly patients with primary insomnia. In *2003 Annual Meeting Abstract Supplement of the 17th Annual Meeting of the Associated Professional Sleep Societies* [Abstract 0189.C:A77]. Chicago, Ill.

Andersen, A. B. T., & Frydenberg, M. (2011). Long-term use of zopiclone, zolpidem and zaleplon among Danish elderly and the association with sociodemographic factors and use of other drugs. *Pharmacoepidemiology and Drug Safety, 20*(4), 378-385. doi:10.1002/pds.2104

Ascher, L. M., & Efran, J. S. (1978). Use of paradoxical intention in a behavioral program for sleep onset insomnia. *Journal of Consulting and Clinical Psychology, 46*(3), 547-550. doi:10.1037/0022-006x.46.3.547

Askenasy, J. J. M. (2003). Sleep disturbances in Parkinsonism. *Journal of Neural Transmission, 110*(2), 125-150. doi:10.1007/s007020300001

Avidan, A. Y. (2006). Sleep and neurologic problems in the elderly. *Sleep Medicine Clinics, 1*(2), 273-292. doi:10.1016/j.jsmc.2006.04.010

Baehr, E. K., Eastman, C. I., Revelle, W., Olson, S. H. L., Wolfe, L. F., & Zee, P. C. (2003). Circadian phase-shifting effects of nocturnal exercise in older compared with young adults. *American Journal of Physiology – Regulatory, Integrative and Comparative Physiology, 284*(6), R1542-R1550. doi:10.1152/ajpregu.00761.2002

Bain, K. T. (2006). Management of chronic insomnia in elderly persons. *American Journal of Geriatric Pharmacotherapy, 4*(2), 168-192. doi:10.1016/j.amjopharm.2006.06.006

Bastien, C. H., Vallières, A., & Morin, C. M. (2001). Validation of the Insomnia Severity Index as an outcome measure for insomnia research. *Sleep Medicine, 2*(4), 297-307. doi:10.1016/s1389-9457(00)00065-4

Bear, M. F., Connors, B. W., & Paradiso, M. A. (2002). Os ritmos do encéfalo e o sono. In *Neurociências: Desvendando o sistema nervoso* (2.ª ed., pp. 563-584). Porto Alegre, Brasil: Artmed Editora.

Beaudreau, S. A., Spira, A. P., Stewart, A., Kezirian, E. J., Lui, L.-Y., Ensrud, K., ... Stone, K. L. (2012). Validation of the Pittsburgh Sleep Quality Index and the Epworth Sleepiness Scale in older black and white women. *Sleep Medicine, 13*(1), 36-42. doi:10.1016/j.sleep.2011.04.005

Beers, M. H. (1997). Explicit criteria for determining potentially inappropriate medication use by the elderly: An update. *Archives of Internal Medicine, 157*(14),1531-1536. doi:10.1001/archinte.157.14.1531

Black, D. S., O'Reilly, G. A., Olmstead, R., Breen, E. C., & Irwin, M. R. (2015). Mindfulness meditation and improvement in sleep quality and daytime impairment among older adults with sleep disturbances: A randomized clinical trial. *JAMA Internal Medicine, 175*(4), 494-501. doi:10.1001/jamainternmed.2014.8081

Blay, S. L., Andreoli, S. B., & Gastal, F. L. (2007). Chronic painful physical conditions, disturbed sleep and psychiatric morbidity: Results from an elderly survey. *Annals of Clinical Psychiatry, 19*(3), 169-174. doi:10.1080/10401230701468099

Bliwise, D. L. (1993). Sleep in normal aging and dementia. *Sleep, 16*(1), 40-81. doi:10.1093/sleep/16.1.40

Bliwise, D. L. (2004). Sleep disorders in Alzheimer´s disease and other dementias. *Clinical Cornerstone, 6*(Supl. 1A), S16-S28. doi:10.1016/S1098-3597(04)90014-2

Bliwise, D. L., Mercaldo, N. D., Avidan, A. Y., Boeve, B. F., Greer, S. A., & Kukull, W. A. (2011). Sleep disturbance in dementia with Lewy bodies and Alzheimer´s disease: A multicenter analysis. *Dementia and Geriatric Cognitive Disorders, 31*(3), 239-246. doi:10.1159/000326238

Bliwise, D. L., Trotti, L. M., Greer, S. A., Juncos, J. J., & Rye, D. B. (2010). Phasic muscle activity in sleep and clinical features of Parkinson disease. *Annals of Neurology, 68*(3), 353-359. doi:10.1002/ana.22076

Bloom, H. G., Ahmed, I., Alessi, C. A., Ancoli-Israel, S., Buysse, D. J., Kryger, M. H., ... Zee, P. C. (2009). Evidence-based recommendations for the assessment and management of sleep disorders in older persons. *Journal of the American Geriatrics Society, 57*(5), 761-789. doi:10.1111/j.1532-5415.2009.02220.x

Boeve, B. F., Silber, M. H., Ferman, T. J., Lucas, J. A., & Parisi, J. E. (2001). Association of REM sleep behavior disorder and neurodegenerative disease may reflect an underlying synucleinopathy. *Movement Disorders, 16*(4), 622-630. doi:10.1002/mds.1120

Bombois, S., Derambure, P., Pasquier, F., & Monaca, C. (2010). Sleep disorders in aging and dementia. *Journal of Nutrition, Health & Aging, 14*(3), 212-217. doi:10.1007/s12603-010-0052-7

Bonanni, E., Maestri, M., Tognoni, G., Fabbrini, M., Nucciarone, B., Manca, M. L., ... Murri, L. (2005). Daytime sleepiness in mild and moderate Alzheimer's disease and its relationship with cognitive impairment. *Journal of Sleep Research, 14*(3), 311-317. doi:10.1111/j.1365-2869.2005.00462.x

Bonnet, M. H., & Arand, D. L. (2016). Treatment of insomnia in adults. *UpToDate.* Acedido a 15 de novembro de 2016, em https://www.uptodate.com/contents/treatment-of-insomnia?source=search_result&search=Treatment%20of%20insomnia&selectedTitle=1~150

Bootzin, R. R., & Perlis, M. L. (1992). Nonpharmacologic treatments of insomnia. *Journal of Clinical Psychiatry, 53*(Supl. 6), 37-41.

Bootzin, R. R., & Rider, S. P. (1997). Behavioral techniques and biofeedback for insomnia. In M. R. Pressman & W. C. Orr (Eds.), *Understanding sleep: The evaluation and treatment of sleep disorders* (1.ª ed., pp. 315-338). Washington, DC: American Psychological Association.

Bowden, A., Lorenc, A., & Robinson, N. (2012). Autogenic training as a behavioural approach to insomnia: A prospective cohort study. *Primary Health Care Research & Development, 13*(2), 175-185. doi:10.1017/S1463423611000181

Breslau, N., Roth, T., Rosenthal, L., & Andreski, P. (1996). Sleep disturbance and psychiatric disorders: A longitudinal epidemiological study of young adults. *Biological Psychiatry, 39*(6), 411-418. doi:10.1016/0006-3223(95)00188-3

Brotini, S., & Gigli, G. L. (2004). Epidemiology and clinical features of sleep disorders in extrapyramidal disease. *Sleep Medicine, 5*(2), 169-179. doi:10.1016/j.sleep.2003.10.012

Bubu, O. M., Brannick, M., Mortimer, J., Umasabor-Bubu, O., Sebastião, Y. V., Wen, Y., ... Anderson, W. M. (2016). Sleep, cognitive impairment, and alzheimer's disease: A systematic review and meta-analysis. *Sleep, 40*(1), 1-18. doi:10.1093/sleep/zsw032

Buysse, D. J., Reynolds, C. F., Monk, T. H., Berman, S. R., & Kupfer, D. J. (1989). The Pittsburgh Sleep Quality Index: A new instrument for psychiatric practice and research. *Psychiatry Research, 28*(2), 193-213. doi:10.1016/0165-1781(89)90047-4

Buysse, D. J., Reynolds, C. F., Monk, T. H., Hoch, C. C., Yeager, A. L., & Kupfer, D. J. (1991). Quantification of subjective sleep quality in healthy elderly men and women using the Pittsburgh Sleep Quality Index (PSQI). *Sleep, 14*(4), 331-338. doi:10.1093/sleep/14.4.331

Byles, J. E., Mishra, G. D., Harris, M. A., & Nair, K. (2003). The problems of sleep for older women: Changes in health outcomes. *Age and Ageing, 32*(2), 154-163. doi:10.1093/ageing/32.2.154

Campbell, S. S., & Murphy, P. J. (2007). The nature of spontaneous sleep across adulthood. *Journal of Sleep Research, 16*(1), 24-32. doi:10.1111/j.1365-2869.2007.00567.x

Campbell, S. S., Terman, M., Lewy, A. J., Dijk, D.-J., Eastman, C. I., & Boulos, Z. (1995). Light treatment for sleep disorders: Consensus report. V. Age-related disturbances. *Journal of Biological Rhythms, 10*(2), 151-154. doi:10.1177/074873049501000207

Canevelli, M., Valletta, M., Trebbastoni, A., Sarli, G., D'Antonio, F., Tariciotti, L., ... Bruno, G. (2016). Sundowning in dementia: Clinical relevance, pathophysiological determinants, and therapeutic approaches. *Frontiers in Medicine, 3*(73), 1-7. doi:10.3389/fmed.2016.00073

Carpenter, J. S., & Andrykowski, M. A. (1998). Psychometric evaluation of the Pittsburgh Sleep Quality Index. *Journal of Psychosomatic Research, 45*(1), 5-13. doi:10.1016/s0022-3999(97)00298-5

Carrier, J., Lafortune, M., & Drapeau, C. (2012). Sleep in the elderly - When to reassure, when to intervene. *Canadian Sleep Society, Insomnia Rounds, 1*(4). Acedido a 14 de novembro de 2016, https://css-scs.ca/files/resources/insomnia-rounds/150-004_Eng.pdf

Carrier, J., Monk, T. H., Buysse, D. J., & Kupfer, D. J. (1997). Sleep and morningness-eveningness in the 'middle' years of life (20-59 y). *Journal of Sleep Research, 6*(4), 230-237. doi:10.1111/j.1365-2869.1997.00230.x

Carrier, J., Paquet, J., Morettini, J., & Touchette, E. (2002). Phase advance of sleep and temperature circadian rhythms in the middle years of life in humans. *Neuroscience Letters, 320*(1-2), 1-4. doi:10.1016/S0304-3940(02)00038-1

Caterino, J. M., Emond, J. A., & Camargo, C. A. (2004). Inappropriate medication administration to the acutely ill elderly: A nationwide emergency department study, 1992-2000. *Journal of the American Geriatrics Society, 52*(11), 1847-1855. doi:10.1111/j.1532-5415.2004.52503.x

Chen, P.-H., & Cheng, S.-J. (2009). Restless legs syndrome among the elderly. *International Journal of Gerontology, 3*(4), 197-203. doi:10.1016/S1873-9598(10)70001-6

Chen, J.-C., Espeland, M. A., Brunner, R. L., Lovato, L. C., Wallace, R. B., Leng, X., ... Mysiw, W. J. (2016). Sleep duration, cognitive decline, and dementia risk in older women. *Alzheimer's & Dementia, 12*(1), 21-33. doi:10.1016/j.jalz.2015.03.004

Chen, M.-L., Lin, L.-C., Wu, S.-C., & Lin, J.-G. (1999). The effectiveness of acupressure in improving the quality of sleep of institutionalized residents. *Journals of Gerontology, Series A: Biological Sciences and Medical Sciences, 54*(8), M389-M394. doi:10.1093/gerona/54.8.M389

Chesson, A. L., Littner, M., Davila, D., Anderson, W. M., Grigg-Damberger, M., Hartse, K., ... Wise, M. (1999). Practice parameters for the use of light therapy in the treatment of sleep disorders. *Sleep, 22*(5), 641-660. doi:10.1093/sleep/22.5.641

Chueh, K.-H., Yang, M.-S., Chen, C.-S., & Chiou, S.-M. (2009). Poor sleep quality and alcohol use problems among elderly Taiwanese aboriginal women. *International Psychogeriatrics, 21*(3), 593-599. doi:10.1017/S1041610209008850

Cole, M. G., & Dendukuri, N. (2003). Risk factors for depression among elderly community subjects: A systematic review and meta-analysis. *American Journal of Psychiatry*, *160*(6), 1147-1156. doi:10.1176/appi.ajp.160.6.1147

Colten, H. R., & Altevogt, B. M. (2006). Sleep physiology. In H. R. Colten & B. M. Altevogt (Eds.), *Sleep disorders and sleep deprivation. An unmet public health problem* (pp. 33-53). Washington, DC: The National Academies Press.

Cooke, J. R., & Ancoli-Israel, S. (2006). Sleep and its disorders in older adults. *Psychiatric Clinics of North America*, *29*(4), 1077-1093. doi:10.1016/j.psc.2006.08.003

Cooke, J. R., & Ancoli-Israel, S. (2011). Normal and abnormal sleep in the elderly. In M. J. Aminoff, F. Boller, & D. F. Swaab (Eds.), *Handbook of Clinical Neurology* (Vol. 98, pp. 653-665). Amsterdam: Elsevier. doi:10.1016/B978-0-444-52006-7.00041-1

Costa, M. D., Espírito-Santo, H., Simões, S. C., Correia, A. R., Almeida, R., Ferreira, L., ... Lemos, L. (2013). Correlates of elderly loneliness. *European Psychiatry*, *28*(Supl. 1), 1. doi:10.1016/S0924-9338(13)76559-3

Coursey, R. D., Frankel, B. L., Gaarder, K. R., & Mott, D. E. (1980). A comparison of relaxation techniques with electrosleep therapy for chronic, sleep-onset insomnia. *Biofeedback and Self-Regulation*, *5*(1), 57-73. doi:10.1007/BF00999064

Cricco, M., Simonsick, E. M., & Foley, D. J. (2001). The impact of insomnia on cognitive functioning in older adults. *Journal of the American Geriatrics Society*, *49*(9), 1185-1189. doi:10.1046/j.1532-5415.2001.49235.x

Cuesta, M., Boudreau, P., & Boivin, D. B. (2017). Basic circadian timing and sleep-wake regulation. In S. Chokroverty (Ed.), *Sleep disorders medicine: Basic science, technical considerations and clinical aspects* (4.ª ed.) (pp. 79-102). New York, NY: Springer Science.

Dauvilliers, Y. (2007). Insomnia in patients with neurodegenerative conditions. *Sleep Medicine*, *8*(Supl. 4), S27-S34. doi:10.1016/S1389-9457(08)70006-6

Dealberto, M. J., Pajot, N., Courbon, D., & Alpérovitch, A. (1996). Breathing disorders during sleep and cognitive performance in an older community sample: The EVA study. *Journal of the American Geriatrics Society*, *44*(11), 1287-1294. doi:10.1111/j.1532-5415.1996.tb01397

Dening, T. R., Chi, L.-Y., Brayne, C., Huppert, F. A., Paykel, E. S., & O'Connor, D. W. (1998). Changes in self-rated health, disability and contact with services in a very elderly cohort: A 6-year follow-up study. *Age and Ageing*, *27*(1), 23-33. doi:10.1093/ageing/27.1.23

Deschenes, C. L., & McCurry, S. M. (2009). Current treatments for sleep disturbances in individuals with dementia. *Current Psychiatry Reports*, *11*(1), 20-26. doi:10.1007/s11920-009-0004-2

Dew, M. A., Hoch, C. C., Buysse, D. J., Monk, T. H., Begley, A. E., Houck, P. R., ... Reynolds, C. F. (2003). Healthy older adults' sleep predicts all-cause mortality at 4 to 19 years of follow-up. *Psychosomatic Medicine*, *65*(1), 63-73. doi:10.1097/01.PSY.0000039756.23250.7C

Dijk, D.-J., Groeger, J. A., Stanley, N., & Deacon, S. (2010). Age-related reduction in daytime sleep propensity and nocturnal slow wave sleep. *Sleep*, *33*(2), 211-223.

Dollman, W. B., LeBlanc, V. T., & Roughead, E. E. (2003). Managing insomnia in the elderly - What prevents us using non-drug options? *Journal of Clinical Pharmacy and Therapeutics*, *28*(6), 485-491. doi:10.1046/j.0269-4727.2003.00523.x

Duffy, J. F., & Czeisler, C. A. (2002). Age-related change in the relationship between circadian period, circadian phase, and diurnal preference in humans. *Neuroscience Letters, 318*(3), 117-120. doi:10.1016/S0304-3940(01)02427-2

Ebben, M. R., & Spielman, A. J. (2009). Non-pharmacological treatments for insomnia. *Journal of Behavioral Medicine, 32*(3), 244-254. doi:10.1007/s10865-008-9198-8

Edwards, B. A., O'Driscoll, D. M., Ali, A., Jordan, A. S., Trinder, J., & Malhotra, A. (2010). Aging and sleep: Physiology and pathophysiology. *Seminars in Respiratory and Critical Care Medicine, 31*(5), 618-633. doi:10.1055/s-0030-1265902

Eichling, P. S., & Sahni, J. (2005). Menopause related sleep disorders. *Journal of Clinical Sleep Medicine, 1*(3), 291-300.

Espírito-Santo, H., Marques, M., Matreno, J., Fermino, S., Pena, I., Rodrigues, F., ... Pimentel, A. (2012a). Associations between sleep quality and different correlates in the elderly. *Journal of Sleep Research, 21*(Supl. 1), 142.

Espírito-Santo, H., Marques, M., Pena, I. T., Matreno, J., Fermino, S., Rodrigues, F., ... Pimentel, A. (2012b). Subjective sleep quality effect on cognitive functioning in institutionalised elderly. *Journal of Sleep Research, 21*(Supl. 1), 142.

Espiritu, J. R. D. (2008). Aging-related sleep changes. *Clinics in Geriatric Medicine, 24*(1), 1-14. doi:10.1016/j.cger.2007.08.007

Foley, D. J., Monjan, A. A., Brown, S. L., Simonsick, E. M., Wallace, R. B., & Blazer, D. G. (1995). Sleep complaints among elderly persons: An epidemiologic study of three communities. *Sleep, 18*(6), 425-243. doi:10.1093/sleep/18.6.425

Foley, D. J., Monjan, A., Simonsick, E. M., Wallace, R. B., & Blazer, D. G. (1999). Incidence and remission of insomnia among elderly adults: An epidemiologic study of 6,800 persons over three years. *Sleep, 22*(Supl. 2), S366-S372.

Foley, D. J., Vitiello, M. V., Bliwise, D. L., Ancoli-Israel, S., Monjan, A. A., & Walsh, J. K. (2007). Frequent napping is associated with excessive daytime sleepiness, depression, pain, and nocturia in older adults: Findings from the National Sleep Foundation '2003 Sleep in America' Poll. *American Journal of Geriatric Psychiatry, 15*(4), 344-350. doi:10.1097/01.JGP.0000249385.50101.67

Foley, D., Ancoli-Israel, S., Britz, P., & Walsh, J. (2004). Sleep disturbances and chronic disease in older adults: Results of the 2003 National Sleep Foundation Sleep in America Survey. *Journal of Psychosomatic Research, 56*(5), 497-502. doi:10.1016/j.jPsychores.2004.02.010

Foley, D., Monjan, A., Masaki, K., Ross, W., Havlik, R., White, L., & Launer, L. (2001). Daytime sleepiness is associated with 3-year incident dementia and cognitive decline in older Japanese-American men. *Journal of the American Geriatrics Society, 49*(12), 1628-1632. doi:10.1046/j.1532-5415.2001.t01-1-49271.x

Ford, D. E., & Kamerow, D. B. (1989). Epidemiologic study of sleep disturbances and psychiatric disorders: An opportunity for prevention? *Journal of the American Medical Association, 262*(11), 1479-1484. doi:10.1001/jama.1989.03430110069030

Fortin, M., Bravo, G., Hudon, C., Vanasse, A., & Lapointe, L. (2005). Prevalence of multimorbidity among adults seen in family practice. *Annals of Family Medicine, 3*(3), 223-228. doi:10.1370/afm.272

Friedman, L., Benson, K., Noda, A., Zarcone, V., Wicks, D. A., O'Connell, K., ... Yesavage, J. A. (2000). An actigraphic comparison of sleep restriction and sleep hygiene treatments for insomnia in older adults. *Journal of Geriatric Psychiatry and Neurology, 13*(1), 17-27. doi:10.1177/089198870001300103

Friedman, L., Bliwise, D. L., Yesavage, J. A., & Salom, S. R. (1991). A preliminary study comparing sleep restriction and relaxation treatments for insomnia in older adults. *Journal of Gerontology, 46*(1), 1-8.

Galimi, R. (2010). Insomnia in the elderly: An update and future challenges. *Giornale di Gerontologia, 58*, 231-247.

Ganguli, M., Reynolds, C. F., & Gilby, J. E. (1996). Prevalence and persistence of sleep complaints in a rural older community sample: The MoVIES project. *Journal of the American Geriatrics Society, 44*(7), 778-784. doi:10.1111/j.1532-5415.1996.tb03733.x

Garms-Homolovà, V., Flick, U., & Röhnsch, G. (2010). Sleep disorders and activities in long term care facilities — A vicious cycle? *Journal of Health Psychology, 15*(5), 744-754. doi:10.1177/1359105310368185

Gaugler, J. E., Edwards, A. B., Femia, E. E., Zarit, S. H., Stephens, M.-A. P., Townsend, A., & Greene, R. (2000). Predictors of institutionalization of cognitively impaired elders: Family help and the timing of placement. *Journals of Gerontology, Series B: Psychological Sciences and Social Sciences, 55*(4), P247-P255. doi:10.1093/geronb/55.4.P247

Gehrman, P. R., Martin, J. L., Shochat, T., Nolan, S., Corey-Bloom, J., & Ancoli-Israel, S. (2003). Sleep-disordered breathing and agitation in institutionalized adults with Alzheimer disease. *American Journal of Geriatric Psychiatry, 11*(4), 426-433. doi:10.1097/00019442-200307000-00005

Geib, L. T. C., Neto, A. C., Wainberg, R., & Nunes, M. L. (2003). Sono e envelhecimento. *Revista de Psiquiatria, 25*(3), 453-465.

Gindin, J., Shochat, T., Chetrit, A., Epstein, S., Ben Israel, Y., Levi, S., ... Bernabei, R. (2014). Insomnia in long-term care facilities: A comparison of seven European countries and Israel: The Services and Health for Elderly in Long TERm care study. *Journal of the American Geriatrics Society, 62*(11), 2033-2039. doi:10.1111/jgs.13099

Giron, M. S. T., Forsell, Y., Bernsten, C., Thorslund, M., Winblad, B., & Fastbom, J. (2002). Sleep problems in a very old population: Drug use and clinical correlates. *Journals of Gerontology, Series A: Biological Sciences and Medical Sciences, 57*(4), M236-M240. doi:10.1093/gerona/57.4.M236

Glass, J., Lanctôt, K. L., Herrmann, N., Sproule, B. A., & Busto, U. E. (2005). Sedative hypnotics in older people with insomnia: Meta-analysis of risks and benefits. *BMJ, 331*(7526), 1169-1175. doi:10.1136/bmj.38623.768588.47

Golden, A. G., Preston, R. A., Barnett, S. D., Llorente, M., Hamdan, K., & Silverman, M. A. (1999). Inappropriate medication prescribing in homebound older adults. *Journal of the American Geriatrics Society, 47*(8), 948-953. doi:10.1111/j.1532-5415.1999.tb01289.x

Gomes, A. C. A. (2005). *Sono, sucesso académico e bem-estar em estudantes universitários.* Tese de Doutoramento, Departamento de Ciências da Educação - Universidade de Aveiro. Acedido a 8 de novembro de 2016, http://ria.ua.pt/bitstream/10773/1103/1/2008000122.pdf

Gross, C. R., Kreitzer, M. J., Reilly-Spong, M., Wall, M., Winbush, N. Y., Patterson, R., ... Cramer-Bornemann, M. (2011). Mindfulness-based stress reduction versus pharmacotherapy for chronic primary insomnia: A randomized controlled clinical trial. *Explore, 7*(2), 76-87. doi:10.1016/j.explore.2010.12.003

Guyton, A. C. & Hall, J. E. (2006). *Textbook of medical physiology* (11.ª ed., pp. 921-927, 951-957, 961-977). Philadelphia: Elsevier Saunders.

Harris, J., Lack, L., Wright, H., Gradisar, M., & Brooks, A. (2007). Intensive sleep retraining treatment for chronic primary insomnia: A preliminary investigation. *Journal of Sleep Research, 16*(3), 276-284. doi:10.1111/j.1365-2869.2007.00595.x

Hart, R. P., Morin, C. M., & Best, A. M. (1995). Neuropsychological performance in elderly insomnia patients. *Aging Neuropsychology, and Cognition, 2*(4), 268-278. doi:10.1080/13825589508256603

Hauri, P. J. (1991). *Case studies in insomnia* (1.ª ed.). New York, NY: Springer Science+Business Media. doi:10.1007/978-1-4757-9586-8

Hewitt, J., Smeeth, L., Bulpitt, C. J., Tulloch, A. J., & Fletcher, A. E. (2005). Respiratory symptoms in older people and their association with mortality. *Thorax, 60,* 331-334. doi:10.1136/thx.2004.029579

Hidalgo, J. L.-T., Gras, C. B., García, Y. D., Lapeira, J. T., del Campo del Campo, J. M., & Verdejo, M. A. L. (2007). Functional status in the elderly with insomnia. *Quality of Life Research, 16*(2), 279-286. doi:10.1007/s11136-006-9125-9

Hope, T., Keene, J., Gedling, K., Fairburn, C. G., & Jacoby, R. (1998). Predictors of institutionalization for people with dementia living at home with a carer. *International Journal of Geriatric Psychiatry, 13*(10), 682-690. doi:10.1002/(sici)1099-1166(1998100)13:10<682::aid-gps847>3.0.co;2-y

Irwin, M. R., Cole, J. C., & Nicassio, P. M. (2006). Comparative meta-analysis of behavioral interventions for insomnia and their efficacy in middle-aged adults and in older adults 55+ years of age. *Health Psychology, 25*(1), 3-14. doi:10.1037/0278-6133.25.1.3

Irwin, M. R., Olmstead, R., & Motivala, S. J. (2008). Improving sleep quality in older adults with moderate sleep complaints: A randomized controlled trial of Tai Chi Chih. *Sleep, 31*(7), 1001-1008.

Jackson, M. L., Sztendur, E. M., Diamond, N. T., Byles, J. E., & Bruck, D. (2014). Sleep difficulties and the development of depression and anxiety: A longitudinal study of young Australian women. *Archives of Women´s Mental Health, 17*(3), 189-198. doi:10.1007/s00737-014-0417-8

Jacobson, E. (1938). *Progressive relaxation: A physiological and clinical investigation of muscular states and their significance in psychology and medical practice.* Chicago, IL: University of Chicago Press.

Jansen, J. M., Lopes, A. J., Jansen, U., Capone, D., Maeda, T. Y., Noronha, A., & Magalhães, G. (Orgs.) (2007). *Medicina da noite: Da cronobiologia à prática clínica.* Rio de Janeiro, Brasil: Editora Fiocruz.

Janson, C., Lindberg, E., Gislason, T., Elmasry, A., & Boman, G. (2001). Insomnia in men-a 10-year prospective population based study. *Sleep, 24*(4), 425-430.

Jaussent, I., Bouyer, J., Ancelin, M. L., (2011). Insomnia and daytime sleepiness are risk factors for depressive symptoms in the elderly. *Sleep, 34*(8),1103-1110.

Johns, M. W. (1991). A new method for measuring daytime sleepiness: The Epworth Sleepiness Scale. *Sleep, 14*(6), 540-545.

Johns, M., & Hocking, B. (1997). Daytime sleepiness and sleep habits of Australian workers. *Sleep, 20*(10), 844-849.

Kabat-Zinn, J. (1982). An outpatient program in behavioral medicine for chronic pain patients based on the practice of mindfulness meditation: Theoretical considerations and preliminary results. *General Hospital Psychiatry, 4*(1), 33-47. doi:10.1016/0163-8343(82)90026-3

Kabat-Zinn, J. (1990). *Full catastrophe living: Using the wisdom of your body and mind to face stress, pain, and illness*. New York, NY: Delta Trade Paperbacks.

Kamel, N. S., & Gammack, J. K. (2006). Insomnia in the elderly: Cause, approach, and treatment. *American Journal of Medicine, 119*(6), 463-469. doi:10.1016/j.amjmed.2005.10.051

Katz, D. A., & McHorney, C. A. (1998). Clinical correlates of insomnia in patients with chronic illness. *Archives of Internal Medicine, 158*, 1099-1107. doi:10.1001/archinte.158.10.1099

Khachiyants, N., Trinkle, D., Son, S. J., & Kim, K. Y. (2011). Sundown syndrome in persons with dementia: An update. *Psychiatry Investigation, 8*(4), 275-287. doi:10.4306/pi.2011.8.4.275

King, A. C., Oman, R. F., Brassington, G. S., Bliwise, D. L., & Haskell, W. L. (1997). Moderate-intensity exercise and self-rated quality of sleep in older adults: A randomized controlled trial. *Journal of the American Medical Association, 277*(1), 32-37. doi:10.1001/jama.1997.03540250040029

Kotronoulas, G., Wengström, Y., & Kearney, N. (2013). Sleep and sleep-wake disturbances in care recipient-caregiver dyads in the context of a chronic illness: A critical review of the literature. *Journal of Pain and Symptom Management, 45*(3), 579-594. doi:10.1016/j.jpainsymman.2012.03.013

Krystal, A. D., Walsh, J. K., Laska, E., Caron, J., Amato, D. A., Wessel, T. C., & Roth, T. (2003). Sustained efficacy of eszopiclone over 6 months of nightly treatment: Results of a randomized, double-blind, placebo-controlled study in adults with chronic insomnia. *Sleep, 26*(7), 793-799.

Kume, Y., Kodama, A., Sato, K., Kurosawa, S., Ishikawa, T., & Ishikawa, S. (2016). Sleep/awake status throughout the night and circadian motor activity patterns in older nursing-home residents with or without dementia, and older community-dwelling people without dementia. *International Psychogeriatrics, 28*(12), 2001-2008. doi:10.1017/S1041610216000910

Kuriyama, A., Honda, M., & Hayashino, Y. (2014). Ramelteon for the treatment of insomnia in adults: A systematic review and meta-analysis. *Sleep Medicine, 15*(4), 385-392. doi:10.1016/j.sleep.2013.11.788

Larouche, M., Côté, G., Bélisle, D., & Lorrain, D. (2014). Kind attention and non-judgment in mindfulness-based cognitive therapy applied to the treatment of insomnia: State of knowledge. *Pathologie-Biologie, 62*(5), 284-291. doi:10.1016/j.patbio.2014.07.002

Leigh, T. J., Hindmarch, I., Bird, H. A., & Wright, V. (1988). Comparison of sleep in osteoarthritic patients and age and sex matched healthy controls. *Annals of the Rheumatic Diseases, 47*(1), 40-42. doi:10.1136/ard.47.1.40

Li, F., Fisher, K. J., Harmer, P., Irbe, D., Tearse, R. G., & Weimer, C. (2004). Tai Chi and self-rated quality of sleep and daytime sleepiness in older adults: A randomized controlled trial. *Journal of the American Geriatrics Society, 52*(6), 892-900. doi:10.1111/j.1532-5415.2004.52255.x

Lichstein, K. L., & Johnson, R. S. (1993). Relaxation for insomnia and hypnotic medication use in older women. *Psychology and Aging, 8*(1), 103-111.

Lichstein, K. L., & Riedel, B. W. (1994). Behavioral assessment and treatment of insomnia: A review with an emphasis on clinical application. *Behavior Therapy, 25*(4), 659-688. doi:10.1016/S0005-7894(05)80203-5

Lichstein, K. L., Riedel, B. W., Wilson, N. M., Lester, K. W., & Aguillard, R. N. (2001). Relaxation and sleep compression for late-life insomnia: A placebo-controlled trial. *Journal of Consulting and Clinical Psychology, 69*(2), 227-239. doi:10.1037//0022-006X.69.2.227

Lindstrom, V., Andersson, K., Lintrup, M., Holst, G., & Berglund, J. (2012). Prevalence of sleep problems and pain among the elderly in Sweden. *Journal of Nutrition, Health & Aging, 16*(2), 180-183. doi:10.1007/s12603-011-0356-2

Lushington, K., & Lack, L. (2002). Non-pharmacological treatments of insomnia. *Israel Journal of Psychiatry and Related Sciences, 39*(1), 36-49.

Lyketsos, C. G., Lindell Veiel, L., Baker, A., & Steele, C. (1999). A randomized, controlled trial of bright light therapy for agitated behaviors in dementia patients residing in long-term care. *International Journal of Geriatric Psychiatry, 14*(7), 520-525. doi:10.1002/(sici)1099-1166(199907)14:7<520::aid-gps983>3.0.co;2-m

Mahoney, R., Regan, C., Katona, C., & Livingston, G. (2005). Anxiety and depression in family caregivers of people with Alzheimer disease: The LASER-AD study. *American Journal of Geriatric Psychiatry, 13*(9), 795-801. doi:10.1097/00019442-200509000-00008

Mallon, L., Broman, J.-E., & Hetta, J. (2000). Relationship between insomnia, depression, and mortality: A 12-year follow-up of older adults in the community. *International Psychogeriatrics, 12*(3), 295-306. doi:10.1017/S1041610200006414

Marques, M., Espírito-Santo, H., Matreno, J., Fermino, S., Alves, V., Vigário, V., ... Ferreira, L. (2012). Psychometric properties of a subjective sleep quality index to be used with the elderly: An exploratory study. *Journal of Sleep Research, 21*(Supl. 1), S199.

Mattis, J., & Sehgal, A. (2016). Circadian rhythms, sleep, and disorders of aging. *Trends in Endocrinology & Metabolism, 27*(4), 192-203. doi:10.1016/j.tem.2016.02.003

Mayer, G., Wang-Weigand, S., Roth-Schechter, B., Lehmann, R., Staner, C., & Partinen, M. (2009). Efficacy and safety of 6-month nightly ramelteon administration in adults with chronic primary insomnia. *Sleep, 32*(3), 351-360.

McCall, W. V. (2004). Sleep in the elderly: Burden, diagnosis, and treatment. *Primary Care Companion to the Journal of Clinical Psychiatry, 6*(1), 9-20. doi:10.4088/PCC.v06n0104

McCurry, S. M., Logsdon, R. G., Teri, L., & Vitiello, M. V. (2007a). Evidence-based psychological treatments for insomnia in older adults. *Psychology and Aging, 22*(1), 18-27. doi:10.1037/0882-7974.22.1.18

McCurry, S. M., Logsdon, R. G., Teri, L., & Vitiello, M. V. (2007b). Sleep disturbances in caregivers of persons with dementia: Contributing factors and treatment implications. *Sleep Medicine Reviews, 11*(2), 143-153. doi:10.1016/j.smrv.2006.09.002

McCurry, S. M., Reynolds, C. F., Ancoli-Israel, S., Teri, L., & Vitiello, M. V. (2000). Treatment of sleep disturbance in Alzheimer's disease. *Sleep Medicine Reviews*, 4(6), 603-628. doi:10.1053/smrv.2000.0127

McKenna, J. T., Zielinski, M. R., & McCarley, R. W. (2017). Neurobiology of REM sleep, NREM sleep, homeostasis and gamma band oscillations. In S. Chokroverty (Ed.), *Sleep disorders medicine: Basic science, technical considerations and clinical aspects* (4.ª ed.) (pp. 55-77). New York, NY: Springer Science. doi:10.1007/978-1-4939-6578-6_5

Means, M. K., Lichstein, K. L., Epperson, M. T., & Johnson, C. T. (2000). Relaxation therapy for insomnia: Nighttime and day time effects. *Behaviour Research and Therapy*, 38(7), 665-678. doi:10.1016/S0005-7967(99)00091-1

Mellinger, G. D., Balter, M. B., & Uhlenhuth, E. H. (1985). Insomnia and its treatment: Prevalence and correlates. *Archives of General Psychiatry*, 42(3), 225-232. doi:10.1001/archpsec.1985.01790260019002

Middelkoop, H. A., Kerkhof, G. A., Smilde-van den Doel, D. A., Ligthart, G. J., & Kamphuisen, H. A. C. (1994). Sleep and ageing: The effect of institutionalization on subjective and objective characteristics of sleep. *Age and Ageing, 23*(5), 411-417. doi:10.1093/ageing/23.5.411

Milligan, S. A., & Chesson, A. L. (2002). Restless legs syndrome in the older adult. *Drugs & Aging, 19*(10), 741-751. doi:10.2165/00002512-200219100-00003

Moe, K. E., Vitiello, M. V., Larsen, L. H., & Prinz, P. N. (1995). Sleep/wake patterns in Alzheimer's disease: Relationships with cognition and function. *Journal of Sleep Research*, 4(1), 15-20. doi:10.1111/j.1365-2869.1995.tb00145.x

Molen, Y. F., Carvalho, L. B. C., Prado, L. B. F., & Prado, G. F. (2014). Insomnia: Psychological and neurobiological aspects and non-pharmacological treatments. *Arquivos de Neuro-Psiquiatria*, 72(1), 63-71. doi:10.1590/0004-282X20130184

Monane, M. (1992). Insomnia in the elderly. *Journal of Clinical Psychiatry, 53*, 23-28.

Monk, T. H., Buysse, D. J., Begley, A. E., Billy, B. D., & Fletcher, M. E. (2009). Effects of a two-hour change in bedtime on the sleep of healthy seniors. *Chronobiology International, 26*(3), 526-543. doi:10.1080/07420520902821119

Morgenthaler, T. I., Kramer, M., Alessi, C., Friedman, L., Boehlecke, B., Brown, T., … Swick, T. (2006). Practice parameters for the psychological and behavioral treatment of insomnia: An update. An american academy of sleep medicine report. *Sleep*, 29(11), 1415-1419.

Morgenthaler, T. I., Lee-Chiong, T., Alessi, C., Friedman, L., Aurora, R. N., Boehlecke, B., … Zak, R. (2007). Practice parameters for the clinical evaluation and treatment of circadian rhythm sleep disorders: An american academy of sleep medicine report. *Sleep*, 30(11), 1445-1459.

Morin, C. M. (1993). *Insomnia: Psychological assessment and management*. New York, NY: Guilford Press.

Morin, C. M., & Espie, C. A. (2004). *Insomnia: A clinical guide to assessment and treatment* (1.ª ed.). New York, NY: Kluwer Academic/Plenum Publishers. doi:10.1007/b105845

Morin, C. M., Bootzin, P. R., Buysse, D. J., Edinger, J. D., Espie, C. A., & Lichstein, K. L. (2006). Psychological and behavioral treatment of insomnia: Update of the recent evidence (1998-2004). *Sleep*, 29(11), 1398-1414.

Morin, C. M., Colecchi, C., Stone, J., Sood, R., & Brink, D. (1999). Behavioral and pharmacological therapies for late-life insomnia. *Journal of the American Medical Association, 281*(11), 991-999. doi:10.1001/jama.281.11.991

Morin, C. M., Hauri, P. J., Espie, C. A., Spielman, A. J., Buysse, D. J., & Bootzin, R. R. (1999). Nonpharmacologic treatment of chronic insomnia: An american academy of sleep medicine review. *Sleep, 22*(8), 1134-1156.

Morita, E., Imai, M., Okawa, M., Miyaura, T., & Miyazaki, S. (2011). A before and after comparison of the effects of forest walking on the sleep of a community-based sample of people with sleep complaints. *BioPsychoSocial Medicine, 5*(1), 13. doi:10.1186/1751-0759-5-13

Most, E. I., Scheltens, P., & Van Someren, E. J. (2010). Prevention of depression and sleep disturbances in elderly with memory-problems by activation of the biological clock with light – A randomized clinical trial. *Trials, 11*(1), 19. doi:10.1186/1745-6215-11-19

Moyle, W., Jones, C., Murfield, J., Draper, B., Beattie, E., Shum, D., ... Mervin, C. M. (2017). Levels of physical activity and sleep patterns among older people with dementia living in long-term care facilities: A 24-h snapshot. *Maturitas, 102*, 62-68. doi:10.1016/j.maturitas.2017.05.015

Naifeh, K. H., Severinghaus, J. W., & Kamiya, J. (1987). Effect of aging on sleep-related changes in respiratory variables. *Sleep, 10*(2), 160-171.

Naismith, S. L., Norrie, L., Lewis, S. J., Rogers, N. L., Scott, E. M., & Hickie, I. B. (2009). Does sleep disturbance mediate neuropsychological functioning in older people with depression? *Journal of Affective Disorders, 116*(1-2), 139-143. doi:10.1016/j.jad.2008.11.017

Napoleão, M., Monteiro, B., & Espírito-Santo, H. (2016). Qualidade subjetiva do sono, sintomas depressivos, sentimentos de solidão e institucionalização em pessoas idosas. *Revista Portuguesa de Investigação Comportamental e Social, 2*(2), 12-24. doi:10.7342/ismt.rpics.2016.2.2.37

National Institutes of Health. (2005). National Institutes of Health State of the Science Conference Statement on manifestations and management of chronic insomnia in adults. *Sleep, 28*(9), 1049-1057.

National Sleep Foundation. (2003). *2003 Sleep in America poll*. Washington, DC: Autor. Acedido a 13 de novembro de 2016, em https://sleepfoundation.org/sleep-polls-data/sleep-in-america-poll/2003-sleep-and-aging

Neikrug, A. B., & Ancoli-Israel, S. (2010a). Sleep disorders in the older adult – A mini-review. *Gerontology, 56*(2), 181-189. doi:10.1159/000236900

Neikrug, A. B., & Ancoli-Israel, S. (2010b). Sleep disturbances in nursing homes. *Journal of Nutrition, Health & Aging, 14*(3), 207-211.

Neubauer, D. N. (1999). Sleep problems in the elderly. *American Family Physician, 59*(9), 2551-2560.

Nixon, J. P., Mavanji, V., Butterick, T. A., Billington, C. J., Kotz, C. M., & Teske, J. A. (2015). Sleep disorders, obesity, and aging: The role of orexin. *Ageing Research Reviews, 20*, 63-73. doi:10.1016/j.arr.2014.11.001

Ohayon, M. M. (2002). Epidemiology of insomnia: What we know and what we still need to learn. *Sleep Medicine Reviews, 6*(2), 97-111. doi:10.1053/smrv.2002.0186

Ohayon, M. M. (2005). Relationship between chronic painful physical condition and insomnia. *Journal of Psychiatric Research*, *39*(2), 151-159. doi:10.1016/j.jpsychires.2004.07.001

Ohayon, M. M., & Vecchierini, M. F. (2005). Normative sleep data, cognitive function and daily living activities in older adults in the community. *Sleep*, *28*(8), 981-999.

Ohayon, M. M., Carskadon, M. A., Guilleminault, C., & Vitiello, M. V. (2004). Meta-analysis of quantitative sleep parameters from childhood to old age in healthy individuals: Developing normative sleep values across the human lifespan. *Sleep*, *27*(7), 1255-1273. doi:10.1093/sleep/27.7.1255

Olbrich, E., Acherman, P., & Wennekers, T. (2011). The sleeping brain as a complex system. *Philosophical Transactions of the Royal Society of London, Series A: Mathematical, Physical and Engineering Sciences*, *369*(1952), 3697-3707. doi:10.1098/rsta.2011.0199

Olde Rikkert, M. G., & Rigaud, A. S. (2001). Melatonin in elderly patients with insomnia: A systematic review. *Zeitschrift fur Gerontologie und Geriatrie*, *34*(6), 491-497. doi:10.1007/s003910170025

Olson, E. J., Boeve, B. F., & Silber, M. H. (2000). Rapid eye movement sleep behaviour disorder: Demographic, clinical and laboratory findings in 93 cases. *Brain*, *123*(Pt. 2), 331-339. doi:10.1093/brain/123.2.331

Ong, J., & Sholtes, D. (2010). A mindfulness-based approach to the treatment of insomnia. *Journal of Clinical Psychology*, *66*(11), 1175-1184. doi:10.1002/jclp.20736

O'Reilly, G., Black, D., Luders, E., Breen, E., Olmstead, R., & Michael, I. (2014). Mindfulness training versus sleep hygiene for insomnia symptoms in older adults: A randomized controlled comparison trial. *Journal of Alternative and Complementary Medicine*, *20*(5), A14-A15. doi:10.1089/acm.2014.5034.abstract

Örsal, O., Alparslan, G. B., Özkaraman, A., & Sönmez, N. (2014). The effect of relaxation exercises on quality of sleep among the elderly: Holistic nursing practice review copy. *Holistic Nursing Practice*, *28*(4), 265-274. doi:10.1097/HNP.0000000000000032

Pallesen, S., Nordhus, I. H., & Kvale, G. (1998). Nonpharmacological interventions for insomnia in older adults: A meta-analysis of treatment efficacy. *Psychotherapy: Theory, Research, Practice, Training*, *35*(4), 472-482. doi:10.1037/h0087829

Pat-Horenczyk, R., Klauber, M. R., Shochat, T., & Ancoli-Israel, S. (1998). Hourly profiles of sleep and wakefulness in severely versus mild-moderately demented nursing home patients. *Aging Clinical and Experimental Research*, *10*(4), 308-315. doi:10.1007/BF03339793

Paterson, L. M. (2012). The science of sleep: What is it, what makes it happen and why do we do it? In A. Green & A. Westcombe (Eds.), *Sleep: Multi-Professional Perspectives* (pp. 18-40). London: Jessica Kingsley Publishers.

Payne, R., & Donaghy, M. (2010). *Payne's handbook of relaxation techniques: A practical guide for the health care professional* (4.ª ed.). London, UK: Churchill Livingstone.

Peng, H.-L., Lorenz, R. A., & Chang, Y.-P. (2018). Factors associated with sleep in family caregivers of individuals with dementia. *Perspectives in Psychiatric Care*, *3*, 1-8. doi:10.1111/ppc.12307

Perlis, M. L., & Lichstein, K. L. (Eds.) (2003). *Treating sleep disorders: Principles and practice of behavioral sleep medicine*. Hoboken, NJ: John Wiley & Sons.

Perlis, M. L., Smith, L. J., Lyness, J. M., Matteson, S. R., Pigeon, W. R., Jungquist, C. R., & Tu, X. (2006). Insomnia as a risk factor for onset of depression in the elderly. *Behavioral Sleep Medicine, 4*(2), 104-113. doi:10.1207/s15402010bsm0402_3

Petit, L., Azad, N., Byszewski, A., Sarazan, F. F.-A., & Power, B. (2003). Non-pharmacological management of primary and secondary insomnia among older people: Review of assessment tools and treatments. *Age and Ageing, 32*(1), 19-25. doi:10.1093/ageing/32.1.19

Phillips, B., & Ancoli-Israel, S. (2001). Sleep disorders in the elderly. *Sleep Medicine, 2*(2), 99-114. doi:10.1016/s1389-9457(00)00083-6

Phillips, B., Young, T., Finn, L., Asher, K., Hening, W. A., & Purvis, C. (2000). Epidemiology of restless legs symptoms in adults. *Archives of Internal Medicine, 160*(14), 2137-2141. doi:10.1001/archinte.160.14.2137

Piercy, J. W., & Lohr, J. M. (1989). Progressive relaxation in the treatment of an elderly patient with insomnia. *Clinical Gerontologist, 8*(4), 3-12. doi:10.1300/J018v08n04_02

Pollak, C. P., & Perlick, D. (1991). Sleep problems and institutionalization of the elderly. *Journal of Geriatric Psychiatry and Neurology, 4*(4), 204-210. doi:10.1177/089198879100400405

Pollak, C. P., & Stokes, P. E. (1997). Circadian rest-activity rhythms in demented and nondemented older community residents and their caregivers. *Journal of the American Geriatrics Society, 45*(4), 446-452.

Pollak, C. P., Perlick, D., Linsner, J. P., Wenston, J., & Hsieh, F. (1990). Sleep problems in the community elderly as predictors of death and nursing home placement. *Journal of Community Health, 15*(2), 123-135. doi:10.1007/bf01321316

Prinz, P. N., Vitiello, M. V., Raskind, M. A., & Thorpy, M. J. (1990). Geriatrics: Sleep disorders and aging. *New England Journal of Medicine, 323*(8), 520-526. doi:10.1056/NEJM199008233230805

Quinhones, M. S., & Gomes, M. M. (2011). Sono no envelhecimento normal e patológico: Aspetos clínicos e fisiopatológicos. *Revista Brasileira de Neurologia, 47*(1), 31-42.

Rajput, V., & Bromley, S. M. (1999). Chronic insomnia: A practical review. *American Family Physician, 60*(5), 1431-1438.

Richardson, G. S., Carskadon, M. A., Orav, E. J., & Dement, W. C. (1982). Circadian variation of sleep tendency in elderly and young adults subjects. *Sleep, 5*(Supl. 2), S82-S94.

Riedel, B. W., Lichstein, K. L., & Dwyer, W. O. (1995). Sleep compression and sleep education for older insomniacs: Self-help versus therapist guidance. *Psychology and Aging, 10*(1), 54-63. doi:10.1037/0882-7974.10.1.54

Riemann, D., Berger, M., & Voderholzer, U. (2001). Sleep and depression - Results from psychobiological studies: An overview. *Biological Psychology, 57*(1-3), 67-103. doi:10.1016/S0301-0511(01)00090-4

Rocha, F. L., Guerra, H. L., & Lima-Costa, M. F. F. (2002). Prevalence of insomnia and associated socio-demographic factors in a Brazilian community: The Bambuí study. *Sleep Medicine, 3*(2), 121-126. doi:10.1016/S1389-9457(01)00119-8

Rodrigues, M., Nina, S., & Matos, L. (2014). Como dormimos? Avaliação da qualidade do sono em cuidados de saúde primários. *Revista Portuguesa de Medicina Geral e Familiar, 30*(1), 16-22. Acedido a 13 de novembro de 2016, http://www.scielo. mec.pt/scielo.php?script=sci_arttext&pid=S2182-51732014000100004&lng=pt&tl ng=pt

Rodriguez, J. C., Dzierzewski, J. M., & Alessi, C. A. (2015). Sleep problems in the elderly. *Medical Clinics of North America, 99*(2), 431-439. doi:10.1016/j. mcna.2014.11.013

Roepke, S. K., & Ancoli-Israel, S. (2010). Sleep disorders in the elderly. *Indian Journal of Medical Research, 131*, 302-310.

Roth, H. L. (2012). Dementia and Sleep. *Neurologic Clinics, 30*(4), 1213-1248. doi:10.1016/j.ncl.2012.08.013

Roth, T., & Roehrs, T. (2003). Insomnia: Epidemiology, characteristics, and consequences. *Clinical Cornerstone, 5*(3), 5-15. doi:10.1016/S1098-3597(03)90031-7

Roth, T., Roehrs, T., & Zorick, F. (1988). Pharmacological treatment of sleep disorders. In R. L. Williams, I. Karacan, & C. A. Moore (Eds.), *Sleep disorders: Diagnosis and treatment* (pp. 373-395). New York, NY: John Wiley & Sons.

Roth, T., Stubbs, C., & Walsh, J. K. (2005). Ramelteon (TAK-375), a selective MT1/ MT2-receptor agonist, reduces latency to persistent sleep in a model of transient insomnia related to a novel sleep environment. *Sleep, 28*(3), 303-307.

Saper, C. B., Scammell, T. E., & Lu, J. (2005). Hypothalamic regulation of sleep and circadian rhythms. *Nature, 437*(7063), 1257-1263. doi:10.1038/ nature04284

Sargento, P., Perea, V., Ladera, V., Lopes, P., & Oliveira, J. (2015). The Epworth Sleepiness Scale in Portuguese adults: From classical measurement theory to Rasch model analysis. *Sleep and Breathing, 19*(2), 693-701. doi:10.1007/s11325-014-1078-6

Scharf, M., Erman, M., Rosenberg, R., Seiden, D., McCall, W. V., Amato, D., & Wessel T. C. (2005). A 2-week efficacy and safety study of eszopiclone in elderly patients with primary insomnia. *Sleep, 28*(6), 720-727. doi:10.1093/sleep/28.6.720

Schmidt, C., Peigneux, P., & Cajochen, C. (2012). Age-related changes in sleep and circadian rhythms: Impact on cognitive performance and underlying neuroanatomical networks. *Frontiers in Neurology, 3*(118), 1-11. doi:10.3389/ fneur.2012.00118

Schnelle, J. F., Cruise, P. A., Alessi, C. A., Ludlow, K., Al-Samarrai, N. R., & Ouslander, J. G. (1998). Sleep hygiene in physically dependent nursing home residents: Behavioral and environmental intervention implications. *Sleep, 21*(5), 515-523. doi:10.1093/sleep/21.5.515

Setiati, S., & Laksmi, P. W. (2005). Insomnia in geriatrics. *Acta Medica Indonesiana, 37*(4), 224-229.

Sforza, E., Krieger, J., & Petiau, C. (1997). REM sleep behavior disorder: Clinical and physiopathological findings. *Sleep Medicine Reviews, 1*(1), 57-69. doi:10.1016/ s1087-0792(97)90006-x

Sherman, B., Wysham, C., & Pfohl, B. (1985). Age-related changes in the circadian rhythm of plasma cortisol in man. *Journal of Clinical Endocrinology and Metabolism, 61*(3), 439-443. doi:10.1210/jcem-61-3-439

Shochat, T., Martin, J., Marler, M., & Ancoli-Israel, S. (2000). Illumination levels in nursing home patients: Effects on sleep and activity rhythms. *Journal of Sleep Research*, 9(4), 373-380. doi:10.1046/j.1365-2869.2000.00221.x

Siddiqui, F., & D'Ambrosio, C. (2012). Sleep disorders in older patients. In M. Pisani (Ed.), *Aging and lung disease: A clinical guide, respiratory medicine* (pp. 173-188). Totowa, NJ: Humana Press. doi:10.1007/978-1-60761-727-3_9

Siebern, A. T., Suh, S., & Nowakowski, S. (2012). Non-pharmacological treatment of insomnia. *Neurotherapeutics*, 9(4), 717-727. doi:10.1007/s13311-012-0142-9

Silva, A. A., Mello, R. G. B., Schaan, C. W., Fuchs, F. D., Redline, S., & Fuchs, S. C. (2016). Sleep duration and mortality in the elderly: A systematic review with meta-analysis. *BMJ*, 6(2), 1-13. doi:10.1136/bmjopen-2015-008119

Spielman, A. J., Saskin, P., & Thorpy, M. J. (1987). Treatment of chronic insomnia by restriction of time in bed. *Sleep*, 10(1), 45-56. doi:10.1093/sleep/10.1.45

Spielman, A. J., Yang, C.-M., & Glovinsky, P. B. (2010). Insomnia: Sleep restriction therapy. In M. J. Sateia & D. J. Buysse (Eds.), *Insomnia: Diagnosis and treatment* (pp. 277-289). London: Informa UK Ltd.

Spira, A. P., Beaudreau, S. A., Stone, K. L., Kezirian, E. J., Lui, L.-Y., Redline, S., ... Stewart, A. (2012). Reliability and validity of the Pittsburgh Sleep Quality Index and the Epworth Sleepiness Scale in older men. *Journals of Gerontology, Series A: Biological Sciences and Medical Sciences*, 67A(4), 433-439. doi:10.1093/gerona/glr172

Spira, A. P., Covinsky, K., Rebok, G. W., Stone, K. L., Redline, S., & Yaffe, K. (2012). Objectively measured sleep quality and nursing home placement in older women. *Journal of the American Geriatrics Society*, 60(7), 1237-1243. doi:10.1111/j.1532-5415.2012.04044.x

Spira, A. P., Stone, K., Beaudreau, S. A., Ancoli-Israel, S., & Yaffe, K. (2009). Anxiety symptoms and objectively measured sleep quality in older women. *American Journal of Geriatric Psychiatry*, 17(2), 136-143. doi:10.1097/JGP.0b013e3181871345

Srinivasan, V., Zakaria, R., Othaman, Z., Brzezinski, A., Prasad, A., & Brown, G. M. (2012). Melatonergic drugs for therapeutic use in insomnia and sleep disturbances of mood disorders. *CNS & Neurological Disorders Drug Targets*, 11(2), 180-189. doi:10.2174/187152712800269740

Stahl, S. M. (2013). *Stahl's essential psychopharmacology: Neuroscientific basis and practical applications* (4.ª ed.). Cambridge: Cambridge University Press.

Stanley, N. (2005). The physiology of sleep and the impact of ageing. *European Urology Supplements*, 3(6), 17-23. doi:10.1016/S1569-9056(05)80003-X

Su, T.-P., Huang, S.-R., & Chou, P. (2004). Prevalence and risk factors of insomnia in community-dwelling Chinese elderly: A Taiwanese urban area survey. *Australian and New Zealand Journal of Psychiatry*, 38(9), 706-713. doi:10.1080/j.1440-1614.2004.01444.x

Suzuki, K., Miyamoto, M., & Hirata, K. (2016). Sleep disorders in the elderly: Diagnosis and management. *Journal of General and Family Medicine*, 18(2), 61-71. doi:10.1002/jgf2.27

Taylor, D. J., Lichstein, K. L., Durrence, H. H., Reidel, B. W., & Bush, A. J. (2005). Epidemiology of insomnia, depression, and anxiety. *Sleep*, 28(11), 1457-1464.

Taylor, D. J., Mallory, L. J., Lichstein, K. L., Durrence, H. H., Riedel, B. W., & Bush, A. J. (2007). Comorbidity of chronic insomnia with medical problems. *Sleep*, 30(2), 213-218.

Teo, J. S. H., Briffa, N. K., Devine, A., Dhaliwal, S. S., & Prince, R. L. (2006). Do sleep problems or urinary incontinence predict falls in elderly women? *Australian Journal of Physiotherapy, 52*(1), 19-24. doi:10.1016/s0004-9514(06)70058-7

Terman, M., & Terman, J. S. (2005). Light therapy for seasonal and nonseasonal depression: Efficacy, protocol, safety, and side effects. *CNS Spectrums, 10*(8), 647-663. doi:10.1017/s1092852900019611

Testas, L. N. O. (2015). *Insónia em idosos sob resposta social e seus correlatos.* Dissertação de Mestrado, Instituto Superior Miguel Torga, Coimbra. Acedido a 2 de novembro de 2016, em http://repositorio.ismt.pt/handle/123456789/523

Tractenberg, R. E., Singer, C. M., & Kaye, J. A. (2005). Symptoms of sleep disturbance in persons with Alzheimer's disease and normal elderly. *Journal of Sleep Research, 14*(2), 177-185. doi:10.1111/j.1365-2869.2005.00445.x

Tsai, Y.-F., Wong, T. K., & Ku, Y.-C. (2008). Self-care management of sleep disturbances and risk factors for poor sleep among older residents of Taiwanese nursing homes. *Journal of Clinical Nursing, 17*(9), 1219-1226. doi:10.1111/j.1365-2702.2007.02020.x

Tsay, S.-L., Rong, J.-R., & Lin, P.-F. (2003). Acupoints massage in improving the quality of sleep and quality of life in patients with end-stage renal disease. *Journal of Advanced Nursing, 42*(2), 134-142. doi:10.1046/j.1365-2648.2003.02596.x

Unbehaun, T., Spiegelhalder, K., Hirscher, V., & Riemann, D. (2010). Management of insomnia: Update and new approaches. *Nature and Science of Sleep, 2*, 127-138. doi:10.2147/NSS.S6642

Valenza, M. C., Cabrera-Martos, I., Martín-Martín, L., Pérez-Garzón, V. M., Velarde, C., & Valenza-Demet, G. (2013). Nursing homes: Impact of sleep disturbances on functionality. *Archives of Gerontology and Geriatrics, 56*(3), 432-436. doi:10.1016/j.archger.2012.11.011

Van Cauter, E., Leproult, R., & Plat, L. (2000). Age-related changes in Slow Wave Sleep and REM sleep and relationship with growth hormone and cortisol levels in healthy men. *Journal of the American Medical Association, 284*(7), 861-868. doi:10.1001/jama.284.7.861

van de Glind, E. M. M., Hooft, L., Tulner, L. R., Tulen, J. H. M., Kuper, I. M. J. A., Hamburger, H. L., … van Munster, B. C. (2014). Acetaminophen for self-reported sleep problems in an elderly population (ASLEEP): Study protocol of a randomized placebo-controlled double-blind trial. *Trials, 15*(1), 1-5. doi:10.1186/1745-6215-15-10

Vitiello, M. V. (1997). Sleep disorders and aging: Understanding the causes. *Journals of Gerontology, Series A: Biological Sciences and Medical Sciences, 52A*(4), M189-M191. doi:10.1093/gerona/52A.4.M189

Vitiello, M. V., Moe, K. E., & Prinz, P. N. (2002). Sleep complaints cosegregate with illness in older adults: Clinical research informed by and informing epidemiological studies of sleep. *Journal of Psychosomatic Research, 53*(1), 555-559. doi:10.1016/s0022-3999(02)00435-x

Walsh, J. K., & Schweitzer, P. K. (1999). Ten-year trends in the pharmacological treatment of insomnia. *Sleep, 22*(3), 371-375. doi:10.1093/sleep/22.3.371

Weaver, T. E., & Chasens, E. R. (2007). Continuous positive airway pressure treatment for sleep apnea in older adults. *Sleep Medicine Reviews, 11*(2), 99-111. doi:10.1016/j.smrv.2006.08.001

Wolkove, N., Elkholy, O., Baltzan, M., & Palayew, M. (2007). Sleep and aging: Sleep disorders commonly found in older people. *Canadian Medical Association*, *176*(9), 1299-1304. doi:10.1503/cmaj.060792

World Health Organization. (1992). *The ICD-10 classification of mental and behavioural disorders: Clinical descriptions and diagnostic guidelines*. Geneva: Autor.

Yamamoto, N., Yamanaka, G., Ishizawa, K., Ishikawa, M., Murakami, S., Yamanaka, T., ... Otsuka, K. (2010). Insomnia increases insulin resistance and insulin secretion in elderly people. *Journal of the American Geriatrics Society*, *58*(4), 801-804. doi:10.1111/j.1532-5415.2010.02794.x

Ye, L., & Richards, K. C. (2018). Sleep and long-term care. *Sleep Medicine Clinics*, *13*(1), 117-125. doi:10.1016/j.jsmc.2017.09.011

Yoon, I.-Y., Kripke, D. F., Elliot, J. A., Youngstedt, S. D., Rex, K. M., & Hauger, R. L. (2003). Age-related changes of circadian rhythms and sleep-wake cycles. *Journal of the American Geriatrics Society*, *51*(8), 1085-1091. doi:10.1046/j.1532-5415.2003.51356.x

Young, T., Palta, M., Dempsey, J., Skatrud, J., Weber, S., & Badr, S. (1993). The occurrence of sleep-disordered breathing among middle-aged adults. *New England Journal of Medicine*, *328*(17), 1230-1235. doi:10.1056/NEJM199304293281704

Zhu, L., & Zee, P. C. (2012). Circadian rhythm sleep disorders. *Neurology Clinics*, *30*(4), 1167-1191. doi:10.1016/j.ncl.2012.08.011

Ziv, N., Rotem, T., Arnon, Z., & Haimov, I. (2008). The effect of music relaxation versus progressive muscular relaxation on insomnia in older people and their relationship to personality traits. *Journal of Music Therapy*, *45*(3), 360-380. doi:10.1093/jmt/45.3.360

7. ESPIRITUALIDADE E ENVELHECIMENTO

Sónia Simões, Laura Lemos,
Joana Galhardo e *Márcia Oliveira*

INTRODUÇÃO

A espiritualidade é uma dimensão constituinte do ser humano, a par das suas dimensões biológica, social, psicológica e axiológica, mas a psicologia, «ciência da alma», teve necessidade de se afirmar enquanto ciência, não sendo fácil a sua conciliação com o estudo da espiritualidade. Nos anos mais recentes reavivou-se o interesse pelo estudo da espiritualidade e da religiosidade e a sua relação com a saúde física e mental. Neste âmbito, refira-se o reconhecimento da importância da espiritualidade na definição de saúde da Organização Mundial de Saúde (OMS), ao definir a existência de quatro dimensões importantes para o estado de saúde, nomeadamente as dimensões corporal, psíquica, social e espiritual. Em continuidade, a OMS incluiu no seu instrumento de avaliação da qualidade de vida o domínio Religiosidade, Espiritualidade (R/E) e Crenças Pessoais (World Health Organization, 1998).

Este capítulo pretende apresentar os conceitos de espiritualidade e religiosidade, diferentes na sua definição ainda que, muitas vezes, a espiritualidade seja definida em comparação com a religiosidade.

https://doi.org/10.14195/978-989-26-1737-4_7

Em seguida, salienta-se a importância de promover o envelhecimento bem-sucedido da população, bem como os principais fatores que para ele contribuem, destacando-se o *coping* religioso/espiritual como particularmente importante na velhice, período de vida em que o indivíduo lida com grandes alterações na sua condição física e na sua rede social. Considerando a importância da espiritualidade e da religiosidade no processo de envelhecimento, é apresentada uma revisão da literatura sobre os principais estudos acerca da relação entre a espiritualidade/religiosidade e a saúde física e mental dos indivíduos. Neste ponto é, ainda, explorada a relação entre a participação em atividades religiosas e grupais e o envelhecimento saudável. Reconhecendo-se que temas religiosos e espirituais possam assumir grande relevância em contexto de consulta e tratamento psicológico, são apresentadas algumas abordagens psicoterapêuticas que incluem, de modo explícito ou implícito, a espiritualidade/religiosidade, bem como são referidos alguns dados sobre a eficácia de terapias que englobam esta dimensão espiritual/religiosa. Por fim, são referidos alguns instrumentos de medida da espiritualidade, adaptados para a população portuguesa, bem como são identificadas algumas necessidades de operacionalização dos constructos avaliados.

ESPIRITUALIDADE E RELIGIOSIDADE: DEFINIÇÕES

O significado da vida e a possibilidade de se deparar com o seu fim são questões que atormentam o ser humano. É nesse sentido que surge a espiritualidade como uma dimensão relevante do indivíduo e que o distingue de outros seres vivos (Pinto & Pais-Ribeiro, 2010). Ainda que o termo espiritualidade tenha surgido inicialmente associado ao espírito, na década de 60 do século vinte, a psicologia humanista definiu espiritualidade como remetendo para a autorrealização e o envolvimento no desenvolvimento do potencial humano (Fonseca, 2010; Vitz, 1994).

A espiritualidade é então compreendida como uma força que permite ao indivíduo estabelecer uma ligação com o universo, uma procura de respostas sobre o significado da vida, a procura de sentido para a vida, na relação com o sagrado e o transcendente.

Porém, a espiritualidade pode ou não estar vinculada a uma religião e é muitas vezes definida em oposição à religiosidade. Deste modo, alguns autores têm evitado termos que refletem conceitos associados a determinadas culturas ou religiões, postulando que a espiritualidade inclui, mas transcende a religião e as experiências religiosas (e.g., Jernigan, 2001; Lucchetti, Koenig, Pinsky, Laranjeira, & Vallada, 2015). Assim, apesar de haver uma relação entre os termos espiritualidade e religiosidade, estes não são sinónimos (Guimarães & Avezum, 2007).

Religião ou religiosidade são conceitos que estão geralmente ligados ao grau de participação ou adesão às crenças e práticas de uma dada instituição ou sistema religiosos, envolvendo atividades como ir à igreja ou participar em outras atividades ou grupos religiosos. A religiosidade envolve igualmente a fé, os dogmas, a ética e o comportamento moral, traduzindo o alcance como que o indivíduo acredita, segue e pratica uma religião (Dalby, 2006; Panzini, Rocha, Bandeira, & Fleck, 2007; Stolzenberg, Blair-Loy, & Waite, 1995). A religião refere-se, então, ao sistema organizado de crenças, práticas, rituais e símbolos que aproximam o indivíduo ao sagrado ou ao transcendente e fomentam a compreensão da relação e responsabilidade com os outros e com a comunidade (Crowther, Parker, Achenbaum, Larimore, & Koenig, 2002; Koenig, 2001, 2012).

Refira-se, ainda, que existe uma distinção entre os indivíduos que vivem uma religiosidade extrínseca (uso da religião para alcançar algo «não espiritual», como encontrar amigos, alcançar *status* social, prestígio ou poder) e os indivíduos com uma religiosidade intrínseca (têm uma profunda fé interior que é a principal força motivadora nas suas decisões e comportamentos diários, caracterizada por um íntimo relacionamento pessoal com Deus) (Koenig, 2001).

Já a *espiritualidade* é entendida como um conceito mais amplo, de organização da vida individual e coletiva na busca de atribuição de significados, valores e relações que contribuem para uma vida e uma morte com sentido, com uma vivência do real que transcendem o próprio indivíduo (Jernigan, 2001; Pinto & Pais-Ribeiro, 2010). A espiritualidade remete, então, para uma reflexão, uma busca pessoal sobre o significado da vida e a relação com o sagrado ou o transcendente, uma relação com Deus ou com um poder superior (Crowther et al., 2002; Zinnbauer & Pargament, 2002). Num sentido semelhante, Dalby (2006) define a espiritualidade como estando relacionada com algo pessoal e envolvendo experiências subjetivas. Nesta linha, Moberg e Brusek (1978) diferenciam duas dimensões da espiritualidade, a dimensão horizontal e a dimensão vertical. A dimensão horizontal é definida como sendo um recurso interno e subjetivo, conduzido pela experiência de doação de si, de fraternidade pelo contacto mais íntimo com o próprio, com a poesia, arte e natureza, incluindo também toda e qualquer ideia que proporcione o bem-estar social, o cuidado, a tolerância e a solidariedade. Por seu lado, a dimensão vertical representa um caminho rumo a Deus, a um poder superior.

Há outros autores que valorizam a necessidade de existir uma prática espiritual sistematizada, como Atchley (1997), que define espiritualidade como uma procura do sujeito por um sentido último através de uma compreensão individualizada do sagrado, que envolve a integração de experiências externas e internas no contexto de uma prática sistematizada. Para exemplificar a divergência de definições de espiritualidade que se podem encontrar na literatura, refira-se ainda a definição proposta por Wein (2014), que caracteriza a experiência espiritual como sendo uma experiência de unificação ou unidade, que é acompanhada por uma mudança no estado de consciência. Sublinha-se que este autor não pressupõe a existência de uma alma, assumindo que o cérebro é a mente, sendo as experiências espirituais manifestações dos neurotransmissores cerebrais.

Portanto, ainda que religião e espiritualidade encontrem a sua definição na crença e no compromisso com os aspetos do divino, sagrado, universal, bem como na convicção da existência de uma dimensão não-material na vida (Martínez-Martí, 2006), a religião associa-se à participação em instituições e práticas religiosas, havendo menor autonomia individual, uma vez que há uma tradição imposta por uma autoridade religiosa; ao passo que a espiritualidade remete para uma busca individual e autónoma, independente da tradição e das instituições religiosas.

Em todas as sociedades existem costumes e crenças acerca da morte, definida como uma transição (Parkes, Laungani, & Young, 2003), mas cada cultura tem uma forma própria de lidar com a morte e enfrentar o luto, sendo esta uma condição do ser humano, que tem consciência da sua finitude (Parkes et al., 2003). Há culturas que aceitam que a transição envolva uma longa jornada, outras encaram a mesma como uma passagem para planos espirituais superiores, estágios de grande integração com o mundo espiritual ou estágios que se movimentam à distância física e emocional dos vivos (Glasock & Branden, 1981). Nesta perspetiva, a literatura tem sublinhado a inevitabilidade de um certo nível de enviesamento em qualquer definição de espiritualidade, devido à influência de variáveis sociais, culturais e históricas, com alguns autores a reconhecerem que a vivência da espiritualidade varia em função de diferentes culturas e religiões, podendo haver diferentes tipos de espiritualidade (Jernigan, 2001).

ENVELHECIMENTO BEM-SUCEDIDO, *COPING* RELIGIOSO/ ESPIRITUAL E RESILIÊNCIA NO ENVELHECIMENTO

O envelhecimento é um fenómeno natural da vida, que compreende desafios biológicos, fisiológicos e psicológicos, que produz crises existenciais, à semelhança do que ocorre em todas as etapas de desenvolvimento. Ao longo do processo de envelhecimento ocorrem grandes transformações a nível físico, psíquico e social. Podem ser diferenciados três tipos de idades: biológica, social e psicológica. A idade biológica está relacionada com o envelhecimento orgânico, uma vez que os órgãos sofrem alterações ao longo da vida, tornando o seu funcionamento e a capacidade de autorregulação mais lento e menos eficaz. A idade social refere-se aos papéis, estatuto e hábitos do indivíduo na sociedade (cultura/história do país). Por fim, a idade psicológica relaciona-se com as competências comportamentais, que o indivíduo coloca em ação para dar resposta às mudanças do ambiente, motivação, memória e inteligência (Fontaine, 2000).

A chegada à idade adulta avançada requer múltiplas adaptações (Lima, 2010), sendo uma etapa de vida descrita como capaz de potenciar o surgimento de sintomatologia depressiva e sensibilidade às doenças (Fontaine, 2000). Contudo, tal vivência irá depender do estilo de vida, da personalidade e das experiências prévias (Marchand, 2001) e, se algumas pessoas de idade avançada aceitam as transformações físicas e biológicas de forma natural, outras vivem estas mudanças com sofrimento, tornando-se mais difícil a adaptação a esta nova etapa do ciclo vital. Refira-se que alguns dos fatores que contribuem para perturbações mentais da população idosa são: a reforma, o isolamento, as perdas, a falta de recursos económicos e a adaptação às condições ambientais (Barreto, 1984; Eliopoulos, 2005; Santos, 2002).

Se a rede de apoio não consegue responder às necessidades impostas pelas mudanças na saúde física e mental da pessoa idosa, então pode ser necessário recorrer à institucionalização (Cardão, 2009), implicando algumas perdas, isolamento social, diminuição de contacto familiar e redução da autonomia (Medeiros, 2012; Yamada, Siersma, Avlund, & Vass, 2012). Inversamente, quanto maior for o tempo de institucionalização, mais tendem a aumentar as perdas funcionais e a prevalência de depressão, levando assim ao declínio das funções físicas e cognitivas (Cardão, 2009; Medeiros, 2012).

O termo *envelhecimento bem-sucedido* surge no final da década de 60, com o objetivo de encontrar um equilíbrio entre a capacidade da pessoa idosa e as exigências do meio ambiente. O estudo da Fundação MacArthur, de 1984, foi um dos principais contributos para a afirmação do termo envelhecimento bem-sucedido, tendo o intuito de mostrar uma outra visão de envelhecimento que não fosse focada na doença e na incapacidade (Fonseca, 2005). Surgem, então, alguns modelos explicativos do envelhecimento bem-sucedido, como os modelos de Rowe e Kahn (1998) e de Baltes e Baltes (1990). O modelo de Rowe e Kahn (1998) realça a importância do indivíduo se manter funcional à medida que envelhece, sendo o envelhecimento bem-sucedido a capacidade que a pessoa idosa tem em manter três características essenciais: elevada funcionalidade física e mental, compromisso ativo com a vida e baixo risco de doença. Um outro aspeto fulcral é a prevenção dos riscos, que passa por adoção de estilos de vida saudáveis que envolvam, por exemplo, a prática de exercício físico, que promove o bem-estar e a manutenção da função cognitiva. Assim, os indivíduos devem manter-se ativos nas relações com os outros e realizar atividades produtivas que geram bens ou serviços de valor (cuidar de familiares, amigos e da casa, voluntariado em igrejas ou organizações civis), sendo estas atividades remuneradas ou não.

Seguindo uma orientação semelhante, o modelo de seleção, otimização e compensação (*Selective Optimization with Compensation Model*, SOC), desenvolvido por Baltes e Baltes (1990) sugere que os indivíduos escolham domínios de vida que sejam importantes para si e otimizem os recursos necessários para serem bem-sucedidos nesses domínios. Não obstante, apesar das teorias de envelhecimento bem-sucedido proporcionarem uma boa leitura sobre a adaptação às mudanças decorrentes da idade, não existe apenas uma forma de envelhecer com sucesso, mas sim várias e diferentes.

Portanto, com o aumento da população idosa surge a necessidade de serem criadas estratégias que auxiliem um envelhecimento saudável, pois uma maior longevidade torna mais proeminentes as preocupações com a qualidade de vida dos mais velhos. Assim, é necessário criar condições para a integração das pessoas idosas na comunidade, numa perspetiva de continuidade, favorecendo um estilo de vida ativo e saudável (Carvalho & Carvalho, 2008). As ações ao nível da prevenção da saúde física e mental com uso de medidas de rastreio em pessoas idosas devem ser implementadas com o objetivo de proporcionar um aumento da esperança de vida com qualidade (Daley-Placide & Coward, 2009). Sabendo-se que, com o avançar da idade, a capacidade funcional do organismo diminui (Martins, Rosado, Cunha, Martins, & Teixeira, 2008), a atividade física, devidamente planeada e orientada, pode atenuar o aparecimento de problemas associados ao envelhecimento, proporcionando à pessoa idosa uma melhor qualidade de vida (Martins et al., 2008).

Reconhecendo a importância deste tema, no fim da década de 90 do século passado, a OMS utilizou o termo *envelhecimento ativo* para passar uma mensagem mais abrangente e inclusiva do processo de envelhecimento, comparativamente ao conceito «envelhecimento saudável». O envelhecimento ativo remete para um processo de otimização das oportunidades, participação e segurança, com a finalidade de oferecer uma melhor qualidade de vida aos indivíduos que estão a envelhecer. Este conceito pretende aumentar a perspetiva de uma vida saudável e de qualidade de vida para todas as pessoas, incluindo as mais frágeis e incapacitadas (World Health

Organization, 2002). Refira-se que a qualidade de vida da pessoa idosa tem sido muito estudada e, neste contexto, Brown, Bowling e Flynn (2004) apresentaram, na sua revisão sistemática da literatura, várias abordagens suscetíveis de aplicação ao contexto gerontológico (Fernández-Mayoralas et al., 2007). A este propósito, o estudo do processo de envelhecimento tem evidenciado que a espiritualidade é importante para a qualidade de vida das pessoas mais velhas, facilitando o ajustamento às perdas e às transformações que acontecem durante o processo de envelhecimento, isto é, ajudando-as a viver com perdas e limitações (Atchley, 1997; Cupertino & Novaes, 2004; Jernigan, 2001).

Tem sido referido que os períodos de transição e as crises se associam mais a mudanças no processo de procura de sentido e propósito para a vida (Stokes, 1991). Partindo do pressuposto sublinhado na literatura de que existe uma maior probabilidade de sair de uma *crise* quando há algo por que valha a pena insistir, a espiritualidade emerge como uma importante área de estudo, em conexão com os interesses de investigação acerca do envelhecimento (Silva & Alves, 2007). As estratégias de *coping* são particularmente importantes quando é necessário fazer face a exigências pessoais ou situacionais, como as que ocorrem no envelhecimento. Assim, o *coping* refere-se a um processo em que os indivíduos tentam perceber e lidar com exigências pessoais ou situacionais que surgem nas suas vidas (Rowe & Allen, 2004). As estratégias de *coping* são influenciadas pelos recursos internos (experiências de vida significativas, capacidade de análise, crenças, valores e competências pessoais) e externos (estatuto socioeconómico, rendimento e habitação) das pessoas (Figueiredo, 2007). Há vários tipos de *coping*, nomeadamente: instrumental, paliativo e religioso/espiritual. O *coping* instrumental ou orientado para os problemas descreve estratégias que ajudam as pessoas a atuarem sobre as situações ameaçadoras, prejudiciais ou desafiantes. O *coping* paliativo ou orientado para as emoções engloba esforços usados para obter uma interpretação diferente dos acontecimentos, e adquirir um maior controlo emocional (Ramos, 2005; Rowe & Allen, 2004). Por fim, o *coping religioso/espiritual* traduz-se na forma como as pessoas usam a fé, a crença, a sua relação com a transcendência, ou a sua relação com os outros, na adaptação, ajustamento e gestão das situações de crise (Pinto & Pais-Ribeiro, 2007). As estratégias de *coping* religioso constituem-se como manifestações religiosas concretas em situações difíceis ou stressantes, sendo categorizadas como positivas ou úteis e negativas ou prejudiciais (Pargament & Abu Raiya, 2007).

O *coping* positivo é construtivo e surge relacionado com o suporte espiritual, com o apoio religioso congregacional e com o reenquadramento religioso benevolente. Por seu lado, o *coping* negativo é destrutivo e relaciona-se com o descontentamento face à congregação religiosa ou com Deus e com o reenquadramento religioso negativo e punitivo (Pargament & Park, 1997).

A *resiliência* tem sido indicada como um mediador entre a espiritualidade e a saúde (Seybold & Hill, 2001). Os modelos teóricos sobre a resiliência surgiram há mais de dois decénios, quando nasceu a nova corrente denominada *Psicologia Positiva* (Seligman, 2004), que tinha como objetivo alterar o foco da compreensão e tratamento das patologias, ao não enfatizar os aspetos psicopatológicos, mas sim valorizando a construção de qualidades positivas. Esta abordagem apresenta um modelo de funcionamento que destaca as forças individuais e sociais que promovem nos indivíduos a resiliência e a capacidade de adaptação, favorecendo aspetos subjetivos como: felicidade, esperança, satisfação, otimismo, contentamento e bem-estar (Duarte Silva, 2005; Seligman & Csikszentmihalyi, 2000). A resiliência é muitas vezes mencionada por processos que explicam a superação de «crises» e adversidades em indivíduos, grupos e organizações (Tavares, 2001; Yunes, 2001; Yunes & Szymanski, 2001), devendo ser encarada não como um atributo pessoal inato, mas sim como podendo ser aprendida (Silva & Alves, 2007). A Teoria e Terapia de Viktor Frankl conhecido como o «pai» dos estudos sobre a resiliência, valoriza o potencial humano na sua forma mais elevada, considerando que existe no homem um potencial superior (aspirações mais altas) que leva à abertura da transcendência. Esta potencialidade emergente, denominada dimensão noética ou espiritual, pode despertar o indivíduo para um interesse pela religião e pela espiritualidade (Silva & Alves, 2007).

ESPIRITUALIDADE, RELIGIOSIDADE E ENVELHECIMENTO: SAÚDE FÍSICA E MENTAL

Usando como base a sistematização de Wink e Dillon (2002), o desenvolvimento espiritual na velhice pode ser explicado através de dois modelos principais. Um primeiro modelo conceptualiza o crescimento espiritual como resultado positivo do processo de maturação. De acordo com a Teoria Psicossocial do Desenvolvimento Humano de Erikson, a evolução psicológica ocorre em oito estágios, que contribuem para a formação da personalidade. Os quatro primeiros estágios decorrem durante a infância, e os restantes ao longo da idade adulta e da velhice. No oitavo estágio, delimitado após os 65 anos, denominado Integridade *versus* Desespero, o indivíduo faz uma reflexão sobre a sua vida passada, a sua adaptação ao sucesso e às perdas, tudo aquilo que fez ou que deveria ter feito. Os sentimentos podem ser de satisfação, dever cumprido, ou de desapontamento ao pensar que a vida chegou ao fim e não conseguiu atingir os objetivos pretendidos (Erikson, 1972). Ao chegar a esta última fase do ciclo vital, o indivíduo reflete sobre algumas questões que surgem inevitavelmente: «Quem sou eu?», «Porque estou neste mundo?», «A minha vida tem sentido?», «Para onde vou?», «Como tenho vivido todos esses anos?», «Como poderei viver os próximos anos?». Portanto, a abordagem Eriksoniana do desenvolvimento humano destaca a existência de forças no ser humano (numa aproximação à definição de espiritualidade) que surgem ou se acentuam, com o envelhecer (Baldessin, 2002). Similarmente, Jung (1964/2008) defende que na meia-idade os indivíduos se viram mais para o seu interior explorando aspetos mais espirituais, o que contribui para a expansão do seu *self* e para alcançar a autorrealização, o que coincide com uma fase da vida em que estão mais libertos de outros compromissos, como a carreira e a família (Wink & Dillon, 2002).

Por seu lado, o segundo modelo de desenvolvimento espiritual não considera tanto que haja crescimento espiritual com o envelhecimento, mas sim uma conexão entre espiritualidade e idade avançada mais em termos de adaptação às perdas e à adversidade, nomeadamente quando os indivíduos se encontram mais angustiados, doentes, com medo de morrer ou a fazer o luto de um ente querido (Atchley, 1997; Hay, 2002).

Grande parte da literatura salienta que as crenças, a fé e a espiritualidade ocupam um lugar mais central na vida das pessoas de idade avançada, comparativamente à importância que tem nos jovens ou em qualquer outra etapa anterior das suas vidas. Assim, as pessoas mais velhas frequentam mais atividades religiosas, expressam mais atitudes religiosas, acreditam mais num poder supremo e na transcendência das limitações e vulnerabilidades, buscam mais um sentido para a vida e percecionam um maior reconhecimento de religiosidade intrínseca (Goldstein, 2000; Goldstein & Neri, 2000; Goldstein & Sommerhalder, 2002; Moberg, 2005). A espiritualidade aparece, também, como um poderoso recurso na idade avançada, particularmente presente na vida dos centenários (Manning, Leek, & Radina, 2012). Não obstante, alguns autores, como Seifert (2002), têm alertado para a relevância de não se pressupor que a espiritualidade aumenta sempre com a idade. Foi possível, perceber, através dos dados de um estudo longitudinal (Wink &

Dillon, 2002) realizado com sujeitos acompanhados desde a infância até depois dos seus 70 anos, que há um aumento da espiritualidade a partir dos 50-60 anos de idade, sendo preditores deste desenvolvimento espiritual o envolvimento religioso, as características da personalidade no início da idade adulta (designadamente compromisso/envolvimento cognitivo, traduzido pela maior introspeção e *insight*, pensamento não convencional e um maior investimento no mundo das ideias) e a vivência de acontecimentos de vida negativos. Assim, na medida em que o desenvolvimento espiritual tende a ocorrer em indivíduos dispostos psicologicamente para pensar, que investem no pensamento sobre as coisas e que tiveram experiências de adversidade, levanta-se a hipótese da relação entre o desenvolvimento espiritual, a sabedoria e os estágios pós-formais do desenvolvimento cognitivo.

Refiram-se, ainda, a presença de diferenças entre homens e mulheres nas dimensões espiritualidade e religiosidade, destacando-se que as mulheres aumentam mais a sua espiritualidade no segundo período da vida adulta (Wink & Dillon, 2002) e têm maior envolvimento em atividades religiosas organizadas (Stolzenberg et al., 1995), comparativamente aos homens. A religiosidade surge também associada a traços de personalidade como o baixo psicoticismo, alta amabilidade e alta conscienciosidade (Alminhana & Moreira-Almeida, 2009).

Muitos estudos apresentam uma relação positiva entre a espiritualidade/religiosidade e a qualidade de vida e uma melhor saúde física e mental, demonstrando a pertinência de investir nesta área de estudo (Koenig, McCullough, & Larson, 2001). Uma revisão de Mueller, Plevak e Rummans (2001) permite apresentar uma síntese dos principais resultados dos estudos realizados, que evidenciam uma associação entre o envolvimento religioso e a espiritualidade e saúde física, mental e qualidade de vida, que se traduzem em maior longevidade, menor ansiedade, depressão e suicídio.

No que concerne à associação com a *saúde física*, tem sido referido um impacto positivo da espiritualidade/religiosidade na prevenção do desenvolvimento de doenças, na eventual redução da mortalidade devido a melhores práticas de saúde (Guimarães & Avezum, 2007), bem como na hipertensão, cirrose, enfisema, suicídio e morte por doença isquémica do coração (Lavretsky, 2010). Na área do tratamento de doenças crónicas, a espiritualidade associou-se a uma melhoria de quadros clínicos graves e ao restabelecimento pós--cirúrgico mais rápido (Culliford, 2002). Em estudos com pacientes após cirurgia cardíaca, crenças religiosas fortes associaram-se a um menor tempo de internamento e a menos complicações, melhor adaptação e recuperação mais rápida (Contrada et al., 2004; Vahia et al., 2011). Refira-se, ainda, um estudo oriundo da área oncológica, que concluiu que a valorização da espiritualidade do doente oncológico é um indicador de bem-estar e de qualidade de vida do doente, quando outros domínios estão controlados, como o bem-estar físico e social/familiar (Brady, Guy, Poelstra, & Brokaw, 1999). Em investigações realizadas com população idosa, os estudos indicam que pessoas com uma maior atividade espiritual/religiosa apresentam um sistema imunitário menos vulnerável (Guimarães & Avezum, 2007; Koenig et al., 1997). Por último, tem sido identificada um aumento da longevidade para aqueles que frequentam serviços espirituais/religiosos (Chida, Steptoe, & Powell, 2009; Hummer, Rogers, Nam, & Ellison, 1999; McCullough, Hoyt, Larson, Koenig, & Thoresen, 2000; Pinto & Pais-Ribeiro, 2007).

Parte destes resultados descritos na literatura podem ser atribuídos a um estilo de vida que evita fatores de risco; isto é, em grande parte o estímulo que a religião ou a espiritualidade oferece, incita os sujeitos a viverem um estilo de vida saudável, contribuindo para a sua maior longevidade. Esses comportamentos, como por exemplo, a restrição no uso de drogas, álcool, tabaco e de comportamentos sexuais de risco, podem resultar em taxas mais baixas de doenças crónicas e agudas dentro de grupos religiosos (Chatters, 2000; Powell, Shahabi, & Thoresen, 2003).

Porém, também existem estudos que, ou não encontram associações entre a religiosidade e a saúde física e mental (e.g., Allen et al., 2012; estudo longitudinal de Vaillant, Templeton, Ardelt, & Meyer, 2008), ou que realçam o efeito negativo das crenças religiosas na saúde das pessoas, levando a um adiamento na procura de tratamento médico ou à negação a transfusões sanguíneas ou ao uso de preservativos [cf. revisões de Donahue (1985) e de Mueller et al. (2001)]. Vaillant e colaboradores (2008) dão voz a opiniões de autores mais críticos, enumerando algumas variáveis que podem ser responsáveis pelas relações entre religiosidade e saúde física, designadamente valores pré-mórbidos baixos de apoio social e saúde física e mental e a presença de fatores de risco (e.g., acontecimentos de vida stressantes, nível socioeconómico e consumo de álcool e tabaco). Não obstante, de uma forma geral, a literatura tem descrito um impacto positivo da religiosidade/espiritualidade sobre a saúde física, podendo apresentar-se como um fator de prevenção no desenvolvimento de doenças, e eventual redução da mortalidade ou no impacto de diversas doenças devido a melhores práticas de saúde.

No campo da *saúde mental* também têm sido apontadas muitas correlações com a espiritualidade. Assim, as crenças espirituais positivas podem ajudar na redução do stresse e a melhorar a sensação de controlo do indivíduo, aumentando o bem-estar e a qualidade de vida (Crowther et al., 2002). De um modo geral, as pessoas intrinsecamente religiosas/espirituais têm uma autoestima mais elevada, uma maior perceção de competência e conexão com os outros, uma personalidade mais equilibrada e evidenciam menos sintomas de depressão e ansiedade (Ebrahimi, Neshatdoost, Mousavi, Asadollahi, & Nasiri, 2013; Fung & Lam, 2013; Lavretsky, 2010; Lucchetti, Lucchetti, Bassi, Nasri, & Nacif, 2011; Moreira-Almeida, Neto, & Koenig, 2006; Sharma, Charak, & Sharma, 2009). Assim, a literatura refere, igualmente, que uma maior vivência de espiritualidade/religiosidade intrínseca contribui para uma maior qualidade de vida e um menor sofrimento psicológico e, concomitantemente, melhor bem-estar psicológico que se traduz em menor o grau de ansiedade, stresse, afetos negativos, sentimentos de solidão, desespero e pensamentos suicidas em idosos (Chen et al., 2007; Duarte & Wanderley, 2011; Ellison & Fan, 2008; Konopack & McAuley, 2012; Lavretsky, 2010; Lucchetti et al., 2011; Taghiabadi, Kavosi, Mirhafez, Keshvari, & Mehrabi, 2017; Van Ness, Towle, O'Leary, & Fried, 2008; Whitehead & Bergeman, 2011). Uma possível explicação para a correlação inversa entre religiosidade e suicídio, tem a ver com o suicídio poder ser menos aceitável para as pessoas com elevada devoção religiosa (Lavretsky, 2010). Refira-se, ainda, que as experiências espirituais contribuem positivamente para a redução da ansiedade perante a morte (Taghiabadi et al., 2017).

Na velhice há um aumento da prevalência de *depressão*, em função da vulnerabilidade dos mais velhos, que contribui para o possível comprometimento físico resultante do processo de envelhecimento ou de doença crónica, a diminuição da capacidade em manter uma vida independente, uma alteração do estatuto social após a reforma, perdas na rede interpessoal e morte de companheiro, familiares e amigos (Hahn, Yang, Yang, Shih, & Lo, 2004). Talvez a depressão seja a doença mais relacionada com a espiritualidade/religiosidade, tendo a literatura evidenciado que os sintomas depressivos são mais comuns em pessoas de crenças moderadas a fracas (Bekelman et al., 2007; Blay, Batista, Andreoli, & Gastal, 2008; Coleman, 2005; Koenig, 2007; Lavretsky, 2010; Neves, Garcia, Espírito-Santo, & Lemos, 2018; Parker et al., 2003). Estudos sobre a relação entre depressão e a religião, na sua maioria, conduzidos com populações clínicas de pessoas idosas com diagnóstico de depressão, indicam uma associação inversa entre depressão e religião. Isto é, há uma associação positiva entre a frequência da participação religiosa e os efeitos do tratamento terapêutico, sendo a frequência de atividades religiosas um fator protetor para a depressão geriátrica (Chen, Cheal, Herr, Zubritsky, & Levkoff, 2007; Hahn et al., 2004; Levin, 1994; Mueller et al., 2001; Toussaint, Marschall, & Williams, 2012). Por exemplo, Payman, George e Ryburn (2008) reportam que pacientes de idade avançada com diagnóstico de depressão e que são religiosos expressam níveis mais elevados de apoio social, bem como doentes com limitações físicas têm maior probabilidade de serem religiosos. Os autores colocam a hipótese explicativa de que talvez estas pessoas façam amigos e os mantenham na ou através da igreja, mas é igualmente possível que o declínio das capacidades físicas conduza a uma maior uso da religião como estratégia de *coping*. Num sentido semelhante, a meta-análise de Ano e Vasconcelles (2005) evidencia uma associação positiva entre o *coping* religioso e melhores índices de ajustamento psicológico ao stresse. Altos níveis de práticas religiosas públicas (Bosworth, Park, McQuoid, Hays, & Steffens, 2003) e de *coping* religioso positivo (Allen et al., 2012; Bosworth et al., 2003) estão associados a menores níveis de depressão.

A razão pela qual a religiosidade tem benefícios para a saúde mental não está ainda muito clara. O perdão poderá aqui surgir como uma peça-chave. Por exemplo, no estudo de Toussaint et al. (2012) concluiu-se que a capacidade de perdoar os outros beneficia dos efeitos da religiosidade e surge como protetor da depressão.

Contudo, outros estudos não descrevem relações significativas entre a prática religiosa das pessoas mais velhas e a saúde mental (Boey, 2003; Vaillant et al., 2008), nem entre a espiritualidade e, por exemplo, a depressão (Vahia et al., 2011). Há mesmo investigações que reportam que uma maior participação religiosa se associa à ansiedade (Van Ness & Larson, 2002). Deste modo, alguns resultados são contraditórios, podendo ser atribuídos a diferenças da conceptualização e definição de religiosidade/espiritualidade e saúde mental. Acrescente-se que também não há resultados conclusivos quanto à causalidade entre prática religiosa e saúde mental. Portanto, não se sabe bem se é a prática religiosa que contribui para a melhoria das condições de saúde do indivíduo ou se as pessoas mais saudáveis se envolvem em mais atividades, inclusivamente as religiosas (Hackney & Sanders, 2003).

No que diz respeito ao *funcionamento cognitivo*, também se tem verificado a influência da espiritualidade. Altos níveis de espiritualidade e a frequência de práticas religiosas foram correlacionadas a uma progressão mais lenta do declínio cognitivo, assim como a um melhor funcionamento cognitivo (Corsentino, Collins, Sachs-Ericsson, & Blazer, 2009; Fung & Lam, 2013; Lucchetti et al., 2011; Vahia et al., 2011). A assistência espiritual pode aumentar a estimulação sensorial e cognitiva, por meio de atividades como a oração, a leitura das escrituras, canto, sermões, discussões filosóficas, e um maior nível de interação social. Assim, a prática social de atividades espirituais e religiosas pode promover a atividade mental, que protege contra o declínio cognitivo, sendo ainda de sublinhar que o isolamento social é um fator de risco para o declínio cognitivo na pessoa idosa (Corsentino et al., 2009). Num estudo de Beuscher e Grando (2009), um terço dos participantes no estágio inicial da doença de Alzheimer relatou que a espiritualidade pessoal foi importante para a aceitação de perdas e alívio de medos e ansiedade. Assim, a participação nas atividades da igreja fornece conexões vitais com outras pessoas e, possivelmente, um sentimento de pertença e de identidade para o indivíduo com doença de Alzheimer.

Outros estudos focam-se na compreensão sobre a relação entre *coping* espiritual/religioso e a saúde durante o envelhecimento (Dalby, 2006), processo particularmente importante para a saúde mental. De uma forma geral, a religiosidade tem sido associada a maiores níveis de otimismo (Mónico, 2012, 2013; Poor, Borgi, Borgi, & Moslemi, 2016; Vahia et al., 2011) e felicidade (Myers, 2000) em pessoas de idade avançada, podendo ajudar a lidar melhor com os eventos de vida negativos (Sharma et al., 2009). A espiritualidade poderá ser um poderoso mecanismo de *coping* face à adversidade, contribuindo para a capacidade de adaptação a novas necessidades individuais (Heintzman & Mannell, 2003; Koenig, 2002; Manning, 2013; Schwarz & Cottrell, 2007) e promovendo assim a resiliência a agentes stressores (Vahia et al., 2011). Porém, é importante salientar que Mónico (2012) só encontrou associações positivas entre o otimismo e a religiosidade no grupo de pessoas idosas saudáveis, e não no grupo da população clínica e que esta associação também não foi encontrada num estudo desenvolvido com pessoas idosas institucionalizadas (Neves et al., 2018).

Tem sido sugerido que a função de *coping* da religião/espiritualidade aumenta com a idade devido ao aumento da consciência sobre a mortalidade do próprio, o que leva a que seja colocado maior ênfase em aspetos existenciais da vida (Fiori, Brown, Cortina, & Antonucci, 2006). Neste sentido, vários estudos indicam que o *coping* espiritual é significativo para lidar com o processo de morte (Renz, Schütt Mao, & Cerny, 2005), com o luto e outras eventuais perdas, uma vez que as pessoas parecem lidar com as suas condições de uma forma mais eficaz (Pargament et al., 1990; Pargament, Smith, Koenig, & Perez, 1998). A investigação refere que as experiências espirituais diárias parecem operar como um mecanismo de *coping* positivo, aumentando o bem-estar físico e psicológico e o *coping* espiritual, em particular nas pessoas mais idosas (Jackson & Bergeman, 2011). Um estudo de Whitehead e Bergeman (2011) identifica o papel das experiências espirituais como amortecedor do impacto do stresse no humor.

É de apontar, ainda, que a participação em grupos religiosos confere vários benefícios no que diz respeito aos *recursos sociais*, que se relacionam com o tamanho das próprias redes sociais, com a frequência de interações com os membros da rede, tanto as interações atuais como as que são antecipadas, proporcionando estas últimas um apoio indireto. O contexto de um grupo favorece, então, a troca de experiências, podendo falar-se abertamente sobre as questões que lhes são pertinentes, nomeadamente a aproximação da morte no caso de doentes em cuidados paliativos (Kovács, 2007). Em geral, os indivíduos que têm perceções positivas das relações de suporte sentem-se apoiados, sabendo que pertencem a um grupo independentemente de estarem presentes naquele momento ou não (Ellison & George, 1994). Portanto, o envolvimento em atividades espirituais percecionadas como agradáveis (meditação, oração, cânticos, etc.) promove o bem-estar individual proporcionando ao sujeito sentimentos de autoestima, competência e conexão com os outros (Ebrahimi et al., 2013; Maton & Wells, 1995).

Note-se que a importância que a espiritualidade ocupa na vida das pessoas não deve ser mensurada pela quantidade de vezes que se frequenta uma igreja e sim pelo significado que cada um atribui às práticas religiosas individuais (Duarte & Wanderley, 2011); da mesma forma que a espiritualidade não é necessariamente relevante para todas as pessoas. No entanto, para aqueles em que a espiritualidade é importante, existe uma ligação entre a sua espiritualidade e a qualidade de vida e o bem-estar subjetivo (Fung & Lam, 2013; Hill & Pargament, 2003; Koenig, 2002; Lavretsky, 2010; Lucchetti et al., 2011; Manning, 2012, 2013; Sawatzky, 2002; Vahia et al., 2011; Velasco-Gonzalez & Rioux, 2014).

Conclui-se, então, que a espiritualidade pode apresentar uma relação íntima com os mais diferentes aspetos do envelhecimento, tendo impacto na saúde física e mental e na qualidade de vida das pessoas idosas.

ESPIRITUALIDADE E PROCESSOS TERAPÊUTICOS

A literatura tem evidenciado a necessidade dos psicoterapeutas se sentirem à vontade quando os clientes abordam questões existenciais e espirituais (Shaw, Joseph, & Linley, 2005), uma vez que o conhecimento e a valorização das crenças religiosas e espirituais podem promover a adesão à psicoterapia e a melhores resultados psicoterapêuticos. A este propósito, refira-se que a religião e a espiritualidade têm sido identificadas pelos clientes como temas importantes para abordar em contexto terapêutico (Miovic et al., 2006), ainda que muitas vezes seja associada ao trabalho dos líderes espirituais, pelo que nem sempre é explorada no contexto terapêutico (Gurney & Rogers, 2007).

Como foi referido anteriormente, existirá uma relação entre espiritualidade/religião e a saúde mental e, concomitantemente à inclusão da categoria «problemas religiosos ou espirituais» no *Manual de Diagnóstico e Estatístico das Perturbações Mentais-IV* (DSM-IV; American Psychiatric Association, 1994), que se mantém no DSM-5 (American Psychiatric Association, 2013), reconhece-se que temas religiosos e espirituais possam ser o foco da consulta e do tratamento psicológico (Lukoff, Lu, & Turner, 1995; Sparr & Fergueson, 2000). Assim, tem sido sublinhada a importância dos processos terapêuticos englobarem os sistemas de crenças dos clientes, bem como a religiosidade e a espiritualidade (Peres, Simão, & Nasello, 2007). Vários estudos demonstram que o conhecimento e a valorização dos sistemas de crenças dos sujeitos ajudam na adesão à psicoterapia, assim como estão relacionados a melhores resultados nas intervenções (Razali, Hasanah, Aminah, & Subramaniam, 1998; Sperry & Sharfranske, 2004). Isto deve-se ao facto da espiritualidade e da religião serem processos importantes da experiência humana, sendo utilizados com frequência como recursos para enfrentar diversos problemas (Duarte & Wanderley, 2011; Emmons & Paloutzian, 2003; Koenig, 2000; Koenig et al., 2001; Levin, 1996). No mesmo sentido, tem sido referida a importância dos psicoterapeutas reconhecerem a espiritualidade como uma dimensão da personalidade e da saúde, podendo ser um potencial recurso de saúde que deve ser contemplado no treino e na formação dos profissionais de saúde (Miovic et al., 2006; Sharma et al., 2009). Não obstante, será necessário que a abordagem dos conceitos religião e espiritualidade em contexto terapêutico sejam promovidos através de uma definição mais coerente (Miovic et al., 2006).

Podem ser identificadas duas abordagens de integração da espiritualidade na psicoterapia: o terapeuta demonstra abertura para trabalhar temas espirituais, mas só usa métodos espirituais se o cliente trouxer questões desse âmbito *versus* o terapeuta aborda questões espirituais de um modo direto e sistemático, recorrendo a métodos espirituais, como a meditação, o *yoga*, as orações e o ensino de textos sagrados (Sharma et al., 2009; Tan, 1996). Saliente-se que tem sido indicada a maior facilidade dos psicólogos em integrarem a psicoterapia e a espiritualidade, comparativamente à integração da psicoterapia com a religião (Lomax, Karff, & McKenny, 2002).

Apesar de alguns psicólogos, como William James, Carl Jung e Gordon Allport, terem estudado as experiências religiosas e seu papel no bem-estar psicológico, a espiritualidade e a religião foram negligenciadas por muito tempo na área da Psicologia (Rajaei, 2010). Contudo, nos últimos anos, muitos psicólogos têm tentado usar conceitos espirituais e religiosos na psicoterapia, emergindo diversas abordagens psicoterapêuticas que integram psicologia e espiritualidade, designadamente na Terapia Comportamental, na Psicanálise, na Terapia Existencial-Humanista, na Terapia *Gestalt*, e na Terapia Centrada na Pessoa (Rajaei, 2010).

A psicoterapia com uma abordagem espiritual procura reconhecer e utilizar as crenças religiosas dos clientes para reduzir sintomas e dificuldades do âmbito da saúde mental (Berry, 2002). Refira-se como exemplos destas abordagens a terapia cognitivo-comportamental adaptada para abordar a espiritualidade (*Spiritually Augmented Cognitive Behavioural Therapy*) e a terapia cognitiva espiritualmente modificada (*Spiritually Modified Cognitive Therapy*), que mostrou que o uso da meditação promove benefícios significativos no tratamento da depressão, desesperança e do desespero (Berry, 2002; Cole, 2005; D'Souza & Rodrigo, 2004; Hodge, 2006; Propst, Ostrom, Watkins, Dean, & Mashburn, 1992).

Assim, se diversas meta-análises, analisadas por Luborsky e colaboradores (2002), evidenciam a ausência de diferenças nos resultados entre várias abordagens psicoterapêuticas, também há estudos a mostrar que modelos psicoterapêuticos cognitivo-comportamentais que valorizam a espiritualidade podem ser mais eficazes no tratamento dos doentes com depressão, comparativamente a outros modelos (D'Souza & Rodrigo, 2004; Propst et al., 1992). É, no entanto, de apontar que a psicoterapia com uma orientação espiritual é bastante mais eficaz em grupos étnicos com fortes características culturais religiosas, mostrando uma melhoria inicial mais rápida comparada à psicoterapia sem orientação espiritual (Azhar & Varma, 1995). Porém, refira-se a necessidade de desenvolver estudos sobre a eficácia de abordagens psicoterapêuticas que valorizem estas dimensões da existência humana (Peres et al., 2007).

A psicologia transpessoal, a quarta vaga da psicologia que se seguiu à corrente humanista, contempla essa possibilidade de estudo e de compreensão dos fenómenos espirituais, assumindo que há um centro da personalidade, denominado *self, eu* superior ou espírito, que tem uma sabedoria única e conhece quais os seus desafios com vista ao pleno desenvolvimento (Fonseca, 2010). Destacam-se como algumas das abordagens espirituais e transpessoais que são feitas à saúde mental no contexto da psicologia, os modelos apresentados por Jung, Assagioli, Ken Wilber e Stanislav Grof (Sharma et al., 2009).

Face a um grande aumento do investimento na área da espiritualidade e do envelhecimento, com provas científicas sobre os seus benefícios para a saúde, tem havido um grande crescimento das intervenções com base espiritual e religiosa. A este propósito, Lavretsky (2010) enumera algumas práticas religiosas e espirituais eficazes, como as orações e os rituais religiosos, a meditação, a meditação *mindfulness* e o *yoga*. Este autor elucida sobre os mecanismos neurobiológicos envolvidos nas intervenções espirituais, nomeadamente sobre alterações na atividade simpática e parassimpática, no batimento cardíaco, na pressão sanguínea, no plasma sanguíneo e nos níveis de serotonina, que podem ser visualizadas através de técnicas de neuroimagem (Chiesa & Serretti, 2010; Davidson et al., 2003; Goleman & Davidson, 2017).

Uma vez que explorar crenças religiosas e espirituais pode ser útil no processo psicoterapêutico, os psicólogos devem estar confortáveis com sujeitos que levantam questões existenciais e espirituais, sendo então fundamental que se tenha em conta as experiências espirituais e religiosas, bem como o significado e a importância que cada paciente atribui às suas crenças religiosas (Ancona-Lopez, 1999; Duarte & Wanderley, 2011; Peres et al., 2007; Shaw et al., 2005). Portanto, havendo pontos de interceção e complementaridade entre aspetos psicológicos e espirituais da experiência humana, é bastante útil ao trabalho a valorização da dimensão espiritual do indivíduo, tornando assim o acompanhamento mais holístico e humanista.

As pessoas idosas utilizam a espiritualidade como recurso, especialmente quando na presença de doenças, estando aquela associada a maiores níveis de otimismo e esperança. Estes sentimentos auxiliam o trabalho do psicólogo, uma vez que a terapia irá depender da vontade do paciente em participar neste processo (Duarte & Wanderley, 2011). A religiosidade/espiritualidade pode também promover a recetividade e a procura de tratamentos de saúde (Koenig et al., 2001). Porém, há igualmente estudos na área da religiosidade que sublinham a ausência de associação entre a prática religiosa e a utilização dos serviços de saúde mental (Chen et al., 2007).

AVALIAÇÃO DA ESPIRITUALIDADE

Estudar a espiritualidade tem sido, portanto, um desafio, existindo as mais variadas medidas de espiritualidade e de bem-estar espiritual. Contudo, apesar desta multiplicidade, nenhum instrumento de pesquisa é perfeito e vários autores se têm focado nas dificuldades envolvidas neste processo (Hill, 2005; Moberg, 2002; Slater, Hall, & Edwards, 2001). Parte importante desta questão começa pela complexidade conceptual que referimos anteriormente, não havendo nenhuma medida de espiritualidade amplamente aceite, em parte porque não há uma definição igualmente aceite (Koenig, George, & Titus, 2004). E, sendo a espiritualidade e o bem-estar espiritual conceitos multidimensionais, dificilmente se conseguirá estruturar um instrumento suficientemente abrangente destes constructos (Gouveia, 2011).

Partindo do pressuposto que os indicadores de espiritualidade devem idealmente ser comuns a todas as culturas, a maioria das pesquisas sobre o bem-estar espiritual utiliza os mesmos instrumentos juntos de culturas diferentes, nomeadamente com sociedades complexas e multiculturais. Porém, estas medidas de espiritualidade pretensamente universais são generalistas, oprimindo as minorias, uma vez que se baseiam em determinadas tradições dominantes numa cultura. Para além de não ser fácil a distinção entre os conceitos de espiritualidade e religiosidade, ainda que a dimensão espiritual seja reconhecida em todas as religiões, há diferenças significativas nas definições adotadas, nas características e nos indicadores de espiritualidade e bem-estar espiritual por cada religião monoteísta (Cristianismo, Islamismo e Judaísmo). Na verdade, estas religiões têm diferentes pontos de vista sobre as práticas, crenças e experiências da espiritualidade, sendo que cada grupo acredita que os seus critérios são os melhores, sendo um grande desafio identificar as variáveis que caracterizam a espiritualidade, inequivocamente e de modo universal (Moberg, 2002; Wink & Dillon, 2002). A este propósito, o estudo longitudinal apresentado por Wink e Dillon (2002) sugere que o desenvolvimento espiritual não ocorre no vácuo, mas num determinado contexto social, cultural e histórico em que as pessoas vivem, sendo complexo e multifacetado. Tendo sido encontradas diferenças no desenvolvimento espiritual das coortes mais novos e mais velhos, fica então a ideia do desenvolvimento espiritual com um padrão paradoxal de crescimento que é contingente, mas também universal.

A acrescentar a isto, os indicadores usados para avaliar a espiritualidade acabam por refletir ou ser consequência da espiritualidade e não do fenómeno em si, existindo pouca clareza relativamente ao que se pretende avaliar concretamente. Nomeadamente, alguns instrumentos medem bem-estar espiritual pela perspetiva das pessoas (e.g., Gomez & Fisher, 2003), outros avaliam as práticas e crenças sobre o desenvolvimento da espiritualidade (Hall & Edwards, 1996), outros medem a frequência de comportamentos que visam o bem--estar espiritual (e.g., Vella-Brodrick & Allen, 1995), e ainda há instrumentos que medem a maturidade espiritual (e.g., Genia, 1997).

A espiritualidade é difícil de avaliar/medir não só por causa da falta de consenso sobre a sua definição, mas também porque a vivência da espiritualidade é íntima, privada e difícil de traduzir em palavras, englobando aspetos da experiência humana que transcendem as palavras, pelo que não é fácil captar todos os aspetos associados às experiências espirituais (Jernigan, 2001; Wink & Dillon, 2002).

Como exemplo de uma versão portuguesa de um instrumento de avaliação do bem-estar espiritual, refira-se a Escala de Bem-Estar Espiritual (*Spiritual Well-Being Questionnaire*, SWBQ; Gomez & Fisher, 2003) de Gouveia, Marques e Ribeiro (2009). Este instrumento é composto por quatro subescalas, com cinco itens cada, referentes a quatro domínios que compõem o bem-estar espiritual.

O domínio Pessoal inclui itens que expressam o modo como a pessoa se relaciona consigo, os seus valores e propósitos. O domínio Comunitário aborda a qualidade e profundidade das relações interpessoais. O domínio Ambiental refere-se à proteção e cuidado com o mundo físico e biológico. Por fim, o domínio Transcendental engloba as relações do eu com algo para além do nível humano (Gouveia, 2011). Mais recentemente foi elaborada outra versão deste instrumento, *Spiritual Health And Life Orientation Mesure* (SHALOM) que, para além de avaliar os quatro domínios de espiritualidade enunciados, avalia igualmente a importância que o sujeito atribui a cada indicador, permitindo confrontar os resultados de cada sujeito com a sua própria representação do conceito (Fisher, 2007).

Portanto, tem sido demonstrada a grande pertinência de estudo da influência da religiosidade e da espiritualidade na saúde física e mental, ainda que seja necessário construir definições e medidas de avaliação mais robustas e menos ambíguas, com vista a assegurar o maior rigor de investigações futuras (Moberg, 2005).

CONCLUSÃO

Em síntese, existem diversas definições de religiosidade e espiritualidade que dificultam a operacionalização e o estudo destas dimensões, bem como o rigor e a possibilidade de comparação dos resultados das diferentes investigações. Dependendo a espiritualidade de variáveis culturais, sociais e históricas, o seu estudo é um grande desafio, colocando-se em causa a ambição de criar instrumentos fidedignos e universais que avaliem esta dimensão tão subjetiva da experiência humana. Não obstante, a maioria dos estudos referem que as pessoas que mais desenvolvem a sua religiosidade e espiritualidade têm melhores indicadores ao nível da saúde física e mental e da qualidade de vida em geral. Assim, a religiosidade e a espiritualidade têm sido identificadas como recursos particularmente importantes no processo de envelhecimento, em função dos grandes desafios inerentes a esta fase do ciclo vital. Fica, então, reforçada a pertinência de formar psicólogos, mas também outros profissionais de saúde (médicos, enfermeiros, assistentes sociais, ...), de modo a que seja possível lidar com as questões religiosas e espirituais, sempre que estas surjam, em benefício do indivíduo. Também é interessante verificar o crescimento das intervenções com base espiritual e religiosa, com demonstrada eficácia (e.g., orações, meditação, *mindfulness*, *yoga*), pelo que são bem-vindos profissionais que, quando à vontade com estas abordagens, possam recorrer a técnicas espirituais em contextos que delas possam beneficiar.

Referências bibliográficas

Allen, R. S., Harris, G. M., Crowther, M. R., Oliver, J. S., Cavanaugh, R., & Phillips, L. L. (2012). Does religiousness and spirituality moderate the relations between physical and mental health among aging prisoners? *International Journal of Geriatric Psychiatry, 27*(9), 710-717. doi:10.1002/gps.3874

Alminhana, L. O., & Moreira-Almeida, A. (2009). Personalidade e religiosidade/espiritualidade (R/E). *Revista de Psiquiatria Clínica, 36*(4), 153-161. doi:10.1590/S0101-60832009000400005

American Psychiatric Association. (1994). *Diagnostic and statistical manual of mental disorders* (4.ª ed.). Washington, DC: Autor.

American Psychiatric Association. (2013). *Diagnostic and statistical manual of mental disorders* (5.ª ed.). Arlington, VA: Autor.

Ancona-Lopez, M. (1999). Religião e psicologia clínica: quatro atitudes básicas. In M. Massimi & M. Mahfoud (Orgs.), *Diante do mistério: Psicologia e senso religioso* (pp. 71-86). São Paulo, Brasil: Loyola.

Ano, G. G., & Vasconcelles, E. B. (2005). Religious coping and psychological adjustment to stress: A meta-analysis. *Journal of Clinical Psychology, 61*(4), 461-480. doi:10.1002/jclp.20049

Atchley, R. C. (1997). Everyday mysticism: Spiritual development in later adulthood. *Journal of Adult Development, 4*(2), 123-134. doi:10.1007/bf02510085

Azhar, M. Z., & Varma, S. L. (1995). Religious psychotherapy in depressive patients. *Psychotherapy and Psychosomatics, 63*(3-4), 165-168. doi:10.1159/000288954

Baldessin, A. (2002). O idoso: Viver e morrer com dignidade. In M. P. Netto (Ed.), *Gerontologia: A velhice e o envelhecimento em visão globalizada* (pp. 491-498). São Paulo, Brasil: Atheneu.

Baltes, P. B., & Baltes, M. M. (1990). Psychological perspectives on successful aging: The model of selective optimization with compensation. In P. B. Baltes & M. M. Baltes (Eds.), *Successful aging: Perspectives from the behavioral sciences* (1.ª ed., pp. 1-34). New York, NY: Cambridge University Press.

Barreto, J. M. M. T. (1984). *Envelhecimento e saúde mental: Estudo de epidemiologia psiquiátrica no concelho de Matosinhos.* Tese de Doutoramento, Faculdade de Medicina - Universidade do Porto. Acedido a 11 de novembro de 2016, em http://hdl.handle.net/10216/10278

Bekelman, D. B., Dy, S. M., Becker, D. M., Wittstein, I. S., Hendricks, D. E., Yamashita, T. E., & Gottlieb, S. H. (2007). Spiritual well-being and depression in patients with heart failure. *Journal of General Internal Medicine, 22*(4), 470-477. doi:10.1007/s11606-006-0044-9

Berry, D. (2002). Does religious psychotherapy improve anxiety and depression in religious adults? A review of randomized controlled studies. *The International Journal of Psychiatric Nursing Research, 8*(1), 875-890. Acedido a 25 de novembro de 2016, em http://www.crd.york.ac.uk/CRDWeb/PrintPDF.php?AccessionNumber= 12003003016&Copyright=Database+of+Abstracts+of+Reviews+of+Effects+%28DARE% 29%3Cbr+%2F%3EProduced+by+the+Centre+for+Reviews+and+Dissemination+%3Cb r+%2F%3ECopyright+%26copy%3B+2016+University+of+York%3Cbr+%2F%3E

Beuscher, L., & Grando, V. T. (2009). Using spirituality to cope with early-stage Alzheimer's disease. *Western Journal of Nursing Research, 31*(5), 583-598. doi:10.1177/0193945909332776

Blay, S. L., Batista, A. D., Andreoli, S. B., & Gastal, F. L. (2008). The relationship between religiosity and tobacco, alcohol use, and depression in an elderly community population. *American Journal of Geriatric Psychiatry, 16*(11), 934--943. doi:10.1097/JGP.0b013e3181871392

Boey, K. W. (2003). Religiosity and psychological well-being of older women in Hong Kong. *The International Journal of Psychiatric Nursing Research, 8*(2), 921-935.

Bosworth, H. B., Park, K.-S., McQuoid, D. R., Hays, J. C., & Steffens, D. C. (2003). The impact of religious practice and religious coping on geriatric depression. *International Journal of Geriatric Psychiatry, 18*(10), 905-914. doi:10.1002/gps.945

Brady, J. L., Guy, J. D., Poelstra, P. L., & Brokaw, B. F. (1999). Vicarious traumatization, spirituality, and the treatment of sexual abuse survivors: A national survey of women psychotherapists. *Professional Psychology: Research and Practice, 30*(4), 386-393. doi:10.1037/0735-7028.30.4.386

Brown, J., Bowling, A., & Flynn, T. (2004). Models of quality of life: A taxonomy, overview and systematic review of literature. *Proceedings of European Forum on Population Ageing Research.* Sheffield, UK. Acedido a 25 de novembro de 2016, em https://lemosandcrane.co.uk/resources/European%20Forum%20 on%20Population%20Ageing%20Research%20-%20Models%20of%20Quality%20 of%20Life.pdf

Cardão, S. (2009). *O idoso institucionalizado* (1.ª ed.). Lisboa: Coisas de Ler.

Carvalho, M. C. M., & Carvalho, G. A. (2008). Atividade física e qualidade de vida em mulheres idosas. *Revista Digital - Buenos Aires, 13*(122). Acedido a 25 de novembro de 2016, em http://repositorio.ucb.br/jspui/bitstream/10869/366/1/Atividade%20f%C3%ADsica_qualidade%20de%20vida_mulheres.pdf

Chatters, L. M. (2000). Religion and health: Public health research and practice. *Annual Review of Public Health, 21*(1), 335-367. doi:10.1146/annurev.publhealth.21.1.335

Chen, H., Cheal, K., Herr, E. C. M., Zubritsky, C., & Levkoff, S. E. (2007). Religious participation as a predictor of mental health status and treatment outcomes in older persons. *International Journal of Geriatric Psychiatry, 22*(2), 144-153. doi:10.1002/gps.1704

Chida, Y., Steptoe, A., & Powell, L. H. (2009). Religiosity/spirituality and mortality: A systematic quantitative review. *Psychotherapy and Psychosomatics, 78*(2), 81--90. doi:10.1159/000190791

Chiesa, A., & Serretti, A. (2010). A systematic review of neurobiological and clinical features of mindfulness meditations. *Psychological Medicine, 40*(8), 1239-1252. doi:10.1017/S0033291709991747

Cole, B. S. (2005). Spiritually-focused psychotherapy for people diagnosed with cancer: A pilot outcome study. *Mental Health, Religion & Culture, 8*(3), 217-226. doi:10.1080/13694670500138916

Coleman, P. G. (2005). Spirituality and ageing: The health implications of religious belief and practice. *Age and Ageing, 34*(4), 318-319. doi:10.1093/ageing/afi121

Contrada, R. J., Goyal, T. M., Cather, C., Rafalson, L., Idler, E. L., & Krause, T. J. (2004). Psychosocial factors in outcomes of heart surgery: The impact of religious involvement and depressive symptoms. *Health Psychology, 23*(3), 227-238. doi:10.1037/0278-6133.23.3.227

Corsentino, E. A., Collins, N., Sachs-Ericsson, N., & Blazer, D. G. (2009). Religious attendance reduces cognitive decline among older women with high levels of depressive symptoms. *Journals of Gerontology, Series A: Biological Sciences and Medical Sciences, 64*(12), 1283-1289. doi:10.1093/gerona/glp116

Crowther, M. R., Parker, M. W., Achenbaum, W. A., Larimore, W. L., & Koenig, H. G. (2002). Rowe and Kahn's model of successful aging revisited: Positive spirituality - the forgotten factor. *The Gerontologist, 42*(5), 613-620. doi:10.1093/geront/42.5.613

Culliford, L. (2002). Spirituality and clinical care. *British Medical Journal, 325*(7378), 1434-1435. doi:10.1136/bmj.325.7378.1434

Cupertino, A. P., & Novaes, C. (2004). Espiritualidade e envelhecimento saudável. In A. L. Saldanha & C. P. Caldas (Eds.), *Saúde e idoso: A arte de cuidar* (pp. 358-368). Rio de Janeiro, Brasil: Interciência.

Dalby, P. (2006). Is there a process of spiritual change or development associated with ageing? A critical review of research. *Aging & Mental Health, 10*(1), 4-12. doi:10.1080/13607860500307969

Daley-Placide, R., & Coward, H. J. (2009). Prevention for older adults. In C. Arenson, J. Busby-Whitehead, K. Brummel-Smith, J. G. O'Brien, M. H. Palmer, & W. Reichel (Eds.), *Reichel's care of the elderly: Clinical aspects of aging* (6.ª ed., pp. 31-38). New York, NY: Cambridge University Press.

Davidson, R. J., Kabat-Zinn, J., Schumacher, J., Rosenkranz, M., Muller, D., Santorelli, S. F., ... Sheridan, J. F. (2003). Alterations in brain and immune function produced by mindfulness meditation. *Psychosomatic Medicine, 65*(4), 564-570. doi:10.1097/01. psy.0000077505.67574.e3

Donahue, M. J. (1985). Intrinsic and extrinsic religiousness: Review and meta--analysis. *Journal of Personality and Social Psychology, 48*(2), 400-419. doi:10.1037/0022-3514.48.2.400

D'Souza, R. F., & Rodrigo, A. (2004). Spiritually augmented cognitive behavioural therapy. *Australasian Psychiatry, 12*(2), 148-152. doi:10.1080/j.1039-8562.2004.02095.x

Duarte Silva, M. E. (2005). Saúde mental e idade avançada. Uma perspectiva abrangente. In C. Paúl & A. Fonseca (Coords.), *Envelhecer em Portugal: Psicologia, saúde e prestação de cuidados* (1.ª ed., pp. 137-156). Lisboa: Climepsi Editores.

Duarte, F. M., & Wanderley, K. S. (2011). Religião e espiritualidade de idosos internados em uma enfermaria geriátrica. *Psicologia: Teoria e Pesquisa, 27*(1), 49-53. doi:10.1590/S0102-37722011000100007

Ebrahimi, A., Neshatdoost, H. T., Mousavi, S. G., Asadollahi, G. A., & Nasiri, H. (2013). Controlled randomized clinical trial of spirituality integrated psychotherapy, cognitive-behavioral therapy and medication intervention on depressive symptoms and dysfunctional attitudes in patients with dysthymic disorder. *Advanced Biomedical Research, 2*(53), 1-7. doi:10.4103/2277-9175.114201

Eliopoulos, C. (2005). *Enfermagem gerontológica* (5.ª ed.). Porto Alegre, Brasil: Artmed.

Ellison, C. G., & Fan, D. (2008). Daily spiritual experiences and psychological well--being among US adults. *Social Indicators Research, 88*(2), 247-271. doi:10.1007/s11205-007-9187-2

Ellison, C. G., & George, L. K. (1994). Religious involvement, social ties, and social support in a southeastern community. *Journal for the Scientific Study of Religion, 33*(1), 46-61. doi:10.2307/1386636

Emmons, R. A., & Paloutzian, R. F. (2003). The psychology of religion. *Annual Review of Psychology, 54*(1), 377-402. doi:10.1146/annurev.psych.54.101601.145024

Erikson, E. (1972). *Identidade, juventude e crise* (1.ª ed., A. Cabral, Trad.). Rio de Janeiro, Brasil: Zahar Editores.

Fernández-Mayoralas, G., Pérez, F. R., Flores, M. E. P., Salas, B. L., Martín, P. M., Forjaz, M. J., ... Izaguirre, C. G. (2007). *El significado de la salud en la calidad de vida de los mayores.* Madrid, Portal Mayores, Informes Portal Mayores, 74. Acedido a 25 de novembro de 2016, em http://envejecimiento.csic.es/documentos/documentos/fernandezmayoralas-significado-01.pdf

Figueiredo, D. (2007). *Cuidados familiares ao idoso dependente* (1.ª ed.). Lisboa: Climepsi Editores.

Fiori, K. L., Brown, E. E., Cortina, K. S., & Antonucci, T. C. (2006). Locus of control as a mediator of the relationship between religiosity and life satisfaction: Age, race, and gender differences. *Mental Health, Religion, & Culture, 9*(3), 239-263. doi:10.1080/13694670600615482

Fisher, J. W. (2007). It's time to wake up and stem the decline in spiritual well-being in Victorian schools. *International Journal of Children's Spirituality, 12*(2), 165--177. doi:10.1080/13644360701467469

Fonseca, A. M. (2005). O envelhecimento bem-sucedido. In C. Paúl & A. Fonseca (Coords.), *Envelhecer em Portugal: Psicologia, saúde e prestação de cuidados* (1.ª ed., pp. 281-311). Lisboa: Climepsi Editores.

Fonseca, J. (2010). *Hologramas da consciência: A espiritualidade, a psicologia e o transpessoal* (1.ª ed.). Lisboa: Edições ISPA.

Fontaine, R. (2000). *Psicologia do envelhecimento* (1.ª ed., J. Almeida, Trad.). Lisboa: Climepsi Editores.

Fung, A. W. T., & Lam, L. C. W. (2013). Spiritual activity is associated with better cognitive function in old age. *East Asian Archives of Psychiatry, 23*(3), 102-108.

Genia, V. (1997). The spiritual experience index: Revision and reformulation. *Review of Religious Research, 38*(4), 344-361. doi:10.2307/3512195

Glasock, A., & Branden, R. (1981, dezembro). *Transitions of being: death and dying in cross-cultural perspective*. Apresentado no 81st Annual Meeting of the American Anthropological Association, Los Angeles, CA.

Goldstein, L. L. (2000). Desenvolvimento do adulto e religiosidade: Uma questão de fé. In A. L. Neri (Org.), *Qualidade de vida e idade madura* (pp. 83-108). Campinas, São Paulo: Papirus.

Goldstein, L. L., & Neri, A. L. (2000). Tudo bem, graças a Deus: Religiosidade e satisfação na maturidade e na velhice. In A. L. Neri (Org.), *Qualidade de vida e idade madura* (pp. 109-136). Campinas, São Paulo: Papirus.

Goldstein, L. L., & Sommerhalder, C. (2002). Religiosidade, espiritualidade e significado existencial na vida adulta e velhice. In E. V. Freitas & L. Py (Eds.), *Tratado de geriatria e gerontologia* (1.ª ed., pp. 950-955). Rio de Janeiro, Brasil: Guanabara Koogan.

Goleman, D., & Davidson, R. (2017). *The science of meditation: How to change your brain, mind and body*. Londres: Penguin Life.

Gomez, R., & Fisher, J. W. (2003). Domains of spiritual well-being and development and validation of the spiritual well-being questionnaire. *Personality and Individual Differences, 35*(8), 1975-1991. doi:10.1016/s0191-8869(03)00045-x

Gouveia, M. J. P. M. (2011). *Flow disposicional e o bem-estar espiritual em praticantes de actividades físicas de inspiração oriental*. Tese de Doutoramento, Instituto Universitário de Ciências Psicológicas, Sociais e da Vida, Lisboa. Acedido a 20 de junho de 2015, em http://hdl.handle.net/10400.12/1226

Gouveia, M. J. P. M., Marques, M. M., & Ribeiro, J. L. P. (2009). Versão portuguesa do questionário de bem-estar espiritual (SWBQ): Análise confirmatória da sua estrutura fatorial. *Psicologia, Saúde & Doenças, 10*(2), 285-293. Acedido a 23 de junho de 2015, em http://hdl.handle.net/10400.12/1095

Guimarães, H. P., & Avezum, A. (2007). O impacto da espiritualidade na saúde física. *Revista de Psiquiatria Clínica, 34*(Supl. 1), 88-94. doi:10.1590/S0101-60832007000700012

Gurney, A. G., & Rogers, S. A. (2007). Object-relations and spirituality: Revisiting a clinical dialogue. *Journal of Clinical Psychology, 63*(10), 961-977. doi:10.1002/jclp.20408

Hackney, C. H., & Sanders, G. S. (2003). Religiosity and mental health: A meta-analysis of recent studies. *Journal for the Scientific Study of Religion, 42*(1), 43-55. doi:10.1111/1468-5906.t01-1-00160

Hahn, C.-Y., Yang, M.-S., Yang, M.-J., Shih, C.-H., & Lo, H.-Y. (2004). Religious attendance and depressive symptoms among community dwelling elderly in Taiwan. *International Journal of Geriatric Psychiatry, 19*(12), 1148-1154. doi:10.1002/gps.1204

Hall, T. W., & Edwards, K. J. (1996). The initial development and fator analysis of the spiritual assessment inventory. *Journal of Psychology and Theology, 24*(3), 233-246.

Hay, D. (2002). The spirituality of adults in Britain - Recent research. *Scottish Journal of Healthcare Chaplaincy, 5*(1), 4-9.

Heintzman, P., & Mannell, R. C. (2003). Spiritual functions of leisure and spiritual well-being: Coping with time pressure. *Leisure Sciences, 25*(2-3), 207-230. doi:10.1080/01490400306563

Hill, P. C. (2005). Measurement in the psychology of religion and spirituality: Current status and evaluation. In R. F. Paloutzian & C. L. Park (Eds.), *Handbook of the psychology of religion and spirituality* (pp. 43-61). New York, NY: Guilford Press.

Hill, P. C., & Pargament, K. I. (2003). Advances in the conceptualization and measurement of religion and spirituality: Implications for physical and mental health research. *American Psychologist, 58*(1), 64-74. doi:10.1037/0003-066X.58.1.64

Hodge, D. R. (2006). Spiritually modified cognitive therapy: A review of the literature. *Journal of Social Work, 51*(2), 157-166. doi:10.1093/sw/51.2.157

Hummer, R. A., Rogers, R. G., Nam, C. B., & Ellison, C. G. (1999). Religious involvement and U.S. adult mortality. *Demography, 36*(2), 273-285. doi:10.2307/2648114

Jackson, B. R., & Bergeman, C. S. (2011). How does religiosity enhance well-being? The role of perceived control. *Psychology of Religion and Spirituality, 3*(2), 149--161. doi:10.1037/a0021597

Jernigan, H. L. (2001). Spirituality in older adults: A cross-cultural and interfaith perspective. *Pastoral Psychology, 49*(6), 413-437. doi:10.1023/a:1010349501085

Jung, C. G. (2008). *O homem e seus símbolos* (2.ª ed. especial). Rio de Janeiro, Brasil: Nova Fronteira (Trabalho original em inglês publicado em 1964).

Koenig, H. G. (2000). Religion and medicine I: Historical background and reasons for separation. *International Journal of Psychiatry in Medicine, 30*(4), 385-398. doi:10.2190/2RWB-3AE1-M1E5-TVHK

Koenig, H. G. (2001). *The healing power of faith*. New York, NY: Simon & Schuster.

Koenig, H. G. (2002). An 83-year-old woman with chronic illness and strong religion beliefs. *Journal of the American Medical Association, 288*(4), 487-493. doi:10.1001/jama.288.4.487

Koenig, H. G. (2007). Religion and depression in older medical inpatients. *American Journal of Geriatric Psychiatry, 15*(4), 282-291. doi:10.1097/01.JGP.0000246875.93674.0c

Koenig, H. G. (2012). Religion, spirituality, and health: The research and clinical implications. *International Scholarly Research Network Psychiatry, 2012*, 1-33. doi:10.5402/2012/2788730

Koenig, H. G., Cohen, H. J., George, L. K., Hays, J. C., Larson, D. B., & Blazer, D. G. (1997). Attendance at religious services, interleukin-6, and other biological parameters of immune function in older adults. *International Journal of Psychiatry in Medicine, 27*(3), 233-250. doi:10.2190/40NF-Q9Y2-0GG7-4WH6

Koenig, H. G., George, L. K., & Titus, P. (2004). Religion, spirituality, and health in medically ill hospitalized older patients. *Journal of the American Geriatrics Society, 52*(4), 554-562. doi:10.1111/j.1532-5415.2004.52161.x

Koenig, H. G., McCullough, M. E., & Larson, D. B. (2001). *Handbook of religion and health: A century of research reviewed.* New York, NY: Oxford University Press.

Konopack, J. F., & McAuley, E. (2012). Efficacy-mediated effects of spirituality and physical activity on quality of life: A path analysis. *Health and Quality of Life Outcomes, 10*(1), 57-62. doi:10.1186/1477-7525-10-57

Kovács, M. J. (2007). Espiritualidade e psicologia - Cuidados compartilhados. *O Mundo da Saúde, 31*(2), 246-255. Acedido a 24 de novembro de 2016, em http://www.saocamilo-sp.br/pdf/mundo_saude/53/12_Espiritualidade.pdf

Lavretsky, H. (2010). Spirituality and aging. *Aging Health, 6*(6), 749-769. doi:10.2217/ahe.10.70

Levin, J. S. (1994). Religion and health: Is there an association, is it valid, and is it causal? *Social Science & Medicine, 38*(11), 1475-1482. doi:10.1016/0277-9536(94)90109-0

Levin, J. S. (1996). How religion influences morbidity and health: Reflections on natural history, salutogenesis and host resistance. *Social Science & Medicine, 43*(5), 849-864. doi:10.1016/0277-9536(96)00150-5

Lima, M. P. (2010). *Envelhecimento(s)* (1.ª ed.). Coimbra: Imprensa da Universidade de Coimbra. doi:10.14195/978-989-26-0355-1

Lomax, J. W., Karff, R. S., & McKenny, G. P. (2002). Ethical considerations in the integration of religion and psychotherapy: Three perspectives. *Psychiatric Clinics of North America, 25*(3), 547-559. doi:10.1016/S0193-953X(01)00015-6

Luborsky, L., Rosenthal, R., Diguer, L., Andrusyna, T. P., Berman, J. S., Levitt, J. T., ... Krause, E. D. (2002). The Dodo bird verdict is alive and well-mostly. *Clinical Psychology: Science and Practice, 9*(1), 2-12. doi:10.1093/clipsy.9.1.2

Lucchetti, G., Koenig, H. G., Pinsky, I., Laranjeira, R., & Vallada, H. (2015). Spirituality or religiosity: Is there any difference? *Revista Brasileira de Psiquiatria, 37*(1), 83-84. doi:10.1590/1516-4446-2014-3610

Lucchetti, G., Lucchetti, A. L. G., Bassi, R. M., Nasri, F., & Nacif, S. A. P. (2011). O idoso e sua espiritualidade: Impacto sobre diferentes aspectos do envelhecimento. *Revista Brasileira de Geriatria e Gerontologia, 14*(1),159-167. doi:10.1590/S1809-98232011000100016

Lukoff, D., Lu, F. G., & Turner, R. (1995). Cultural considerations in the assessment and treatment of religious and spiritual problems. *Psychiatric Clinics of North America, 18*(3), 467-485.

Manning, L. K. (2012). Spirituality as a lived experience: Exploring the essence of spirituality for women in late life. *The International Journal of Aging and Human Development, 75*(2), 95-113. doi:10.2190/AG.75.2.a

Manning, L. K. (2013). Navigating hardships in old age: Exploring the relationship between spirituality and resilience in later life. *Qualitative Health Research, 23*(4), 568-575. doi:10.1177/1049732312471730

Manning, L. K., Leek, J. A., & Radina, M. E. (2012). Making sense of extreme longevity: Explorations into the spiritual lives of centenarians. *Journal of Religion, Spirituality & Aging, 24*(4), 345-359. doi:10.1080/15528030.2012.706737

Marchand, H. (2001). *Temas de desenvolvimento psicológico do adulto e do idoso*. Coimbra: Quarteto Editora.

Martínez-Martí, M. L. (2006). El estudio científico de las fortalezas transcendentales desde la psicología positiva. *Clínica y Salud, 17*(3), 245-258. Acedido a 11 de novembro de 2016, em http://scielo.isciii.es/scielo.php?script=sci_arttext&pid=S1130-52742006003300003

Martins, R., Rosado, F., Cunha, M. R., Martins, M., & Teixeira, A. M. (2008). Exercício físico, IgA salivar e estados emocionais da pessoa idosa. *Motricidade, 4*(1), 5-11. Acedido a 10 de novembro de 2015, em http://www.scielo.mec.pt/scielo.php?script=sci_arttext&pid=S1646-107X2008000100002

Maton, K. I., & Wells, E. A. (1995). Religion as a community resource for well-being: Prevention, healing, and empowerment pathways. *Journal of Social Issues, 51(2)*, 177-193. doi:10.1111/j.1540-4560.1995.tb01330.x

McCullough, M. E., Hoyt, W. T., Larson, D. B., Koenig, H. G., & Thoresen, C. (2000). Religious involvement and mortality: A meta-analytic review. *Health Psychology, 19*(3), 211-222. doi:10.1037/0278-6133.19.3.211

Medeiros, P. (2012). Como estaremos na velhice? Reflexões sobre envelhecimento e dependência, abandono e institucionalização. *Polêmica, 11*(3), 439-453. Acedido a 25 de novembro de 2015, em http://www.e-publicacoes.uerj.br/ojs/index.php/polemica/article/view/3734

Miovic, M., McCarthy, M., Badaracco, M. A., Greenberg, W., Fitzmaurice, G. M., & Peteet, J. R. (2006). Domains of discussion in psychotherapy: What do patients really want? *American Journal of Psychotherapy, 60*(1), 71-86.

Moberg, D. O. (2002). Assessing and measuring spirituality: Confronting dilemmas of universal and particular evaluative criteria. *Journal of Adult Development, 9*(1), 47-60. doi:10.1023/a:1013877201375

Moberg, D. O. (2005). Research in spirituality, religion, and aging. *Journal of Gerontological Social Work, 45*(1-2), 11-40. doi:10.1300/J083v45n01_02

Moberg, D. O., & Brusek, P. M. (1978). Spiritual well-being: A neglected subject in quality of life research. *Social Indicators Research, 5*(1-4), 303-323. doi:10.1007/bf00352936

Mónico, L. S. M. (2012). Religiosity and optimism in ill and healthy elderly. *International Journal of Developmental and Educational Psychology, 1*(2), 59-70. Acedido a 9 de novembro de 2016, em http://hdl.handle.net/10662/4277

Mónico, L. S. M. (2013). Religiosity and optimism among Portuguese citizens: The effect of religious identity and the mediation by life satisfaction. *Journal of Psychology and Social Behavior Research, 1*(4), 105-115. doi:10.12966/psbr.10.03.2013

Moreira-Almeida, A., Neto, F. L., & Koenig, H. G. (2006). Religiousness and mental health: A review. *Revista Brasileira Psiquiatria, 28*(3), 242-250. doi:10.1590/S1516-44462006005000006

Mueller, P. S., Plevak, D. J., & Rummans, T. A. (2001). Religious involvement, spirituality, and medicine: Implications for clinical practice. *Mayo Clinic Proceedings, 76*(12), 1225-1235. doi:10.4065/76.12.1225

Myers, D. G. (2000). The funds, friends, and faith of happy people. *American Psychologist, 55*(1), 56-67. doi:10.1037/0003-066X.55.1.56

Neves, M., Garcia, I. Q., Espírito-Santo, H., & Lemos, L. (2018). Validação da versão portuguesa de Spiritual Well-Being Questionnaire em idosos institucionalizados. *Revista Portuguesa de Investigação Comportamental e Social*, *4*(1), 34-42. doi:10.31211/rpics.2018.4.1.70

Panzini, R. G., Rocha, N. S., Bandeira, D. R., & Fleck, M. P. A. (2007). Qualidade de vida e espiritualidade. *Revista de Psiquiatria Clínica*, *34*(Supl. 1), 105-115. doi:10.1590/S0101-60832007000700014

Pargament, K. I., & Abu Raiya, H. (2007). A decade of research on the psychology of religion and coping: Things we assumed and lessons we learned. *Psyke & Logos*, *28*(2), 742-766.

Pargament, K. I., & Park, C. L. (1997). In times of stress: The religion-coping connection. In B. Spilka & D. N. McIntosh (Eds.), *The psychology of religion: Theoretical approaches* (pp. 43-53). Boulder, CO: Westview Press.

Pargament, K. I., Ensing, D. S., Falgout, K., Olsen, H., Reilly, B., Van Haitsma, K., & Warren, R. (1990). God help me: (I): Religious coping efforts as predictors of the outcomes to significant negative life events. *American Journal of Community Psychology*, *18*(6), 793-824. doi:10.1007/bf00938065

Pargament, K. I., Smith, B. W., Koenig, H. G., & Perez, L. (1998). Patterns of positive and negative religious coping with major life stressors. *Journal for the Scientific Study of Religion*, *37*(4), 710-724. doi:10.2307/1388152

Parker, M., Lee Roff, L., Klemmack, D. L., Koenig, H. G., Baker, P., & Allman, R. M. (2003). Religiosity and mental health in southern, community-dwelling older adults. *Aging & Mental Health*, *7*(5), 390-397. doi:10.1080/1360786031000150667

Parkes, C. M., Laungani, P., & Young, B. (2003). Cultura e religião. In C. M. Parkes, P. Laungani, & B. Young (Eds.), *Morte e luto através das culturas* (1.ª ed., pp. 23-37). Lisboa: Climepsi Editores.

Payman, V., George, K., & Ryburn, B. (2008). Religiosity of depressed elderly inpatients. *International Journal of Geriatric Psychiatry*, *23*(1), 16-21. doi:10.1002/gps.1827

Peres, J. F. P., Simão, M. J. P., & Nasello, A. G. (2007). Espiritualidade, religiosidade e psicoterapia. *Revista de Psiquiatria Clínica*, *34*(1), 136-145. doi:10.1590/S0101-60832007000700017

Pinto, C., & Pais-Ribeiro, J. L. (2007). Construção de uma escala de avaliação da espiritualidade em contextos de saúde. *Arquivos de Medicina*, *21*(2), 47-53. Acedido a 25 de novembro de 2016, em http://www.scielo.mec.pt/scielo.php?script=sci_arttext&pid=S0871-34132007000200002

Pinto, C., & Pais-Ribeiro, J. L. (2010). Avaliação da espiritualidade dos sobreviventes de cancro: Implicações na qualidade de vida. *Revista Portuguesa de Saúde Pública*, *28*(1), 49-56. Acedido a 10 de novembro de 2016, http://hdl.handle.net/10400.12/1523

Poor, H. J., Borgi, M., Borgi, M., & Moslemi, A. (2016). The relationship between spiritual well-being and quality of life and optimism on the staff of Arak University of Medical Sciences. *Health, Spirituality and Medical Ethics*, *3*(2), 8-15.

Powell, L. H., Shahabi, L., & Thoresen, C. E. (2003). Religion and spirituality: Linkages to physical health. *American Psychologist*, *58*(1), 36-52. doi:10.1037/0003-066X.58.1.36

Propst, L. R., Ostrom, R., Watkins, P., Dean, T., & Mashburn, D. (1992). Comparative efficacy of religious and nonreligious cognitive-behavioral therapy for the treatment of clinical depression in religious individuals. *Journal of Consulting and Clinical Psychology, 60*(1), 94-103. doi:10.1037/0022-006x.60.1.94

Rajaei, A. R. (2010). Religious cognitive-emotional therapy: A new form of psychotherapy. *Iranian Journal of Psychiatry, 5*(3), 81-87. Acedido a 26 de novembro de 2016, em http://ijps.tums.ac.ir/index.php/ijps/article/view/368

Ramos, M. (2005). *Crescer em stresse: Usar o stresse para envelhecer com sucesso.* Porto: Ambar.

Razali, S. M., Hasanah, C. I., Aminah, K., & Subramaniam, M. (1998). Religious-sociocultural psychotherapy in patients with anxiety and depression. *Australian and New Zealand Journal of Psychiatry, 32*(6), 867-872. doi:10.3109/00048679809073877

Renz, M., Schütt Mao, M., & Cerny, T. (2005). Spirituality, psychotherapy and music in palliative cancer care: Research projects in psycho-oncology at an oncology center in Switzerland. *Supportive Care in Cancer, 13*(12), 961-966. doi:10.1007/s00520-005-0873-9

Rowe, J. W., & Kahn, R. L. (1998). *Successful aging.* New York, NY: Panthenon Books.

Rowe, M. M., & Allen, R. G. (2004). Spirituality as a means of coping with chronic illness. *American Journal of Health Studies, 19*(1), 62-67.

Santos, P. (2002). *A depressão no idoso* (2.ª ed.). Coimbra: Quarteto Editora.

Sawatzky, R. (2002). *A meta-analysis of the relationship between spirituality and quality of life.* Dissertação de Mestrado, Faculty of Nursing - University of British Colúmbia, Canada. Acedido em 25 de novembro de 2016, em http://hdl.handle.net/2429/13429

Schwarz, L., & Cottrell, R. P. F. (2007). The value of spirituality as perceived by elders in long-term care. *Physical & Occupational Therapy in Geriatrics, 26*(1), 43-62. doi:10.1080/j148v26n01_04

Seifert, L. S. (2002). Toward a psychology of religion, spirituality, meaning-search, and aging: Past research and a practical application. *Journal of Adult Development, 9*(1), 61-70. doi:10.1023/a:1013829318213

Seligman, M. E. P. (2004). Can happiness be taught? *Daedalus, 133*(2), 80-87. doi:10.1162/001152604323049424

Seligman, M. E. P., & Csikszentmihalyi, M. (2000). Positive psychology: An introduction. *American Psychologist, 55*(1), 5-14. doi:10.1037/0003-066x.55.1.5

Seybold, K. S., & Hill, P. C. (2001). The role of religion and spirituality in mental and physical health. *Current Directions in Psychological Science, 10*(1), 21-24. doi:10.1111/1467-8721.00106

Sharma, P., Charak, R., & Sharma, V. (2009). Contemporary perspectives on spirituality and mental health. *Indian Journal of Psychological Medicine, 31*(1), 16-23. doi:10.4103/0253-7176.53310

Shaw, A., Joseph, S., & Linley, P. A. (2005). Religion, spirituality, and posttraumatic growth: A systematic review. *Mental Health, Religion & Culture, 8*(1), 1-11. doi:10.1080/1367467032000157981

Silva, A. I., & Alves, V. P. (2007). Envelhecimento: Resiliência e espiritualidade. – História de vida de idosos: Superar as adversidades sem perder o senso de integridade. *Diálogos Possíveis, 6*(1), 189-209.

Slater, W., Hall, T. W., & Edwards, K. J. (2001). Measuring religion and spirituality: Where are we and where are we going? *Journal of Psychology and Theology*, *29(1)*, 4-21.

Sparr, L. F., & Fergueson, J. F. (2000). Moral and spiritual issues following traumatization. In J. K. Boehnlein (Ed.), *Psychiatry and religion: The convergence of mind and spirit* (pp. 109-123). Washington, DC: American Psychiatric Publishing.

Sperry, L., & Sharfranske, E. (2004). *Spiritually oriented psychothera*py. Washington, DC: American Psychological Association.

Stokes, K. (1991). Faith development in the adult life cycle. *Journal of Religious Gerontoloy*, *7*(1-2), 167-184. doi:10.1300/J078V07N01_13

Stolzenberg, R. M., Blair-Loy, M., & Waite, L. J. (1995). Religious participation in early adulthood: Age and family life cycle effects on church membership. *American Sociological Review*, *60*(1), 84-103. doi:10.2307/2096347

Taghiabadi, M., Kavosi, A., Mirhafez, S. R., Keshvari, M., & Mehrabi, T. (2017). The association between death anxiety with spiritual experiences and life satisfaction in elderly people. *Electronic Physician*, *9*(3), 3980-3985. doi:10.19082/3980

Tan, S.-Y. (1996). Religion in clinical practice: Implicit and explicit integration. In E. P. Shafranske (Ed.), *Religion and the clinical practice of psychology* (pp. 365--387). Washington, DC: American Psychological Association.

Tavares, J. (2001). A resiliência na sociedade emergente. In J. Tavares (Org.), *Resiliência e educação* (pp. 43-75). São Paulo, Brasil: Cortez.

Toussaint, L. L., Marschall, J. C., & Williams, D. R. (2012). Prospective associations between religiousness/spirituality and depression and mediating effects of forgiveness in a nationally representative sample of United States adults. *Depression Research and Treatment*, *2012*, 1-10. doi:10.1155/2012/267820

Vahia, I. V., Depp, C. A., Palmer, B. W., Fellows, I., Golshan, S., Thompson, W., ... Jeste, D. V. (2011). Correlates of spirituality in older women. *Aging & Mental Health*, *15*(1), 97-102. doi:10.1080/13607863.2010.501069

Vaillant, G., Templeton, J., Ardelt, M., & Meyer, S. E. (2008). The natural history of male mental health: Health and religious involvement. *Social Science & Medicine*, *66*(2), 221-231. doi:10.1016/j.socscimed.2007.09.011

Van Ness, P. H., & Larson, D. B. (2002). Religion, senescence, and mental health: The end of life is not the end of hope. *American Journal of Geriatric Psychiatry*, *10*(4), 386-397. doi:10.1097/00019442-200207000-00005

Van Ness, P. H., Towle, V. R., O'Leary, J. R., & Fried, T. R. (2008). Religion, risk, and medical decision making at the end of life. *Journal of Aging and Health*, *20*(5), 545-559. doi:10.1177/0898264308317538

Velasco-Gonzalez, L., & Rioux, L. (2014). The spiritual well-being of elderly people: A study of a French sample. *Journal of Religion and Health*, *53*(4), 1123-1137. doi:10.1007/s10943-013-9710-5

Vella-Brodrick, D. A., & Allen, F. C. L. (1995). Development and psychometric validation of the mental, physical, and spiritual well-being scale. *Psychological Reports*, *77*(2), 659-674. doi:10.2466/pr0.1995.77.2.659

Vitz, P. C. (1994). *Psychology as religion: The cult of self-worship* (2.ª ed.). Grand Rapids, MI: William B. Eerdmans Publishing Company.

Wein, S. (2014). Spirituality - The psyche or the soul? *Palliative and supportive care, 12*(2), 91-94. doi:10.1017/s1478951514000303

Whitehead, B. R., & Bergeman, C. S. (2011). Coping with daily stress: Differential role of spiritual experience on daily positive and negative affect. *Journals of Gerontology, Series B: Psychological Sciences and Social, 67*(4), 456-459. doi:10.1093/geronb/gbr136

Wink, P., & Dillon, M. (2002). Spiritual development across the adult life course: Findings from a longitudinal study. *Journal of Adult Development, 9*(1), 79-94. doi:10.1023/a:1013833419122

World Health Organization. (1998). *WHOQOL and spirituality, religiousness and personal beliefs (SRPB).* Report on WHO consultation, Division of Mental Health and Prevention of substance abuse. Geneva, Switzerland: Autor.

World Health Organization. (2002). *Active ageing: A policy framework.* Madrid, Spain: Autor.

Yamada, Y., Siersma, V., Avlund, K., & Vass, M. (2012). Formal home help services and institutionalization. *Archives of Gerontology and Geriatrics, 54*(2), 52-56. doi:10.1016/j.archger.2011.05.023

Yunes, M. A. M. (2001). *A questão triplamente controvertida da resiliência em famílias de baixa renda.* Tese de Doutoramento, Pontifícia Universidade Católica de São Paulo, Brasil. Acedido a 19 de novembro de 2016, em https://tede2.pucsp.br/handle/handle/16345

Yunes, M. A. M., & Szymanski, H. (2001). Resiliência: Noção, conceitos afins e considerações críticas. In J. Tavares (Org.), *Resiliência e educação* (pp. 13-42). São Paulo, Brasil: Cortez.

Zinnbauer, B. J., & Pargament, I. K. (2002). Capturing the meanings of religiousness and spirituality: One way down from a definitional Tower of Babel. *Research in the Social Scientific Study of Religion, 13*, 23-54.

8. *MINDFULNESS* E COMPAIXÃO NA IDADE AVANÇADA

Marina Cunha e *Ana Galhardo*

O ENVELHECIMENTO

Perante o panorama atual, que nos confronta com o envelhecimento da população mundial, é compreensível que a longevidade com qualidade de vida seja um dos tópicos centrais da investigação contemporânea (Simões, 2006). Com efeito, a importância do fenómeno do envelhecimento da população é atualmente inegável face às suas consequências, quer do ponto de vista económico, quer social (Cancino & Rehbein, 2016). Envelhecer é um processo universal, dinâmico, lento e gradual que, apesar de incluir um padrão comum, associado a um conjunto de alterações morfológicas, orgânicas e funcionais, não deixa de ser uma experiência muito diversificada entre os indivíduos. Diferentes aspetos, entre os quais as oportunidades e constrangimentos oferecidos pelas condições socioeconómicas, culturais e históricas, são responsáveis pela variabilidade individual e ritmos diferenciados de envelhecimento. Neste sentido, de acordo com Ferrari (1999), o envelhecimento é, portanto, um facto biológico que atravessa a história, mas cujo destino varia segundo o contexto social.

Em grande medida o envelhecimento do indivíduo está intrinsecamente ligado a uma maior probabilidade de experienciar

https://doi.org/10.14195/978-989-26-1737-4_8

acontecimentos negativos, tais como a morte do companheiro(a), de amigos(as), problemas de saúde, bem como, muitas vezes, é também acompanhado de uma capacidade mais limitada para se envolver em atividades prazerosas e de realização pessoal (Allen & Leary, 2014). Desta forma, o envelhecimento coloca vários desafios e exige uma abordagem multidisciplinar que tenha em conta a interdependência das várias dimensões envolvidas (biológica, social, psicológica, cultural), de forma a facilitar este processo, dotá-lo de maior qualidade, procurando, simultaneamente, minimizar os riscos e perdas inerentes a esta etapa da vida.

O conceito de envelhecimento positivo, tão proclamado atualmente, refere-se a uma atitude positiva em relação ao avanço da idade que se traduz no indivíduo por um sentimento de aceitação deste processo, por se sentir bem consigo mesmo, preservar uma vida saudável e manter nesta uma participação ativa, apesar das dificuldades que se colocam (Australian Psychological Society, 2012). Diversos fatores podem contribuir para este processo de envelhecimento positivo, incluindo fatores individuais e fatores contextuais. Alguns autores têm realçado a importância das estratégias de acomodação (Brandtstädter & Renner, 1990) e de controlo primário e secundário (Heckhausen, Wrosch, & Schulz, 2010) neste processo de adaptação às mudanças relacionadas com a idade. Outros têm apontado a relevância das estruturas de apoio, definidas como aspetos do contexto do indivíduo que facilitam a adaptação à mudança. Recursos físicos como a saúde e o rendimento (Steverink, Westerhof, Bode, & Dittmann-Kohli, 2001), recursos sociais como o suporte social (Fiksenbaum, Greenglass, & Eaton, 2006), e recursos psicológicos como crenças de controlo (Wurm, Tesch-Römer, & Tomasik, 2007) e otimismo (Ferguson & Goodwin, 2010) têm revelado ser aspetos cruciais neste processo de adaptação (Phillips & Ferguson, 2013).

Com efeito, e de acordo com Paúl (2017), aspetos como a saúde, a satisfação de vida, o bem-estar psicológico, bem como a satisfação em relação ao ambiente social e físico, devem ser considerados como elementos fundamentais e interdependentes na promoção da qualidade de vida nos idosos. A mesma autora refere, ainda, que a preservação da autonomia física, psicológica e social por parte das pessoas de idade avançada constitui um resultado desejável no processo de envelhecimento, sendo esta uma ideia consensual.

Como referimos anteriormente, apesar dos desafios físicos, mentais e sociais colocados pelo processo de envelhecimento, existe também uma grande variabilidade na forma como os indivíduos lidam com estas mudanças, o que, seguramente, se refletirá nas diferenças de bem-estar subjetivo reportado pelos idosos. Nesta linha de pensamento, a investigação continua especialmente interessada em aumentar e aprofundar o conhecimento sobre os fatores (mecanismos psicológicos, emocionais, cognitivos e comportamentais) que podem promover o bem-estar e uma vida saudável desta população específica. O presente capítulo irá focar-se fundamentalmente nos recursos psicológicos, enfatizando a importância do desenvolvimento de competências de *mindfulness* e de autocompaixão.

MINDFULNESS E COMPAIXÃO

O *mindfulness*, segundo Kabat-Zinn (1994a), traduz-se na consciência que surge quando o indivíduo dirige a atenção para a sua experiência de uma forma particular: com uma intenção (a atenção é propositadamente dirigida para aspetos específicos da experiência); no momento presente; e sem julgamento (com uma atitude de aceitação da experiência, tal como ela se apresenta). O *mindfulness* pode ser percebido como «uma forma simples de nos relacionarmos com a experiência que, desde há muito, tem vindo a ser usado para atenuar a dor das dificuldades da vida, particularmente daquelas que são aparentemente autoimpostas» (Germer, 2005, p. 3). A designação de *mindfulness* pode corresponder a um constructo teórico, uma prática de cultivar o *mindfulness* (e.g., a meditação), ou um processo psicológico (estar consciente da própria experiência). Com efeito, pode dizer-se que se trata do oposto ao funcionamento em «piloto automático», ao «sonhar acordado», dado que envolve um direcionar da atenção plena para o momento presente.

O *mindfulness* faz parte de diversas tradições espirituais. Contudo, a consciência *mindfulness* não tem um carácter religioso ou esotérico, podendo ser acessível e aplicável a todos os seres humanos. Particularmente na tradição Budista, as competências de *mindfulness* possibilitam o alcance de uma compreensão das origens do sofrimento e constituem, em simultâneo, um meio para apaziguar o sofrimento acrescido às dificuldades e à dor, comum na condição humana (Gunaratama, 2002).

De acrescentar também que em termos da conceptualização do *mindfulness*, alguns autores referem que este pode ser tido como um traço ou característica disposicional, um estado, ou até como ambos, sendo variável de sujeito para sujeito (Brown & Ryan, 2003; Kabat-Zinn, 2003).

Enquanto traço é visto como uma capacidade inerente ao funcionamento normal dos seres humanos (Kabat-Zinn, 2003), a qual apresenta diferenças individuais, em termos de grau e ao longo do tempo. Na generalidade, os sujeitos que têm um elevado traço *mindfulness* tendem a exibir melhores índices de saúde mental (Brown & Cordon, 2009; Keng, Smoski, & Robins, 2011).

O *mindfulness* pode igualmente corresponder a um estado cuja «evocação e manutenção está dependente da regulação da atenção enquanto se cultiva uma orientação aberta para a experiência» (Bishop et al., 2004, p. 234). Ao ser entendido como uma competência mental, é de realçar que esta poderá ser desenvolvida através da prática de meditação (e.g., Baer, 2003; Bishop et al., 2004), dado que a prática de meditação *mindfulness* é facilitadora da manutenção do estado de *mindfulness* (e.g., Bishop et al., 2004; Kabat-Zinn, 2005). É ainda de salientar que o *mindfulness,* quer enquanto conceito, quer enquanto prática, pressupõe também o desenvolvimento de competências de compaixão e de autocompaixão.

Segundo Neff (2003a), e com base na tradição Budista e na Psicologia Social, a autocompaixão corresponde a uma atitude calorosa e de aceitação em relação aos aspetos negativos do *self* ou da vida. De acordo com esta definição existem três componentes fulcrais: (1) atitude calorosa e de compreensão para consigo mesmo, por oposição a uma atitude de crítica e de punição (componente de calor/compreensão); (2) reconhecimento das próprias experiências como fazendo parte de uma experiência humana mais abrangente *versus* isolamento (componente de condição humana); e (3) consciência equilibrada e aceitação de pensamentos e sentimentos, mesmo que dolorosos, sem uma identificação excessiva com estes, ou seja, sobreidentificação (componente de *mindfulness*). Por sua vez a compaixão envolve ser sensível ao sofrimento dos outros, não evitando ou não se desligando e gerando o desejo de contribuir para o alívio desse sofrimento (Dalai-Lama, 2002; Neff, 2003a, 2003b; Wispé, 1991).

À luz da psicologia evolucionária e da teoria da vinculação, Gilbert (1989, 2005) defende que a autocompaixão está associada ao sistema fisiológico mais evoluído dos mamíferos, responsável pelo comportamento de vinculação e de prestação de cuidados. Este sistema pode ser ativado através de sinais externos (comportamentos dos outros) e internos (comportamentos do próprio) de bondade, de suporte e prestação de cuidados, o que gera nos indivíduos sentimentos de ligação e de tranquilização. Inversamente, experiências de autocriticismo e/ou negligência ativam os sistemas de ameaça, focados no *ranking* social, que desencadeiam comportamentos de dominância agressiva ou de subordinação. Assim, a autocompaixão envolve um conjunto de competências e de motivações interdependentes que tornam a pessoa mais sensível ao sofrimento do próprio e dos outros, ajudando-a a compreender esse sofrimento sem o julgar, bem como a atuar tendo em vista o seu alívio. Entendida deste modo, a compaixão pelo próprio é tão essencial, mesmo inseparável, da compaixão pelos outros (Gilbert, 2005).

Pelo exposto, o *mindfulness* e a autocompaixão, enquanto formas de lidar com experiências dolorosas, têm vindo a ser estudados como processos de regulação emocional que evidenciam um efeito protetor relativamente ao desenvolvimento de psicopatologia. Efetivamente, diversos estudos têm demonstrado, por exemplo, que a autocompaixão se associa negativamente com a ansiedade, o stresse e a depressão (Leary, Tate, Adams, Allen, & Hancock, 2007; Neff, Rude, & Kirkpatrick, 2007; Raes, 2011), com a ruminação (Raes, 2010), a vergonha (Gilbert & Procter, 2006), a paranoia (Mayhew & Gilbert, 2008), e com o autodano (Gilbert, McEwan, Bellew, Mills, & Gale, 2009). No sentido inverso, a autocompaixão tem-se mostrado fortemente associada ao bem-estar psicológico, à felicidade, à satisfação com a vida, ao otimismo, à inteligência emocional e relações interpessoais (Neff & Costigan, 2014; Neff, Kirkpatrick, & Rude, 2007; Neff, Rude, et al., 2007). O facto das competências de autocompaixão se mostrarem associadas à capacidade de gerir a adversidade e de fazer mudanças necessárias na vida (Neff, Rude, et al., 2007), pode ser particularmente relevante nos indivíduos de idade avançada tendo em conta os desafios próprios desta fase desenvolvimental. Como já mencionámos anteriormente, o processo de envelhecimento envolve também mudanças indesejáveis na vida, como o declínio da saúde mental e física que se traduz, por vezes, em lapsos ou fracassos em tarefas simples diárias. Como consequência, os indivíduos idosos podem tornar-se autocríticos e agressivos, punindo-se a si próprios e lamentando a sua incapacidade de funcionar como anteriormente. Uma vez que o *mindfulness* e a autocompaixão atenuam as reações aos acontecimentos negativos, o desenvolvimento destas competências pode ajudar as pessoas idosas a lidar com este conjunto de acontecimentos. Seguidamente serão mencionados alguns dos estudos que abordam os constructos de *mindfulness* e de compaixão especificamente em idosos.

MINDFULNESS E COMPAIXÃO EM IDOSOS

Ainda que esta área se encontre em pleno desenvolvimento, os constructos de *mindfulness* e de autocompaixão têm sido menos explorados na idade avançada, assistindo-se recentemente a um progressivo interesse pelo desenvolvimento de competências compassivas e de *mindfulness* neste período do ciclo de vida, sugerindo que estas desempenham um papel importante na procura do envelhecimento positivo.

Relativamente ao papel do *mindfulness*-traço em idosos, o estudo de Frias e Whyne (2015), realizado numa amostra de 134 indivíduos saudáveis com idades entre os 50 e os 85 anos ($M = 65,43$; $DP = 9,50$), revelou não só que o *mindfulness*-traço estava positivamente associado à saúde mental, mas também que o efeito negativo do stresse diário sobre a saúde mental era enfraquecido nos indivíduos com níveis mais elevados de *mindfulness*-traço, depois de controlados os efeitos da idade, género e escolaridade. Este resultado sugere, assim, que o *mindfulness*-traço pode ser uma estratégia eficaz e adaptativa na proteção dos efeitos nocivos do stresse na saúde mental em indivíduos com idade avançada.

No Projeto Trajetórias do Envelhecimento, os dados preliminares com uma amostra de 85 idosos institucionalizados com uma idade média de 77,50 anos ($DP = 9,56$) revelaram que altos níveis de *mindfulness*-traço se correlacionam com baixos níveis de estados emocionais negativos, com menor solidão, com mais otimismo e esperança. Da mesma forma, estes resultados indicam que esta competência poderá proteger as pessoas idosas de sintomatologia ansiosa, depressiva e de stresse e ajudá-las a sentirem-se menos sós, mais esperançosas e otimistas.

Phillips e Ferguson (2013), num estudo realizado com 185 adultos com idade superior a 65 anos, verificaram que a autocompaixão se encontrava associada de forma positiva e significativa ao envelhecimento positivo, mais especificamente, ao afeto positivo, integridade do *eu* e sentido de vida, ao passo que em relação ao afeto negativo se observou uma correlação negativa.

Allen, Goldwasser e Leary (2012) realizaram dois estudos com vista à exploração da existência de um efeito moderador da autocompaixão na relação entre a saúde física e o bem-estar subjetivo na população idosa. Num primeiro estudo, com 132 participantes com idades compreendidas entre os 67 e os 90 anos, constataram que os idosos que apresentavam uma boa saúde física exibiam também valores elevados de bem-estar subjetivo, independentemente do nível de autocompaixão. Contudo, nos participantes com uma pobre saúde física, a autocompaixão mostrou-se associada a um maior bem-estar subjetivo. Já num segundo estudo, com 71 sujeitos com idades entre os 63 e os 97 anos, os sujeitos que evidenciavam níveis mais elevados de autocompaixão sentiam-se menos incomodados com o facto de terem que recorrer a ajuda no que respeita à locomoção, audição ou memória.

Por sua vez, Allen e Leary (2014) constataram, numa amostra de 121 idosos com uma média de idades de 76 anos, que a autocompaixão se constitui como preditora de respostas positivas face ao envelhecimento e que pensamentos autocompassivos eram igualmente preditores das respostas emocionais dadas a acontecimentos/mudanças relacionados com o próprio processo de envelhecimento.

O crescente interesse por estes processos tem conduzido a inúmeras investigações com dados promissores e conducentes ao desenvolvimento de programas destinados à promoção de competências de *mindfulness* e compassivas (para uma revisão ver Baer,

2003; Barnard & Curry, 2011; Grossman, Niemann, Schmidt, & Walach, 2004; Hofmann, Sawyer, Witt, & Oh, 2010). Neste contexto, são de seguida apresentadas as características mais relevantes de alguns desses programas.

Programas de intervenção baseados no *mindfulness* e compaixão

Intervenções terapêuticas mais recentes incluídas nas terapias contextuais, também designadas terapias cognitivo-comportamentais de 3.ª geração, têm vindo a mostrar bons resultados quanto à sua aplicação em diversas populações e em diversos contextos. Entre estas podemos referir, a título de exemplo, o Programa Baseado no *Mindfulness* para a Redução do Stresse (Kabat-Zinn, 1994b), a Terapia Cognitiva baseada no *Mindfulness* (Segal, Williams, & Teasdale, 2002), a Terapia de Aceitação e Compromisso (Hayes, Stroshal, & Wilson, 1999), a Terapia Dialética do Comportamento (Linehan, 1993) e a Terapia Focada na Compaixão (Gilbert, 2010). Genericamente, esta nova geração de terapias cognitivo-comportamentais mantém a sua base em princípios empíricos, mas é particularmente sensível ao contexto e funções dos fenómenos psicológicos, e não apenas à sua forma. Deste modo, acentua as estratégias de mudança contextuais e experienciais, para além das estratégias de mudança mais diretas e didáticas. Tende a procurar a construção de um repertório de respostas mais vasto, mais flexível e eficaz, não se centrando na eliminação de problemas estritamente definidos (Hayes, 2004). Não obstante os diferentes modelos teóricos na base destas intervenções, elas partilham componentes centrais e interdependentes, como o *mindfulness*, a aceitação e a compaixão, diferindo fundamentalmente no realce dado a cada um destes componentes. O objetivo destas estratégias não é alterar os pensamentos e emoções problemáticos, mas antes aceitá-los pelo que são — apenas experiências privadas, não verdades literais. Esta atitude de aceitação leva o indivíduo à mudança, a qual se traduz na forma como se relaciona com os seus acontecimentos privados (e.g., pensamentos, sentimentos, sensações corporais, recordações, etc.) e não na mudança dos conteúdos. O presente capítulo centrar-se-á apenas nas terapias baseadas no *mindfulness* e na compaixão.

O Programa Baseado no *Mindfulness* para a Redução do Stresse [*Mindfulness-Based Stress Reduction* (MBSR; Kabat-Zinn, 1982, 1990)], desenvolvido por Kabat-Zinn, é uma intervenção orientada para a gestão da dor crónica e tratamento de dificuldades relacionadas com o stresse advindas de múltiplas condições de doença. Trata-se de um programa constituído por oito sessões, com larga evidência empírica em adultos (Baer, 2003; Hofmann et al., 2010) e em crianças (Burke, 2010), tendo vindo a surgir, mais recentemente, estudos sobre a sua aplicação em indivíduos de idade avançada (Lenze et al., 2014). Apesar da intervenção MBSR, aplicada num formato grupal, ser focada essencialmente no desenvolvimento de competências de *mindfulness*, engloba também práticas de meditação para promover a aceitação e a compaixão pelo próprio e pelos outros (Grossman et al., 2004; Shapiro, Astin, Bishop, & Cordova, 2005; Shapiro, Brown, & Biegel, 2007). Em síntese, os participantes são convidados a desenvolver competências de atenção e a treinar uma consciência dos processos mentais através de práticas repetidas de meditação *mindfulness* que incluem a atenção focada no corpo, a consciência dos diferentes tipos de conteúdo mental, o movimento *mindful*, e exercícios de aceitação *mindful*.

Partindo da combinação entre o MBSR e a terapia cognitiva, surgiu a Terapia Cognitiva Baseada no *Mindfulness* [*Mindfulness-Based Cognitive Terapy* (MBCT; Segal et al., 2002)]. A MBCT foi especificamente desenvolvida para utilização na depressão, mais especificamente para a prevenção de recaída neste quadro clínico. Com efeito, os autores constataram que a MBCT se revela particularmente eficaz em pacientes com três ou mais episódios depressivos anteriores (Segal et al., 2002). Na verdade, esta terapia é muito semelhante ao MBSR, incorporando, para além da prática de *mindfulness*, técnicas cognitivas utilizadas na terapia para a depressão. A MBCT, aplicada em adolescentes e adultos, tem vindo a estender-se a indivíduos mais idosos, tendo em conta que os episódios depressivos são também recorrentes nesta população (Foulk, Ingersoll-Dayton, Kavanagh, Robinson, & Kales, 2014; Smith, Graham, & Senthinathan, 2007).

A Terapia Focada na Compaixão (Gilbert, 2010) foi desenvolvida como uma abordagem terapêutica destinada a pessoas com problemas de saúde mental relacionados com a vergonha e o autocriticismo. As suas origens resultam de uma perspetiva evolucionária, da neurociência e da psicologia social, relacionadas com a psicologia e a neurofisiologia do cuidar. Diversos autores têm apontado que o sentir-se amado, aceite e possuir um sentimento de pertença e de afiliação com os outros são imprescindíveis para a maturação fisiológica e para o bem-estar (Cozolino, 2006; Siegel, 2001, 2007). Assim, a Terapia Focada na Compaixão preconiza que as reações automáticas derivam de defesas evolutivas, da genética, de aprendizagens e de condicionamentos. Neste sentido, o seu objetivo primordial é o de auxiliar os indivíduos a lidar com as suas reações automáticas sem se autocriticarem, autocondenarem ou sentirem vergonha. Como tal, estão envolvidos processos metacognitivos (Gilbert & Irons, 2005; Lynch, Trost, Salsman, & Linehan, 2007; Wells, 2000) e a ativação de um sistema de regulação de afeto baseado na autotranquilização e na autoaceitação. Efetivamente, apesar de se enquadrar nas terapias cognitivo-comportamentais, o seu foco não se propõe propriamente a reestruturar pensamentos negativos acerca do *eu* que possam ser disfuncionais, mas sim a descobrir novos recursos do *eu* e a desenvolver novos padrões de organização da mente (Gilbert & Irons, 2005; Gilbert & Procter, 2006). Ao reconhecer a importância de um sistema de afiliação tranquilizador, a terapia focada na compaixão procura promover o desenvolvimento de uma relação do *eu* com o *eu* que tem por base sentimentos de bondade, calor e compaixão, os quais, através da autotranquilização, possibilitam diminuir o afeto negativo e a perturbação.

Estudos empíricos de aplicação de programas de intervenção baseados no *mindfulness* e compaixão com idosos

Mais recentemente tem-se assistido ao desenvolvimento de diversos programas de intervenção baseados no *mindfulness* e na compaixão, especificamente desenhados para pessoas de idade avançada, alguns dos quais apontamos de seguida.

Com o objetivo de testar a utilidade de um programa de MBSR, Lenze e colaboradores (2014) conduziram um estudo em 34 sujeitos com idades superiores a 65 anos que apresentavam perturbações ansiosas e disfunção cognitiva. Após a conclusão do programa de oito semanas e num seguimento a seis meses, verificaram que os participantes mostravam sintomas de preocupação menos severos, um aumento nas competências de *mindfulness*, e uma melhoria no que respeita à memória e às funções executivas. Para além destes dados, constataram também que os participantes continuaram a sua prática de *mindfulness* ao longo dos seis meses de seguimento, considerando-as úteis nas situações indutoras de stresse.

Por sua vez, o estudo clínico randomizado de Creswell e colaboradores (2012), realizado numa amostra de 40 sujeitos saudáveis com idades compreendidas entre os 55 e os 85 anos ($M = 65$; $DP = 7$), procurou estudar o impacto de um programa MBSR na solidão. Por comparação com um grupo de controlo de lista de espera, os participantes no programa revelaram uma diminuição nos níveis de solidão. Para além deste dado, os autores reportam também que o

MBSR poderá diminuir a expressão do gene pró-inflamatório relacionado com a solidão.

Foulk e colaboradores (2014) testaram um programa grupal de Terapia Cognitiva Baseada no *Mindfulness* (MBCT), constituído por oito sessões, dirigido a idosos que apresentavam quadros de depressão e/ou ansiedade. Os dados recolhidos com a aplicação deste programa em cinco grupos (50 participantes no total, com idades entre os 61 e os 89 anos, com uma média de 72,90 anos) mostraram uma melhoria significativa no tocante a sintomas de ansiedade, de depressão, pensamentos ruminativos e problemas relacionados com o sono.

Num outro estudo de aplicação da MBCT a 30 idosos com idades superiores a 65 anos que não se encontravam deprimidos ou estavam apenas ligeiramente deprimidos, Smith et al. (2007) reportam que esta é uma abordagem útil para a prevenção de recaída da depressão nesta população. Este estudo procurou explorar em que medida a MBCT se adequa a pessoas mais velhas e identificar quais as alterações necessárias para que tal se verifique. Os participantes foram avaliados no início da MCBT, após as suas oito sessões e num seguimento a um ano, através de entrevista. Nestas entrevistas os principais temas identificados prenderam-se com a compreensão e utilização da MBCT por parte dos sujeitos e com o modo como estes elementos se foram desenvolvendo ao longo do programa. Em suma, os participantes consideraram a MBCT uma intervenção útil para a prevenção de recaída da depressão, por exemplo, através do aumento da consciência, da aceitação, de mudanças no estilo de vida e de interação social, e da diminuição na ruminação.

Com o intuito de analisar se o *mindfulness* se associava com a perturbação emocional, Splevins, Smith e Simpson (2009) realizaram um estudo com 22 idosos aos quais aplicaram um programa de Terapia Cognitiva Baseada no *Mindfulness* (MBCT), tendo analisado os níveis de depressão, ansiedade e stresse. Estes autores constataram a existência de melhorias significativas no bem-estar emocional dos seus participantes. Para além disso, há também a realçar que este estudo revelou que os idosos apresentavam níveis elevados de determinadas facetas de *mindfulness*, sugerindo que tal possa estar relacionado com o próprio processo de envelhecimento.

Já Keller, Singh e Winton (2014) descreveram o desenvolvimento e aplicação de uma abordagem cognitiva baseada no *mindfulness* dirigida a seniores. Este programa organiza-se em oito sessões (distribuídas por 8 meses) e sete sessões intermédias de prática de *mindfulness*. Tem como objetivo ensinar os participantes a observar a sua experiência de uma forma não ajuizadora, a identificar reações ou comportamentos que possam ser desadaptativos e a aumentar e reforçar estratégias de *coping* adaptativas para lidar com as dificuldades do dia a dia que frequentemente são encontradas nesta faixa etária. Foi aplicado num formato grupal, tendo na totalidade participado 43 indivíduos saudáveis com idade superior a 65 anos (4 grupos). Após o programa, os participantes revelaram melhorias significativas em medidas de depressão, bem-estar e autoestima. Para além destes resultados, através de entrevista, os seniores mencionaram também que a participação no programa constituiu uma experiência com muito significado e muito útil para as suas vidas.

Recentemente, Chen, Sun, Xiao e Luo (2017) observaram que a aplicação de um programa de seis semanas de treino de competências de *mindfulness* a 68 idosos com mais de 60 anos, resultou num aumento significativo do bem-estar subjetivo reportado pelos participantes, independentemente de serem homens ou mulheres.

Também Franco, Amutio, Mañas, Gásquez e Pérez-Fuentes (2017), na vizinha Espanha, observaram uma diminuição significativa no que respeita à depressão geriátrica, níveis de ansiedade e de preocupação num grupo de 42 sujeitos de idade avançada que realizou um programa de *mindfulness* de sete semanas (sessões de 2 horas), por comparação com um grupo de lista de espera de 45 participantes.

De acrescentar ainda que, mais recentemente, Malinowski, Moore, Mead e Gruber (2017) apontaram que o treino de meditação *mindfulness* melhora a manutenção da atenção visuo-espacial dirigida a objetos, podendo funcionar como uma estratégia compensatória do declínio cognitivo associado ao envelhecimento. Estes autores sugerem que o treino de *mindfulness* em pessoas de idade avançada revela potencial ao nível das funções de controlo cognitivo e regulação das emoções, sendo que os seus correlatos eletrofisiológicos podem estar associados com a neuroplasticidade.

Em Portugal, com o objetivo de promover o bem-estar de idosos institucionalizados, Lima, Oliveira e Godinho (2011) desenvolveram um programa baseado no *mindfulness* que aplicaram durante nove semanas (3 sessões por semana, num total de 27 sessões, com a duração de aproximadamente 50 minutos cada), a sete idosos com uma média de idades de 75 anos. De acordo com os autores, as práticas de *mindfulness* usadas foram adaptadas às circunstâncias físicas dos participantes. Entre o pré e o pós programa os participantes evidenciaram uma diminuição significativa em termos de sintomatologia depressiva e alterações positivas nas dimensões cognitiva, emocional, física e comportamental, avaliadas através do Questionário para Idosos Pós-Treino em *Mindfulness*. Apesar destes ganhos, não foram observadas mudanças significativas ao nível do estado de saúde funcional, da intensidade da dor, do afeto positivo e negativo e da satisfação com a vida.

De realçar ainda que este tipo de programas poderá englobar um conjunto de adaptações que os tornam mais especificamente desenhados para responder às limitações físicas características do processo de envelhecimento (e.g., diminuição da força, da flexibilidade, do equilíbrio, da mobilidade) (Morone & Greco, 2014). Por exemplo, como forma de possibilitar um maior conforto durante a prática de meditação *mindfulness*, a duração das sessões poderá ser encurtada e esta poderá ser realizada numa cadeira, em vez de no chão, com uma almofada de meditação. Um outro exemplo de adaptação prende-se com a prática do *Body Scan*, que integra habitualmente estes programas. Face às possíveis dificuldades de executar os movimentos de deitar-levantar, esta prática é ensinada numa cadeira, sendo sugerido que a sua posterior prática em casa ocorra na postura deitada, na cama, num sofá ou numa poltrona. No que respeita à meditação do andar, e atendendo a que o caminhar num ritmo mais lentificado pode acarretar perda de equilíbrio, esta deverá ser realizada num ritmo mais próximo do habitual para o idoso, junto a uma parede ou a algo que possa servir de apoio caso ocorra desequilíbrio. De modo semelhante, a prática de posturas de *yoga* que requerem equilíbrio deve ser efetuada próximo de uma parede ou de uma cadeira que sirva de apoio e as posturas deitadas poderão ser adaptadas para a posição de sentado na cadeira. Este tipo de adaptações permitirá que os idosos se sintam confortáveis, valorizados e incluídos, uma vez que as suas limitações físicas não têm que ser impedimento para a participação nestes programas. Nesta sequência, é importante que os terapeutas/instrutores de *mindfulness* entrem em linha de conta com as características individuais dos participantes de modo a encontrar um equilíbrio entre as suas fragilidades físicas e o seu envolvimento na prática de meditação *mindfulness*.

CONCLUSÃO

O presente capítulo procurou rever os principais estudos na área do *mindfulness* e da compaixão na idade avançada. Num primeiro momento foram apresentadas algumas considerações acerca do processo de envelhecimento, dando particular destaque aos aspetos psicológicos que podem contribuir para o envelhecimento positivo. Neste contexto, foram descritos os conceitos de *mindfulness* e de compaixão e referidos alguns estudos que salientam a ligação entre estes e o bem-estar psicológico. De seguida procedeu-se à exposição dos principais programas terapêuticos baseados no *mindfulness* e na compaixão, sendo depois especificados resultados de estudos de aplicação deste tipo de programas em idosos.

Na sua globalidade, os resultados apontam para um efeito benéfico destas abordagens na população idosa, promovendo uma maior aceitação das mudanças inerentes ao envelhecimento, uma maior consciência acerca das suas experiências, e mudanças no estilo de vida e nas interações sociais. Outro efeito benéfico encontrado prendeu-se com melhorias ao nível da memória e das funções executivas. Paralelamente, foi observado um aumento do bem-estar emocional, traduzido num decréscimo de sintomas depressivos, de ansiedade, de ruminação, e de sentimentos de solidão. Não obstante, todos estes programas foram aplicados e estudados em amostras de idosos sem comprometimento cognitivo significativo. No entanto, McBee (2008) desenvolveu o *Mindfulness-Based Elder Care* que aplicou a idosos particularmente fragilizados, com e sem demência, institucionalizados.

Na globalidade, a evidência aponta para efeitos benéficos do treino de *mindfulness* nesta população específica no que respeita a aspetos cognitivos, emocionais e de saúde. Fountain-Zaragoza e Prakash (2017) realçam que estas abordagens podem ser aplicadas numa variedade de contextos (e.g., lares, centros de dia, residências), dado que revelam benefícios em populações heterogéneas.

Em conclusão, as intervenções baseadas no *mindfulness* e na compaixão na idade avançada têm vindo a demonstrar eficácia, justificando-se amplamente a continuidade da sua aplicação e investigação.

Referências bibliográficas

Allen, A. B., & Leary. M. R. (2014). Self-compassionate responses to aging. *The Gerontologist*, *54*(2), 190-200. doi:10.1093/geront/gns204

Allen, A. B., Goldwasser, E. R., & Leary, M. R. (2012). Self-compassion and well-being among older adults. *Self and Identity*, *11*(4), 428-453. doi:10.1080/15298868.20 11.595082

Australian Psychological Society. (2012). *Ageing positively*. Acedido a 5 de novembro de 2016, em http://www.psychology.org.au/publications/tip_sheets/ageing/

Baer, R. A. (2003). Mindfulness training as a clinical intervention: A conceptual and empirical review. *Clinical Psychology: Science and Practice*, *10*(2), 125-143. doi:10.1093/clipsy.bpg015

Barnard, L. K., & Curry, J. F. (2011). Self-compassion: Conceptualizations, correlates, & interventions. *Review of General Psychology*, *15*(4), 289-303. doi:10.1037/ a0025754

Bishop, S. R., Lau, M., Shapiro, S., Carlson, L., Anderson, N. D., Carmody, J., ... Devins, G. (2004). Mindfulness: A proposed operational definition. *Clinical Psychology: Science and Practice*, *11*(3), 230-241. doi:10.1093/clipsy.bph077

Brandtstädter, J., & Renner, G. (1990). Tenacious goal pursuit and flexible goal adjustment: Explication and age-related analysis of assimilative and accommodative strategies of coping. *Psychology and Aging*, *5*(1), 58-67. doi:10.1037/0882-7974.5.1.58

Brown, K. W., & Cordon, S. (2009). Toward a phenomenology of mindfulness: Subjective experience and emotional correlates. In F. Didonna (Ed.), *Clinical handbook of mindfulness* (1.ª ed., pp. 59-81). New York, NY: Springer Science+Business Media. doi:10.1007/978-0-387-09593-6

Brown, K. W., & Ryan, R. M. (2003). The benefits of being present: Mindfulness and its role in psychological well-being. *Journal of Personality and Social Psychology*, *84*(4), 822-848. doi:10.1037/0022-3514.84.4.822

Burke, C. A. (2010). Mindfulness-based approaches with children and adolescents: A preliminary review of current research in an emergent field. *Journal of Child and Family Studies*, *19*(2), 133-144. doi:10.1007/s10826-009-9282-x

Cancino, M., & Rehbein, L. (2016). Factores de riesgo y precursores del Deterioro Cognitivo Leve (DCL): Una mirada sinóptica. *Terapia Psicológica*, *34*(3), 183-189. doi:10.4067/S0718-48082016000300002

Chen, T.-L., Sun, S.-J., Xiao, X.-F., & Luo, L. (2017). The influence of the mindfulness training on the subjective well-being of the elderly. DEStech Transactions on Social Science, Education and Human Science: *International Conference on Modern Education and Information Technology*, 407-411. doi:10.12783/dtssehs/ meit2017/12898

Cozolino, L. (2006). *The neuroscience of human relationships: Attachment and the developing social brain*. New York, NY: W. W. Norton & Company.

Creswell, J. D., Irwin, M. R., Burklund, L. J., Lieberman, M. D., Arevalo, J. M. G., Ma, J., ... Cole, S. W. (2012). Mindfulness-based stress reduction training reduces loneliness and pro-inflammatory gene expression in older adults: A small randomized controlled trial. *Brain, Behavior, and Immunity, 26*(7), 1095-1101. doi:10.1016/j.bbi.2012.07.006

Dalai-Lama, H. (2002). *An open heart: Practising compassion in everyday life*. London, UK: Hodder & Stoughton.

de Frias, C. M., & Whyne, E. (2015). Stress on health-related quality of life in older adults: The protective nature of mindfulness. *Aging & Mental Health, 19*(3), 201--206. doi:10.1080/13607863.2014.924090

Ferguson, S. J., & Goodwin, A. D. (2010). Optimism and well-being in older adults: The mediating role of social support and perceived control. *The International Journal of Aging and Human Development, 71*(1), 43-68. doi:10.2190/AG.71.1.c

Ferrari, M. A. C. (1999). O envelhecer no Brasil. *O Mundo da Saúde, 23*(4), 197-203.

Fiksenbaum, L. M., Greenglass, E. R., & Eaton, J. (2006). Perceived social support, hassles, and coping among the elderly. *Journal of Applied Gerontology, 25*(1), 17-30. doi:10.1177/0733464805281908

Foulk, M. A., Ingersoll-Dayton, B., Kavanagh, J., Robinson, E., & Kales, H. C. (2014). Mindfulness-based cognitive therapy with older adults: An exploratory study. *Journal of Gerontological Social Work, 57*(5), 498-520. doi:10.1080/01634372.2 013.869787

Fountain-Zaragoza, S., & Prakash, R. S. (2017). Mindfulness training for healthy aging: Impact on attention, well-being, and inflammation. *Frontiers in Aging Neuroscience, 9*(11), 1-15. doi:10.3389/fnagi.2017.00011

Franco, C., Amutio, A., Mañas, I., Gásquez, J. J., & Pérez-Fuentes, M. C. (2017). Reducing anxiety, geriatric depression and worry in a sample of older adults through a mindfulness training program. *Terapia Psicológica, 35*(1), 71-19. doi:10.4067/S0718-48082017000100007

Germer, C. K. (2005). Mindfulness: What is it? What does it matter? In C. K. Germer, R. D. Siegel, & P. R. Fulton (Eds.), *Mindfulness and psychotherapy* (1.ª ed., pp. 3-27). New York, NY: Guilford Press.

Gilbert, P. (1989). *Human nature and suffering*. Hove, UK: Lawrence Erlbaum Associates.

Gilbert, P. (2005). Compassion and cruelty: A biopsychosocial approach. In P. Gilbert (Ed.), *Compassion: Conceptualisations, research and use in psychotherapy* (1.ª ed., pp. 9-74). Hove, UK: Brunner-Routledge.

Gilbert, P. (2010). *Compassion focused therapy*. London, UK: Routledge.

Gilbert, P., & Irons, C. (2005). Focused therapies and compassionate mind training for shame and self-attacking. In P. Gilbert (Ed.), *Compassion: Conceptualisations, research and use in psychotherapy* (1.ª ed., pp. 263-325). Hove, UK: Brunner--Routledge.

Gilbert, P., & Procter, S. (2006). Compassionate mind training for people with high shame and self-criticism: Overview and pilot study of a group therapy approach. *Clinical Psychology & Psychotherapy, 13*(6), 353-379. doi:10.1002/cpp.507

Gilbert, P., McEwan, K., Bellew, R., Mills, A., & Gale, C. (2009). The dark side of competition: How competitive behaviour and striving to avoid inferiority are linked to depression, anxiety, stress and self-harm. *Psychology and Psychotherapy: Theory, Research and Practice, 82*(2), 123-136. doi:10.1348/147608308x379806

Grossman, P., Niemann, L., Schmidt, S., & Walach, H. (2004). Mindfulness-based stress reduction and health benefits: A meta-analysis. *Journal of Psychosomatic Research*, *57*(1), 35-43. doi:10.1016/s0022-3999(03)00573-7

Gunaratama, B. (2002). *Mindfulness in plain English*. Somerville, MA: Wisdom Publications.

Hayes, S. C. (2004). Acceptance and commitment therapy and the new behavior therapies: Mindfulness, acceptance and relationship. In S. C. Hayes, V. M. Follette, & M. M. Linehan (Eds.), *Mindfulness and acceptance: Expanding the cognitive behavioral tradition* (pp. 1-29). New York, NY: Guilford Press.

Hayes, S. C., Stroshal, K. D., & Wilson, K. G. (1999). *Acceptance and commitment therapy: An experiential approach to behavior change*. New York, NY: Guilford Press.

Heckhausen, J., Wrosch, C., & Schulz, R. (2010). A motivational theory of life-span development. *Psychological Review*, *117*(1), 32-60. doi:10.1037/a0017668

Hofmann, S. G., Sawyer, A. T., Witt, A. A., & Oh, D. (2010). The effect of mindfulness--based therapy on anxiety and depression: A meta-analytic review. *Journal of Consulting and Clinical Psychology*, *78*(2), 169-183. doi:10.1037/a0018555

Kabat-Zinn, J. (1982). An outpatient program in behavioral medicine for chronic pain patients based on the practice of mindfulness meditation: Theoretical considerations and preliminary results. *General Hospital Psychiatry*, *4*(1), 33-47. doi:10.1016/0163-8343(82)90026-3

Kabat-Zinn, J. (1990). *Full catastrophe living: using the wisdom of your body and mind to face stress, pain, and illness*. New York, NY: Delta.

Kabat-Zinn, J. (1994). *Aonde quer que eu vá*. Lisboa: Sinais de Fogo.

Kabat-Zinn, J. (2003). Mindfulness-based interventions in context: Past, present, and future. *Clinical Psychology: Science and Practice*, *10*(2), 144-156. doi:10.1093/clipsy.bpg016

Kabat-Zinn, J. (2005). *Coming to our senses: Healing ourselves and the world through mindfulness* (1.ª ed.). New York, NY: Hyperion.

Keller, B. Z., Singh, N. N., & Winton, A. S. W. (2014). Mindfulness-based cognitive approach for seniors (MBCAS): Program development and implementation. *Mindfulness*, *5*(4), 453-459. doi:10.1007/s12671-013-0262-2

Keng, S.-L., Smoski, M. J., & Robins, C. J. (2011). Effects of mindfulness on psychological health: A review of empirical studies. *Clinical Psychology Review*, *31*(6), 1041-1056. doi:10.1016/j.cpr.2011.04.006

Leary, M. R., Tate, E. B., Adams, C. E., Allen, A. B., & Hancock, J. (2007). Self--compassion and reactions to unpleasant self-relevant events: The implications of treating oneself kindly. *Journal of Personality and Social Psychology*, *92*(5), 887-904. doi:10.1037/0022-3514.92.5.887

Lenze, E. J., Hickman, S., Hershey, T., Wendleton, L., Ly, K., Dixon, D., ... Wetherell, J. L. (2014). Mindfulness-based stress reduction for older adults with worry symptoms and co-occurring cognitive dysfunction. *International Journal of Geriatric Psychiatry*, *29*(10), 991-1000. doi:1002/gps.408

Lima, M. P., Oliveira, A. L., & Godinho, P. (2011). Promover o bem-estar de idosos institucionalizados: Um estudo exploratório com treino em *mindfulness*. *Revista Portuguesa de Pedagogia*, *45*(1), 165-183. doi:10.14195/1647-8614_45-1_9

Linehan, M. M. (1993). *Cognitive behavioral treatment of borderline personality disorder.* New York, NY: Guilford Press.

Lynch, T. R., Trost, W. T., Salsman, N., & Linehan, M. M. (2007). Dialectical behavior therapy for borderline personality disorder. *Annual Review of Clinical Psychology, 3*(1), 181-205. doi:10.1146/annurev.clinpsy.2.022305.095229

Malinowski, P., Moore, A. W., Mead, B. R., & Gruber, T. (2017). Mindful aging: The effects of regular brief mindfulness practice on electrophysiological markers of cognitive and affective processing in older adults. *Mindfulness, 8*(1), 78-94. doi:10.1007/s12671-015-0482-8

Mayhew, S. L., & Gilbert, P. (2008). Compassionate mind training with people who hear malevolent voices: A case series report. *Clinical Psychology & Psychotherapy, 15*(2), 113-138. doi:10.1002/cpp.566

McBee, L. (2008). *Mindfulness-based elder care: A CAM model for frail elders and their caregivers* (1.ª ed.). New York, NY: Springer Publishing Company.

Morone, N. E., & Greco, C. M. (2014). Adapting mindfulness meditation for the older adult. *Mindfulness, 5*(5), 610-612. doi:10.1007/s12671-014-0297-z

Neff, K. D. (2003a). Self-compassion: An alternative conceptualization of a healthy attitude toward oneself. *Self and Identity, 2*(2), 85-101. doi:10.1080/15298860309032

Neff, K. D. (2003b). The development and validation of a scale to measure self--compassion. *Self and Identity, 2*(3), 223-250. doi:10.1080/15298860309027

Neff, K. D., & Costigan, A. P. (2014). Self-compassion, wellbeing, and happiness. *Psychologie in Österreich, 2*(3), 114-119.

Neff, K. D., Kirkpatrick, K. L., & Rude, S. S. (2007). Self-compassion and adaptive psychological functioning. *Journal of Research in Personality, 41*(1), 139-154. doi:10.1016/j.jrp.2006.03.004

Neff, K. D., Rude, S. S., & Kirkpatrick, K. L. (2007). An examination of self-compassion in relation to positive psychological functioning and personality traits. *Journal of Research in Personality, 41*(4), 908-916. doi:10.1016/j.jrp.2006.08.002

Paúl, C. (2017). Envelhecimento activo e redes de suporte social. *Sociologia: Revista da Faculdade de Letras da Universidade do Porto, 15,* 275-287. Acedido a 20 de maio de 2018, em http://ojs.letras.up.pt/index.php/Sociologia/article/view/2392/2189

Phillips, W. J., & Ferguson, S. J. (2013). Self-compassion: A resource for positive aging. *Journals of Gerontology, Series B: Psychological Sciences and Social Sciences, 68*(4), 529-539. doi:10.1093/geronb/gbs091

Raes, F. (2010). Rumination and worry as mediators of the relationship between self-compassion and depression and anxiety. *Personality and Individual Differences, 48*(6), 757-761. doi:10.1016/j.paid.2010.01.023

Raes, F. (2011). The effect of self-compassion on the development of depression symptoms in a non-clinical sample. *Mindfulness, 2*(1), 33-36. doi:10.1007/s12671-011-0040-y

Segal, Z. V., Williams, J. M. G., & Teasdale, J. D. (2002). *Mindfulness-based cognitive therapy for depression: A new approach to preventing relapse.* New York, NY: Guilford Press.

Shapiro, S. L., Astin, J. A., Bishop, S. R., & Cordova, M. (2005). Mindfulness-based stress reduction for health care professionals: Results from a randomized trial. *International Journal of Stress Management, 12*(2), 164-176. doi:10.1037/1072-5245.12.2.164

Shapiro, S. L., Brown, K. W., Biegel, G. M. (2007). Teaching self-care to caregivers: Effects of mindfulness-based stress reduction on the mental health of the therapists in training. *Training and Education in Professional Psychology, 1*(2), 105-115. doi:10.1037/1931-3918.1.2.105

Siegel, D. J. (2001). *The developing mind: How relationships and the brain interact to shape who we are*. New York, NY: Guilford Press.

Siegel, D. J. (2007) *The mindful brain: Reflection and attunement in the cultivation of well-being* (1.ª ed.). New York, NY: W. W. Norton & Company.

Simões, A. (2006). *A nova velhice — Um novo público a educar* (1.ª ed.). Porto: Âmbar.

Smith, A., Graham, L., & Senthinathan, S. (2007). Mindfulness-based cognitive therapy for recurring depression in older people: A qualitative study. *Aging & Mental Health, 11*(3), 346-357. doi:10.1080/13607860601086256

Splevins, K., Smith, A., & Simpson, J. (2009). Do improvements in emotional distress correlate with becoming more mindful? A study of older adults. *Aging & Mental Health, 13*(3), 328-335. doi:10.1080/13607860802459807

Steverink, N., Westerhof, G. J., Bode, C., & Dittmann-Kohli, F. (2001). The personal experience of aging, individual resources, and subjective well-being. *Journals of Gerontology, Series B: Psychological Sciences and Social Sciences, 56*(6), P364--P373. doi:10.1093/geronb/56.6.P364

Wells, A. (2000). *Emotional disorders and metacognition: Innovative cognitive therapy*. Chichester, UK: John Wiley & Sons, Ltd.

Wispé, L. (1991). *The psychology of sympathy* (1.ª ed.). New York, NY: Springer Science+Business Media. doi:10.1007/978-1-4757-6779-7

Wurm, S., Tesch-Römer, C., & Tomasik, M. J. (2007). Longitudinal findings on aging--related cognitions, control beliefs, and health in later life. *Journals of Gerontology, Series B: Psychological Sciences and Social Sciences, 62B*(3), P156-P164. doi:10.1093/geronb/62.3.P156

9. OTIMISMO E ESPERANÇA NA IDADE AVANÇADA

Inês Chiote Rodrigues e *Helena Espírito-Santo*

ENVELHECIMENTO POSITIVO

A revolução na longevidade que está a ter lugar no século XXI, acompanhada pelas alterações nas imagens do envelhecimento que passam pela comunicação social, publicidade e consciência pública fazem prever que este será o século do *envelhecimento positivo*. Em contraste com as velhas imagens de declínio, decrepitude e de dependência, as novas imagens projetam a ideia de atividade, autonomia e escolha (Katz, 2001).

As alterações demográficas e económicas, definitivamente, terão tido um papel crucial nesta alteração (Gergen & Gergen, 2001). Nos últimos anos, o segmento mais velho da população cresceu muito mais do que as outras faixas etárias; a esperança de vida aumentou levando a um maior número dos muito idosos, incluindo centenários (World Health Organization Regional Office for Europe, 2013). Para além de que muitas pessoas de idade avançada continuam a trabalhar e outras voltam a estudar ou a envolver-se em novas aprendizagens.

Estas mudanças, provavelmente, estão a alterar a forma como as pessoas mais velhas se veem e têm modificado as atitudes em relação aos mais velhos, e não é de somenos saber que uma perceção positiva da idade avançada está relacionada com a maior longevidade (Levy, Slade, Kunkel, & Kasl, 2002) e saúde funcional (Levy, Slade, & Kasl, 2002).

Estas mudanças estão também a verificar-se na investigação (Gergen & Gergen, 2001; Martinson & Berridge, 2015). De forma mais ampla, os estudos sobre o envelhecimento enquadravam-se numa perspetiva que focava nos aspetos negativos do envelhecimento: deterioração física, doença, declínio cognitivo e funcional, solidão, depressão, ansiedade e perda de autonomia (Meisner, 2012).

Esta orientação negativa tem sido questionada e revista sob a rubrica *psicologia positiva* (Seligman & Csikszentmihalyi, 2000).

Numa série de estudos longitudinais compreensivos, Rowe e Kahn (1987, 1997, 1998) reavaliaram os velhos conceitos e definiram variáveis mais positivas. A sua reavaliação iniciou-se nos finais dos anos 80 e baseou-se em 1.000 indivíduos idosos envolvidos com a vida, saudáveis e funcionando física e cognitivamente de forma boa. Os autores mostraram que as perdas reportadas no passado podiam ser atribuídas a estilos de vida, dieta e a aspetos psicossociais extrínsecos ao envelhecimento (escolaridade, economia e história). Os autores destacaram ainda como os estudos anteriores sobre diferenças entre as várias idades ignoraram a heterogeneidade existente em cada grupo etário, descurando os casos de pessoas de idade avançada que funcionavam, não só melhor que outras pessoas da mesma idade, mas até melhor do que pessoas mais novas. Rowe e Kahn (1987) concluíram que muitas das perdas cognitivas poderiam ter sido prevenidas ou revertidas.

Os defensores do valor da idade avançada acreditam que algumas capacidades não envelhecem e consideram que as perdas são independentes da idade, defendendo que podem ser minimizadas pela prática, exercício físico, treino cognitivo, suporte familiar e melhoria das condições de trabalho. Defendem também que é possível compensar através das forças que ainda estão presentes e que novas competências podem ser desenvolvidas (Cernin, Lysack, & Lichtenberg, 2011; Cheung & Wu 2012; Coleman, 1992; Fisher & Specht, 1999; Hill, 2011; Kastenbaum, 1994; Schulz & Heckhausen, 1996; Wong, 1989).

Nesta perspetiva positiva surgiu uma corrente de estudos que se tem debruçado menos sobre os aspetos reativos (e.g., emoções; Snyder, 2002) e mais sobre os aspetos cognitivos positivos de projeção no futuro (Aspinwall, 2005; Aspinwall & Leaf, 2002; Bury, Wenzel, & Woodyatt, 2016).

Enquadrado nesta perspetiva, este capítulo vai debruçar-se sobre o otimismo e a esperança na terceira idade.

OTIMISMO E ESPERANÇA

O conceito de *otimismo* tem sido definido por vários autores como uma tendência geral para apresentar expectativas positivas acerca do futuro ou dos resultados (Carver & Scheier, 2000; Carver, Scheier, & Segerstrom, 2010; Chang, Maydeu-Olivares, & D'Zurilla, 1997; Efklides & Moraitou, 2012; Ikeda et al., 2011; Scheier & Carver, 1985). Este conceito, assim definido, salienta, quer uma componente cognitiva, quer uma orientação para o futuro. No entanto, existem definições do otimismo mais amplas que incluem, não só, as expectativas futuras, como também as avaliações e perceções do presente, olhando-se para o otimismo como uma perspetiva positiva ou visão positiva da vida em geral (Dember, Martin, Hummer, Howe, & Melton, 1989).

Como se pode verificar na revisão da literatura, o conceito de otimismo surge, por vezes, relacionado com o conceito de pessimismo (Carver & Scheier, 2000; Scheier & Carver, 1985). Se pegarmos neste conceito oposto, o horizonte temporal de futuro aparece de novo. Assim, para alguns, o pessimismo corresponde às expectativas negativas acerca do futuro (Carver & Scheier, 2000) em oposição às expectativas positivas acerca de resultados futuros implicadas no otimismo (Chang et al., 1997). Scheier e Carver (1985) conceptualizaram estes conceitos contrários, otimismo e pessimismo, como polos opostos num contínuo unidimensional. Neste modelo unidimensional, pressupunha-se que ou se era otimista ou se era pessimista, não se podendo ser otimista e pessimista simultaneamente. No entanto, vários investigadores modificaram aquele modelo unidimensional, argumentando que o otimismo e o pessimismo representam duas dimensões independentes (Fischer & Leitenberg, 1986; Mroczek, Spiro, Aldwin, Ozer, & Bossé, 1993) ou parcialmente independentes (Chang et al., 1997).

Independentemente dos modelos, os vários autores consideram que os otimistas são aqueles que esperam que os acontecimentos vão ocorrer tal e qual como desejam, acreditando que vão acontecer coisas boas. Os pessimistas, em oposição, esperam que o pior aconteça na sua vida e antecipam resultados negativos. Ainda para vários investigadores, estas diferenças individuais são estáveis ao longo do tempo e nos vários contextos (Bailey, Eng, Frisch, & Snyder, 2007; Scheier & Carver, 1985). Não é de somenos referir que o otimismo se relaciona com o *locus* de controlo interno, autoestima mais elevada, menos desespero, menos stresse e menos desejabilidade social (Scheier & Carver, 1985), baixos níveis de afeto negativo e de stresse percebido (Steed, 2001).

No que diz respeito ao conceito de **esperança**, esta é definida como a perceção da capacidade que se tem para derivar caminhos (*pathways*) que conduzam aos objetivos desejados e à motivação que se tem (*agency*), através do pensamento ativo, para usar esses caminhos (Snyder, 2002; Snyder & Lopez, 2007). Apesar de incluir dois fatores, a esperança é considerada como um estado motivacional positivo que resulta da interação entre a perceção de *agência* bem-sucedida e dos caminhos para alcançar objetivos (Snyder et al.,

1991, p. 287). É, de facto, consensual que a esperança se relaciona com as expectativas positivas em se alcançar um objetivo (Creamer et al., 2009). Ainda assim, de acordo com Snyder (1995), a esperança baseia-se em avaliações realísticas do que se deseja e das formas de obter o que se deseja.

Em detalhe, segundo a teoria de Snyder (1995, 2000, 2002), que é apoiada por outros investigadores (Creamer et al., 2009; Roesch & Vaughn, 2006; Snyder & Lopez, 2007), a esperança inclui a perceção dos caminhos a percorrer para atingir os objetivos – ou a capacidade para produzir caminhos possíveis e gerar outros alternativos para atingir um objetivo – e a perceção da capacidade para gerar ações eficazes para atingir os objetivos (componente motivacional). Desta forma, uma maior esperança traduz uma maior quantidade de energia mental e de meios para atingir os objetivos. A produção de vários caminhos é muito importante, especialmente quando se levantam barreiras no alcance dos objetivos. Desse modo, ao ter vários caminhos, a pessoa pode encontrar alternativas para ultrapassar essas barreiras (Creamer et al., 2009; Roesch & Vaughn, 2006; Snyder & Lopez, 2007).

Contrariamente à ideia de quanto maior a esperança, maior a probabilidade de sucesso, Bury et al. (2016) defendem que a mesma é invocada, em particular, quando as expectativas sobre os resultados são baixas.

A componente motivacional da esperança, a *agência*, é também descrita como a crença na capacidade pessoal para usar os caminhos e alcançar o objetivo desejado. As pessoas com altos níveis de *agência* caracterizam-se por serem determinadas, motivadas e terem energia dirigida para a obtenção de resultados (Creamer et al., 2009). Esta componente para além de ser essencial na prossecução de um objetivo, é mais importante quando se levantam obstáculos a esse objetivo (Snyder & Lopez, 2005).

A esperança é disposicional, desenhando-se na infância e sendo reforçada ao longo do desenvolvimento (Snyder, 2000). Os caminhos são construídos na infância através das relações entre as apões e os resultados consequentes. A *agência* ocorre quando a criança ganha consciência de que é o sujeito das suas ações (Creamer et al., 2009).

A esperança tem apresentado como correlatos interações sociais mais positivas e autoestima mais alta (Snyder, Cheavens, & Sympson, 1997; Snyder et al., 1997; Valle, Huebner, & Suldo, 2006), maior autoeficácia (Magaletta & Oliver, 1999), satisfação com a vida mais alta (Roesch & Vaughn, 2006; Valle et al., 2006), estratégias de *coping* mais eficazes (Bellizzi & Blank, 2006; Chang, 2003), melhor capacidade de resolver problemas (Snyder, 2002; Snyder et al., 1991), mais tolerância à dor (Snyder, 2002), afeto positivo alto e memórias de infância positivas (Cunha, Fernandes, Couto, Galhardo, & Espírito-Santo, 2014), baixos valores de afeto negativo (Cunha et al., 2014; Snyder, 2002; Steed, 2001), menos stresse percebido (Steed, 2001) e maior saúde física e mental (Barnett, 2014).

Os conceitos de esperança e otimismo estão altamente correlacionados (Bailey et al., 2007; Magaletta & Oliver, 1999; Roesch & Vaughn, 2006; Snyder, 2002; Snyder et al., 1991; Steed, 2001) e ambos têm um papel preditivo na satisfação com a vida (Bailey et al., 2007). Este caráter preditor do otimismo e da esperança na satisfação com a vida pode ser explicado, parcialmente, pela afetividade positiva e negativa (Kapikiran, 2012).

Embora estejam relacionados, os constructos são conceptualmente diferentes (Scheier & Carver, 1985; Valle, Huebner, & Suldo, 2004). Nas palavras de Barros (2003, p. 89):

«Esperança significa uma expectativa quanto ao futuro, mais ou menos justificada, atendendo a um acontecimento agradável ou favorável. É uma atitude optimista, ao menos do ponto de vista subjectivo. Na verdade o optimismo é parente próximo da esperança, embora esta seja mais ampla e talvez com uma conotação mais afectivo-motivacional, enquanto no optimismo prevalece a dimensão cognitiva».

A teoria do otimismo defende que as expectativas de resultado determinam o comportamento direcionado para o objetivo, enquanto a teoria da esperança assume que as expectativas de eficácia são determinantes e igualmente necessárias para o comportamento direcionado para o objetivo (Snyder et al., 1991). Desta forma, entende-se que os otimistas têm uma expectativa generalizada de que vão atingir os seus objetivos, mas podem não ter autoeficácia suficiente para levar a cabo esses planos (Bailey et al., 2007).

INVESTIGAÇÃO EMPÍRICA SOBRE OTIMISMO E ESPERANÇA NA IDADE AVANÇADA

São vários os estudos que se têm debruçado sobre os fatores, correlatos e impacto que o otimismo e a esperança têm em aspetos importantes na idade avançada.

Quanto ao **otimismo**, vários estudos têm mostrado que um otimismo disposicional mais elevado tem uma influência positiva na qualidade de vida de pessoas de idade avançada. Assim, Kostka e Jachimowicz (2010) confirmaram que o otimismo disposicional era um correlato da qualidade de vida de adultos idosos, independentemente do contexto onde foram estudados (comunidade, residências para veteranos e estruturas de cuidados continuados). Achat, Kawachi, Spiro, DeMolles e Sparrow (2000) mostraram que o otimismo se relaciona com altos níveis de perceção geral de saúde, vitalidade e saúde mental e baixos níveis de dor somática. Steptoe, Wright, Kunz-Ebrecht e Iliffe (2006) verificaram uma associação entre otimismo disposicional e comportamentos de saúde em mulheres (não fumar, beber moderadamente e caminhar vigorosamente) e estado físico de saúde, quer em homens, quer em mulheres. Também Ruthig, Hanson, Pedersen, Weber e Chipperfield (2011) verificaram que o otimismo disposicional se associava a mais otimismo em relação à saúde, apesar de a saúde objetiva ser má, resultados corroborados, mais tarde, por Warner, Schwarzer, Schüz, Wurm e Tesch-Römer (2012). Ainda Maruta, Colligan, Malinchoc e Offord (2000) constataram que um estilo pessimista avaliado 30 anos depois, baseado em autorrelatos, se associava a pior funcionamento físico e mental. Uma das razões para as relações com a saúde mental poderá ser a relação com o *locus* de controlo interno que, tal como referido em cima, é também uma relação encontrada em indivíduos idosos (Guarnera & Williams, 1987; Kostka & Jachimowicz, 2010). Adicionalmente, Benyamini e Roziner (2008) determinaram que o otimismo é um correlato e também um preditor longitudinal de aspetos relativos à perceção da saúde geral, depressão somática e satisfação com a vida (ainda que a afetividade possa ser um fator explicativo dessa relação). Outra razão pode ter a ver com a afetividade. Assim, Chang e Sanna (2001), em pessoas de meia-idade, demonstraram que o otimismo se relaciona com a afetividade positiva e negativa, tendo as pessoas menos otimistas tendência a apresentar uma maior afetividade negativa, e uma maior probabilidade de apresentar sintomas depressivos. Neste sentido, o pessimismo parece ser também um preditor de sintomas depressivos (Chang et al., 1997). Ainda no que diz respeito à relação entre afetividade e optimismo, Zeng e Gu (2017) verificaram a existência de uma relação positiva significativa entre optimismo, *mindfulness* e afeto positivo, demonstrando que níveis mais elevados de atenção *mindful* resultam num maior optimismo. No mesmo sentido, alguns demonstraram que o otimismo prediz uma maior satisfação com a vida, quer em adultos idosos, quer noutras idades (Chang et al., 1997; Mónico, 2012). Alguns estudos focaram-se na relação entre a religião e o otimismo, tendo demonstrado que os idosos religiosos tendem a ser mais otimistas (Ai, Peterson,

Bolling, & Koenig, 2002; Mónico, 2012). Outros, num sentido muito diferente, mostraram que as diferenças nos níveis de otimismo poderão ser explicadas por influências genéticas. Assim, num estudo foi mostrado que a predisposição genética para um elevado nível de otimismo se acompanha de saúde mental e de autoperceção sobre a saúde mais adequadas (Mosing, Zietsch, Shekar, Wright, & Martin, 2009). Num estudo com indivíduos idosos em contextos diferentes foi mostrado que o otimismo disposicional é mais baixo em pessoas que residem em estruturas de cuidados continuados (Kostka & Jachimowicz, 2010). Noutro estudo realizado com idosos institucionalizados demonstrou-se que níveis mais baixos de otimismo predizem depressão ou sintomatologia depressiva (Reker, 1997).

Rius-Ottenheim e seus colaboradores (2012), numa pesquisa com indivíduos idosos do sexo masculino, descobriram que as expectativas positivas em relação ao futuro por parte destes idosos se relacionam com menos sentimentos de solidão, mesmo perante as perdas e a saúde deteriorada. Numa investigação comparativa sobre os níveis de otimismo entre os mais jovens e os adultos de idade avançada, Isaacowitz (2005) concluiu que os adultos idosos são mais otimistas do que os jovens na maneira como explicam as suas relações interpessoais positivas, mas são também menos otimistas na forma como explicam os eventos negativos de saúde e cognitivos. Existem ainda investigações que demonstraram que níveis elevados de otimismo protegem contra várias doenças na idade avançada, como a inflamação e disfunção endotelial nos homens mais velhos (Ikeda et al., 2011), doença coronária em idosos do sexo masculino (Kubzansky, Sparrow, Vokonas, & Kawachi, 2001) ou arteriosclerose independentemente do sexo (Roy et al., 2010). Em mulheres mais pessimistas na pós-menopausa foi encontrado um maior encurtamento dos telómeros de leucócitos e elevação nas interleucinas-6 (sinais de envelhecimento do sistema imunitário; O'Donovan et al., 2009).

Quanto à **esperança**, na revisão da literatura encontrámos menos estudos para as idades avançadas. Uma dessas investigações mostrou que esperança pode ser um fator protetor da depressão nos indivíduos de idade avançada (Chimich & Nekolaichuk, 2004). Noutro estudo piloto em que oito mulheres foram entrevistadas relativamente à perceção sobre os pais e questionadas por meio da *Hope Scale* (Snyder et al., 1991), a autora deparou-se com níveis de esperança mais baixos em idosas que perderam as suas mães antes dos 10 anos de idade (Westburg, 2001). Uma pesquisa com 150 mulheres com cancro da mama em estádio avançado constatou que a esperança se relacionava diretamente com a depressão nas mulheres mais velhas (acima dos 55 anos; Hasson-Ohayon, Goldzweig, Dorfman, & Uziely, 2014).

Projeto Trajetórias do Envelhecimento. Por último, uma das investigações realizadas no âmbito do Projeto Trajetórias do Envelhecimento com 130 indivíduos idosos da comunidade e institucionalizados encontrou níveis de esperança mais altos em homens, não institucionalizados, com maior satisfação com a vida, mais afeto positivo, perceção mais positiva da saúde, mais atividade física e menos afeto negativo (Pessoa et al., 2014).

Noutro estudo (Espírito-Santo & Daniel, 2018) com uma amostra de 66 pessoas idosas institucionalizadas verificou-se que a média do otimismo [Escala de Otimismo de Barros (1998): $M \pm DP = 7{,}59 \pm 4{,}23$] foi muito baixa em comparação com nove outros estudos nacionais e internacionais. O alto otimismo correlacionou-se com a satisfação com a vida e com o afeto positivo (respetivamente, $r = 0{,}35$; $p < 0{,}05$; $r = 0{,}36$; $p < 0{,}01$). As pessoas idosas mais optimistas foram aquelas que praticavam exercício físico ($r_{pb} = -0{,}33$; $p < 0{,}01$) e não tinham problemas de incontinência urinária ($r_{pb} = -0{,}25$; $p < 0{,}05$). Foi ainda revelado que o otimismo se correlacionava com sentimentos depressivos e ansiosos e sentimentos de solidão (respetivamente, $r = -0{,}31$; $p < 0{,}05$; $r = -0{,}33$; $p < 0{,}05$; $r = 0{,}34$; $p < 0{,}01$). Adicionalmente, constatou-se que o otimismo poderá resguardar as pessoas de idade avançada dos sentimentos de solidão, ao revelar-se como preditor único significativo ($\beta = -0,34$, $p < 0,01$).

Ainda noutro estudo do mesmo projeto (não publicado previamente), com uma amostra de 85 idosos institucionalizados (idade média: 77,5 anos; $DP = 9,56$; 60% mulheres) mostrou-se que estes tinham, em média pouca esperança [Escala de Esperança de Barros (2003): $M \pm DP = 15,69 \pm 5,44$]. E, no mesmo sentido de trabalhos anteriormente referidos, a pouca esperança correlacionou-se com sentimentos de solidão ($r = 0,32$; $p < 0,05$), com sintomas depressivos ($r = 0,26$; $p < 0,05$) e stresse ($r = 0,26$; $p < 0,05$) e com experiências traumáticas ($r = 0,24$; $p < 0,05$). A esperança correlacionou-se de forma elevada com o otimismo ($r = 0,80$; $p < 0,001$). Assim, os resultados do Projeto Trajetórias do Envelhecimento indicaram que o trauma passado pode comprometer a esperança. Os resultados mostraram também que a esperança pode proteger as pessoas idosas de sintomas depressivos e de stresse e ajudá-las a sentirem menos solidão e mais otimismo.

INTERVENÇÕES PARA AUMENTAR O OTIMISMO E A ESPERANÇA EM PESSOAS IDOSAS

As pesquisas sobre intervenções para desenvolver o otimismo e a esperança têm sido muito escassas. Não obstante, a teoria tem servido de enquadramento para desenvolver tratamentos bem-sucedidos a nível da esperança. Dada a correlação com o conceito de otimismo, vamos então referir os poucos estudos encontrados na análise do estado de arte.

Desse modo, Lopez, Floyd, Ulven e Snyder (2000) relataram tratamentos individuais bem-sucedidos a nível individual. Existem também exemplos de uso da teoria da esperança na intervenção com casais (Worthington et al., 1997) e com grupos, especialmente de idosos (Klausner et al., 1998; Klausner, Snyder, & Cheavens, 2000). Em particular, Klausner e colaboradores (1998) em séries de 10 sessões de atividades de grupo baseadas na teoria da esperança diminuíram a depressão e aumentaram de forma significativa os níveis de atividade em indivíduos idosos.

O mesmo resultado foi obtido por Cheavens, Gum, Feldman, Michael, & Snyder (2001) em oito sessões de grupo para adultos jovens e de meia-idade. Snyder (2002) acrescentou que se deveria reforçar adequadamente a esperança através do *feedback* dado pelos profissionais de saúde aos seus pacientes e ajudá-los a perseguir os objetivos para os quais estejam mais adaptados. Desta forma, o estabelecimento de objetivos realistas e adequados à condição e capacidades de cada indivíduo, iria fazer com que o paciente tivesse expectativas positivas acerca do seu futuro (otimismo), assim como saber e delinear os caminhos a percorrer para atingir esses mesmos objetivos (esperança).

Em Portugal, na Unidade de Cuidados Continuados Integrados da Santa Casa da Misericórdia de Vila do Conde, já se assiste a uma intervenção positiva junto de pessoas idosas que se encontram em reabilitação, através de grupos terapêuticos, onde se promove o aumento da esperança, o planeamento realista de objetivos e também a aprendizagem e o treino de competências (Estrela-Dias & Pais-Ribeiro, 2012). Novamente se assiste à relevância do estabelecimento e planeamento de objetivos realistas e adequados à condição de cada um, no sentido de aumentar o otimismo e a esperança dos indivíduos.

CONCLUSÕES

Os dados teóricos e empíricos apresentados sugerem que o aumento da esperança e do otimismo em pessoas de idade avançada os pode proteger da depressão, ansiedade, stresse, solidão e de doenças a nível físico. Estes mesmos dados indicam que intervenções dirigidas para aumentar a esperança e o otimismo poderão promover mudanças positivas no humor, stresse, solidão, qualidade de vida, perceção geral de saúde, funcionamento físico e saúde mental, entre outros aspetos.

A revisão da literatura mostrou que urge desenvolver intervenções eficazes que promovam esperança e otimismo, especialmente em pessoas que se encontram institucionalizadas.

Provavelmente, parte do trabalho a fazer será junto das instituições, no sentido de provocar uma revolução positiva nas atitudes, especialmente das equipas diretivas e funcionários.

Tendo em conta que a afetividade positiva se relaciona com níveis mais elevados de otimismo e esperança, parece ser pertinente que a intervenção ao nível dos utentes foque, não apenas na redução de sintomas psicopatológicos, mas, sobretudo, na integração e aumento de emoções positivas, numa perspetiva da psicologia positiva.

A este respeito, recordamos que a pesquisa relativa ao envelhecimento bem-sucedido (e.g., Cernin et al., 2011; Cheung & Wu, 2012) mostra a falsidade dos mitos em torno da idade avançada: as perdas (saúde, autonomia, etc.) não são sinónimo de envelhecimento e a idade avançada não implica obrigatoriamente perdas, havendo alternativas e formas de compensar o eventual declínio.

Referências bibliográficas

Achat, H., Kawachi, I., Spiro, A., DeMolles, D. A., & Sparrow, D. (2000). Optimism and depression as predictors of physical and mental health functioning: The normative aging study. *Annals of Behavioral Medicine, 22*(2), 127-130. doi:10.1007/bf02895776

Ai, A. L., Peterson, C., Bolling, S. F., & Koenig, H. (2002). Private prayer and optimism in middle-aged and older patients awaiting cardiac surgery. *The Gerontologist, 42*(1), 70-81. doi:10.1093/geront/42.1.70

Aspinwall, L. G. (2005). The psychology of future-oriented thinking: From achievement to proactive coping, adaptation, and aging. *Motivation and Emotion, 29*(4), 203--235. doi:10.1007/s11031-006-9013-1

Aspinwall, L. G., & Leaf, S. L. (2002). In search of the unique aspects of hope: Pinning our hopes on positive emotions, future-oriented thinking, hard times, and other people. *Psychological Inquiry, 13*(4), 276-321. doi:10.1207/S15327965PLI1304_02

Bailey, T. C., Eng, W., Frisch, M. B., & Snyder, C. R. (2007). Hope and optimism as related to life satisfaction. *Journal of Positive Psychology, 2*(3),168-175. doi:10.1080/17439760701409546

Barnett, M. (2014). Future orientation and health among older adults: The importance of hope. *Educational Gerontology, 40*(10), 745-755. doi:10.1080/03601277.2014.898496

Barros, J. (2003). Esperança: Natureza e avaliação (proposta de uma nova escala). *Psicologia, Educação e Cultura, 7*(1), 83-106.

Barros, J. (1998). Optimismo: Teoria e avaliação (proposta de uma nova escala). *Psicologia, Educação e Cultura, 2*(2), 295-308.

Bellizzi, K. M., & Blank, T. O. (2006). Predicting posttraumatic growth in breast cancer survivors. *Health Psychology, 25*(1), 47-56. doi:10.1037/0278-6133.25.1.47

Benyamini, Y., & Roziner, I. (2008). The predictive validity of optimism and affectivity in a longitudinal study of older adults. *Personality and Individual Differences, 44*(4), 853-864. doi:10.1016/j.paid.2007.10.016

Bury, S. M., Wenzel, M. & Woodyatt, L. (2016). Giving hope a sporting chance: Hope as distinct from optimism when events are possible but not probable. *Motivation and Emotion, 40*(4), 588-601. doi:10.1007/s11031-016-9560-z

Carver, C. S., & Scheier, M. F. (2000). Optimism, pessimism, and self-regulation. In E. C. Chang (Ed.), *Optimism and pessimism: Implications for theory, research, and practice* (1.ª ed., pp. 31-51). Washington, DC: American Psychological Association.

Carver, C. S., Scheier, M. F., & Segerstrom, S. C. (2010). Optimism. *Clinical Psychology Review, 30*(7), 879-889. doi:10.1016/j.cpr.2010.01.006

Cernin, P. A., Lysack, C., & Lichtenberg, P. A. (2011). A comparison of self-rated and objectively measured successful aging constructs in an urban sample of african american older adults. *Clinical Gerontologist, 34*(2), 89-102. doi:10.1080/07317115.2011.539525

Chang, E. C. (2003). A critical appraisal and extension of hope theory in middle--aged men and women: Is it important to distinguish agency and pathways components? *Journal of Social and Clinical Psychology, 22*(2), 121-143. doi:10.1521/jscp.22.2.121.22876

Chang, E. C., & Sanna, L. J. (2001). Optimism, pessimism, and positive and negative affectivity in middle-aged adults: A test of a cognitive-affective model of psychological adjustment. *Psychology and Aging, 16*(3), 524-531. doi:10.1037/0882-7974.16.3.524

Chang, E. C., Maydeu-Olivares, A., & D'Zurilla, T. J. (1997). Optimism and pessimism as partially independent constructs: Relationship to positive and negative affectivity and psychological well-being. *Personality and Individual Differences, 23*(3), 433-440. doi:10.1016/s0191-8869(97)80009-8

Cheavens, S. J., Gum, A., Feldman, B. D., Michael, S. T., & Snyder, C. R. (2001, agosto). *A group intervention to increase hope in a community sample.* Póster apresentado na 109th Annual Convention of the American Psychological Association, San Francisco.

Cheung, F., & Wu, A. M. S. (2012). An investigation of predictors of successful aging in the workplace among Hong Kong Chinese older workers. *International Psychogeriatrics, 24*(3), 449-464. doi:10.1017/S104161021100192X

Chimich, W. T., & Nekolaichuk, C. L. (2004). Exploring the links between depression, integrity, and hope in the elderly. *Canadian Journal of Psychiatry, 49*(7), 428--433. doi:10.1177/070674370404900703

Coleman, P. G. (1992). Personal adjustment in late life: Successful aging. *Reviews in Clinical Gerontology, 2*(1), 67-78. doi:10.1017/S0959259800003014

Creamer, M., O'Donnell, M. L., Carboon, I., Lewis, V., Densley, K., McFarlane, A., ... Bryant, R. A. (2009). Evaluation of the Dispositional Hope Scale in injury survivors. *Journal of Research in Personality, 43*(4), 613-617. doi:10.1016/j.jrp.2009.03.002

Cunha, M., Fernandes, A. R., Couto, M., Galhardo, A., & Espírito-Santo, H. (2014). EPA-1700 - The role of childhood positive memories, mindfulness, and hope, in emotional states in adolescence. *European Psychiatry, 29*(Supl. 1), 1. doi:10.1016/S0924-9338(14)78842-X

Dember, W. N., Martin, S. H., Hummer, M. K., Howe, S. R., & Melton, R. S. (1989). The measurement of optimism and pessimism. *Current Psychology: Research & Reviews, 8*(2), 102-119. doi:10.1007/bf02686675

Efklides, A., & Moraitou, D. (Eds.). (2012). *A positive psychology perspective on quality of life.* Dordrecht, The Netherlands: Springer.

Espírito-Santo, H. & Daniel, F. (2018). Optimism and well-being among institutionalized older adult. *GeroPsych, 31*(1), 5-16. doi:10.1024/1662-9647/a000182

Estrela-Dias, M., & Pais-Ribeiro, J. (2012, fevereiro). Psicólogo nos cuidados continuados integrados - Intervenção positiva. In J. L. P. Ribeiro, I. Leal, A. Pereira, A. Torres, I. Direito, & P. Vagos (Orgs.), *Atas do 9.º Congresso Nacional de Psicologia da Saúde* (pp. 418-424). Lisboa: Placebo Editora.

Fischer, M., & Leitenberg, H. (1986). Optimism and pessimism in elementary school--aged children. *Child Development, 57*(1), 241-248. doi:10.2307/1130655

Fisher, B. J., & Specht, D. K. (1999). Successful aging and creativity in later life. *Journal of Aging Studies, 13*(4), 457-472. doi:10.1016/S0890-4065(99)00021-3

Gergen, M. M., & Gergen, K. J. (2001). Positive aging: New images for a new age. *Ageing International, 27*(1), 3-23. doi:0.1007/s12126-001-1013-6

Guarnera, S., & Williams, R. L. (1987). Optimism and locus of control for health and affiliation among elderly adults. *Journal of Gerontology, 42*(6), 594-595. doi:10.1093/geronj/42.6.594

Hasson-Ohayon, I., Goldzweig, G., Dorfman, C., & Uziely, B. (2014). Hope and social support utilisation among different age groups of women with breast cancer and their spouses. *Psychology and Health, 29*(11), 1303-1319. doi:10.1080/08870446.2014.929686

Hill, R. D. (2011). A positive aging framework for guiding geropsychology interventions. *Behavior Therapy, 42*(1), 66-77. doi:10.1016/j.beth.2010.04.006

Ikeda, A., Schwartz, J., Peters, J. L., Fang, S., Spiro, A., Sparrow, D., ... Kubzansky, L. D. (2011). Optimism in relation to inflammation and endothelial dysfunction in older men. *Psychosomatic Medicine, 73*(8), 664-671. doi:10.1097/ PSY.0b013e3182312497

Isaacowitz, D. M. (2005). Correlates of well-being in adulthood and old age: A tale of two optimisms. *Journal of Research in Personality, 39*(2), 224-244. doi:10.1016/j. jrp.2004.02.003

Kapikiran, N. A. (2012). Positive and negative affectivity as mediator and moderator of the relationship between optimism and life satisfaction in Turkish university students. *Social Indicators Research, 106*(2), 333-345. doi:10.1007/s11205-011- -9807-8

Kastenbaum, R. J. (1994). *Defining acts: Aging as drama.* Amityville, NY: Baywood.

Katz, S. (2001). Growing older without aging? Positive aging, anti-ageism, and anti- -aging. *Generations, 25*(4), 27-32.

Klausner, E. J., Clarkin, J. F., Spielman, L., Pupo, C., Abrams, R., & Alexopoulos, G. S. (1998). Late-life depression and functional disability: The role of goal-focused group psychotherapy. *International Journal of Geriatric Psychiatry, 13*(10), 707- -716. doi:10.1002/(sici)1099-1166(1998100)13:10<707::aid-gps856>3.0.co;2-q

Klausner, E. J., Snyder, C. R., & Cheavens, J. (2000). A hope-based group treatment for depressed older adult outpatients. In G. M. Williamson, D. R. Shaffer, & P. A. Parmelee (Eds.), *Physical illness and depression in older adults: A handbook of theory, research, and practice* (pp. 295-310). New York, NY: Plenum.

Kostka, T., & Jachimowicz, V. (2010). Relationship of quality of life to dispositional optimism, health locus of control and self-efficacy in older subjects living in different environments. *Quality of Life Research, 19*(3), 351-361. doi:10.1007/ s11136-010-9601-0

Kubzansky, L. D., Sparrow, D., Vokonas, P., & Kawachi, I. (2001). Is the glass half empty or half full? A prospective study of optimism and coronary heart disease in the normative aging study. *Psychosomatic Medicine, 63*(6), 910-916. doi:10.1097/00006842-200111000-00009

Levy, B. R., Slade, M. D., & Kasl, S. V. (2002). Longitudinal benefit of positive self- -perceptions of aging on functional health. *Journals of Gerontology, Series B: Psychological Sciences and Social Sciences, 57*(5), P409-P417. doi:10.1093/ geronb/57.5.p409

Levy, B. R., Slade, M. D., Kunkel, S. R., & Kasl, S. V. (2002). Longevity increased by positive self-perceptions of aging. *Journal of Personality and Social Psychology, 83*(2), 261-270. doi:10.1037//0022-3514.83.2.261

Lopez, S. J., Floyd, R. K., Ulven, J. C., & Snyder, C. R. (2000). Hope therapy: Helping clients build a house of hope. In C. R. Snyder (Ed.), *Handbook of hope: Theory, measures, and applications* (pp. 123-150). San Diego, CA: Academic Press.

Magaletta, P. R., & Oliver, J. M. (1999). The hope construct, will, and ways: Their relations with self-efficacy, optimism, and general well-being. *Journal of Clinical Psychology, 55*(5), 539-551. doi:10.1002/(sici)1097-4679(199905)55:5<539::aid- -jclp2>3.0.co;2-g

Martinson, M., & Berridge, C. (2015). Successful aging and its discontents: A systematic review of the social gerontology literature. *The Gerontologist, 55*(1), 58-69. doi:10.1093/geront/gnu037

Maruta, T., Colligan, R. C., Malinchoc, M., & Offord, K. P. (2000). Optimists vs pessimists: Survival rate among medical patients over a 30-year period. *Mayo Clinic Proceedings, 75*(2), 140-143. doi:10.4065/75.2.140

Meisner, B. A. (2012). Physicians' attitudes toward aging, the aged, and the provision of geriatric care: A systematic narrative review. *Critical Public Health, 22*(1), 61-72. doi:10.1080/09581596.2010.539592

Mónico, L. S. M. (2012). Religiosity and optimism in ill and healthy elderly. *International Journal of Developmental and Educational Psychology, 1*(2), 59-70. Acedido a 15 de novembro de 2016, em http://hdl.handle.net/10662/4277

Mosing, M. A., Zietsch, B. P., Shekar, S. N., Wright, M. J., & Martin, N. G. (2009). Genetic and environmental influences on optimism and its relationship to mental and self-rated health: A study of aging twins. *Behavior Genetics, 39*(6), 597-604. doi:10.1007/s10519-009-9287-7

Mroczek, D. K., Spiro, A., Aldwin, C. M., Ozer, D. J., & Bossé, R. (1993). Construct validation of optimism and pessimism in older men: Findings from the normative aging study. *Health Psychology, 12*(5), 406-409. doi:10.1037/0278-6133.12.5.406

O'Donovan, A., Lin, J., Dhabhar, F. S., Wolkowitz, O., Tillie, J. M., Blackburn, E., & Epel, E. (2009). Pessimism correlates with leukocyte telomere shortness and elevated interleukin-6 in post-menopausal women. *Brain, Behavior, and Immunity, 23*(4), 446-449. doi:10.1016/j.bbi.2008.11.006

Pessoa, P., Cunha, M., Daniel, F., Galhardo, A., Simões, S., & Espírito-Santo, H. (2014). Hope and well-being in the elderly. *European Psychiatry, 29*(Supl. 1), 1. doi:10.1016/S0924-9338(14)78845-5

Reker, G. T. (1997). Personal meaning, optimism, and choice: Existential predictors of depression in community and institutional elderly. *The Gerontologist, 37*(6), 709-716. doi:10.1093/geront/37.6.709

Rius-Ottenheim, N., Kromhout, D., van der Mast, R. C., Zitman, F. G., Geleijnse, J. M., & Giltay, E. J. (2012). Dispositional optimism and loneliness in older men. *International Journal of Geriatric Psychiatry, 27*(2), 151-159. doi:10.1002/gps.2701

Roesch, S. C., & Vaughn, A. A. (2006). Evidence for the factorial validity of the Dispositional Hope Scale: Cross-ethnic and cross-gender measurement equivalence. *European Journal of Psychological Assessment, 22*(2), 78-84. doi:10.1027/1015-5759.22.2.78

Rowe, J. W., & Kahn, R. L. (1987). Human aging: Usual and successful. *Science, 237*(4811), 143-149. doi:10.1126/science.3299702

Rowe, J. W., & Kahn, R. L. (1997). Successful aging. *The Gerontologist, 37*(4), 433--440. doi:10.1093/geront/37.4.433

Rowe, J. W., & Kahn, R. L. (1998). *Successful aging.* New York, NY: Pantheon Books.

Roy, B., Diez-Roux, A. V., Seeman, T., Ranjit, N., Shea, S., & Cushman, M. (2010). Association of optimism and pessimism with inflammation and hemostasis in the Multi-Ethnic Study of Atherosclerosis (MESA). *Psychosomatic Medicine, 72*(2), 134-140. doi:10.1097/PSY.0b013e3181cb981b

Ruthig, J. C., Hanson, B. L., Pedersen, H., Weber, A., & Chipperfield, J. G. (2011). Later life health optimism, pessimism and realism: Psychosocial contributors and health correlates. *Psychology & Health, 26*(7), 835-853. doi:10.1080/088704 46.2010.506574

Scheier, M. F., & Carver, C. S. (1985). Optimism, coping, and health: Assessment and implications of generalized outcome expectancies. *Health Psychology, 4*(3), 219- -247. doi:10.1037//0278-6133.4.3.219

Schulz, R., & Heckhausen, J. (1996). A life span model of successful aging. *American Psychologist, 51*(7), 702-714. doi:10.1037//0003-066X.51.7.702

Seligman, M. E. P., & Csikszentmihalyi, M. (2000). Positive Psychology: An introduction. *American Psychologist, 55*(1), 5-14. doi:10.1037/0003-066X.55.1.5

Snyder, C. R. (1995). Conceptualizing, measuring, and nurturing hope. *Journal of Counseling & Development, 73*(3), 355-360. doi:10.1002/j.1556-6676.1995.tb01764.x

Snyder, C. R. (2000). The past and possible future of hope. *Journal of Social and Clinical Psychology, 19*(1), 11-28. doi:10.1521/jscp.2000.19.1.11

Snyder, C. R. (2002). Hope theory: Rainbows in the mind. *Psychological Inquiry, 13*(4), 249-275. doi:10.1207/S15327965PLI1304_01

Snyder, C. R., & Lopez, S. J. (Eds.). (2005). *Handbook of positive psychology*. New York, NY: Oxford University Press.

Snyder, C. R., & Lopez, S. J. (2007). *Positive psychology: The scientific and practical explorations of human strengths* (1.ª ed.). Thousand Oaks, CA: Sage Publications.

Snyder, C. R., Cheavens, J., & Sympson, S. C. (1997). Hope: An individual motive for social commerce. *Group Dynamics: Theory, Research, and Practice, 1*(2), 107-118. doi:10.1037/1089-2699.1.2.107

Snyder, C. R., Harris, C., Anderson, J. R., Holleran, S. A., Irving, L. M., Sigmon, S. T., ... Harney, P. (1991). The will and the ways: Development and validation of an individual-differences measure of hope. *Journal of Personality and Social Psychology, 60*(4), 570-585. doi:10.1037/0022-3514.60.4.570

Snyder, C. R., Hoza, B., Pelham, W. E., Rapoff, M., Ware, L., Danovsky, M., ... Stahl, K. J. (1997). The development and validation of the Children's Hope Scale. *Journal of Pediatric Psychology, 22*(3), 399-421. doi:10.1093/jpepsy/22.3.399

Steed, L. (2001). Further validity and reliability evidence for Beck Hopelessness Scale scores in a nonclinical sample. *Educational and Psychological Measurement, 61*(2), 303-316. doi:10.1177/00131640121971121

Steptoe, A., Wright, C., Kunz-Ebrecht, S. R., & Iliffe, S. (2006). Dispositional optimism and health behaviour in community-dwelling older people: Associations with healthy ageing. *British Journal of Health Psychology, 11*(1), 71-84. doi:10.1348/135910705x42850

Valle, M. F., Huebner, E. S., & Suldo, S. M. (2004). Further evaluation of the Children's Hope Scale. *Journal of Psychoeducational Assessment, 22*(4), 320-337. doi:10.1177/073428290402200403

Valle, M. F., Huebner, E. S., & Suldo, S. M. (2006). An analysis of hope as a psychological strength. *Journal of School Psychology, 44*(5), 393-406. doi:10.1016/j.jsp.2006.03.005

Warner, L. M., Schwarzer, R., Schüz, B., Wurm, S., & Tesch-Römer, C. (2012). Health- -specific optimism mediates between objective and perceived physical functioning in older adults. *Journal of Behavioral Medicine, 35*(4), 400-406. doi:10.1007/ s10865-011-9368-y

Westburg, N. G. (2001). Hope in older women: The importance of past and current relationships. *Journal of Social and Clinical Psychology, 20*(3), 354-365. doi:10.1521/jscp.20.3.354.22307

Wong, P. T. P. (1989). Personal meaning and successful aging. Psychology of aging and gerontology (ed. especial). *Canadian Psychology, 30*(3), 516-525.

World Health Organization Regional Office for Europe (2013). *The European health report 2012: Charting the way to well-being.* Copenhagen, Denmark: Autor. Acedido a 25 de novembro de 2016, em http://www.euro.who.int/en/data-and-evidence/european-health-report-2012

Worthington, E. L., Hight, T. L., Ripley, J. S., Perrone, K. M., Kurusu, T. A., & Jones, D. R. (1997). Strategic hope-focused relationship-enrichment counseling with individual couples. *Journal of Counseling Psychology, 44*(4), 381-389. doi:10.1037/0022-0167.44.4.381

Zeng, W. & Gu, M. (2017). Relationship between mindfulness and positive affect of chinese older adults: optimism as mediator. *Social Behavior and Personality, 45*(1), 155-162. doi:10.2224/sbp.5606

10. REDES SOCIAIS PESSOAIS E TRAJETÓRIAS DE ENVELHECIMENTO: UMA PERSPETIVA ETÁRIA E DE GÉNERO

Sónia Guadalupe, Henrique Testa Vicente,
Fernanda Daniel e *Rosa Monteiro*

INTRODUÇÃO

A diversidade e a qualidade de interações que estabelecemos permitem-nos a construção de repertórios que se modificam nas trajetórias das nossas vidas. As redes sociais pessoais constituem o universo relacional de cada um de nós, sendo consideradas por Sluzki (1996, pp. 13, 42) como o «conjunto de seres com quem interatuamos de maneira regular, com quem conversamos, com quem intercambiamos sinais que nos corporizam, que nos fazem reais», reportando-se a «todas as relações que um indivíduo percebe como significativas ou define como diferenciadas da massa anónima da sociedade», correspondendo ao que o autor alude como o «nicho interpessoal do indivíduo». Estas redes sociais são também designadas na literatura como «micro-rede» (Sluzki, 1996), «rede egocêntrica» e «rede egocentrada» (Milardo, 1988).

A dinâmica das redes sociais pessoais, cruzada pelas dimensões do espaço e do tempo, tem uma influência determinante nas trajetórias individuais. Assim, as características da rede transformam-se

https://doi.org/10.14195/978-989-26-1737-4_10

e (re)constroem-se por influência dos contextos, que podem ou não ser explorados, das escolhas efetuadas e das circunstâncias e constrangimentos pessoais e sociais que são vivenciados (Daniel, Ribeiro, & Guadalupe, 2011). Por isso, as redes são mutáveis, flexíveis e cambiantes, resultando a sua evolução de um processo contínuo de transações, dinâmicas e escolhas determinadas pelos atributos pessoais, pelos interesses e necessidades, pelas circunstâncias e constrangimentos, funcionando como eixos de pertença ou não a determinadas esferas da vida relacional (Meléndez-Moral, Tomás-Miguel, & Navarro-Pardo, 2007).

Nas últimas fases do ciclo de vida, as redes sociais pessoais e as (mudanças nas) suas características assumem particular interesse. Não obstante a tendência para categorizar o envelhecimento como processo neutro e homogéneo, há que reconhecer a diversidade nas experiências dos sujeitos, marcadas por condicionalismos da própria idade. Assim, as trajetórias heterogéneas no envelhecimento e na velhice são multideterminadas por marcadores sociais, processos e acontecimentos de vida.

As características das redes na velhice espelham esse *multiversus*, sendo destacadas comummente algumas variáveis que marcam estrutural e funcionalmente as relações interpessoais que serão abordadas brevemente. São elas a idade e o sexo, mas também a escolaridade, o estado civil, a composição familiar, as ruturas relacionais como o divórcio, os processos migratórios, a participação social, o (des)emprego, a aposentação, a saúde/doença e a autonomia, a institucionalização, entre outras. Apesar de analiticamente serem autonomizáveis, estas variáveis emergem intrincadas nos percursos de vida. Se a compreensão holística destas questões é uma assunção, a abordagem à sua complexidade afigura-se como um desafio inultrapassável, pelo que dedicaremos particular atenção neste capítulo aos marcadores associados à idade e ao sexo. A conexão entre tais marcadores sociais reporta-se tanto às mudanças ocorridas na passagem do tempo, como a acontecimentos que sucedem ao longo da vida (Arber & Ginn, 1996), com correlatos nas redes sociais.

REDES SOCIAIS PESSOAIS, IDADE E CICLO DE VIDA

O agudizar do envelhecimento populacional nas sociedades ocidentais e os desafios de uma vida mais longa, ativa e saudável, trazem variantes e *nuances* que desafiam a normatividade. Sendo a idade cronológica uma categoria normativa que impõe constrangimentos aos sujeitos, determinando papéis sociais, identidades e, por isso, interações, refletimos aqui acerca da sua relação com as redundâncias nas configurações das redes sociais pessoais.

Se nos reportarmos às redes sociais pessoais a partir da variável idade, verificamos uma flutuação ao longo do ciclo de vida, marcada por períodos expansionistas e de retração. Estes são motivados, quer por acontecimentos tidos como normativos, quer por acontecimentos acidentais, para além das idiossincrasias de cada sujeito e do seu percurso de vida. Temos, assim, a possibilidade de traçar um mapa evolutivo, não linear, a partir de um conjunto de generalizações que usualmente são referidas como típicas do ciclo vital. Sluzki (1996) e Meléndez-Moral et al. (2007) propõem-nos olhar esse movimento diacrónico como um plano inclinado, ora ascendente, ora descendente, conforme o tempo e o espaço vividos. Olsen, Iversen e Sabroe (1991, p. 768) alertam para a imprescindibilidade de integrar sempre esta variável na investigação sobre redes, para evitar distorções metodológicas, pois «a estrutura da rede social muda ao longo da vida e as fontes de suporte social que promovem a saúde mudam igualmente».

Nas primeiras etapas da infância, as relações interpessoais são mediadas pelas opções dos adultos, mas o processo de expansão relacional inicia-se com interações temporárias ou de continuidade, aumentando a rede da criança e dando azo a relações significativas (Meléndez-Moral et al., 2007). Sluzki (1996) considera também a primeira época da vida como um polo de expansão relacional, nomeadamente quando explora o contexto escolar, onde a criança, dotada de maior autonomia, incorpora novos vínculos e vai concedendo maior importância às relações de amizade com os seus pares (Meléndez-Moral et al., 2007). Na adolescência a rede social pessoal tende a sofrer uma nova transformação, sendo ampliada e convertida numa fonte de autoestima e de aceitação por parte de outras relações exploradas para além do círculo familiar (idem).

A transição da juventude para a idade adulta implica todo um conjunto de modificações estruturais e funcionais, supondo a assunção de novos papéis (Meléndez-Moral et al., 2007). Nesta fase, Sluzki (1996) sublinha a relevância do papel das relações íntimas estáveis, que proporcionam o alargamento da rede às esferas relacionais do outro. A conjugalidade tem, aliás, sido referida como uma importante fonte de apoio (Berkman & Syme, 1979; Burholt & Dobbs, 2014; Wu & Pollard, 1998). As transformações próprias desta nova situação são ainda mais acentuadas quando há filhos, com novas exigências, novos papéis dos pais e dos que os rodeiam, e novas relações com pessoas e com sistemas formais e informais. Note-se que os autores que se dedicam a estudar o ciclo vital da família usam o nascimento e o crescimento dos filhos como marcadores das suas transições (Alarcão, 2000; Carter & McGoldrick, 1989; Relvas, 1996), apresentando cada uma das fases diferentes implicações tanto na manutenção como na ampliação das redes parentais, ditadas por movimentos ora centrípetos, ora centrífugos no funcionamento familiar.

Os movimentos de retração e de expansão nas redes associados à conjugalidade são também ditados pela possível interrupção de relações estáveis, por ruturas/separações e pelos cortes relacionais associados. Estes implicam geralmente uma redefinição e potencial renovação das redes com novas pessoas e diferentes arranjos relacionais e familiares. Se por um lado, nesta fase da vida, o casamento e a presença de crianças em casa são tidos como potencialmente protetores (Berkman & Syme, 1979; Li & Zhang, 2015), são também referidos na literatura como constrangendo a formação de novos laços, restringindo-os a relações familiares e de vizinhança (Moore, 1990), mas, por outro lado, podem igualmente potenciar relações com redes informais, no contacto com outros pais, ou formais, no contacto com creches e infantários ou outras instituições de apoio médico e social (Relvas, 1996).

Na fase da família com filhos adultos, verificamos geralmente múltiplas entradas e saídas no sistema: se os filhos vão saindo, entram genros, noras, «compadres» e «comadres», assim como netos, que concretizam vínculos entre diferentes famílias de origem (Relvas, 1996) e respetivas redes relacionais. Mas os idosos casados tendem a circunscrever a sociabilidade à família (Litwin, 1995), apresentando os não-casados redes menos circunscritas e mais ligadas a relações de amizade (Keith, 1986a, 1986b), o mesmo verificando-se entre os que não têm filhos (Côca, Vicente, & Sousa, 2015; Guadalupe, Gomes, Daniel, Cardoso, & Vicente, 2015).

Também na vida adulta, o mundo de trabalho converte-se numa potencial fonte de apoio (Meléndez-Moral et al., 2007), acrescentando um campo relacional importante, valorizado e tido como constitutivo da identidade e da inclusão social no mundo contemporâneo. É também o contacto quotidiano com este mundo do trabalho que se perde aquando da aposentação, constituindo-se esta como um fator potencial de quebra relacional (Fonseca, 2005, 2009; Paúl, 2005). Este acontecimento do curso de vida, porque decretado socialmente, associa-se a uma metamorfose identitária, com um processo tanto mais difícil de ultrapassar se a respetiva biografia profissional estiver associada ao exercício de poder.

No século passado, várias teorias foram sendo formuladas para explicar padrões-tipo de ajustamento à velhice, nomeadamente a teoria do desligamento, também conceptualizada como teoria do desengajamento ou do afastamento e, noutro sentido, a teoria da atividade. De acordo com os postulados da primeira, o mecanismo básico que explicaria o padrão típico de ajustamento à velhice seria o «desligamento», isto é, o desencontro progressivo entre a pessoa idosa e os outros, na transição e adaptação à reforma e velhice, que se traduz num decréscimo de contactos (Fonseca, 2011). Num contexto determinado por imperativos sociais, a idade cronológica associada em cada sociedade à idade da reforma, ganha novamente força como marcador normativo. Contudo, importa assinalar que o desligamento e o afastamento do envolvimento social dos idosos não correspondem a um padrão típico de ajustamento à velhice nem se trata de um processo adaptativo universal e inevitável (Fonseca, 2005). Segundo Hoffman, Paris e Hall (1994) existem múltiplas formas de adaptação ao envelhecimento que reproduzem padrões de interação social adotados durante o decorrer da sua vida, ou seja, pessoas idosas desligadas eram também adultos jovens e de meia-idade desligados. Segundo a teoria da atividade, a adaptação ao envelhecimento seria facilitada pela manutenção de diferentes categorias de atividades (informais, formais e solitárias) que podem melhorar a qualidade de vida das pessoas idosas (Wienclaw, 2015) e facilitar a adaptação à reforma.

Na literatura é possível identificar duas tendências na evolução das redes com o envelhecimento: a contração e o progressivo familismo. Abordaremos agora cada uma em pormenor.

Contração da rede. Sluzki (1996) usa a metáfora da extinção progressiva da galáxia para assinalar o movimento de retração que geralmente se observa chegada a fase mais tardia da vida. As relações interpessoais vão-se desativando numa etapa fortemente marcada por perdas. Neste contexto podem ser referenciadas perdas relacionais, geracionais, perdas nas referências identitárias e perdas de autonomia.

Os laços extrafamiliares tendem a atingir o seu pico até aos 30 anos de idade e a declinar a partir dessa idade (Moore, 1990). Olsen et al. (1991) num estudo com 1.500 homens profissionalmente ativos, com idades entre os 16 e os 74 anos, sobre a relação entre a idade, o bem-estar e as fontes de suporte social, corrobora esta ideia de que as relações de amizade são referidas como mais importantes que as familiares no grupo etário até aos 30 anos, decrescendo a partir daqui. Neste estudo verificou-se que o suporte da família e dos amigos era mais prevalente nos mais jovens, mas tinha impacte na saúde, tanto nos mais novos, como nos mais velhos, sendo que o apoio da companheira aumentava com a idade, declinando a relevância dos amigos no grupo dos mais velhos e aumentando a relevância do suporte dos filhos (Olsen et al., 1991).

Cabral, Ferreira, Silva, Jerónimo e Marques (2013), num estudo em Portugal, com uma amostra de 916 indivíduos com mais de 50 anos, sobre o tamanho da rede interpessoal de confiança (entendido como o número de pessoas com que falaram no último ano sobre coisas importantes), obtiveram dimensões com uma variação entre 1 e 8 membros, não tendo encontrado diferenças significativas entre os grupos etários em análise (50-64; 65-74; 75 e mais anos de idade), sendo o grupo dos mais velhos a revelar uma dimensão menor da rede. As médias de cada grupo variam entre 2,23 e 2,47 elementos, o que releva redes muito restritas no tamanho, o que se deverá ao que foi perguntado e estava em avaliação (relações de confiança). Na mesma linha, nos Estados Unidos da América (EUA), McPherson, Smith-Lovin e Brashears (2006) replicaram a metodologia que Marsden usou no *General Social Survey* de 1985, apontando para que as redes de confidentes tenham reduzido em cerca de um terço, entre essa data e 2004, sendo neste estudo apontadas duas pessoas (2,08) com que cada participante discutiria assuntos importantes. A mudança detetada por este estudo nas redes de proximidade nos EUA é considerada, em parte, como um artificialismo metodológico

(Parigi & Henson, 2014), sendo central a clarificação do gerador de rede na avaliação das redes sociais. No entanto, independentemente das opções metodológicas, a literatura aponta para que exista uma associação negativa entre a idade e o tamanho da rede (Cornwell, Laumann, & Schumm, 2008).

A própria mortalidade tem como preditores os laços sociais. O *Alameda County Study* (EUA; Berkman & Syme, 1979), um estudo longitudinal que se tornou clássico, seguiu ao longo de nove anos uma amostra aleatória inicial de 6.928 adultos, tendo revelado que as pessoas com menos vínculos sociais e comunitários apresentavam maior risco ou maior probabilidade de morrer nesse período de seguimento, mesmo controlando variáveis como o estado físico da pessoa, o seu estatuto socioeconómico, práticas de saúde, entre outras, revelando a fulcral importância que as redes sociais podem ter na longevidade da pessoa. A associação entre redes sociais e risco de mortalidade em idosos é reafirmada por um estudo longitudinal de 20 anos com população holandesa, em que os resultados apontam para que o risco de mortalidade diminua sobretudo atendendo à amplitude e diversidade das redes, isto é, à sua estrutura, sendo indiretamente influenciado pela dimensão funcional (Ellwardt, van Tilburg, Aartsen, Wittek, & Steverink, 2015).

Sintetizando, nesta perspetiva evolutiva da rede social, podemos identificar três grandes fases sequenciais (Daniel et al., 2011; Sluzki, 1996): (1) uma curva de ascensão nos primeiros anos de vida, até a idade adulta, pela incorporação de novos vínculos adquiridos na escola, na adolescência, em atividades de lazer e no trabalho; (2) seguida por um período de estabilidade, associado geralmente à conjugalidade, ao nascimento dos filhos e ao trabalho; (3) a última etapa da vida, com uma retração da rede social, na qual as relações se vão desvanecendo ou mesmo extinguindo. A teoria da seletividade socioemocional enunciada por Carstensen, Isaacowitz e Charles (1999) sublinha a relevância do tempo como preditor da definição de objetivos de vida e das relações interpessoais que escolhemos para preenchê-los, sendo que quando o tempo é perspetivado como limitado, na velhice, tendem a ter uma elevada prioridade o suporte social e a interação social com laços fortes e com retorno emocional.

Apesar de a ideia de restrição das redes sociais ser apontada como fazendo parte do processo dito natural do envelhecimento (Sluzki, 1996; Sousa, Figueiredo, & Cerqueira, 2004), associando a esta fase de vida uma sucessão de dificuldades que tornam mais difícil a manutenção de relações sociais, revela-se frequentemente uma tendência disruptiva nas redes sociais pessoais. A fragilização das redes na velhice resulta sobretudo de quatro fatores interligados entre si, com efeito cumulativo (Sluzki, 1996): contração da rede; diminuição das oportunidades de renovação dos vínculos; menor energia para ativar, manter ativos e mobilizar os vínculos da rede; perdas geracionais. Este processo de desativação gradual é descrito por Norbert Elias (2001) no livro «A solidão dos moribundos» como um enfraquecimento e arrefecimento dos laços sociais, refletindo-se em parte no que Kuypers e Bengtson (1973) designam por quebra social.

A estes fatores de contração da rede podem acrescentar-se: a vulnerabilidade pessoal; a existência de obstáculos e barreiras ambientais e contextuais desfavoráveis à manutenção da interação social; os conflitos relacionais ao longo da vida; a falta de motivação e comportamentos acomodativos; a aposentação e consequente abandono das relações quotidianas no mundo laboral; o declínio das capacidades físicas e cognitivas; a eventual institucionalização; entre outros determinantes (Arias, 2009; Daniel et al., 2011; Meléndez-Moral et al., 2007; Paúl, 2005; Rioseco, Quezada, Ducci, & Torres, 2008; Sluzki, 1996; Sousa et al., 2004). O que se acaba de referir evoca uma profunda paradoxalidade no envelhecimento populacional que vivenciamos. Se no plano individual, uma maior longevidade traz um potencial favorável de participação na vida social, mais liberto de obrigações formais, viver mais também tem como corolário estar mais exposto a doenças crónicas, polipatologias e comorbilidades (Cabral et al., 2002) que restringem a disponibilidade para a vida ativa, assim como favorecem o isolamento e a redução da extensão das redes pessoais e sociais (Meléndez-Moral et al., 2007). Litwin e Shiovitz-Ezra (2011), num estudo com 1.462 americanos com mais de 65 anos de idade, concluem que os inquiridos com tipos de redes sociais caracterizados por um capital social mais elevado tendem a evidenciar melhor qualidade de vida reportando menos solidão, menos ansiedade e maior felicidade.

O progressivo desaparecimento de pessoas da mesma geração, que significa a perda de partes significativas da estória pessoal, impedindo a partilha de memórias comuns (Paúl, 2005; Sluzki, 1996), é fulcral nesta abordagem deficitária das redes sociais pessoais nas pessoas idosas. Esta dimensão temporal das perdas marca intemporalmente as obras literárias, podendo sintetizá-la na máxima «ao seguir a sombra, o tempo envelhece depressa» num fragmento pré-socrático atribuído a Crítias evocado no título do romance de Antonio Tabucchi (2010, p. 69) onde uma das personagens do conto «Os mortos à mesa» declara metaforicamente este sentir: «(...) já vivi muito, a partir de certa idade lembramo-nos dos que já nos deixaram, olha-se para trás, para a rede que nos ligava, para a rede esburacada dos que andavam à pesca, e vê-se que já foram todos pescados (...)».

Estudos longitudinais têm reportado áreas de estabilidade e de mudança nas redes, tais como o *The Berkeley Older Generation Study* de Field e Minkler (1988) que acompanhou uma geração durante 58 anos subdividida em três subamostras («young-old», «old-old» e «very--old» com < 74 anos, 74-84 e 85-93 anos, respetivamente) analisando mudança e continuidade na frequência de contactos associados ao suporte social. Os resultados apontaram uma estabilidade considerável dos contactos associados ao suporte social, a qual estava sobretudo associada às relações familiares, tidas como mais perenes. Já no campo das relações extrafamiliares, foram identificadas mudanças, com um declínio dos contactos nos homens (mas não nas mulheres) e no grupo mais idoso.

Por outro lado, como referimos antes, também nas fases tardias da vida se podem abrir e explorar contextos de partilha, até então inexplorados, e se integram novos vínculos significativos (Arias, 2009), sendo as trajetórias de envelhecimento mais heterogéneas do que algumas análises neutralizadoras parecem fazer crer. As atividades ocupacionais são exemplo disso. Um estudo com 351 frequentadores de universidades para seniores em Portugal (com idades dos 53 aos 83 anos), utilizadores de meios informáticos, aponta para que utilizem a internet com o objetivo de passarem o tempo e de se manterem informados, mas também para contacto com familiares e amigos e para fazerem novos amigos (Silva, 2011). No entanto, estas relações nem sempre serão valorizadas como significativas para serem consideradas como parte integrante da sua rede social pessoal. O mesmo acontece com as relações institucionais, pois se o recurso a serviços de apoio, ou mesmo a institucionalização, pode significar redução da rede pessoal, pode também contribuir para ampliá-la, pelo contacto com pares, com pessoas que prestam esses serviços, entre outras com as quais a relação com este contexto coloca em contacto. A viuvez nas mulheres é também apontada como um possível fator para encetar novos relacionamentos sociais, sobretudo com outras viúvas, o que já não se verifica nos homens (Arber, Davidson, & Ginn, 2003).

Os aspetos que influenciam a perda de laços relacionais que verificamos geralmente na idade tardia estarão necessariamente intrincados ao longo de todo este processo, conjugando-se outras variáveis tão ou mais relevantes do que a idade (Arias, 2009). Neste sentido, Arber et al. (2003) entendem que as transformações nos papéis sociais e nas relações interpessoais poderão estar mais relacionadas com mudanças societais e económicas do que com o processo de envelhecimento em si mesmo.

Familismo. Ainda assim, é genericamente aceite que as pessoas idosas tendem a ver reduzidos os seus contactos sociais e o seu envolvimento com vínculos extrafamiliares, ficando cada vez mais centradas no campo das relações familiares (Antonucci & Akiyama, 1987; Cabral et al., 2013; Field & Minkler, 1988; Ham-Chande, Zepeda, & Martínez, 2003; Meléndez-Moral et al., 2007; Valle & García, 1994). Em Portugal, esta tendência familista nas redes sociais (Portugal, 2011) é sublinhada relativamente à população em geral, independentemente da idade. A centração nos laços de parentesco parece dever-se à perspetiva de perenidade destas relações quando comparadas com outro tipo de relações mais suscetíveis a flutuações e à erosão, sendo estes laços encarados como «âncoras instrumentais e afetivas», ou seja, «elementos estruturantes do desenho das redes sociais» (Portugal, 2014, p. 208). Sílvia Portugal (2011) refere ainda um familismo moral associado aos cuidados aos idosos no nosso país, como um exemplo de dádiva familiar, inserida numa norma de reciprocidade que se estende ao longo da história familiar. Esta significaria uma possibilidade de inversão da assimetria nos fluxos de suporte em vigor até essas idades avançadas (Portugal, 2011, 2014), dádiva marcada pelo papel das mulheres enquanto cuidadoras. Esta questão é tão mais relevante em Portugal, quanto mais a proteção social, o bem-estar e o cuidar dependem, em grande medida, de um modelo assente nas solidariedades familiares e nas transferências transgeracionais (Portugal, 2014), face à retração da proteção das políticas públicas.

No contexto nacional, um estudo sobre relações inter(intra)gera-cionais de indivíduos pertencentes a famílias com quatro gerações vivas facultou suporte empírico ao mapa evolutivo acima traçado, com um aumento gradual do número e diversidade dos laços du-rante as primeiras fases do ciclo vital e declínio nas fases finais da vida (Vicente & Sousa, 2012). Este movimento era evidenciado pelas diferenças no tamanho da rede consoante as gerações e por características estruturais que indicavam uma organização dos laços significativamente distinta entre as gerações intermédias e as limítrofes (as duas gerações mais nova e mais idosa). Para os autores, a rede social primordial do indivíduo consistiria num núcleo denso e homogéneo de relações sociais, evoluiria com o desenvolvimento físico e psicológico do sujeito, mas acabaria no final do ciclo vital por recriar a homogeneidade dos primeiros anos, em torno da relação entre pais (muito idosos) e filhos (de meia idade ou idosos). Segundo Vicente (2010, p. 78) «tal como a hipótese da teoria da grande explosão e da grande contração, explicativa do nascimento e morte do universo que habitamos, também o universo relacional de um indivíduo parece emergir de um núcleo denso, na forma de um triângulo constituído por mãe, pai e filho, expandindo-se em alcance e diversidade ao longo dos anos, ao que se segue, no final da vida, um retorno à situação primordial da relação entre duas gerações contíguas. As relações intergeracionais entre pais e filhos parecem ser o alfa e ómega da rede social pessoal de um indivíduo».

AS REDES SOCIAIS PESSOAIS SEGUNDO O SEXO

O sexo é um outro marcador social que tem assumido uma relevância compreensiva nos estudos das redes sociais pessoais. Sendo nas idades mais avançadas que as relações de masculinidade desequilibradas se acentuam com vantagem numérica para as mulheres (Daniel, 2011), a feminização da velhice torna fulcral um investimento investigativo em torno destas questões. Seguidamente será abordada a relação entre as redes e as relações sociais de género numa dupla vertente de análise: a constituição das redes e as suas funções.

Estrutura reticular numa perspetiva de género. Têm sido detetadas diferenças na composição das redes pessoais de homens e mulheres (Ibarra, 1997; Keith, 1986b; Marsden, 1987; Moore, 1990; Scott & Wenger, 1996). Ao longo da vida, as redes das mulheres são mais constituídas por familiares, enquanto as dos homens são mais diversificadas, incluindo mais colegas de trabalho e relacionamentos na esfera pública, por exemplo (Marsden, 1987; Moore, 1990). Com efeito, enquanto as redes dos homens tendem a ser constituídas por mais pessoas de fora da família, amigos, colegas de trabalho; as redes das mulheres são mais amplas do que as dos homens (embora constituídas essencialmente de familiares e vizinhos). As mulheres apresentam uma tendência para serem quem «mantém as relações com a família», fazendo sobreviver os contactos e as redes familiares para os vários membros da família alargada (Arber et al., 2003; Moore, 1990). São elas que tecem e mantêm os laços, sendo tal evidenciado num estudo sobre funções desempenhadas no seio de famílias multigeracionais, em que foram analisados três papéis distintos — «guardião das memórias familiares», «elo de ligação familiar» e «pronto-socorro familiar» — tendo-se verificado que todos eram maioritariamente exercidos por mulheres, embora os homens apresentassem valores percentuais próximos no exercício da função de «pronto-socorro familiar» (Vicente & Sousa, 2010).

As diferenças detetadas segundo o sexo, além de terem consequências na capacidade de mobilização de recursos sociais e profissionais por mulheres e homens, têm impacte na sua condição social e profissional (Ibarra, 1997; Kanter, 1993). Kanter (1993), por exemplo, conceptualizou a desigualdade sexual no trabalho e nas organizações como uma questão de diferença nos recursos sociais de homens e mulheres no trabalho. Como as mulheres estão em menor número nas organizações, estão em posições de menor poder e têm menos estruturas de oportunidades (e.g., quanto à formação e progressão), a sua capacidade é menor do que a dos homens, que mobilizam recursos organizacionais e redes das quais as mulheres estão excluídas (Kanter, 1993). Por isso, as redes sociais das mulheres são menos fortes em capital social. O mesmo acontece na política, explicando, de certa forma, a reduzida presença de mulheres nos cargos de decisão, não obstante os avanços legislativos nesta matéria (Monteiro, 2011).

Duas abordagens têm procurado explicar as diferenças na composição e retorno das redes sociais pessoais de mulheres e homens: a que avança com fatores estruturais (Moore, 1990) e a que focaliza as preferências de cada sexo (Ibarra, 1997). Defensora desta última perspetiva, Ibarra (1997) entende que as mulheres preferem relações mais intensas e de maior partilha/suporte emocional, enquanto os homens procuram relações mais instrumentais.

Estudos adotando uma perspetiva estrutural e não individual ou de preferências pessoais, têm postulado o peso dos fatores estruturais na determinação das diferenças das redes sociais pessoais segundo o sexo (Moore, 1990). Seguem o axioma de Blau (1977, p. 281) de que «as associações sociais dependem das oportunidades de contacto social». Tomando como pressuposto a força da ideologia patriarcal, que circunscreve as mulheres à esfera privada, domesticidade e família e os homens ao domínio público, do trabalho e da política, percebe-se que a quantidade e funcionalidade das redes de umas e outras tendam a ser diferentes. Fischer e Oliker (1983), a partir de uma pesquisa com estudantes nos EUA, concluíram que o que determina as diferenças de género nas redes são as oportunidades e os constrangimentos estruturais que, por sua vez, decorrem das posições diferentes no mercado de trabalho e na família, da escolaridade e dos rendimentos, entre outros fatores. Moore (1990) concluiu, por exemplo, que o impacte das variáveis estruturais conjugadas com o género é imenso, uma vez que homens e mulheres com as mesmas características profissionais apresentavam redes de não familiares semelhantes.

Enviesadamente explicada por características estereotipadas de homens e mulheres, designadamente, a suposta maior aptidão das mulheres para se relacionarem com pessoas próximas e íntimas, a desigualdade de composição e «força» das redes segundo o sexo encontra explicação mais sustentada nas diferenças de papéis de género que impendem sobre uns e outras. Para Amâncio (1994, p. 70), «os papéis não constituem uma realidade independente dos estereótipos, antes constituem uma dimensão da estruturação da ideologização dos seres masculino e feminino». De acordo com estes papéis sexuais e com os estereótipos, o grupo masculino, considerado grupo dominante, não se restringe a um só papel ou função como acontece com as mulheres. Estas são vistas como seres dependentes e submissos, cujas características as remetem para o campo familiar e doméstico (Amâncio, 1994). Estas representações irão refletir-se nos papéis desempenhados por homens e por mulheres nas várias esferas, assim como nas expectativas dos seus comportamentos, das instituições e das organizações.

As conceções de género determinam «quem faz o quê» com base no «como são as mulheres» e «como são os homens», são normativas e impõem-se na definição de capacidades, papéis, funções e interações diferentes para mulheres e homens (Monteiro, 2005). Se a ideologia das esferas separadas determina papéis e lugares diferenciados segundo o sexo (Monteiro, 2012), também determinará interações sociais, configurações e dinâmicas nas redes sociais pessoais. Moore (1990) confirma que as diferenças nas redes de ambos os sexos se devem ao género, ou seja, às diferenças socialmente construídas que determinam papéis e funções diferenciadas para homens e mulheres; estes, por sua vez, criam oportunidades diferenciadas para a formação de laços. No caso da presente geração masculina idosa em Portugal, os níveis de participação no domínio do trabalho acrescentaram campos relacionais, mas o abandono desta, e de outras esferas de participação social associadas ao processo de aposentação, determina potenciais movimentos de contração e de rutura na rede. À medida que as mulheres participam no mercado de trabalho pago, ampliam a sua rede de relacionamentos com colegas e pessoas não familiares, assim como os níveis de participação comunitária, o que realça um efeito estrutural na determinação das características das redes. Um estudo brasileiro sobre envelhecimento ativo numa perspetiva de género (Campos, Ferreira, & Vargas, 2015), com uma amostra de 2.052 sujeitos com 60 e mais anos, evidenciou que, entre os homens, os fatores comportamentais e a participação comunitária foram os preditores positivos para o envelhecimento ativo; já a maioria das mulheres tinha pouca probabilidade de integrar o grupo do envelhecimento ativo, à exceção daquelas com maior nível de rendimento, autónomas e com participação comunitária.

Noutro sublinhado, um estudo longitudinal na Suécia (Dahlberg, Andersson, McKee, & Lennartsson, 2015) concluiu que as pessoas mais velhas apresentam maior solidão com o avançar do tempo, mas os preditores dessa solidão apresentam-se diferenciados segundo o sexo, sendo que nas mulheres se destacam como preditores a viuvez, a depressão, problemas e redução de mobilidade; enquanto nos homens surge exclusivamente como preditor de solidão o baixo nível e a redução de contactos sociais, evidência reforçada pelo estudo alemão com população de idade igual e superior a 75 anos de Hajek e colaboradores (2016) que reporta um efeito significativo do suporte social na qualidade de vida associada à saúde apenas na população masculina, evidenciando padrões decorrentes das relações sociais de género.

Como referimos antes, o familismo das redes é um traço comum entre homens e mulheres de idade avançada. Porém, como persiste o papel de cuidadora familiar como uma responsabilidade essencialmente feminina, a maior parte da literatura corrobora a centração familiar das redes das mulheres idosas quando comparadas com as dos homens. No entanto, Scott e Wenger (1996) fazem notar que também se constata que as mulheres idosas tendem a apresentar mais relações extrafamiliares nas suas redes do que os homens, havendo maior probabilidade destas terem relações de confiança em maior número, mais duradoiras e recíprocas com amigas, registando também maior capacidade de estabelecer novos vínculos de amizade, mesmo nas fases finais do ciclo de vida. Numa primeira fase de um estudo longitudinal num contexto rural em Gales do Norte, foi evidenciado que os homens viúvos e solteiros apresentavam maior probabilidade de deterem redes pequenas; contudo, a definição subsequente de tipologias de rede («family dependent», «locally integrated», «local self-contained», «wider community focused» e «private restricted») revelou múltiplas associações significativas com variáveis demográficas, como a idade ou o estado civil, mas não com o sexo (Wenger, 1991).

O jogo entre identidades, papéis e estruturas marca indubitavelmente as dinâmicas e configurações das redes e do suporte, mas a emergência de leituras que pontuam a heterogeneidade de trajetórias tem ganho espaço. A par, tem-se chamado a atenção para uma tendente *desgenderização* ou uma diluição das diferenças na representação social do género, sobretudo a partir das idades mais tardias (Silver, 2003). No entanto, este esbatimento progressivo parece centrar-se nos determinantes psicossociais e de personalidade, nomeadamente no microcosmo de interação social na vida privada, segundo Silver (2003), sublinhando-se a persistência de diferenças marcadas em termos socioeconómicos. No mesmo sentido, Wilson (1996) afirma que nas idades mais avançadas os estereótipos de género não se aplicam nas áreas relacionadas com a vida quotidiana, atendendo ao desvanecimento dos papéis sociais anteriormente desempenhados. Relativamente às relações interpessoais, um estudo longitudinal em Baltimore (EUA) com 1.816 indivíduos adultos, na sua maioria homens, decorrido entre 1958 e 1992 (Verbrugge, Gruber-Baldini, & Fozard, 1996), mostra que o tempo despendido em socialização com amigos e familiares se torna muito semelhante entre homens e mulheres nas idades mais avançadas, sendo que nas faixas etárias até aos 80 anos de idade se diferenciavam de forma mais notória, com oscilações também associadas à década do estudo.

Não sendo notório um processo de *desgenderização*, atendendo às atividades distintas que ocupam as pessoas idosas, a discussão sobre a tendência para um eventual esbatimento na diferenciação de papéis de género nas idades mais avançadas encontra-se em aberto, nomeadamente quando há perdas de autonomia e dos papéis até então desempenhados.

A dimensão funcional da rede segundo o sexo. Como foi antes afirmado, enquanto os homens procuram nas suas redes sociais estabelecer relações essencialmente instrumentais, relativas à esfera profissional ou a passatempos, as mulheres procuram nas redes maior suporte emocional e relações de apoio (Ibarra, 1997). Um conjunto de estudos tem procurado relacionar analiticamente redes sociais, apoio ou suporte social e género (Gianordoli-Nascimento & Trindade, 2002; Neri, 2001; Nogueira, 2001).

É sabido que a manutenção de relações sociais com cônjuges, familiares e com amigos da mesma geração, favorece o bem-estar psicológico e social, e a qualidade de vida, em especial dos idosos (Erbolato, 2004; Neri, 2001) e até aumenta a sobrevida (Berkman & Syme, 1979), sendo fatores protetores relevantes. As redes proporcionam possibilidades de comunicação, de confidência (autorrevelação), sentimentos de segurança e de apoio em situações críticas. Sabe-se também que as relações sociais entre as mulheres apresentam maiores níveis de intimidade e de intensidade relacional do que os homens, embora vários estudos demonstrem que o apoio emocional recebido pelas mulheres vai diminuindo com o avanço da idade (em parte devido à viuvez), enquanto no caso dos homens ele se mantém em todas as faixas etárias (Cabral et al., 2013; Nogueira, 2001), ainda que as mulheres viúvas tendam a apresentar redes maiores que os homens viúvos (Scott & Wenger, 1996). Devido aos papéis de género, as mulheres estão mais presentes em relações de convívio e entreajuda informal, sendo essencialmente cuidadoras e prestadoras de apoio (Cabral et al., 2013; Gianordoli-Nascimento & Trindade, 2002; Portugal, 2014). As mulheres são também, geralmente, as mais assinaladas como fonte de apoio emocional e instrumental (Ahmad, 2011; Gianordoli-Nascimento & Trindade, 2002; Nogueira, 2001).

No caso de pessoas idosas que vivem em conjugalidade, os estudos salientam a tendência para os homens esperarem e receberem apoio (instrumental e emocional) dos seus cônjuges, ao passo que as mulheres não o procuram ou não encontram esta reciprocidade, recebendo apoio essencialmente de filhos (Ahmad, 2011; Cabral et al., 2013; Gianordoli-Nascimento & Trindade, 2002; Nogueira, 2001; Scott & Wenger, 1996). Scott e Wenger (1996) assinalam mesmo que os homens casados tendem a estabelecer relações interpessoais através das suas esposas ou dependem delas para a sua ativação. A conjugalidade, a maternidade e parentalidade, são fatores importantes nas redes. Pardo, Moral e Miguel (2008), num estudo com uma amostra de 101 idosos a viver em contexto urbano (49,5% homens e 50,5% mulheres, com uma média de idade de 73,48 anos), indicam que as principais fontes de apoio identificadas foram os cônjuges e os filhos, sendo os primeiros preferencialmente indicados pelos homens e os segundos pelas mulheres, declinando a relevância dos primeiros com as idades mais tardias. A relevância do suporte dos filhos tende a aumentar com a viuvez, nomeadamente entre os homens (Scott & Wenger, 1996). Vários autores explicam esta diferença através dos papéis de género (Cabral et al., 2013; Gianordoli-Nascimento & Trindade, 2002).

O estudo longitudinal na Holanda, anteriormente referenciado (Ellwardt et al., 2015), apontou para ligeiras diferenças de género na associação entre as dimensões estrutural e funcional das redes sociais pessoais na diminuição do risco de mortalidade, tendo verificado consistentes diferenças nos níveis de risco mais elevados dos homens quando vivem sós e maior probabilidade de sobrevida nas mulheres quando estas estão rodeadas de laços que fornecem suporte emocional, diferenças estas esbatidas e não confirmadas no modelo final ajustado do estudo. Já um estudo longitudinal sobre envelhecimento em Taiwan (Liao et al., 2015) revelou que quase a totalidade dos participantes recebia suporte instrumental e dava suporte emocional a outros, tendo revelado a fulcral importância destas funções, particularmente quando o idoso se constitui como fornecedor de suporte instrumental a outros, tendo apontado uma taxa de 17% na redução do risco de mortalidade entre os idosos com baixa escolaridade.

Discutir estes e outros entrecruzamentos entre variáveis numa perspetiva de género assume forte relevância científica e social, independentemente da heterogeneidade ou homogeneidade que marque diferenças ou semelhanças nos arranjos de interação social no processo de envelhecimento.

NOTAS FINAIS A PARTIR DE RESULTADOS PRELIMINARES DO PROJETO «REDES SOCIAIS PESSOAIS DE IDOSOS PORTUGUESES»

A literatura apresenta cenários em que o sexo e a idade entrecruzam distinções marcantes nas redes sociais pessoais das pessoas idosas, parecendo esbaterem-se nas de idades mais avançadas. Os resultados do estudo sobre redes sociais pessoais de idosos portugueses, que os autores do presente capítulo se encontram a desenvolver no âmbito do Departamento de Investigação & Desenvolvimento do Instituto Superior Miguel Torga e do Centro de Estudos da População, Economia e Sociedade, apontam para a inexistência de uma interação estatisticamente significativa entre o sexo e os grupos etários estudados quando analisamos as diferentes características estruturais, funcionais e relacionais-contextuais das redes, avaliadas pelo Instrumento de Análise da Rede Social Pessoal (Guadalupe, 2009; Guadalupe & Vicente, 2012).

A amostra não probabilística de 612 idosos portugueses evidencia uma relação amostral de quase dois terços de mulheres para cerca de um terço de homens (n = 386; 63,1% *versus* n = 226; 36,9%), sendo a maioria do/as inquirido/as casados/as (52,5%) com filho(a)s (88,2%), com escolaridade (70%) e sem apoio de respostas sociais (72%). A média de idades situa-se nos 75,6 anos de idade (± 7,60), variando entre os 65 e os 98 anos, tendo sido, para a presente análise, agrupados em três faixas etárias: «jovens velhos» (65 aos 74 anos; n = 299; 48,9%), «médios velhos» (75 aos 85 anos; n = 238; 38,9%), e «velhos velhos» (mais de 85 anos; n = 75; 12,3%).

A rede social pessoal dos inquiridos apresenta ao nível estrutural um tamanho médio de 7,90 indivíduos (DP = 5,23) (variando entre 1 e 40), uma densidade que se aproxima do nível máximo de coesão, i.e., dos 100% (M = 95,87; DP = 12,02) e uma composição familista (M = 75,94; Mo = 100). No que concerne às características funcionais da rede os dados apontam para níveis de apoio percebido e de reciprocidade elevados. Todos os tipos de suporte avaliados (emocional, material/instrumental, informativo, companhia social e acesso a novos contactos) apresentam médias que os colocam entre «algum e muito apoio», destacando-se o suporte emocional. Os respondentes dão apoio à maior parte dos membros da sua rede apresentando uma elevada reciprocidade de apoio nas redes. No que diz respeito às características relacionais-contextuais a durabilidade média das relações com os membros da rede reflete redes temporalmente longas (as três medidas de tendência central situam-se nos quarenta anos), a frequência de contactos é elevada apesar da dispersão geográfica dos membros da rede.

Foram explorados os efeitos principais do sexo e da idade nas diferentes características das redes segundo as suas dimensões estrutural, funcional e relacional-contextual (Guadalupe, 2009), através de ANOVAs de duas vias e comparações *post-hoc* com o teste Tukey HSD.

A interação entre os grupos de idade e o sexo não foi estatisticamente significativa quando analisamos as diferentes características estruturais da rede: o tamanho da rede, o número de campos relacionais, a composição da rede (tamanho dos campos relacionais e proporção ocupada por cada campo relacional na rede), e o nível de densidade da rede ($p > 0,05$). Existem contudo alguns efeitos principais a reportar relativamente aos grupos etários, tendo sido encontrados efeitos significativos na proporção das relações institucionais da rede [$F(2, 606) = 3,785$; $p = 0,023$], sendo muito maior a relevância destas no grupo dos «velhos velhos», no nível de densidade da rede [$F(2, 561) = 5,870$; $p = 0,003$], sendo menor nos «jovens velhos», e nos campos relacionais [$F(2, 606) = 3,121$; $p = 0,045$], havendo tendência para ser mais elevada a média nos «jovens velhos». Note-se que, apesar de a idade não interferir no tamanho da rede, quando era questionado se haviam percebido mudanças neste com a aposentação, 48,7% dos 594 respondentes a esta questão referiram que a rede se contraiu, sendo agora menor ou muito menor do que antes, seguindo-se os que reportaram a manutenção do seu tamanho (43,6%), sendo que apenas 7,8% referiram o seu alargamento; verificou-se ainda uma tendência (sem significado estatístico) para as mulheres apresentarem uma maior proporção na manutenção e os homens, uma maior proporção na perceção da contração da rede.

Também quando analisadas as diferentes características funcionais da rede, a interação entre os grupos etários e o sexo não foi estatisticamente significativa, nomeadamente a nível do apoio emocional, apoio material e instrumental, apoio informativo, companhia social, acesso a novos contactos, e reciprocidade de apoio ($p > 0,05$). Existem contudo alguns efeitos principais a reportar relativamente aos grupos etários, tendo sido encontrados efeitos significativos no acesso a novos contactos [$F(2, 606) = 3,308$; $p = 0,037$], com tendência a ser uma função percebida como mais disponível nas redes dos «jovens velhos», e na reciprocidade de apoio [$F(2, 606) = 3,781$; $p = 0,023$], registando os «médios velhos» o nível mais elevado e não se verificando diferenças nos valores obtidos para as outras duas subamostras.

Relativamente às características relacionais-contextuais da rede, as análises revelaram igualmente que a interação entre os grupos de idade e o sexo também não foi estatisticamente significativa, tanto no que concerne à durabilidade média das relações com os membros da rede, como à frequência dos contactos ou à dispersão da residência ($p > 0,05$). No entanto, nos grupos etários verificaram-se efeitos significativos na durabilidade [$F(2, 600) = 5,071$; $p = 0,007$], sendo que os «médios velhos» apresentam redes mais estáveis temporalmente que os «jovens velhos», atendendo ao efeito idade; e menor entre os «velhos velhos» na dispersão geográfica [$F(2, 606) = 3,060$; $p = 0,048$].

Apesar destes resultados preliminares, análises detalhadas com as variáveis desagregadas proporcionam evidências adicionais a explorar em estudos futuros. Estas e outras análises serão exploradas e os resultados discutidos em artigos de divulgação dos resultados do estudo, que promete avanços na consolidação da evidência sobre as redes relacionais das pessoas de idade avançada no contexto cultural português, assim como interessantes pistas para futuras investigações na área das ciências sociais e comportamentais, colocando em relevo estes marcadores sociais e outras variáveis importantes na compreensão da dinâmica das redes e nas intervenções sociais e psicológicas que focalizam as relações interpessoais.

CONCLUSÃO

Os marcadores sociais (idade e o sexo) revelam-se importantes na compreensão da dinâmica das redes e nas intervenções que enfocam as relações interpessoais. Destaca-se, contudo, que os resultados do estudo realizado pelos autores questionam algumas hipóteses previamente estabelecidas na literatura, como a ideia da contração do tamanho da rede ou diferenciação estrutural com o avanço da idade. Destaca-se, assim, a necessidade de realizar estudos adicionais para esclarecer a dinâmica evolutiva das redes nas fases finais do ciclo de vida, nomeadamente o impacto das mudanças recentes nos papéis de género na configuração relacional dos indivíduos, impacto esse que, embora já identificável na actualidade, apenas no futuro próximo se fará sentir com maior acuidade na população idosa.

Referências bibliográficas

Ahmad, K. (2011). Older adults' social support and its effect on their everyday self--maintenance activities: Findings from the Household Survey of Urban Lahore-Pakistan. *A Research Journal of South Asian Studies, 26*(1), 37-52.

Alarcão, M. (2000). *(des)Equilíbrios familiares* (1.ª ed.). Coimbra: Quarteto Editores.

Amâncio, L. B. (1994). *Masculino e feminino - A construção social da diferença.* Porto: Edições Afrontamento.

Antonucci, T. C., & Akiyama, H. (1987). An examination of sex differences in social support among older men and women. *Sex Roles, 17*(11-12), 737-749. doi:10.1007/bf00287685

Arber, S., & Ginn, J. (1996). «Mera conexión»: Relaciones de género y envejecimiento. In S. Arber & J. Ginn (Coords.), *Relación entre género y envejecimiento: Enfoque sociológico* (pp. 17-34). Madrid, Spain: Ediciones Narcea.

Arber, S., Davidson, K., & Ginn, J. (2003). Changing approaches to gender and later life. In S. Arber, K. Davidson, & J. Ginn (Eds.), *Gender and ageing: Changing roles and relationships* (pp. 1-14). Berkshire, UK: Open University Press.

Arias, C. J. (2009). La red de apoyo social en la vejez. Aportes para su evaluación. *Revista de Psicologia da IMED, 1*(1), 147-158. doi:10.18256/2175-5027/psico-imed.v1n1p147-158

Berkman, L. F., & Syme, S. L. (1979). Social networks, host resistance, and mortality: A nine-year follow-up study of Alameda County residents. *American Journal of Epidemiology, 109*(2), 186-204. doi:10.1017/cbo9780511759048.005

Blau, P. M. (1977). *Inequality and heterogeneity: A primitive theory of social structure*. New York, NY: Free Press.

Burholt, V., & Dobbs, C. (2014). A support network typology for application in older populations with a preponderance of multigenerational households. *Ageing & Society, 34*(7), 1142-1169. doi:10.1017/S0144686X12001511

Cabral, M. V., Ferreira, P. M., Silva, P. A., Jerónimo, P., & Marques, T. (2013). *Processos de envelhecimento em Portugal: Usos do tempo, redes sociais e condições de vida*. Lisboa: Fundação Francisco Manuel dos Santos. Acedido em 23 de novembro de 2016, em http://hdl.handle.net/10451/24456

Cabral, M. V., Silva, P. A., & Mendes, H. (2002). *Saúde e doença em Portugal – Inquérito aos comportamentos e atitudes da população portuguesa perante o Sistema Nacional de Saúde* (2.ª ed.). Lisboa: Imprensa de Ciências Sociais.

Campos, A. C. V., Ferreira, E. F., & Vargas, A. M. D. (2015). Determinantes do envelhecimento ativo segundo a qualidade de vida e género. *Ciência & Saúde Coletiva, 20*(7), 2221-2237. doi:10.1590/1413-81232015207.14072014

Carstensen, L. L., Isaacowitz, D. M., & Charles, S. T. (1999). Taking time seriously a theory of socioemotional selectivity. *American Psychologist, 54*(3), 165-181. doi:10.1037/0003-066X.54.3.165

Carter, B., & McGoldrick, M. (Eds.). (1989). The *changing family life cycle: A framework for family therapy* (2.ª ed.). Boston, MA: Allyn and Bacon.

Côca, N., Vicente, H. T., & Sousa, L. (2015). Pessoas idosas sem filhos: Redes sociais pessoais e qualidade de vida. In C. M. Cerveny (Org.), *Manual de longevidade — Guia para a melhoria da qualidade de vida dos idosos*. Curitiba, Brasil: Juruá Editora.

Cornwell, B., Laumann, E. O., & Schumm, L. P. (2008). The social connectedness of older adults: A national profile. *American Sociological Review, 73*(2), 185-203. doi:10.1177/000312240807300201

Dahlberg, L., Andersson, L., McKee, K. J., & Lennartsson, C. (2015). Predictors of loneliness among older women and men in Sweden: A national longitudinal study. *Aging & Mental Health, 19*(5), 409-417. doi:10.1080/13607863.2014.944091

Daniel, F. (2011). Sete mulheres para cada homem? Uma análise sobre relações de masculinidade. *População e Sociedade, 19,* 157-167. Porto: Edições Afrontamento.

Daniel, F., Ribeiro, A. M., & Guadalupe, S. (2011). Recursos sociais na velhice: Um estudo sobre as redes sociais de idosos beneficiários de apoio domiciliário. In A. D. Carvalho (Coord.), *Solidão e solidariedade: Entre os laços e as fracturas socia*is (pp. 73-85). Porto: Edições Afrontamento.

Elias, N. (2001). *A solidão dos moribundos*. Rio de Janeiro, Brasil: Jorge Zahar.

Ellwardt, L., van Tilburg, T., Aartsen, M., Wittek, R., & Steverink, N. (2015). Personal networks and mortality risk in older adults: A twenty-year longitudinal study. *PLOS ONE, 10*(3), 1-13. doi:10.1371/journal.pone.0116731

Erbolato, R. M. P. L. (2004, junho). Suportes sociais na velhice: Uma investigação preliminar. In *Anais do XIV Congresso Brasileiro de Geriatria e Gerontologia e III Encontro Nacional das Ligas de Geriatria e Gerontologia*. Salvador, Brasil: GERON.

Field, D., & Minkler, M. (1988). Continuity and change in social support between young-old and old-old or very-old age. *Journal of Gerontology: Psychological Sciences, 43*(4), 100-106. doi:10.1093/geronj/43.4.P100

Fischer, C. S., & Oliker, S. J. (1983). A research note on friendship, gender, and the life cycle. *Social Forces, 62*(1), 124-133. doi:10.1093/sf/62.1.124

Fonseca, A. M. (2005). *Desenvolvimento humano e envelhecimento* (1.ª ed.). Lisboa: Climepsi Editores.

Fonseca, A. M. (2009). Que vida depois da reforma? In Fundação Calouste Gulbenkian (Org.), *O tempo da vida: Fórum Gulbenkian de saúde sobre o envelhecimento 2008/2009* (pp. 151-159). Cascais: Princípia.

Fonseca, A. M. (2011). *Reforma e reformados*. Coimbra: Edições Almedina.

Gianordoli-Nascimento, I. F., & Trindade, Z. A. (2002). O que fazer quando o coração aperta? A dinâmica conjugal pós-infarto. *Psicologia: Teoria e Pesquisa, 18*(1), 107-115. doi:10.1590/S0102-37722002000100012

Guadalupe, S. (2009). *Intervenção em rede: Serviço social, sistémica e redes de suporte social* (1.ª ed.). Coimbra: Imprensa da Universidade de Coimbra.

Guadalupe, S., & Vicente, H. T. (2012). *Instrumento de Análise de Rede Social Pessoal, versão para idosos* [Instrumento não publicado]. Coimbra: Instituto Superior Miguel Torga.

Guadalupe, S., Gomes, P., Daniel, F., Cardoso, J., & Vicente, H. T. (2015, abril). *Personal social networks of Portuguese childless elder people and older parents*. Comunicação livre apresentada na 5th European Conference for Social Work Research, Ljubljana, Slovenia. Abstract disponível em http://eswra.org/documents/ECSWR2015_book.pdf

Hajek, A., Brettschneider, C., Lange, C., Posselt, T., Wiese, B., Steinmann, S., ... König, H.-H. (2016). Gender differences in the effect of social support on health--related quality of life: Results of a population-based prospective cohort study in old age in Germany. *Quality of Life Research, 25*(5), 1159-1168. doi:10.1007/s11136-015-1166-5

Ham-Chande, R., Zepeda, E. Y., & Martínez, A. L. T. (2003). Redes de apoyo y arreglos de domicilio de las personas de edades avanzadas en la ciudad de México. *Notas de Población, 77,* 71-102.

Hoffman, L. W., Paris, S. G., & Hall, E. (1994). *Developmental psychology today* (6.ª ed.). New York, NY: McGraw-Hill.

Ibarra, H. (1997). Paving an alternative route: Gender differences in managerial networks. *Social Psychology Quarterly, 60*(1), 91-102. doi:10.2307/2787014

Kanter, R. M. (1993). *Men and women of the corporation* (2.ª ed.). New York, NY: Basic Books.

Keith, P. M. (1986a). The social context and resources of the unmarried in old age. *The International Journal of Aging and Human Development, 23*(2), 81-96. doi:10.2190/GJVN-PNN9-4JBQ-19DH

Keith, P. M. (1986b). Isolation of the unmarried in later life. *Family Relations, 35*(3), 389-395. doi:10.2307/584366

Kuypers, J. A., & Bengtson, V. L. (1973). Social breakdown and competence: A model of normal aging. *Human Development, 16*(3), 181-201. doi:10.1159/000271275

Li, T., & Zhang, Y. (2015). Social network types and the health of older adults: Exploring reciprocal associations. *Social Science & Medicine, 30*(130), 59-68. doi:10.1016/j.socscimed.2015.02.007

Liao, C.-C., Yeh, C.-J., Lee, S.-H., Liao, W.-C., Liao, M.-Y., & Lee, M.-C. (2015). Providing instrumental social support is more beneficial to reduce mortality risk among the elderly with low educational level in Taiwan: A 12-year follow-up national longitudinal study. *The Journal of Nutrition, Health & Aging, 19*(4), 447-453. doi:10.1007/s12603-014-0545-x

Litwin, H. (1995). *Uprooted in old age: Soviet jews and their social networks in Israel* (1.ª ed.). Westport, CT: Greenwood Press.

Litwin, H., & Shiovitz-Ezra, S. (2011). Social network type and subjective well-being in a national sample of older Americans. *The Gerontologist, 51*(3), 379-388. doi:10.1093/geront/gnq094

Marsden, P. V. (1987). Core discussion networks of Americans. *American Sociological Review, 52*(1), 122-131. doi:10.2307/2095397

McPherson, M., Smith-Lovin, L., & Brashears, M. E. (2006). Social isolation in America: Changes in core discussion networks over two decades. *American Sociological Review, 71*(3), 353-375. doi:10.1177/000312240607100301

Meléndez-Moral, J. C., Tomás-Miguel, J. M., & Navarro-Pardo, E. (2007). Análisis de las redes sociales en la vejez a través de la entrevista Manheim. *Salud Pública de México, 49*(6), 408-414. doi:10.1590/S0036-36342007000600007

Milardo, R. M. (Ed.). (1988). *Families and social networks* (1.ª ed.). Newbury Park, CA: Sage Publications.

Monteiro, R. (2005). *O que dizem as mães: Mulheres trabalhadoras e suas experiências* (1.ª ed.). Coimbra: Quarteto Editora.

Monteiro, R. (2011). A política de quotas em Portugal: O papel dos partidos políticos e do feminismo de Estado. *Revista Crítica de Ciências Sociais, 92*, 31-50. doi:10.4000/rccs.3953

Monteiro, R. (2012). Feminismo. In B. S. Santos (Org.), *Dicionário das crises e das alternativas*. Coimbra: Edições Almedina.

Moore, G. (1990). Structural determinants of men's and women's personal networks. *American Sociological Review, 55*(5), 726-735. doi:10.2307/2095868

Neri, A. L. (2001). *Palavras-chave em gerontologia* (2.ª ed.). Campinas, São Paulo: Alínea.

Nogueira, E. J. (2001). *Rede de relações sociais: Um estudo transversal com homens e mulheres pertencentes a três grupos etários*. Tese de Doutoramento, Faculdade de Educação - Universidade Estadual de Campinas, Brasil. Acedido a 21 de novembro de 2016, em http://www.bibliotecadigital.unicamp.br/document/?code=vtls000235568

Olsen, O., Iversen, L., & Sabroe, S. (1991). Age and the operationalization of social support. *Social Science & Medicine, 32*(7), 767-771. doi:10.1016/0277-9536(91)90302-s

Pardo, E. N., Moral, J. C. M., & Miguel, J. M. T. (2008). Análisis de las redes sociales en la vejez en función de la edad y el género. *Revista Multidisciplinar de Gerontología, 18*(1), 19-25.

Parigi, P., & Henson, W. (2014). Social isolation in America. *Annual Review of Sociology, 40*(1), 153-171. doi:10.1146/annurev-soc-071312-145646

Paúl, C. (2005). A construção de um modelo de envelhecimento humano. In C. Paúl & A. M. Fonseca (Coords.), *Envelhecer em Portugal: Psicologia, saúde e prestação de cuidados* (1.ª ed., pp. 21-41). Lisboa: Climepsi Editores.

Portugal, S. (2011). Dádiva, família e redes sociais. In S. Portugal & P. H. Martins (Orgs.), *Cidadania, políticas públicas e redes sociais* (pp. 39-53). Coimbra: Imprensa da Universidade de Coimbra.

Portugal, S. (2014). *Famílias e redes sociais - Ligações fortes na produção de bem--estar.* Coimbra: Edições Almedina.

Relvas, A. P. (1996). *O ciclo vital da família: Perspectiva sistémica.* Porto: Edições Afrontamento.

Rioseco, H. R., Quezada, V. M., Ducci, V. M. E., & Torres, H. M. (2008) Cambio en las redes sociales de adultos mayores beneficiarios de programas de vivienda social en Chile. *Revista Panamericana de Salud Pública, 23*(3), 147-153.

Scott, A., & Wenger, G. C. (1996). Género y redes de apoyo social en la vejez. In S. Arber & J. Ginn (Coords.), *Relación entre género y envejecimiento: Enfoque sociológico* (pp. 221-240). Madrid, Spain: Ediciones Narcea.

Silva, M. B. F. (2011). *@vós.TIC: O aumento do capital sociocultural nos seniores mediante a alfabetização e uso das TIC.* Tese de Doutoramento, Facultad de Educación, Departamento de Teoría e Historia de la Educación - Universidad de Salamanca, Spain. Acedido a 21 de novembro de 2016, em http://hdl.handle.net/10366/115588

Silver, C. B. (2003). Gendered identities in old age: Toward (de)gendering? *Journal of Aging Studies, 17*(4), 379-397. doi:10.1016/s0890-4065(03)00059-8

Sluzki, C. E. (1996). *La red social: Fronteras de la practica sistemica.* Barcelona, Spain: Gedisa Editorial.

Sousa, L., Figueiredo, D., & Cerqueira, M. (2004). *Envelhecer em família: Os cuidados familiares na velhice* (1.ª ed.). Porto: Âmbar.

Tabucchi, A. (2010). *O tempo envelhece depressa* (N. Moulin, Trad.). São Paulo, Brasil: Cosac Naify.

Valle, J. F., & García, A. G. (1994). Redes de apoyo social en usuarios del servicio de ayuda a domicilio de la tercera edad. *Psicothema, 6*(1), 39-47. Acedido a 22 de novembro de 2016, em http://www.psicothema.com/pdf/901.pdf

Verbrugge, L. M., Gruber-Baldini, A. L., & Fozard, J. L. (1996). Age differences and age changes in activities: Baltimore longitudinal study of aging. *Journals of Gerontology, Series B: Psychological Sciences and Social Sciences, 51B*(1), S30--S41. doi:10.1093/geronb/51b.1.s30

Vicente, H. M. T. (2010). *Família multigeracional e relações intergeracionais: Perspectiva sistémica.* Tese de Doutoramento, Secção Autónoma de Ciências da Saúde – Universidade de Aveiro. Acedido a 22 de novembro de 2016, em http://hdl.handle.net/10773/3318

Vicente, H. T., & Sousa, L. (2010). Funções na família multigeracional: Contributo para a caracterização funcional do sistema familiar multigeracional. *Psychologica, 53,* 157-181. doi:10.14195/1647-8606_53_8

Vicente, H. T., & Sousa, L. (2012). Relações intergeracionais e intrageracionais: A matriz relacional da família multigeracional. *Revista Temática Kairós Gerontologia, 15*(1), 99-117.

Wenger, G. C. (1991). A network typology: From theory to practice. *Journal of Aging Studies, 5*(2), 147-162. doi:10.1016/0890-4065(91)90003-b

Wienclaw, R. A. (2015). *Symbolic-Interaction analysis: Activity theory*. Research Starters: Sociology (Online edition). Acedido a 19 de novembro de 2016, em http://www.enotes.com/research-starters/symbolic-interaction-analysis-activity--theory

Wilson, G. (1996). Yo soy los ojos y ella los brazos: Cambios en los roles de género en la edad avanzada. In S. Arber & J. Ginn (Coords.), *Relación entre género y envejecimiento: Enfoque sociológico* (pp. 141-162). Madrid, Spain: Ediciones Narcea.

Wu, Z., & Pollard, M. S. (1998). Social support among unmarried childless elderly persons. *Journal of Gerontology: Social Sciences, 53B*(6), S324-S335.

www.ingramcontent.com/pod-product-compliance
Lightning Source LLC
Chambersburg PA
CBHW050623280326
41932CB00015B/2505